ars vivendi

Anna del Conte

Geheimnisse meiner italienischen Küche

Rezepte und Geschichten

Ins Deutsche übertragen von
Manuela Schomann

Mit Foodfotos von Valerie Hammacher und
Illustrationen von Carlotta Kiefhaber

ars vivendi

Für meine Kinder
Paul, Guy und Julia

Titel der englischen Originalausgabe
» SECRETS FROM AN ITALIAN KITCHEN «
Die Originalausgabe erschien 1989 bei Transworld, London
Die deutsche Veröffentlichung wurde durch Sheil Land Associates Ltd., London ermöglicht.

Deutsche Erstausgabe
1. Auflage Oktober 2022

www.arsvivendi.com

Deutsche Übersetzung: Manuela Schomann
Lektorat: Simone Gerlach
Korrektorat: Julia Christ
Gestaltung und Satz: Sonja Svetlik, ars vivendi
Foodfotos © Valerie Hammacher
www.valeriehammacher.com
Illustrationen © Carlotta Kiefhaber
Foto hintere Umschlagseite: © Christopher Jones/Alamy Stock Photo
Druck: Appl, Wemding

MIX
Papier aus verantwortungsvollen Quellen
FSC® C004592

Printed in Germany

ISBN 978-3-7472-0413-9

Geheimnisse meiner italienischen Küche

Inhalt

MUTTI
MUTTI
DE CECCO

Einführung

Über dieses Buch

Jedes Kapitel ist einer bestimmten Zutat oder einer Gruppe von miteinander verwandten Zutaten gewidmet. Ich habe dazu die meiner Meinung nach wichtigsten Zutaten der italienischen Küche ausgewählt. In jedem Kapitel finden Sie dazu Rezepte, bei denen die entsprechende Zutat entweder die Hauptrolle spielt oder dem Gericht eine besondere Note verleiht.

Für diese spezielle Aufteilung gibt es zwei Gründe: Einerseits kann ich so die Bedeutung dieser Zutaten für die italienische Küche entsprechend würdigen (dazu im Folgenden noch mehr). Und andererseits gebe ich auf diese Weise eine Antwort auf den Vorschlag »Lass uns einfach die Produkte aus dem Vorrat verwenden« (oder aus dem Kühlschrank oder Garten) oder gar »Lass uns die Produkte verwenden, die im Laden gerade gut aussehen«. So können Sie nämlich das entsprechende Kapitel auswählen und dort eine Auswahl von Rezepten mit der jeweiligen Zutat entdecken – falls Sie z. B. zu viele Zitronen gekauft oder die Pfirsiche Saison haben, falls Ihre Tomaten alle gleichzeitig reif geworden sind oder es einen neuen Fischhändler in Ihrer Nähe gibt.

Im Register am Ende des Buchs sind die Rezepte wie üblich nach Titel und nach wichtigen Zutaten aufgeführt, sodass Sie ein Rezept auch problemlos finden, ohne zu wissen, in welchem Kapitel es steht.

Um meinen Verdacht, dass das wahre Geheimnis der italienischen Küche die vor Ort gekauften Zutaten sind, zu entkräften, habe ich beim Ausprobieren der Rezepte aus diesem Buch stets Zutaten verwendet, die auch in England oder Deutschland erhältlich sind.

Einige der Rezepte habe ich selbst kreiert, andere stammen aus den Rezeptsammlungen meiner Familie oder Freunde, und ein paar Rezepte verdanken sich dem unerschöpflichen Vorrat der regionalen italienischen Kochtraditionen. Die meisten Gerichte sind schlicht und einfach, manche sind ein wenig komplizierter und zugleich eleganter. Aber alle Speisen erinnern eher an hausgemachte Gerichte und nicht an Restaurantkost. Restaurantgerichte blenden uns manchmal durch ihre theatralische Präsentation und verwirren uns mit ihrer Komplexität. Am eigenen Esstisch sollten die Speisen keine derartige Wirkung entfalten, außer vielleicht zu besonderen Gelegenheiten – sonst wird es langweilig. Dieser Unterschied ist mir seit meiner Kindheit bewusst, denn meine Mutter missbilligte die Speisen, die ihr bei einer bestimmten Freundin serviert wurden, und bezeichnete sie als *un pranzo da ristorante*.

Ich hoffe, dass es mir in diesem Buch gelungen ist, die typischen Elemente der italienischen Küche vorzustellen. Lassen Sie sich von meinen Rezepten inspirieren und probieren Sie eigene Kreationen aus, ganz nach Ihrem Geschmack und Ihren Vorstellungen. Wenn Sie erst einmal ein Gefühl dafür entwickelt haben, wie Sie einem Gericht eine echte italienische Note verleihen, brauchen Sie, zu meinem Bedauern, kaum mehr meine Unterstützung!

Zu meinen frühesten Kindheitserinnerungen zählen die Momente, in denen ich unserer Köchin Maria bei ihrer Arbeit zusah. Beim Kochen sang Maria kommunistische Lieder, die während der faschistischen Herrschaft verboten waren. Fasziniert beobachtete ich, mit welcher Geschwindigkeit sie Ravioli füllte oder wie geschickt sie Kartoffelgnocchi von den Zinken der Gabel löste. Ich lauschte den Gesprächen zwischen Maria und meiner Mutter, wenn sie überlegten, was sie mit dem Berg *porcini* auf unserem Küchentisch anfangen könnten, oder feststellten, dass der Fettrand der schönen Scheiben *prosciutto di Parma* genau richtig war. Diese Erfahrungen bilden die Grundlagen meiner Kochkünste.

Als ich dann Jahre später für meine Familie in London kochte, wusste ich offenbar instinktiv, wann die Pasta genügend Mehl enthielt, wie ein *battuto* aussehen sollte oder wann und wie man bei *risotto* die

Brühe zugoss. Als ich in den frühen Fünfzigerjahren nach London kam, bot der Lebensmittelhandel einen traurigen Anblick, sodass ich kaum Gelegenheit fand, mein Können in die Tat umzusetzen. In den Geschäften gab es lediglich Wurzelgemüse, schlaffen Salat und Kohl, Kohl und nochmals Kohl. Doch ich war entschlossen, das Beste aus der Situation zu machen: Instinkt und Sparsamkeit der Italienerin setzten sich durch. Ich kaufte bei einem Metzger in der Fulham Road Pferdefleisch und machte daraus *polpette* oder *polpettoni*, die ich mit Tomatensauce oder wie ein Frikassee mit einer Eier-Zitronen-Sauce servierte. Herz und Lunge, die in England an Haustiere verfüttert wurden, vermengte ich mit ein paar getrockneten *porcini*, die ich aus Italien mitgebracht hatte, und verwandelte sie in ein köstliches *ragù*. Meine ahnungslosen Freunde, die erklärt hatten, dass sie niemals Pferdefleisch oder Innereien anrühren würden, stürzten sich mit Begeisterung auf meine Gerichte.

Im Laufe der Jahre hat sich die Feinschmeckerszene stetig verbessert, weshalb man in den meisten britischen (und auch deutschen) Städten inzwischen alle Zutaten bekommt und problemlos *un pranzo all'Italiana* zubereiten kann.

Typische Elemente der italienischen Küche

Die italienische Küche besteht aus traditionellen Gerichten, denen der Koch oder die Köchin jeweils eine ganz eigene Note verleiht. Diese Küche hält zwar meist wenig Überraschungen bereit, sorgt aber für tiefe Befriedigung. Sie steht nicht unbedingt für Innovation, sondern vielmehr für unzählige Variationen. Die italienische Kochkunst vereint im Grunde schlichte, in der eigenen Küche zubereitete Gerichte, bei denen gute Zutaten mit viel Liebe verarbeitet werden.

Diese Gerichte heben das Aroma der enthaltenen Zutaten hervor und verwässern es nicht durch Showeinlagen wie komplizierte Saucen oder Garnierungen. Bei einer italienischen Mahlzeit fällt oft auf, dass Sauce fehlt. Doch die Speise wird meist im eigenen Garsaft serviert, welcher als »Sauce« fungiert. Richtige Saucen sind einfachen Speisen wie Pasta oder *polenta* vorbehalten, die wiederum zu einem unverzichtbaren Teil der Sauce werden. Und manchmal wird die Hauptzutat durch eine Sauce und damit eine weitere kulinarische Dimension ergänzt. Der Respekt für jede einzelne der exzellenten Zutaten geht dabei allerdings nie verloren. Fisch wird beispielsweise meist gegrillt oder gekocht – man muss seinen Geschmack nicht mit einer Sahnesaucenpfütze überdecken. Er benötigt lediglich ein paar Tropfen erstklassiges Olivenöl.

Fisch, Gemüse und Getreideprodukte bilden die Grundlage dieser gesunden Küche. Fleisch steht in den meisten Regionen an zweiter Stelle, wobei Schweinefleisch – das Fleisch des armen Mannes – am beliebtesten ist. Die Italiener zauberten daraus kulinarische Highlights, nämlich *prosciutti*, Würste und Salami aller Art.

Die Bedeutung der Jahreszeiten

Letztes Jahr besuchte ich die Renaissancestädte Norditaliens für eine gastronomische Rundtour. Am letzten Tag war ich in Mantua und ging noch schnell zum Markt auf der Piazza delle Erbe, um meine Lieblingsgemüsesorten zu kaufen, die ich am Abend zu Hause bei meiner Mutter in Mailand zubereiten wollte. An diesem herrlich sonnigen Septembermorgen war es schön warm, sodass man gemütlich zwischen den Gemüseständen umherbummeln konnte.

Als Erstes kaufte ich Bio-Eier, und zwar von einem Händler, der mich dazu bewegen wollte, unbedingt auch eine *anitra muta* (Barbarie-Ente) zu erstehen. Wir diskutierten ausgiebig die Vorzüge dieser Ente, wobei der wichtigste Pluspunkt anscheinend darin bestand, dass es genau die richtige Jahreszeit für den Kauf dieses Tiers war. An dem Stand saßen kleine und größere Küken, ausgewachsene Hühner, Perlhühner, Enten und Gänse in mehreren Käfigen. Und sogar ein einsames, kleines weißes Kaninchen war in einem winzigen Käfig eingesperrt. Sogar mir als unsentimentaler Südländerin tat es leid. Ich musste an den Reiseschriftsteller Colin Thubron denken, der auf einem Markt in der chinesischen Stadt Kanton sein Mitleid mit den gefangenen Tieren linderte, indem er eine dort als Delikatesse geltende und deshalb recht teure Eule kaufte, nur um die arme Kreatur anschließend freizulassen. Aber ein zahmes Kaninchen hätte mitten in Mantua wohl kaum ein freies Leben führen können. Und ich konnte auch schlecht bei meiner Mutter in Mailand mit einem weißen Kaninchen auftauchen. Deshalb ging ich schließlich weiter zu den Obst- und Gemüseständen.

Es gab noch einige *pesche da vigna* – eine kleine alte, aromatisch duftende Pfirsichsorte, die hübsche rosa-grüne Blüten hat – sowie *prugne a fiaschetto* – flaschenförmige, längliche Pflaumen. Auch die Trauben waren perfekt und versüßten mir später die Rückfahrt nach Mailand. Die ersten Kürbisse der Saison standen ebenfalls schon zum Verkauf, aber laut dem Urteil einer Gruppe einheimischer Frauen waren sie noch nicht reif. Die Damen beschlossen, die Zubereitung der berühmten *tortelli di zucca* zu verschieben, für die Mantua auch aufgrund der hervorragenden Qualität der hier angebauten Kürbisse berühmt ist. Als Nächstes kaufte ich ein Kilogramm Tomaten und ein Kilogramm große, fleischige gelbe Paprikaschoten, die beide Saison hatten, um *peperonata* daraus zu kochen. Und schließlich gab ich der Kauflust nach, die mich auf solchen Märkten überfällt, und fragte eine Standinhaberin kurzerhand, ob sie Fenchel hätte. »*Finocchi*?!? *Ma, signora, finocchi in settembre*!« Dabei schüttelte sie ihren Kopf und betrachtete mich mit einer Kombination aus Überraschung und Mitleid. Einen Moment lang hatte ich vergessen, wo ich war: In Italien orientiert man sich daran, was gerade Saison hat!

Obst und Gemüse, Fisch und Bauernkäse werden verkauft, wenn sie am besten schmecken, besonders in Kleinstädten. Ich erinnere mich noch an die Ostertage, die wir in unserer Wohnung in Venedig verbrachten: Damals ging ich immer zum Rialto-Markt, um dort die ersten kleinen Artischocken zu kaufen, die noch hellgrün und so zart waren, dass wir sie in Öl dippten und roh aßen. Es gab zarte kleine Erbsen von der Insel Torcello für das *risi e bisi* – Reis mit Erbsen – und eine unfassbare Vielfalt an regionalen Zucht- und Wildsalaten. Sogar in Mailand freut man sich über das erste Erscheinen verschiedener Früchte: kleine *fragoline di bosco* (Walderdbeeren), Kirschen und Mispeln, und später Aprikosen und Pfirsiche, die wahren Königinnen des Hochsommers. Nach einem alten Aberglauben wünsche ich mir immer noch etwas, wenn ich die erste Frucht des Jahres esse. Und ich brauche die getrockneten Bohnen, Linsen und Kichererbsen des Vorjahres für wärmende Suppen auf, um Platz für die neue Ernte zu schaffen, die Anfang Herbst in die Geschäfte kommt.

Vergessen Sie Anfang November z. B. die rund ums Jahr erhältlichen Orangen und kaufen Sie lieber die letzten Trauben und die ersten Maronen. Fenchel tritt an die Stelle der schlappen Zucchini und der einheimische Knollensellerie ergibt die perfekte Beilage zu all dem Wild, das in den Geschäften nun mehr und mehr angeboten wird. Lassen Sie möglichst die Finger von nicht-saisonalen, importierten Produkten aus anderen Klimazonen – nur so entsprechen Ihre Gerichte der Jahreszeit und dem Ort, an dem sie gekocht werden.

Die italienische Mahlzeit

Am Ende eines jeden Rezepts stehen Vorschläge zu verschiedenen Speisen, die vor oder nach dem jeweiligen Gericht serviert werden können. Dabei gehe ich davon aus, dass Sie einen ersten und einen zweiten Gang reichen, was einer traditionellen italienischen Mahlzeit entspricht. Beide Gänge sind von gleicher Bedeutung und unterscheiden sich auch nicht im Umfang. Als Mittagessen wählt man in Italien zuerst eine Pasta oder ein *risotto*-Gericht, während man abends meist mit einer Suppe beginnt. Der zweite *piatto* ist klassisch Fleisch oder Fisch mit einer einzigen Gemüsebeilage und/oder einem Salat hinterher. Zum Abschluss der Mahlzeit gibt es Obst, da andere Nachspeisen und Süßigkeiten besonderen Gelegenheiten vorbehalten sind.

Meine Vorschläge basieren auf dem Aufbau einer italienischen Mahlzeit, bei der sich die Gänge ergänzen und aromatisch harmonieren. Man könnte auch sagen, dass die gesamte Mahlzeit als eine Einheit wahrgenommen wird. Falls Sie z. B. für den zweiten Gang Fisch geplant haben, nehmen Sie auch für den ersten Gang ein Gericht, das Fisch enthält, wie z. B. die köstliche *Zuppetta di pesce* auf S. 83. Auf eine feine Suppe oder ein leichtes *risotto* sollte ein elegantes Gericht mit Kalb- oder Hähnchenfleisch folgen, wohingegen ein deftiger Eintopf einen *primo* mit kräftigem Geschmack benötigt, wie z. B. ein herzhaftes Pastagericht. Die besten Speisen der italienischen Küche sind die ersten Gänge, die eine großartige Auswahl an Pastagerichten, *risotto*, *gnocchi* etc. umfassen. Wenn Sie also wie ich diese *primi* lieben und nicht immer eine ganze Mahlzeit essen möchten, können Sie nach dem *primo* einfach noch ein Gemüsegericht servieren – in diesem Buch finden Sie zahlreiche passende Rezepte.

Selbst wenn Sie schon festgelegt haben, was Sie kochen möchten, sollten Sie doch dazu bereit sein, das Menü notfalls etwas abzuändern – je nachdem, was es in den Geschäften zu kaufen gibt. Bestehen Sie nicht auf Ihrem Loup de Mer (Wolfsbarsch), falls er etwas schlaff aussieht, sondern kaufen Sie lieber die frischer wirkende Seezunge. Sticht Ihnen eine schöne Ente ins Auge, können Sie das Menü ändern und die Kalbskoteletts auf Ihrer Liste durch diese ersetzen. Wenn ich darüber nachdenke, was ich zum Abendessen koche, ob für die Familie oder für eine kleine Runde von Freunden, überlege ich zuerst, welches Gemüse gerade Saison hat. Vielleicht Paprikaschoten für *pasta al forno* oder Artischocken für ein *risotto*. Vom Gemüse hängt die ganze Speisenfolge ab: Wenn ich es als Beilage wähle, bestimmt meine Lieblingszubereitungsart für dieses Gemüse, welches Fleisch oder welchen Fisch ich kaufe. Ich baue mein Gericht also rund um das Gemüse auf. Ihr Einkauf wird zu einer anregenden und kreativen Beschäftigung, wenn Sie sich danach richten, was es Schönes in den Geschäften gibt, und sich nicht so streng an Ihre Einkaufsliste halten.

MUTTI
PARMA
Geschälte
Italienische
TOMATEN
Francesco Mutti
SOLO POMODORO
MUTTI
PARMA
Geschälte
Italienische
TOMATEN

Speisekammer

Speisekammer

Wenn ich einen Blick in die Speisekammer meines Hauses in London werfe, habe ich manchmal das Gefühl, in die Vergangenheit zu sehen … direkt in die Vorratskammer des Landhauses in der Region Emilia, in dem ich damals als Kind lebte. Stapelweise Gläser mit in Öl eingelegtem Gemüse, in Alkohol konservierte Früchte, Säcke mit Linsen und *borlotti*, Mehl zur Pastazubereitung und *prosciutti* und Salami, die zwischen den Drahtkörben mit frischen Eiern wie Stalaktiten von der Decke hingen. Obwohl Krieg herrschte, lebten wir vom verschwenderischen Reichtum der ländlichen Gebiete. Denn zu jener Zeit gab es tatsächlich keine Möglichkeiten, all diese Leckereien in die leeren Vorratskammern der Städte zu transportieren.

In der dunkelsten Ecke der Speisekammer standen einige Flaschen ohne Etikett, die mit schwarzgebranntem *grappa* gefüllt waren, welchen Signora Crocioni, die schon etwas ältere Besitzerin des Hauses, aus Weinranken destilliert hatte. Ein unvergessliches Erlebnis aus jener Zeit war die lautstarke Explosion des Destillierapparats, der in ihrer Küche stand. Das Hausmädchen Wilma rannte aus dem Haus und schrie dabei, »*I tedeschi hanno tirato una bomba*« (die Deutschen haben eine Bombe abgeworfen), während ebenjene tedeschi, die in der Villa einquartiert waren, schnell zu ihren Waffen griffen, weil sie einen Überfall der Partisanen befürchteten. Doch schon bald entdeckte man die alte Signora Crocioni zusammen mit ihrer ebenso alten Köchin in der Küche, wo sie gemeinsam das Ende ihrer geheimen Aktivitäten bedauerten, während eine große Pfütze der kostbaren Flüssigkeit ganz allmählich über den Steinboden auf sie zu floss.

Eine typisch italienische Speisekammer würde heute Pasta in fünf oder sechs verschiedenen Formen enthalten: *spaghetti*, *tagliatelle*, *penne*, *bucatini* sowie *stelline* und *ditalini* als Suppennudeln (am besten halten Sie sich an einige wenige Formen, die Sie gerne essen – ansonsten ist Ihr Regal bald voller unterschiedlicher Päckchen mit einer Handvoll Pasta darin, die sich nicht miteinander mischen lassen). *Risotto*-Reis, Maisgrieß für *polenta*, getrocknete Bohnen, Linsen und Kichererbsen sind ebenso wichtige Grundnahrungsmittel. Getrocknete Dicke Bohnen, die nicht überall erhältlich sind, habe ich auf Vorrat, da mein Mann sie sehr gerne als zerdrücktes Mus isst. Ich selbst habe als kleinen Snack immer eine Salami am Haken, die man weder schälen noch kochen muss. Dosen mit Tomaten, *cannellini*, Thunfisch, Sardellenfilets, eine volle Flasche natives Olivenöl extra sowie eine mit Rotweinessig gehören ebenfalls in jede Vorratskammer. Und für mich ist auch *aceto balsamico* unverzichtbar.

Im Kühlschrank sollten Sie immer ein oder zwei Kugeln *mozzarella*, eine Ecke bröckeligen Parmesan, ein paar Oliven im Glas (in Olivenöl mit Knoblauch und Chili eingelegt), je eine Tube Sardellenpaste und Tomatenmark, ein Glas Kapern und einige Pinienkerne (Nüsse halten sich im Kühlschrank länger) für pesto oder für verschiedene Füllungen aufbewahren. Ich lege auch Mandeln in den Kühlschrank, da sie meine Lieblingszutat für Nachspeisen, Kuchen und Kekse sind, sowie etwas Zitronat und Orangeat, die ich mit Zucker vermische und in ein luftdichtes Schraubglas fülle.

Im Tiefkühler habe ich stets ein paar kleine Packungen mit *pancetta* und gepökeltem Schweinebauch. Wenn ich zu meinem italienischen Lieblingsgeschäft gehe, kaufe ich von beiden jeweils 500 g und teile sie für den Tiefkühler in Portionen auf, die genau für ein Rezept reichen. Auch etwas *luganega* habe ich immer eingefroren.

Wenn ich irgendwo frischen *ricotta* entdecke, kaufe ich gleich ein Pfund. Einen Teil davon esse ich pur, den Rest verwende ich zum Kochen. Kaufen Sie allerdings nie mehr, als Sie in den nächsten 24 Stunden aufbrauchen können, da er sehr schnell *la punta* di *amaro* erreicht, also etwas bitter wird.

Und schließlich liegt in jedem italienischen Kühlschrank noch eine Packung Butter.

Pasta

Pasta

Ich bin mir sicher, dass ich Pasta hier nicht als kulinarische Neuigkeit einführen muss. Aber ich möchte doch auf ein oder zwei häufige Missverständnisse eingehen. Eines betrifft den Unterschied zwischen frischer und getrockneter Pasta, was vor allem an den beiden Wörtern »frisch« und »getrocknet« und ihrer sonstigen Verwendung liegt. Danach gilt das, was nicht frisch ist, als irgendwie »alt« oder zweitklassig, sodass bei dem Ausdruck »frische Pasta« anklingt, dass die andere Sorte, also die »nicht-frische Pasta« womöglich von minderer Qualität ist. Das ist aber nicht der Fall. Ich hege keinerlei Zweifel, dass getrocknete Pasta von einer guten Marke besser ist als die meisten Sorten frischer Pasta, die in Großbritannien sowie vielen anderen westlichen Ländern verkauft werden, wo frische Pasta als schick gilt – und das, obwohl in Italien, der unbestreitbaren Heimat der Pasta, die meisten Leute fast nur getrocknete Pasta kochen. Ich rate Ihnen, entweder frische Pasta selbst zu machen, was mit einer günstigen Nudelmaschine mit Handkurbel ganz schnell und einfach geht, oder aber getrocknete Pasta von guter Qualität zu kaufen.

Auch die Vorstellung, dass man Pasta immer besonders gut abtropfen lassen muss, ist falsch. Sie sollten Pasta nicht zu lange abtropfen lassen: Sobald sie *al dente* ist, schütten Sie sie in ein großes Sieb, schütteln es ein paar Mal und geben die noch feuchte und glitschige Pasta dann schnell in eine vorgewärmte Schale oder zur Sauce in die Pfanne. In Neapel holt man lange Pasta mit einer langen Holzgabel aus dem Wasser, anstatt sie in einem Sieb abtropfen zu lassen. Für kurze Pasta verwendet man einen langstieligen, aus Korb geflochtenen Seiher. Man sagt dort *»gli spaghetti devono avere la goccia«*, was bedeutet, dass die *spaghetti* noch ordentlich nass sein sollen, wenn sie in die Servierschüssel gefüllt werden. Neapolitanerinnen stellen einen Tonkrug mit dem Kochwasser mit auf den Tisch, wenn sie Pasta in dicker, cremiger Sauce servieren. Bei Bedarf kann man sich dann bei Tisch ein wenig davon über die Pasta gießen.

Eine weitere Regel lässt sich mit folgendem Ausspruch zusammenfassen: *»gli spaghetti amano la compagnia«* – *spaghetti* lieben Gesellschaft. Beim Kochen müssen Sie in der Nähe bleiben, außer wenn Sie die Methode bevorzugen, die ich von Vincenzo Agnesi, einem Pastaproduzenten aus Ligurien, gelernt habe: Sie eignet sich allerdings nur für getrocknete Pasta. Als ich mich 1974 für mein erstes Buch *Portrait of Pasta* mit ihm traf, war er der fitteste Achtzigjährige, den ich bis dahin kennengelernt hatte. Dies lag seinen Worten nach daran, dass er jeden Tag seines Lebens 100 g Pasta gegessen hatte. Er erklärte mir, wie er seine Pasta kochte, wobei der Vorteil seiner Methode darin liegt, dass die Pasta nicht zu Tode gekocht wird und so nicht all ihre guten Inhaltsstoffe verliert. Die Agnesi-Methode geht folgendermaßen: Wasser in einem großen Topf zum Kochen bringen, Salz hinzufügen (das Wasser sollte salzig schmecken), dann die Pasta zugeben und kräftig umrühren. Sobald das Wasser wieder sprudelt, 2 Minuten unter häufigem Rühren kochen. Dann den Herd ausschalten, den Topf mit einem dicken Geschirrtuch abdecken und einen dicht abschließenden Deckel obenauf legen. So lange stehen lassen, wie man die Pasta normalerweise kochen würde. Danach abseihen. Das Wasser wird klarer als sonst sein und die Pasta hat den typischen Grießgeschmack nicht verloren. Außerdem wird die Pasta nicht zerkocht, falls Sie sie eine Minute zu lang im Topf lassen.

Die richtige Garzeit für Pasta ist freilich bis zu einem gewissen Punkt eine Geschmacksfrage. Wer traditionelle englische oder deutsche Küche gewohnt ist, dem wird die Pasta, wie man sie beispielsweise in Neapel serviert, nicht weich genug erscheinen. Den folgenden Hinweis, den ich in der englischen *Baedeker*-Ausgabe von 1900 entdeckt habe, fand ich sehr amüsant: »Maccaroni [*sic*] werden in Neapel sehr geschätzt, sind aber meist recht hart und sollten deshalb *ben cotti* bestellt werden.«

Mein letzter Tipp (oder sollte ich besser »Anweisung« sagen?) lautet: Vermengen Sie die Pasta sofort nach dem Abseihen mit der Sauce. Sollte die Sauce aufgrund falschen Timings noch nicht fertig sein, nehmen Sie einfach etwas Butter oder Öl. Lassen Sie Pasta niemals in einem Sieb oder einer Schüssel herumliegen, ohne sie mit etwas zu vermengen.

Selbst gemachte Pasta

Nachdem ich mit unterschiedlichsten Kombinationen aus Mehl plus Eier, Wasser, Öl etc. experimentiert hatte, besann ich mich wieder auf das Originalrezept für *la vera sfoglia Emiliana* (typischer Teig der Region Emilia) aus Weizenmehl und Eiern. In Italien verwendet man dafür Type 00, *doppio zero* oder *zero zero*, ein Mehl mit hohem Glutengehalt, mit dem sich der Teig gut dehnen und dünn ausrollen lässt. Type 00 ist mittlerweile fast überall erhältlich. In Deutschland kann notfalls auch Weizenmehl Type 550 verwendet werden, die Pasta wird jedoch wahrscheinlich etwas weicher. Nachdem ich mehrere elektrische Maschinen ausprobiert hatte, kam ich zu dem Schluss, dass sich für eine Familie am besten eine Maschine mit Handkurbel eignet, da sie keinen Lärm macht und schnell gereinigt ist.

Mit dem folgenden Rezept erhält man 300 g Pastateig, was für drei Teller *tagliatelle* oder vier Teller gefüllte Pasta reicht.

FÜR 300 G PASTATEIG

200 g Weizenmehl (Type 00 oder 550), plus ca. 30 g mehr, falls Sie eine Pastamaschine mit Handkurbel verwenden
2 Bio-Eier (geschmacklich besser, Größe L)
1 gute Prise Salz

1. Das Mehl auf der Arbeitsfläche aufhäufen und in die Mitte eine Mulde drücken. Die Eier hineinschlagen und das Salz zufügen. Das Mehl mit einer Gabel oder mit den Fingern langsam vom Rand in die Eier einarbeiten, dann kneten und den Teig zu einer Kugel formen. Falls er noch klebrig ist, etwas mehr Mehl zugeben. Die Hände säubern und die Arbeitsfläche abwischen.
2. Falls eine Küchenmaschine verwendet wird, den Teig 5 Minuten darin kneten. Dann in Frischhaltefolie wickeln und 30 Minuten ruhen lassen. Anschließend in vier Portionen teilen und diese jeweils einzeln verarbeiten. Den restlichen Teig währenddessen mit einer Schüssel abdecken oder zwischen zwei Suppenteller legen. Den Teig erneut kneten und nach Herstellerangaben der Maschine ausrollen. Für *tagliatelle*, *pappardelle* und *fettuccine* die vorletzte Stufe einstellen, für gefüllte Pasta auf letzter Stufe ausrollen.
3. Falls der Teig von Hand ausgerollt wird, Arbeitsfläche und Hände mit Mehl bestäuben und den Teig weitere 5 Minuten kneten, bis er kompakt, glatt und elastisch ist. Den Teig in Frischhaltefolie oder ein Geschirrtuch wickeln und 30 Minuten ruhen lassen.
4. Arbeitsfläche und Nudelholz mit Mehl bestäuben und den Teig dehnen und ausrollen. Dabei von der Kante der Arbeitsfläche nach vorne arbeiten. Den Teig regel- und gleichmäßig drehen, damit er kreisförmig bleibt.

5. Falls die Pasta gefüllt oder *lasagne* oder *pappardelle* (siehe S. 36) zubereitet werden sollen, kann gleich der nächste Schritt folgen, ganz unabhängig davon, ob Pastamaschine oder Nudelholz verwendet wurden. Für *tagliatelle* und *fettuccine* die *sfoglia* (Teigkreis) oder die Teigstreifen dagegen auf einem sauberen Geschirrtuch unter mehrfachem Wenden mindestens 30 Minuten trocknen lassen, da der Teig sonst zu klebrig ist. Die Länge der Trockenzeit hängt vom Feuchtigkeitsgrad und der Temperatur der Küche ab.
6. Falls die Pasta von Hand ausgerollt wurde, die *sfoglia* locker zusammenrollen und mit einem breiten Messer in Streifen in der gewünschten Breite schneiden. Dann die nun kochfertigen Nudeln wieder entrollen.

Pasta kochen

Getrocknete und frische Pasta werden auf die gleiche Weise gekocht (außer bei der auf S. 20 beschriebenen Agnesi-Methode). Der einzige Unterschied liegt in der Gardauer, wobei manche frische Pastasorten schon nach 30 Sekunden fertig sind.

Die allgemeine Regel zur Wassermenge lautet: 1 Liter pro 110 g Pasta. Nehmen Sie einen großen Topf, geben Sie pro Liter 1 TL Salz zu und bringen Sie das Wasser zum Kochen. Geben Sie die Pasta hinein, rühren Sie mit einem Holzkochlöffel um und kochen Sie sie *al dente*.

Bei frischer Pasta schütten Sie eine Tasse kaltes Wasser in den Topf, bevor Sie die Pasta abseihen. Auf diese Weise gart die Pasta nicht weiter. Gut umrühren und dann abseihen. Denken Sie auch daran, dass frische *tagliatelle* mehr Sauce aufnehmen. Lassen Sie diese daher nie zu lange abtropfen und bewahren Sie stets eine Tasse des Kochwassers zum Verdünnen auf, falls sie zu trocken geworden sind.

Für jede Form die richtige Sauce

Für die Wahl der richtigen Sauce zur jeweiligen Pastaform existieren einige Grundregeln. Lange, dünne getrocknete Pasta sollte mit leichten, ölbasierten Saucen kombiniert werden, damit die langen Nudeln nicht aneinanderhaften, sondern gut rutschen. Lange, etwas dickere Pasta, wie z. B. *bucatini* oder *tagliatelle*, passt am besten zu Sahne-, Käse- oder Eiersaucen oder auch zu Fleisch. Mittelgroße Röhrennudeln harmonieren gut mit Gemüsesaucen, während sich große, kurze Pasta, wie *penne* oder *rigatoni*, für üppige Saucen und *ragù* oder Ofengerichte eignet. Diese letzten Saucen sind auch die idealen Partner für *tagliatelle* oder *fettuccine*.

Tagliatelle al sugo di zucca

Tagliatelle mit Kürbissauce

Als ich vor einigen Jahren Ende September auf der Halbinsel Cilento war, die südlich von Paestum liegt, entdeckte ich dort gelbliche Riesenzucchini mit hellgrünem Fruchtfleisch. Ich konnte mich nicht erinnern, diese Sorte jemals zuvor gesehen zu haben. Sie wurde *zucca* genannt, und die Einheimischen bereiteten daraus eine herrliche Pastasauce zu. Diese saftige Kürbissorte steckt voller konzentrierter Aromen, die sie der heißen Sonne Süditaliens verdankt.

Kaum war ich wieder in London, ging ich auf Kürbisexpedition quer durch die Stadt, vom sehr englischen Barnes (meinem Wohnort) und Kensington über das jamaikanische Brixton und das kosmopolitische Dalston. Ich stellte fest, dass sich für italienische Gerichte der große, dicke Kürbis mit fleckiger gelber Haut und leuchtend orangefarbenem Fruchtfleisch am besten eignet. Diese Kürbisse wiegen um die vier Kilogramm oder sogar mehr. Sie werden im Ganzen, halbiert, geviertelt oder sogar in Spalten verkauft. Ich kaufe gerne den ganzen Kürbis, falls er nicht zu groß ist. Daraus kann ich dann die *Tagliatelle*-Sauce für eine Mahlzeit sowie ein *risotto di zucca* als weitere Mahlzeit zubereiten. Den Rest schäle und säubere ich, koche ihn dann in sehr wenig Wasser und püriere ihn anschließend. Das Püree lässt sich gut einfrieren und kann später für *gnocchi* oder für *ravioli mantovani* verwendet werden. Diese üppigen *ravioli* enthalten auch *amaretti*, *mostarda di Cremona* und *grappa* – ein köstliches Erbe aus den Küchen des Adelsgeschlechts Gonzaga. Das *risotto* wird wie die *Tagliatelle*-Sauce zubereitet, d. h. der Reis wird nach 15 Minuten zu sautierter Zwiebel und Kürbis gegeben und dann in hausgemachter Brühe gegart.

Aber zurück zum Rezept: Sie benötigen einen guten Kürbis mit unbeschädigter Schale und leuchtend orangefarbenem Fruchtfleisch. Falls Sie Kinder haben, können Sie die Kerne aufbewahren, mit etwas Salz bestreuen und bei mittlerer Hitze im Backofen 15 Minuten rösten. Kürbiskerne (man isst den inneren Kern und lässt die Schale übrig) werden in Süditalien und auf Sizilien sehr gerne von Schulkindern gegessen. Dort gelten sie als *passatempi* – wortwörtlich Zeitvertreib – und werden meist unterwegs auf der Straße verzehrt.

Für 4–5 Personen

- *tagliatelle* aus 3 Bio-Eiern und 300 g Weizenmehl, alternativ 500 g gekaufte *tagliatelle* oder 350 g getrocknete Eier-*tagliatelle*
- 100 g Schalotten oder Zwiebeln
- 60 g Butter
- Salz
- 800 g Kürbis
- 1 gute Prise frisch geriebene Muskatnuss
- 2 EL frisch geschnittene glatte Petersilie
- 200 g Kochsahne (ca. 18 % Fett)

1. Zuerst die *tagliatelle* nach den Anweisungen auf S. 21 zubereiten. Den Teig mit der Maschine bis zur vorletzten Stufe oder von Hand so dünn wie möglich ausrollen.
2. Die Schalotten schälen und so fein hacken, dass sie einem stückigen Püree ähneln.
3. Butter und Schalotten in einem schweren Topf langsam erhitzen, bis die Butter geschmolzen ist. Mit etwas Salz bestreuen, sodass die Schalotten Feuchtigkeit abgeben und garen, ohne anzubräunen. Die Mischung mit einem Stück gebuttertem Papier (ich nehme das Einwickelpapier der Butter) abdecken und einen Deckel auflegen. Bei sehr schwacher Hitze unter häufigem Rühren 30 Minuten garen, bis die Schalotten sehr weich sind.
4. Inzwischen den Kürbis in Stücke schneiden und Kerne sowie faseriges Fruchtfleisch entfernen. Die Stücke schälen und stifteln.

4 EL frisch geriebener Parmesan, plus mehr nach Belieben
schwarzer Pfeffer aus der Mühle

5. Den Kürbis zu den Schalotten geben, mit Muskatnuss würzen und den Deckel auflegen. Bei schwacher Hitze 40 Minuten garen, bis der Kürbis sehr weich ist. Petersilie, Kochsahne, Parmesan und Pfeffer zufügen. Mit Salz abschmecken und den Topf vom Herd nehmen.
6. Die Pasta in reichlich Wasser mit Salz kochen. Nicht vergessen: Hausgemachte Pasta muss je nach Dicke nur 1 ½–2 Minuten kochen.
7. Abseihen, dabei eine Tasse Kochwasser auffangen und beiseitestellen. Die Pasta sofort zum Kürbis in den Topf geben, einige EL des Kochwassers zugießen und 1 Minute erhitzen. Die Pasta beim Umrühren aus der Sauce heben, damit die Sauce nicht zu stark eindickt. Sofort servieren und nach Belieben extra Parmesan in einer Schüssel dazureichen.

Wenn ich ein Pastagericht serviere, das noch kurz in dem Topf erhitzt werden muss, in dem die Sauce zubereitet wurde, teile ich es direkt aus dem Topf aus. Wie alle langsam gegarten Gerichte, die nicht anbräunen sollen, kochen Sie auch diese Sauce besser in einem Tontopf oder anderen dickwandigen Topf, der für die Zubereitung auf dem Herd geeignet ist.

Als *secondo* können Sie ein Kalbfleischgericht wie *Scaloppine al basilico e limone* (S. 279) oder ein Hähnchengericht wie *Petti di pollo all'arancia* (S. 224) wählen. Für eine vegetarische Speisenfolge würde ich *Zucchine ripiene alla mantovana* (S. 211) servieren – eine Hommage an Mantuas großartige Küche.

Timballo di pesce

Fisch-Timbale

Jahrelang bereitete ich eine sehr gute *pasticcio di pesce* zu, eine gebackene *lasagne* mit Schichten aus Fisch, Béchamelsauce und einer cremigen rosa Sauce. Dann stieß ich dank Suzy Benghiat auf ein Rezept für Fisch-Timbale von Fulvia Sesani, die eine Kochschule in Venedig leitet. Das Rezept ließ schon erahnen, dass dieses *lasagne*-Gericht nach dem Stürzen nicht nur sehr appetitlich aussehen, sondern auch köstlich schmecken würde. Es klang zu verführerisch – ich musste es einfach ausprobieren. Also verwandelte ich mein *pasticcio di pesce* in ein *timballo di pesce*. Für Anfänger ist es weniger geeignet, aber für alle, die gerne die Herausforderung suchen.

Die Timbale schmeckt so gut, dass Sie sich nach Möglichkeit die Zeit nehmen sollten, Ihre eigene *lasagne* zuzubereiten. Für den Fisch nehme ich verschiedene Arten, je nachdem, welcher mir gerade am frischesten erscheint. Ein Heilbuttsteak, ein Stück Seehecht oder ein Schellfischschwanz eignen sich wunderbar, aber Sie können natürlich auch Steinbutt oder Loup de Mer kaufen, falls Ihnen nach etwas Besonderem zumute ist. Einige der Fische sollten Sie mit Kopf nehmen, wie z. B. eine Rotzunge – dies verleiht dem Gericht ein intensiveres Aroma. Am besten wählen Sie drei verschiedene Fischarten aus und pochieren diese in einer Court-Bouillon. Ich habe oft Fisch-Fumet im Tiefkühler (eine Court-Bouillon, in der bereits Fisch oder Fischköpfe gegart wurden). Falls nötig, verdünne ich sie mit ein wenig Wasser. Sie können das ganze Gericht bereits am Vortag zubereiten und dann im Kühlschrank aufbewahren. Ich schätze, Sie könnten es sogar tiefkühlen, wobei ich finde, dass aufgetaute Pasta etwas schwer schmeckt. Wenn Sie das Gericht tiefgekühlt haben, lassen Sie es Zimmertemperatur annehmen, bevor Sie es im Backofen erhitzen.

Für 6 Personen

1 Zwiebel
1 Stange Staudensellerie
1 Lorbeerblatt
einige Stängel Petersilie, Fenchelgrün und Thymian (oder andere Kräuter)
Salz
300 ml trockener Weißwein
einige Pfefferkörner
650 g weißfleischiger Fisch (3 verschiedene Arten)
Lasagne-Blätter aus 2 Bio-Eiern, 200 g Weizenmehl, 1 Prise Salz und 1 TL nativem Olivenöl extra (s. S. 21), alternativ 350 g frische *lasagne*-Blätter oder 240 g getrocknete *lasagne*-Blätter
Olivenöl
Béchamelsauce aus 300 ml Fischfond, 300 ml Milch, 60 g Butter und 60 g Weizenmehl

1. Für die Court-Bouillon Zwiebel, Sellerie, Lorbeerblatt, Kräuter sowie etwas Salz in einem großen Topf mit gut 1 l kaltem Wasser zum Kochen bringen. Einen Deckel auflegen und 10 Minuten köcheln lassen. Dann Wein und Pfefferkörner zufügen und weitere 20 Minuten köcheln lassen.
2. Den Fisch zugeben und die Bouillon erneut zum Kochen bringen. Den Herd ausschalten und den Fisch in der Flüssigkeit abkühlen lassen.
3. Nun den Anweisungen auf S. 21 folgen und die Pasta zubereiten. Den Teig mit dem Nudelholz möglichst dünn ausrollen oder auf vorletzter Stufe durch die Pastamaschine drehen.
4. Die Pasta in Stücke von 20 cm Länge schneiden (die Breite 10 cm entspricht der Pastamaschine).
5. Für *lasagne* nimmt man am besten einen großen, tiefen Topf. Etwa 4 l Wasser hineingießen und zum Kochen bringen.
6. Inzwischen eine große Schüssel mit kaltem Wasser füllen und neben den Topf stellen. Zwei saubere Geschirrtücher auf die Arbeitsfläche legen.
7. Sobald das Wasser kocht, 1 EL Salz und 1 EL Olivenöl zufügen und drei oder vier Pastablätter hineingleiten lassen. Gerade *al dente*

2 Bio-Eier
45 g Parmesan, frisch gerieben
schwarzer Pfeffer aus der Mühle
30 g Butter

Für die Sauce
4 EL Olivenöl
2 Knoblauchzehen, zerdrückt
1 getrocknete Chili
2 EL Tomatenmark
100 ml trockener Weißwein
300 g gegarte Garnelen mit Schale
300 g Crème double
Salz und schwarzer Pfeffer aus der Mühle

kochen, dann die Pasta herausheben (ich verwende dafür zwei Pfannenwender) und in die Schüssel mit kaltem Wasser tauchen. Jedes Blatt vorsichtig reiben (wie ein zartes Stück Stoff) und auf das Geschirrtuch legen. Mit den restlichen Blättern ebenso verfahren (jeweils drei oder vier auf einmal). Die Blätter so auf dem Tuch auslegen, dass sie sich nicht berühren, da sie sonst zusammenkleben. Wenn alle Blätter gekocht, »abgerieben« und ausgebreitet sind, mit Küchenpapier trocken tupfen.
8. Den Fisch aus der Bouillon heben und die Flüssigkeit abseihen. 300 ml davon abmessen, mit der gleichen Menge Milch in einen Topf gießen und daraus eine dickflüssige Béchamelsauce zubereiten (siehe S. 321, dabei statt reiner Milch die Milch-Fischsud-Mischung verwenden).
9. Während die Béchamelsauce kocht, den Fisch von Kopf, Gräten und Haut befreien. Die Fischstücke in einen Mixer geben und bei laufendem Gerät die Eier einzeln zufügen. In eine Schüssel umfüllen und Béchamelsauce sowie Parmesan gut untermengen. Mit Salz und Pfeffer würzen.

10. Den Backofen auf 200 °C vorheizen, falls die *lasagne* direkt gebacken werden soll. Eine Metallform (1 ¼ l Fassungsvermögen) mit der Hälfte der Butter einfetten. Die Form mit Pastablättern auslegen – sie sollten sich möglichst wenig überlappen. Rundum 5 cm Rand überhängen lassen. Bei Bedarf in Form schneiden (das klappt mit einer Schere besser als mit einem Messer). Etwa 3–4 EL der Fisch-Béchamel-Mischung darauf verteilen und mit Pastablättern bedecken (falls nötig, wieder zuschneiden). Abwechselnd Fisch und Pasta einfüllen, bis nur noch ein Pastablatt übrig ist, dabei mit der Fischmischung abschließen. Die überhängende Pasta über die oberste Fischschicht klappen, das letzte Pastablatt obenauf legen und leicht andrücken.
11. Die restliche Butter schmelzen. Die *lasagne* damit bestreichen und mit Alufolie abdecken. Das Gericht nun entweder für einen späteren Zeitpunkt kalt stellen oder sofort im Wasserbad im Ofen backen. War das Gericht davor kalt, beträgt die Backzeit ca. 1 Stunde. Wurde es gerade erst zusammengestellt, ist es in etwa 30 Minuten fertig. Es schadet aber nicht, wenn es ein klein wenig länger im Ofen bleibt.
12. Für die Sauce Öl, Knoblauch und Chili in einem Topf mit schwerem Boden erhitzen. Den Knoblauch herausnehmen und wegwerfen, sobald er aromatisch duftet. Die Chili ebenfalls entfernen.
13. Das Tomatenmark ins zischende Öl geben und unter ständigem Rühren 1 Minute erhitzen. (Ich finde, dass der recht unangenehme konzentrierte Geschmack des Marks schneller verfliegt, wenn es zuerst alleine angebraten wird.) Danach langsam den Wein zu-

gießen und zum Kochen bringen. Die Sauce 15 Minuten sehr schwach köcheln lassen.
14. Inzwischen ein paar der schönsten Garnelen für die Garnierung zur Seite legen. Die anderen Garnelen schälen und entdarmen. Garnelenköpfe und -panzer auf ein Mulltuch legen. Das Tuch zu einem kleinen Beutel binden und den Inhalt in einem Mörser mit dem Stößel zerstoßen, sodass die köstlichen Säfte austreten. Den Beutel über dem Topf mit der Sauce ausdrücken: Der rötlichbraune Saft verleiht der Garnelensauce ein intensiveres Aroma – gerade bei Garnelen, die man normalerweise auf dem Markt bekommt (also gekochte Garnelen, die meist zuvor tiefgekühlt waren), besonders wichtig. Gut umrühren, dann Crème double und geschälte Garnelen zufügen und mit Salz und Pfeffer abschmecken. Langsam erhitzen, bis die Sauce zu kochen beginnt. Einige Minuten köcheln lassen, dann im Mixer zu einer glatten, homogenen Sauce pürieren. Zurück in den Topf gießen und im Wasserbad warm halten.
15. Wenn der *timballo* fertig ist, mit einem Palettmesser am Rand entlangfahren, um die *lasagne*-Blätter aus der Form zu lösen. Einen Teller obenauf legen, die Form zusammen mit dem Teller umdrehen und die Form vorsichtig abnehmen. Etwas Sauce rund um den *timballo* verteilen, die restliche Sauce in eine Schüssel oder eine Sauciere füllen. Die Panzer, aber nicht die Köpfe der beiseitegelegten Garnelen entfernen; so wirken sie als Dekoration für dieses grandiose Gericht noch schöner.

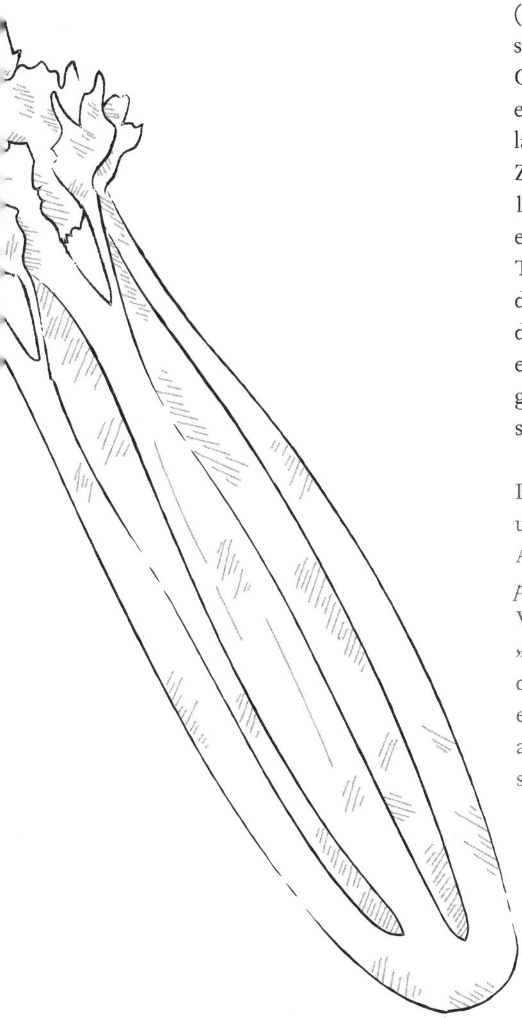

Ich serviere diese Timbale als Hauptgericht, was eigentlich sehr unitalienisch ist. Dazu reiche ich einen Salat.
Als Vorspeise passt eine schlichte Suppe. Oder Sie wählen ein *antipasto* aus *prosciutto* und Melone.
Wenn Sie wirklich *à la mode* kochen möchten, servieren Sie ein »rosafarbenes Abendessen«: beginnend mit einer Tomatensuppe, dann den *timballo* und zum Abschluss ein Himbeer-Syllabub oder ein Erdbeereis. Stimmen Sie die Gänge geschmacklich und farblich aufeinander ab – so sollte die Tomatensuppe z. B. fein aromatisch sein und nicht nach Gazpacho schmecken.

Bigoli con le sardelle

Vollkornspaghetti mit Sardinen

Bigoli sind dicke *spaghetti*, die ursprünglich daheim zubereitet wurden, indem man den Nudelteig durch ein *bigolaro* genanntes Gerät presste. Der Teig besteht aus hellem Weizenmehl, Vollkornweizenmehl, Eiern und Wasser. *Bigoli* sind die einzige traditionelle Pasta, die Vollkornweizenmehl enthält. In Venetien kann man sie frisch in Pastageschäften kaufen. In Deutschland und Großbritannien bekommt man sie in den meisten Geschäften und Supermärkten als getrocknete Pasta.

Bigoli und Fisch gehören seit Urzeiten zusammen. Typisch sind die beiden Rezepte *bigoli in salsa* mit eingelegten Sardellen und, wie hier, *bigoli* mit Sardinen. Diese Gerichte aß man traditionell an Fastentagen. Die Sardinen für dieses Gericht sollten, wie die Venezianer sagen, *tonde e belle come le toselle* sein, also »rund und frisch wie junge Mädchen«. Falls Ihnen die Sardinen aber nicht besonders frisch erscheinen, können Sie auch Sprotten nehmen.

Für 4 Personen

350 g frische Sardinen
Salz
300 g *bigoli* oder Vollkorn-*spaghetti*
1–2 Knoblauchzehen
1 Bund Petersilie
4 EL natives Olivenöl extra
schwarzer Pfeffer aus der Mühle

1. Die Sardinenköpfe abschneiden und wegwerfen. Jeweils den Bauch vom Kopfende bis zum Schwanz aufschneiden. Innereien und andere lose Teile mit den Fingern herausnehmen und das Rückgrat, am Schwanzende beginnend, auf einer Seite lösen. Den Fisch flach auslegen und das Rückgrat vom Kopfende aus auf der anderen Seite lösen, wo es noch am Fisch befestigt ist. Das lose Rückgrat am Schwanzende abbrechen.
2. Die Fische gründlich unter kaltem Wasser abspülen und auf einem schiefen Brett abtropfen lassen, während die Sauce zubereitet wird.
3. Das Wasser für die Pasta erhitzen. Sobald es kocht, zuerst das Salz, dann die Pasta zugeben.
4. Die Sardinen gründlich mit Küchenpapier trocken tupfen. Knoblauch und Petersilie hacken und mit 3 EL Olivenöl in einer großen Pfanne mit Antihaftbeschichtung erhitzen. Sobald der Knoblauch sein Aroma entfaltet, die Sardinen mit der Hautseite nach unten in die Pfanne legen, 2 Minuten braten, dann mit dem Pfannenwender vorsichtig wenden und von der anderen Seite weitere 2 Minuten garen. Mit Salz und Pfeffer würzen.
5. Die Pasta abseihen und zurück in den Topf füllen. Mit dem restlichen Olivenöl beträufeln, schwenken und in eine vorgewärmte Schale geben. Die Sardinen auf den *spaghetti* schön arrangieren und mit dem Bratensaft aus der Pfanne übergießen. Sofort servieren.

Ich serviere Pasta gerne als *primo*. Nach diesem Gericht würde ich einen üppigen Salat aus gegartem Gemüse oder *Melanzane al limone* (S. 138) reichen. Wenn Sie die Pasta gerne als *secondo* servieren, sollten Sie sie knapp *al dente* kochen, mit Alufolie abdecken und bei schwacher Hitze in den Backofen stellen, während Sie den ersten Gang verzehren, z. B. *Peperoni alla siciliana* (S. 128).

Tonnarelli alla polpa di granchio

Tonnarelli in Krabben-Tomaten-Sahne-Sauce

Dies ist eines der besten Gerichte aus dem *Ristorante Ciccio*. Das Restaurant befindet sich in Bocca di Magra, einem Ferienort an der Küste im Süden von Ligurien, von wo aus man über die Magraebene zu den majestätischen Apuanischen Alpen blicken kann. In diesen Bergen wird der Carrara-Marmor abgebaut. Aufgrund der riesigen Steinbrüche wechseln die Berghänge, wenn sich im Laufe des Tages das Licht verändert, ihre Farbe von dunklem Blaugrün am Morgen bis zum zartesten Rosa am Abend.

Das *Ciccio* besuchten wir zum ersten Mal vor dreißig Jahren, als es gerade eröffnet hatte und Bocca di Magra ein entzückendes verschlafenes Nest mit einer *pensione* und einem Restaurant war – dem *Ciccio*. Inzwischen gibt es mehrere Hotels und unzählige Jachten im neu gebauten Hafen. Trotzdem ist das *Ciccio* noch immer ein sehr schönes Restaurant mit hervorragenden Gerichten auf der Speisekarte. Als wir es im Frühjahr 1988 besuchten, war dort mittags eine große Gesellschaft, die eine goldene Hochzeit feierte. *La sposa d'oro* – die goldene Braut – und ihre vierzig Gäste schafften es, sieben verschiedene *antipasti*, ein Meeresfrüchte-*risotto*, *tonnarelli* mit Krabbe (wie in diesem Rezept), Doraden in Salzkruste, *fritto misto*, Salat mit Rucola, Wildkräutern und Tomaten, Obstsalat mit Eis sowie die Hochzeitstorte (*a mille feuille* mit *crème chantilly*) zu verspeisen und noch einen Kaffee dazu zu trinken. Mein Mann und ich schämten uns, dass wir nur ein Zwei-Gänge-Menü bewältigt hatten und uns danach zur Siesta an den Strand zurückziehen mussten. Doch als wir um halb fünf zurückspazierten und am Restaurant vorbeikamen, saßen die etwas benebelt wirkenden Erwachsenen immer noch um den Tisch, während die Kinder, endlich befreit von der elterlichen Aufsicht, fröhlich umherrasten.

Die Zubereitung einer lebenden Krabbe

Ich kaufe meine Krabben immer lebend, da ich zum Glück in der Nähe eines hervorragenden Fischhändlers in London lebe. Falls Sie keine lebende Krabbe bekommen, achten Sie darauf, dass sie zumindest frisch gekocht ist. In diesem Fall öffnet der Fischhändler die Krabbe gerne für Sie und entfernt die nicht essbaren Teile. Sollten Sie jedoch ein lebendes Meerestier ergattern, legen Sie es zu Hause in das Spülbecken oder eine Schüssel. Gießen Sie dann reichlich kochendes Wasser darüber, bis die Krabbe vollständig bedeckt ist. Wenn keine Blasen mehr an die Oberfläche steigen (max. 5 Minuten), können Sie die Krabbe zubereiten.

Beine und Scheren mit einer Drehbewegung herauslösen. Körper und Beine mit einer harten Bürste putzen. Scheren und Beine mit einem Hammer oder einem Nussknacker aufbrechen, dabei aber das Fleisch nicht zerdrücken. Das Fleisch herauslöffeln. Den Krabbenkörper mit der Bauchseite zum eigenen Körper hin halten, den eingeklappten Schwanz anheben und kräftig ziehen, um die Unterseite vom Panzer zu lösen. Damit entfernt man gleichzeitig die Innereien. Nun den inneren Rand entfernen und das orange, braune und weiße Fleisch mit dem spitzen Griff eines Teelöffels herausschaben. Den grauen Magensack, Mundwerkzeuge und Kiemen entfernen. Die am breiteren Schwanz erkennbare weibliche Krabbe enthält vielleicht köstlichen Rogen, der zusammen mit der cremigen Krabbenbutter als bester Teil der Krabbe gilt.

Nachdem der Großteil des Fleischs herausgelöst wurde, einen Krabbenfond herstellen. Dafür die Karkasse in einen Topf legen, mit Wasser bedecken und 15 Minuten kochen. Danach das restliche Fleisch herauslösen, das vor dem Kochen festsaß. Gegartes und rohes Fleisch getrennt aufbewahren. Nun ist die schwerste Arbeit erledigt, denn die Sauce ist im Nu zubereitet. *Tonnarelli* sind Eierteig-*spaghetti* mit quadratischem Querschnitt; sie sind aufgrund ihrer Festigkeit für diese Sauce ideal.

Für 4–6 Personen
tonnarelli aus 300 g Weizenmehl und 3 Bio-Eiern, alternativ 500 g frische *spaghetti* oder 350 g getrocknete Eier-*tagliatelle*
1 Krabbe (à ca. 500 g)
2 Knoblauchzehen
4 EL natives Olivenöl extra
2 Schalotten oder 1/2 Zwiebel, sehr fein gehackt
Salz
Krabbenfond, gekocht aus der Krabbenkarkasse (siehe Rezepteinführung)
1 EL Tomatenmark
200 g Crème double
225 g Garnelen
schwarzer Pfeffer aus der Mühle
30 g weiche Butter

1. Die *tonnarelli* gemäß den Anweisungen auf S. 21 zubereiten. Den Teig kneten, mit der Pastamaschine (vorletzte Stufe) ausrollen und in Streifen schneiden. Die Pastastreifen sollten genauso dick sein wie die Breite der schmalen Rillen am Schneidewerk der Maschine.
2. Die frische Krabbe zubereiten. Dabei den Anweisungen in der Rezepteinführung folgen.
3. Knoblauch im Öl in einem Topf bei schwacher Hitze braten. Den Knoblauch entfernen und wegwerfen, sobald er goldbraun wird. Schalotten und etwas Salz zufügen, einen Deckel auflegen und bei schwacher Hitze schmoren, bis sie weich sind. Die Schalotten nicht anbräunen lassen. Falls nötig, 1–2 EL Krabbenfond zugießen.
4. Das Tomatenmark hinzufügen und unter ständigem Rühren 1 Minute braten. 4 EL Krabbenfond zugießen und zum Kochen bringen. 10 Minuten köcheln lassen, dann Crème double einrühren und erneut zum Kochen bringen. Das rohe Krabbenfleisch zugeben und 2 Minuten garen, zum Schluss das gegarte Krabbenfleisch zufügen. Vom Herd nehmen und alles glatt pürieren. Die Sauce zurück in den Topf füllen.
5. Garnelen schälen und entdarmen, die größeren Exemplare in Scheiben schneiden und mit 1 guten Prise schwarzem Pfeffer zur Sauce geben. Mit Salz abschmecken. Die Sauce ist jetzt fertig und kann im Wasserbad aufgewärmt werden, sobald sie mit der Pasta vermengt werden soll.
6. Die Pasta in reichlich Wasser mit Salz kochen. Kurz vor Ende des Garvorgangs eine Tasse Kochwasser abschöpfen, um damit später die Sauce zu verdünnen. Die Pasta (nicht zu gründlich) abseihen und in eine vorgewärmte Schüssel füllen. Sofort die Butter zufügen und mit der Pasta vermengen. Dann die Sauce darübergießen und gründlich untermischen. Etwas Kochwasser zugeben, bis die Pasta rundum von der Sauce bedeckt ist – sie sollte nicht zu dickflüssig sein. Zum Servieren die Tasse mit dem restlichen Kochwasser mit auf den Tisch stellen, falls die Sauce beim Abkühlen zu dick wird.

Ich reiche zu diesem Gericht keinen Parmesan, da er das zarte Aroma der Krabbensauce überdecken würde.
Ein derartiges Gericht serviert man zu besonderen Gelegen-

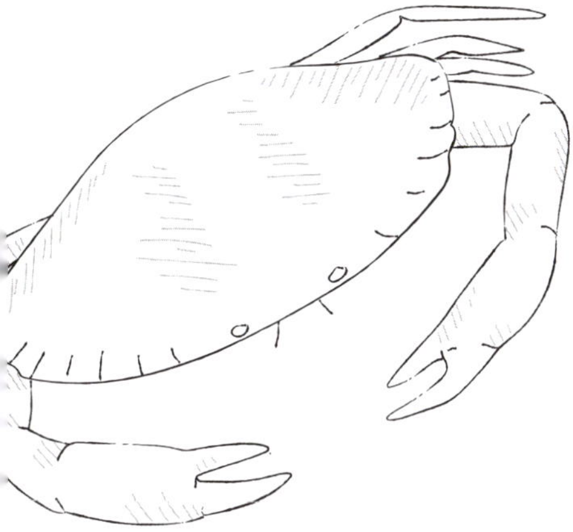

heiten – es ist ein großartiger Auftakt zu einem edlen Mahl. Bei einem formellen Abendessen können Sie danach ein leichtes Fleisch- oder Geflügelgericht reichen, wie z. B. *Petti di pollo all'arancia* (S. 224) oder *Arrosto freddo alle erbe* (S. 283), die Sie beide komplett im Voraus zubereiten können.
Wenn es nicht ganz so stilvoll zugehen soll, kann man als *secondo* auch ein schönes Gemüsegericht wählen. Ich empfehle dazu *Melanzane al limone* (S. 138), *Insalata di finocchio ed arancie* (S. 162) oder eine oder mehrere der gefüllten Gemüsesorten – Zucchini (S. 211), Auberginen (S. 143) und/oder Zwiebeln (S. 120).

Pasta e peperoni al forno

Pasta mit gegrillter Paprika aus dem Backofen

Dieses herzhafte Gericht verströmt den Geschmack und das Aroma der süditalienischen Küche. Das Rezept stammt aus der Basilikata, wo Chili zu den wichtigsten Gewürzen zählt. Kaufen Sie sehr frische, fleischige Paprikaschoten: Je schwerer sie sind, desto mehr Fruchtfleisch haben sie. Und verwenden Sie nur das allerbeste native Olivenöl extra. Das Grillen und Häuten der Paprikaschoten macht zwar etwas Arbeit, intensiviert aber das Aroma. Nehmen Sie keine frische, sondern getrocknete Pasta; am besten mittelgroße Röhrennudeln wie z. B. *penne*.

Für 4 Personen

700 g gelbe, rote und grüne Paprikaschoten (gemischt)
1 TL Oregano
Salz und schwarzer Pfeffer aus der Mühle
6 EL natives Olivenöl extra
1–2 Knoblauchzehen, in feine Scheiben geschnitten
2 EL Semmelbrösel
2 EL frisch geschnittene glatte Petersilie
einige Basilikumblätter, gezupft

1. Die Paprikaschoten waschen und abtrocknen. Unter dem vorgeheizten Grill im Backofen oder auf einem Gitter direkt über der Flamme des Gasherds (ich finde diese Methode einfacher) unter gelegentlichem Wenden rösten, bis die Haut rundum schwarz und angebrannt ist. Abkühlen lassen. (Meiner Ansicht nach muss man die Schoten während des Abkühlens nicht in Tüten packen, wie es manchmal empfohlen wird. Wenn die Schoten ordentlich angebräunt sind, lässt sich die Haut auch so sehr leicht abziehen.)
2. Die Haut der Paprikaschoten mit Küchenpapier abreiben. Falls nötig, ein kleines Messer zu Hilfe nehmen. Nicht abwaschen, da sich sonst der wunderbare Geschmack verflüchtigt. Halbieren und Stielansatz, Samen sowie weißes Fruchtfleisch entfernen. In 1 cm breite Streifen schneiden und in einer Schüssel mit Oregano, Salz

½ getrocknete Chili oder 1 frische Chili, Samen entfernt, gehackt
12 schwarze Oliven, entsteint und in Streifen geschnitten
1 TL Sardellenpaste
300 g *penne*
Pflanzenöl zum Fetten

und Pfeffer bestreuen. (Dies kann auch bereits am Vortag erledigt werden. Dann die Paprika im Kühlschrank aufbewahren.)
3. Für die Pasta etwa 4 l Wasser in einem großen Topf zum Kochen bringen.
4. Inzwischen für die Sauce 2 EL Olivenöl in einer kleinen Pfanne erhitzen. Knoblauch, Semmelbrösel, Petersilie, Basilikum, Chili, Oliven und Sardellenpaste zufügen und unter ständigem Rühren 2 Minuten braten. Mit Salz abschmecken.
5. Den Backofen auf 200 °C vorheizen.
6. Sobald das Wasser für die Pasta sprudelnd kocht, 1 ½ EL Salz zugeben. Das Wasser wieder zum Kochen bringen, die *penne* einrühren und 6 Minuten kochen. Eine halbe Tasse Kochwasser entnehmen und beiseitestellen. Die Pasta abseihen, zurück in den Topf geben und mit 3 EL Olivenöl vermischen. Dann 2–3 EL des beiseitegestellten Kochwassers sowie die Semmelbröselmischung zufügen und alles gründlich vermengen. Etwas mehr Kochwasser zugießen, falls die Pasta zu trocken erscheint.
7. Eine mittelgroße feuerfeste Schale einfetten und die Hälfte der Pastamischung einfüllen.
8. Mit der Hälfte der Paprikastreifen belegen. Dann mit der übrigen Pasta bedecken und die restlichen Paprikastreifen obenauf legen, sodass die Pasta komplett bedeckt ist. Das verbliebene Öl gleichmäßig über die Paprika träufeln. Das Gericht 15 Minuten im Ofen backen. Vor dem Servieren mindestens 5 Minuten abkühlen lassen.

Dieses Gericht lässt sich einige Stunden im Voraus zubereiten. Zum Servieren bei kleiner Hitze 30 Minuten im Backofen erwärmen.
Diese herzhafte Pasta kann als *primo* vor einem Fischgericht wie z. B. *Triglie al cartoccio* (S. 90) oder *Polpo in umido* (S. 97) serviert werden. Falls Sie die Pasta lieber als Hauptgericht reichen möchten, bringen Sie *Radicchio alla griglia* (S. 160) oder *Finte trippe* (S. 133) als Vorspeise auf den Tisch.

Tagliolini e merluzzo alla pizzaiola

Tagliolini und Schellfischfilets in Tomaten-Sardellen-Sauce

Für dieses Rezept sind hausgemachte *tagliolini* (schmale *tagliatelle*) am besten geeignet. Dieses schlichte Gericht lässt sich mit verschiedensten Fischarten zubereiten: Schellfisch, Seehecht, Kabeljau, Heilbutt oder Seeteufel. Nur Blaufisch sollten Sie nicht nehmen, da er recht ölig ist und zu intensiv schmeckt. Die Garzeit für den Fisch variiert ein wenig, aber die Methode ist identisch. Sie können zum Fisch auch Kartoffeln oder Reis statt *tagliolini* servieren.

Für 4 Personen

tagliolini aus 200 g Weizenmehl und 2 Bio-Eiern, alternativ 350 g frische *tagliolini* oder *tagliatelle*
450 g Schellfischfilets
1 Knoblauchzehe
½ getrocknete Chili, Samen entfernt
1 kleines Bund Petersilie
100 ml natives Olivenöl extra
Salz und schwarzer Pfeffer aus der Mühle
350 g reife Tomaten, gehäutet

1. Den Pastateig gemäß den Anweisungen auf S. 22 zubereiten. Bis zur vorletzten Stufe der Pastamaschine oder möglichst dünn mit dem Nudelholz ausrollen. Die Pasta trocknen lassen, dann durch die schmalen Rillen des Schneidewerks drehen oder von Hand in 3–4 mm breite Streifen schneiden.
2. Die Fischfilets häuten und in mundgerechte Stücke schneiden. Gräten entfernen. Den Fisch mit Küchenpapier trocken tupfen.
3. Knoblauch, Chili und Petersilie gemeinsam hacken und in der Hälfte des Öls in einer Pfanne mit Antihaftbeschichtung braten, bis der Knoblauch aromatisch duftet. Fisch, etwas Salz und Pfeffer zufügen, einen Deckel auflegen und 10 Minuten garen. Den Fisch im Auge behalten und nach der Hälfte der Garzeit einmal wenden.
4. Inzwischen die Tomaten halbieren, Samen und einen Teil der Flüssigkeit herausdrücken und das Fruchtfleisch würfeln. Das Fruchtfleisch zum Fisch geben und alles weitere 5 Minuten garen.
5. Die *tagliolini* in reichlich Wasser mit Salz kochen. Abseihen, zurück in den Kochtopf füllen und mit dem restlichen Öl vermengen.
6. Fisch und Sauce in der Mitte einer runden Schale platzieren und die Pasta rundherum verteilen. Bei einer ovalen Schale ein Bett aus Pasta anrichten und mit dem Fisch krönen.

Eignet sich als *primo*, gefolgt von einem Salat oder einem Gemüsegericht, z. B. *Broccoli stufati* (S. 270) oder *Melanzane al limone* (S. 138). Falls Sie das gesamte Menü auf eine Zutat ausrichten möchten, also z. B. auf Fisch, können Sie als Vorspeise *Scodelle di cipolle ripiene* (S. 120) oder *Rotoli di melanzana ripieni* (S. 143) wählen.

Reginette imbottite

Bandnudeln mit Schinken, Spinat und ricotta

Dies ist die Abwandlung eines Rezepts mit dem Namen *rotelle imbottite* (gefüllte Räder) aus der Emilia-Romagna. Dort wird es mit hausgemachten Bandnudeln angerichtet. Bei meiner Version müssen Sie die Pasta nicht selbst zubereiten und erhalten zum Schluss gefüllte kleine Kronen anstelle der gefüllten Räder. Kaufen Sie in einem guten Supermarkt oder einem italienischen Feinkostladen *reginette*, also »kleine Königinnen« (auch *mafalde* genannt). Bei dieser Art von Pasta handelt es sich um breite Bänder getrockneter Pasta, die an einer Seite gekräuselt sind. Ich empfehle Ihnen, die Pasta für dieses Gericht nach der Agnesi-Methode (siehe S. 20) zuzubereiten, da sie dann nicht so leicht reißt. Falls *reginette* nicht erhältlich sind, können Sie stattdessen *lasagne*-Blätter nehmen (siehe S. 25) und sie mit einem Teigrad in 4 cm breite Streifen schneiden, wobei ein Rand glatt und der andere gekräuselt geschnitten wird.

Für 4–5 Personen

150 g Schinken
150 g gegarter Blattspinat oder aufgetauter TK-Blattspinat
100 g *ricotta*
1 Bio-Ei
3 EL frisch geriebener Parmesan
1/4 TL frisch geriebene Muskatnuss
Salz und schwarzer Pfeffer aus der Mühle
225 g *reginette* (*mafalde*)
Butter zum Fetten

Für die Sauce

600 ml Milch
30 g Butter
15 g Weizenmehl
90 g Gruyère
Salz und schwarzer Pfeffer aus der Mühle

1. Für die Füllung den Schinken in Streifen schneiden und mit Spinat und *ricotta* im Mixer 10 Sekunden zerkleinern. Ei und Parmesan zufügen, zu einer glatten Paste verarbeiten und in eine Schüssel füllen. Mit Muskatnuss, Salz und Pfeffer würzen.
2. Die Pasta entweder auf die übliche Weise oder nach der Agnesi-Methode (siehe S. 20) kochen. Die Pasta dabei sehr vorsichtig in den Topf geben und behutsam mit einer Holzgabel umrühren. Knapp *al dente* garen, dann abseihen und die Bänder auf Küchenpapier oder sauberen Geschirrtüchern ausbreiten.
3. Jedes Band halbieren, sodass es ca. 13 cm lang ist. Die halbierten Bänder mit etwas Füllung bestreichen und sauber aufrollen. Es macht nichts, falls einige *reginette* etwas einreißen: Sie halten gut zusammen, sobald sie gefüllt und aufgerollt sind.
4. Eine flache feuerfeste Schale (ca. 18 cm x 14 cm, die Röllchen sollen dicht nebeneinander Platz haben) gut einfetten. Die Röllchen mit den gekräuselten Rändern nach oben in die Schale stellen.
5. Für die Sauce die Milch erhitzen. Inzwischen die Butter in einem Topf mit schwerem Boden zerlassen. Das Mehl einstreuen und unter Rühren 1 Minute erhitzen. Den Topf vom Herd nehmen und unter ständigem Quirlen die heiße Milch zugießen, bis alles gut vermengt ist. Zurück auf den Herd stellen und zum Kochen bringen. Dann unter ständigem Rühren bei schwacher Hitze 10 Minuten köcheln. Da die Temperatur wirklich sehr niedrig sein sollte, am besten einen Wärmeverteiler am Gasherd verwenden oder die Sauce in einem Wasserbad fertig zubereiten.

6. Den Backofen auf 180 °C vorheizen.
7. Den Käse grob reiben und zur Sauce geben. Gut umrühren, bis der Käse geschmolzen ist. Mit Salz und Pfeffer abschmecken.
8. Die Sauce über die Pastaröllchen löffeln. Die Schale mit Alufolie abdecken und im Ofen 20 Minuten durcherhitzen. Sofort servieren. Sie können die *reginette* auch im Voraus kochen und füllen.

Dieses Gericht schmeckt nicht nur fantastisch, sondern sieht auch hübsch aus. Der zweite Gang sollte meiner Meinung nach nicht zu schwer oder aufwendig sein. Nehmen Sie z. B. *Scaloppine al basilico e limone* (S. 279) oder *Triglie al cartoccio* (S. 90).

Pappardelle

Pappardelle sind meine Lieblingsnudeln unter hausgemachter Pasta. Erstens sind sie recht groß, sodass man etwas zum Beißen hat. Und zweitens haben sie im Vergleich zu anderen Langformen hausgemachter Pasta einen weiteren Vorteil: Wenn man wie ich in einem Land mit hoher Luftfeuchtigkeit lebt, bleiben die Pastablätter, die man zum Trocknen auslegt, oft viel länger feucht, und so dauert es eine Weile, bis man sie zu *tagliatelle* schneiden kann. Man muss in der Nähe bleiben, sie prüfend berühren, noch etwas warten, sie wieder berühren – und dann rollt man sie aus Ungeduld doch schon durch die Maschine, obwohl sie noch leicht feucht sind. Wenn man sie danach nicht sofort kocht, steht man vor dem nächsten Problem: Wie breitet man sie aus, ohne dass sie sich berühren? Dafür benötigt man viel Platz. Wenn man sie zu hübschen Nestern zusammenrollt, hat man zum Schluss wahrscheinlich klebrig-nasse Häufchen, die höchst unappetitlich aussehen.

Tagliatelle zum Trocknen über Stuhllehnen zu hängen, mag ja recht dekorativ und stilvoll wirken – praktisch ist es aber nicht. Aufgrund ihres Gewichts brechen *tagliatelle* leicht, wenn sie trocken sind – manchmal sogar schon während des Trocknens.

Bei *pappardelle* treten all diese Probleme nicht auf. Für *pappardelle* rollt man die Pastablätter auf die gleiche Dicke wie für *tagliatelle* (siehe S. 21) aus. Dann wartet man 10 Minuten und schneidet die Stücke mit einem Teigrad in 12–15 cm lange Streifen mit 1 ½ cm Breite. Anschließend legt man die *pappardelle* nebeneinander auf ein sauberes Geschirrtuch, sodass sie sich nicht berühren. Sie können sie sofort kochen oder aber trocknen lassen, bis Sie so weit sind.

Pappardelle con le fave

Pappardelle mit Dicken Bohnen

Pappardelle zählen zu den wenigen traditionellen Pastaformen der Toskana. Hier werden sie mit Dicken Bohnen kombiniert, einer weiteren toskanischen Spezialität. Das Gericht schmeckt noch besser, wenn Sie die Dicken Bohnen häuten.

FÜR 3–4 PERSONEN

pappardelle aus 200 g Weizenmehl und 2 Bio-Eiern, alternativ 400 g frische *tagliatelle*
1 kg Dicke Bohnen oder 350 g TK-Dicke Bohnen, aufgetaut
2 Schalotten oder 1 kleine Zwiebel
100 g *pancetta*
Salz
4 EL natives Olivenöl extra
150 ml hausgemachte Gemüsebrühe (siehe S. 319)
2 EL frisch geschnittene Petersilie
schwarzer Pfeffer aus der Mühle

1. Den Pastateig gemäß den Anweisungen auf S. 21 zubereiten. Die *pappardelle* zuschneiden (siehe Hinweise auf vorheriger Seite).
2. Die Dicken Bohnen enthülsen. In einen Topf mit kochendem Wasser geben, 3 Minuten garen und dann abseihen. Die Bohnen häuten und beiseitestellen. Tiefgekühlte Dicke Bohnen lassen sich leicht häuten, sobald sie aufgetaut sind. Sie müssen nicht blanchiert werden.
3. Schalotten und *pancetta* fein hacken und vermengen – so erhalten Sie eine kleine *battuto*. (Ich verwende dafür den Mixer und zerkleinere die Zutaten per Pulse-Funktion, um sie gleichmäßig zu hacken.) Diese Mischung mit der Hälfte des Öls in einem Topf erhitzen. Am besten einen Tontopf oder anderen dickwandigen Topf verwenden. Etwa 1 Minute sautieren, leicht salzen und einige EL Brühe zugießen. Einen Deckel auflegen und 10 Minuten unter häufigem Rühren leise köcheln lassen. Bei Bedarf mehr Brühe zugeben.
4. Dicke Bohnen, Petersilie, die Hälfte der restlichen Brühe, Salz und reichlich Pfeffer zufügen. Einen Deckel auflegen und 10 Minuten sanft köcheln lassen, bis die Bohnen weich sind. Die Mischung gut im Auge behalten und etwas Brühe zugießen, falls die Bohnen zu trocken werden. Wenn die Bohnen gar sind, sollte noch etwas Flüssigkeit im Topf vorhanden sein. Mit Salz und Pfeffer abschmecken.
5. Die Pasta in reichlich Wasser mit Salz kochen. Nicht vergessen: Frische *pappardelle* benötigen nur 1 ½–2 Minuten Kochzeit.
6. Die fertige Pasta mit der Spaghettizange oder einer langen Holzgabel aus dem Wasser heben und direkt in den Topf mit den Bohnen geben. Alternativ durch ein Sieb abseihen, dabei aber eine Tasse Kochwasser für später auffangen.
7. Etwa 1 Minute unter Rühren erhitzen, dabei die Pasta immer wieder hochheben. Etwas Kochwasser zugießen, falls die Pasta zu trocken erscheint. Den Topf vom Herd nehmen und das restliche Öl über die Pasta träufeln. Gründlich vermengen, dann sofort direkt aus dem Topf servieren oder in eine Schüssel füllen.

Nach diesem ländlichen Pastagericht können Sie *Pollo alla cacciatora* (S. 296) oder als vegetarische Option *Carciofi alla romana* (S. 146) oder *Parmigiana di melanzane* (S. 142) servieren.

Reis

Reis

Thomas Jefferson liebte italienischen Reis so sehr, dass er über die örtlichen Gesetze hinwegsah und zwei Sack Reis aus dem Piemont schmuggelte, um ihn auf seiner Plantage in Virginia anbauen zu können. Als Jefferson Reis kennenlernte, war dieser in Norditalien bereits sehr beliebt. Den damaligen Herzögen von Mailand aus der Familie Sforza war es gelungen, eine hervorragende Reissorte zu züchten, die von dem Reis abstammte, den das Haus Aragón im 15. Jahrhundert nach Süditalien gebracht hatte. In Norditalien war das Klima ideal für den Reisanbau – und so wurde er zum Grundnahrungsmittel der Norditaliener, während im Süden die Pasta vorherrschte.

Italienische Reiskörner sind nicht so lang wie Patna-Reis, nehmen aber die Flüssigkeit, in der sie gekocht werden, sehr gut auf. Aus diesem Reis wurde eines der erfolgreichsten Gerichte des kulinarischen Repertoires Italiens entwickelt – das wärmende, cremige *risotto*. In Italien wird Reis auch zum Andicken von Gemüsesuppen und als Füllung verwendet, jedoch nie, wie in anderen Ländern, als Beilage zu Fleisch oder Fisch.

Risotto

Obwohl *risotto* ursprünglich ein bäuerliches Gericht war, ist die Zubereitung nicht einfach. Ich bin zwar damit aufgewachsen, doch es dauerte lange, bis ich mich traute, für meine Mutter oder meine kritischen Brüder ein *risotto* zu kochen. Es war eine ziemliche Herausforderung, dieses hohe Niveau zu erreichen, denn ich habe nur selten bessere *risotti* als die meiner Mutter gegessen.

Sie müssen immer daran denken, dass die Zubereitung von *risotto* streng einem bestimmten Ablauf folgt. Es ist nicht einfach nur eine Mischung aus Reis und anderen Zutaten. Und ganz bestimmt ist es kein Gericht, das Italiener aus irgendwelchen Resten zusammenrühren. Abgesehen von Aromaelementen ist der Reis oft die einzige Zutat. Falls weitere Zutaten verwendet werden, kocht man sie fast immer zusammen mit dem Reis, sodass sich die Aromen verbinden. Obwohl man bestimmten Regeln folgt, bekommt man nur mit viel Übung das richtige Gefühl für ein gutes *risotto*.

Regel Nummer 1: Verwenden Sie weißen Mittelkornreis, der die Kochflüssigkeit aufsaugt und aufquillt, ohne zu zerfallen oder matschig zu werden. Es gibt vier Reistypen – *superfino, fino, semifino* und *ordinario* –, von denen nur die ersten beiden für ein *risotto* geeignet sind. Der beliebte Arborio-Reis gehört zum Typ *superfino* und ist auch außerhalb Italiens fast überall erhältlich. Die Körner sind groß und dick und schmecken in gekochtem Zustand schön nussig. Weitere Sorten vom Typ *superfino* heißen Roma, Maratelli und Carnaroli. Vialone ist eine gute Variante des Typs *fino*. Dieser Reis hat etwas kürzere Körner als Arborio-Reis, eignet sich aber dennoch für *risotto*. Reis vom Typ *semifino* und *ordinario* wird für Suppen, Salate, *torte di riso* (Reiskuchen) und Nachspeisen verwendet.

Regel Nummer 2: Für ein gelungenes *risotto* müssen Sie den richtigen Topf wählen. Die Innen- und Außenseite meines Topfs besteht aus Edelstahl, getrennt durch eine Legierungsschicht. Der schwere Boden enthält eine Kupferplatte. Auch ein schwerer Kupfertopf oder ein emaillierter Gusseisentopf sind bestens geeignet. Der Topf muss so groß sein, dass auch der aufgequollene Reis darin Platz findet, dessen Volumen fast das Dreifache der rohen Körner fasst. Außerdem sollte der Topf rund sein, damit kein Reis in den Ecken hängen bleibt.

Regel Nummer 3: Für ein *risotto* benötigen Sie eine ordentliche Menge Butter und meist etwas Käse. Butter und Parmesan verleihen dem *risotto* seine wunderbar cremige Konsistenz. Ich nehme mindestens 60 g Butter auf 300 g Reis, die Menge für 4 Personen.

Regel Nummer 4: Verwenden Sie stets eine leichte Fleischbrühe von guter Qualität. Sie sollte aus einem Stück Kalbs- und Rindfleisch, einem Hähnchenteil und einigen wenigen Knochen gekocht und mit Gemüse, Kräutern, Salz und Pfeffer gewürzt sein. Schweine- und Lammfleisch sind für diese Art von Brühe zu kräftig im Geschmack. Für ein Gemüse- oder Fisch-*risotto* eignet sich Gemüsebrühe (siehe S. 319) ebenfalls wunderbar. Falls Sie keine hausgemachte Brühe vorrätig haben, nehmen Sie Fleischbrühwürfel von guter Qualität. Es sind auch Brühwürfel ohne Monosodiumglutamat erhältlich.

Regel Nummer 5: Diese betrifft die unverzichtbare *mantecatura*. Am Ende des Kochvorgangs, nachdem das *risotto* vom Herd genommen wurde, gibt man ein Stück Butter und nach Belieben einige EL geriebenen Parmesan zum Reis und legt einen dicht schließenden Deckel auf. Sobald die Butter geschmolzen ist, wird das *risotto* kräftig umgerührt, damit es gut *mantecato* ist, also schön cremig wird.

Risotto sollte man erst unmittelbar vor dem Servieren zubereiten. Falls Sie jedoch Gäste haben und nicht die letzte halbe Stunde in der Küche verbringen möchten, können Sie folgende Methode ausprobieren. Bereiten Sie das *soffritto* (siehe S. 320) vor, sautieren Sie den Reis und gießen Sie 200 ml Brühe zu. Sobald die Brühe wieder kocht, schalten Sie den Herd aus, legen einen Deckel auf den Topf und lassen den Topf auf der Platte stehen. Wenn Sie dann das Gericht fertig kochen wollen, werden Sie feststellen, dass der Reis die Brühe komplett aufgesogen hat und bereits halb gar ist. Geben Sie ein Stück Butter zu und fahren Sie mit dem Kochen fort. Nach nur etwa 10 Minuten ist das *risotto* fertig.

Die Auswahl an *risotto*-Rezepten ist so groß wie die Anzahl unterschiedlicher Pastasaucen. Die Menge an Gerichten, die sich aus diesen zwei Grundzutaten zaubern lassen, ist stark angewachsen, da eine neue Generation an Köchinnen und Köchen ständig neue Rezepte kreiert und dafür ungewöhnliche Aromen und Texturen in einem *risotto* oder einer Pastasauce kombiniert. Wir kennen inzwischen *risotti* mit *radicchio* (perfekt), mit Hummer (sehr chic), mit Champagner (für Hochzeiten), mit Zitrone (siehe S. 44) oder mit Rosmarin.

Die traditionellen *risotti* stammen alle aus Norditalien, da dort auch der Reis wächst. Die Regionen Lombardei, Piemont und Venetien wetteifern darum, wer die besten *risotti* zubereitet. Meiner Ansicht nach gebührt der Preis dem südlichen Piemont mit seinem Trüffel-*risotto*. Dabei wird über das schlichte *Risotto in bianco* (siehe S. 43) am Tisch der einheimische Trüffel gehobelt. Aus Venedig stammen die *risotti* mit Fisch und Meeresfrüchten. Und Mailand hat das bekannteste *risotto* zu bieten – das *risotto giallo*, das mit Safran zubereitet wird. Dies ist eines der wenigen italienischen Gerichte, das ein Franzose mit poetischen Worten gelobt hat.

Édouard de Pomiane schrieb:

»Es wird ein Gericht serviert, das im Licht der untergehenden Sonne aus goldenen Körnern zu bestehen scheint. Sein herrlicher Duft zieht einen langsam in seinen Bann und so genießt man den Anblick des Reises mit seinen klar getrennten, goldbraunen Körnern.«

Risotto in bianco

Risotto mit Parmesan

Dies ist das pure Grundrezept für *risotto*. Während der Trüffelsaison wird dieses *risotto* noch mit gehobeltem weißen Trüffel verfeinert. Zu meinem *Ossobuco* (siehe S. 228) und zu den *Costolette* (siehe S. 77) serviere ich gerne *Risotto in bianco* anstelle der Mailänder Variante.

Für 4 Personen

1–1 1/4 l hausgemachte Fleisch- oder Gemüsebrühe (siehe S. 318/319)
2 Schalotten oder 1 kleine Zwiebel, sehr fein gehackt
60 g Butter
300 g Arborio-Reis
40 g Parmesan, frisch gerieben, plus mehr zum Servieren

1. Die Brühe zum Köcheln bringen.
2. Inzwischen die Schalotten mit der Hälfte der Butter in einem Topf mit schwerem Boden sautieren, bis sie glasig und weich sind.
3. Den Reis zufügen und vermengen, bis er rundum gut mit Butter überzogen ist. Unter ständigem Rühren mit einem Holzkochlöffel erhitzen, bis die Körner außen allmählich glasig werden und der Reis am Topfboden haften bleibt.
4. Nun 150 ml Brühe zugießen. Sobald der Reis die Brühe aufgesogen hat, einen weiteren Schöpflöffel Brühe zugeben. Kontinuierlich nach und nach Brühe in kleinen Mengen zufügen, sodass der Reis immer von Flüssigkeit umgeben ist, aber nicht darin schwimmt. Dabei anfangs sehr oft, später etwas weniger oft umrühren. In Mailand sagt man, dass ein gutes *risotto* ganz leicht am Topfboden kleben soll. Garen Sie den Reis bei mittlerer Hitze, sodass er ständig köchelt.
5. Wenn der Reis gar ist (guter Arborio-Reis benötigt etwa 20 Minuten), den Topf vom Herd nehmen, die in Stücke geschnittene restliche Butter sowie den Parmesan zufügen und den Deckel dicht auflegen. Etwa 1 Minute stehen lassen, bis Butter und Parmesan geschmolzen sind, dann das *risotto* kräftig umrühren. Diesen Arbeitsschritt nennt man *mantecare*, was so viel bedeutet wie »das *risotto* buttrig-cremig machen«. Sofort servieren und extra Parmesan in einem Schälchen dazureichen.

Dieses Rezept lässt sich leicht für ein *risotto* mit getrockneten Steinpilzen (*porcini*) abwandeln. Dazu übergießen Sie 30 g getrocknete *porcini* mit etwas kochendem Wasser. Nach 15 Minuten herausnehmen und unter fließendem Wasser kalt abspülen. Fein hacken und zu den Schalotten geben. Nach 1 Minute Sautieren den Reis zufügen und anschließend den Arbeitsschritten des Grundrezepts folgen. Die Einweichflüssigkeit der *porcini* durch ein feines Sieb filtern und zum garenden Reis gießen.

Sie können das fertige *risotto* zum Anrichten auch in Förmchen füllen und auf die einzelnen Teller stürzen – dies sieht hübsch aus und ist zudem praktisch. Dazu die Förmchen (à 200 ml Fassungsvermögen) gut einfetten und mit Semmelbröseln ausstreuen. Überschüssige Brösel abschütteln und die Förmchen mit *risotto* füllen. Fest hineindrücken, um Luftblasen zu entfernen, dann 5 Minuten im vorgeheizten Backofen durcherhitzen und auf Teller stürzen. Besonders köstlich schmecken dazu *Funghi in umido* (S. 182), die

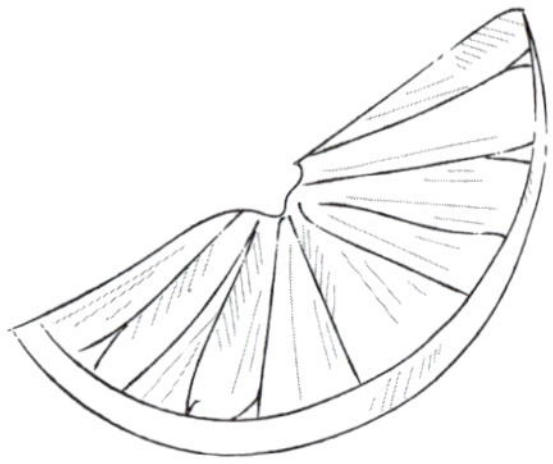

rund um die Timbalen angerichtet werden. Dieses Gericht lässt sich gut im Voraus zubereiten: Zum Servieren die Förmchen einfach in einem Wasserbad mit kochendem Wasser in den Backofen stellen, bis das *risotto* durcherhitzt ist.

Risotto al limone

Zitronen-risotto

Dieses hervorragende Rezept verdanke ich meiner Freundin Romana Bosco, einer talentierten Köchin, die eine Kochschule in Turin leitet. Sie wiederum erhielt das Rezept von Giovanni Goria, einem Mitglied der *Accademia Italiana della Cucina*. Als ich es zum ersten Mal ausprobierte, war mein Mann ziemlich skeptisch bei der Vorstellung von *risotto* mit Zitrone. Für ihn klang es ziemlich »blass und fade«. Aber schon nach dem ersten Löffel war er überzeugt, und wenig später erklärte er es zu seinem Lieblings-*risotto*. Denn dieses leichte und cremige *risotto* schmeckt einfach köstlich.

Für 4 Personen

60 g Butter
1 EL Olivenöl
2 Schalotten, sehr fein gehackt
1 Stange Staudensellerie, sehr fein gehackt
300 g italienischer Reis (z. B. Arborio)
1 l leichte hausgemachte Fleisch- oder Gemüsebrühe (siehe S. 318/319)
5–6 frische Salbeiblätter
Nadeln von 1 Rosmarinzweig
Abrieb und frisch gepresster Saft von ½ unbehandelten Zitrone
1 Bio-Eigelb
4 EL frisch geriebener Parmesan, plus mehr zum Servieren
4 EL Crème double
schwarzer Pfeffer aus der Mühle

1. Die Hälfte der Butter, Öl, Schalotten und Sellerie in einem Topf mit schwerem Boden erhitzen und 7 Minuten garen, bis das *soffritto* aus Schalotte und Sellerie weich ist. Den Reis zufügen und unter Rühren braten, bis die Reiskörner rundum gut mit Öl überzogen und außen glasig sind.
2. Inzwischen die Brühe erhitzen und während der Zubereitung des Gerichts köcheln lassen.
3. Sobald der Reis glänzt und leicht glasig ist, 150 ml Brühe zugießen. Gründlich umrühren und garen, bis der Reis den Großteil der Brühe aufgenommen hat. Einen weiteren Schöpflöffel der köchelnden Brühe zugießen und einrühren. So weiter verfahren, bis der Reis gar ist. Möglicherweise wird nicht die gesamte Brühe benötigt. Italienischer *risotto*-Reis von guter Qualität hat eine Garzeit von etwa 20 Minuten.
4. Inzwischen die Kräuter fein schneiden und mit dem Zitronenabrieb vermengen. Nach der Hälfte der Kochzeit in den Reis einrühren.
5. Eigelb, Zitronensaft, Parmesan, Crème double und 1 ordentliche Prise Pfeffer in einer kleinen Schüssel mit einer Gabel gut verquirlen.
6. Das *risotto* vom Herd nehmen, sobald es *al dente* ist. Eimischung und restliche Butter zugeben. Einen Deckel dicht auflegen und

2 Minuten ruhen lassen. Dann das *risotto* kräftig umrühren, in eine vorgewärmte Schale oder Schüssel füllen und sofort servieren. Nach Belieben ein Schüsselchen mit geriebenem Parmesan dazureichen.

Ich finde, dass dieses *risotto* eine gute Beilage zu manchen Fleischgerichten ergibt, z. B. zu *Costolette alla milanese* (S. 77). Es schmeckt auch wunderbar zu einem unserer Familienrezepte: Dazu werden Hähnchenstücke in Butter sautiert, anschließend in einer Bratreine mit 200 g Crème double ummantelt und im Backofen gebacken – ein altes mailändisches Rezept.
Risotto sollte man wirklich auf die Minute zubereiten. Falls das nicht möglich ist, werfen Sie doch einen Blick auf meine Hinweise in der Einführung zum Kapitel »*Risotto*« auf S. 41.

Risotto alla marinara

Risotto mit Meeresfrüchten

Dieses ursprünglich aus Venedig stammende *risotto* schmeckt einfach köstlich. Es sollte eine gute Auswahl an Meeresfrüchten enthalten, je nachdem, was gerade erhältlich ist. Kaufen Sie auf jeden Fall nur ganz frische Meeresfrüchte und nehmen Sie nach Möglichkeit keine Tiefkühlprodukte. Beim Tiefkühlen gehen die feinen Aromen verloren, und Sie erhalten ein Gericht, das sich nicht mit der frischen Version vergleichen lässt.

Für 6 Personen

450 g Miesmuscheln in der Schale
450 g Venusmuscheln in der Schale
5 Knoblauchzehen
1 unbehandelte Zitrone
450 g Kalmar (*calamari*)
225 g Garnelen, mit Schale
2 EL Weinessig
1 ½ l hausgemachte Gemüsebrühe (siehe S. 319), Fischfond oder Wasser
1 Schalotte oder ½ kleine Zwiebel, sehr fein gehackt
80 ml Olivenöl

1. Mies- und Venusmuscheln säubern und vorbereiten, dann mit Knoblauchzehen und Zitrone garen (siehe S. 98). Die im Topf verbleibende Flüssigkeit durch ein mit einem Mulltuch ausgelegtes Sieb filtern und beiseitestellen.
2. Den Kalmar säubern und vorbereiten (Hinweise siehe S. 92). Danach in sehr kleine Stücke schneiden.
3. Die Garnelen waschen. Etwa 1 ½ l Wasser zum Kochen bringen, Essig und Garnelen zufügen und 2 Minuten kochen, wenn das Wasser wieder sprudelt. Abseihen und leicht abkühlen lassen. Die Garnelen schälen, entdarmen und in runde Scheiben schneiden.
4. Köpfe und Schalen der Garnelen in ein feuchtes Mulltuch wickeln, die verbliebene Flüssigkeit mit den Händen ausdrücken und zur beiseitegestellten Kochflüssigkeit der Muscheln geben. Noch

2 EL frisch geschnittene glatte Petersilie
1 Knoblauchzehe, gehackt
400 g italienischer Reis (z. B. Arborio)
100 ml trockener Weißwein
3 große Jakobsmuscheln
Salz und schwarzer Pfeffer aus der Mühle
2 EL natives Olivenöl extra

effektiver ist es, das kleine Mullsäckchen im Mörser einige Male mit dem Stößel zu bearbeiten und anschließend die Flüssigkeit auszudrücken. Diese Flüssigkeit sowie die Kochflüssigkeit der Muscheln verleihen dem *risotto* ein köstliches Fischaroma.

5. Die Brühe langsam zum Köcheln bringen.
6. Die Schalotte im Olivenöl in einer Pfanne mit schwerem Boden erhitzen und sanft sautieren, bis sie weich, aber nicht angebräunt ist. Die Hälfte der Petersilie und gehackten Knoblauch zugeben und 1 Minute mitgaren. Den Kalmar zufügen und unter ständigem Rühren 5 Minuten braten. Dabei verfärbt sich der glasige Kalmar: Er wird weiß und ist nicht mehr durchscheinend.
7. Den Reis 1 Minute gründlich einrühren. Die Temperatur erhöhen und den Wein zugießen. Unter ständigem Rühren 1 Minute reduzieren.
8. Auf mittlere Temperatur zurückschalten und 200 ml köchelnde Brühe hineinschöpfen. Unter ständigem Rühren garen, bis die Brühe fast komplett aufgesogen ist. Dann weitere 150 ml Brühe zufügen. Sobald der Reis auszutrocknen beginnt, weitere köchelnde Brühe zugießen. Möglicherweise wird nicht die gesamte Brühe benötigt. Der Reis muss nun nur noch gelegentlich umgerührt werden, nicht mehr ständig.
9. Nach der Hälfte der Kochzeit (Arborio-Reis benötigt insgesamt etwa 20 Minuten) die Jakobsmuscheln waschen und trocken tupfen. Den festen Muskel entfernen und wegwerfen, das Fleisch in zwei bis drei Scheiben schneiden. Zusammen mit der beiseitegestellten Garnelen-Muschel-Garflüssigkeit unter den Reis mischen.
10. Muscheln und Garnelen 2 Minuten vor Ende der Garzeit zufügen. Gründlich untermengen und mit Salz und Pfeffer abschmecken.
11. Den Topf vom Herd nehmen und natives Olivenöl extra sowie die restliche Petersilie zugeben. Gründlich vermengen, in eine vorgewärmte Schüssel füllen und sofort servieren.

Nach diesem *risotto* können Sie *Triglie al cartoccio* (S. 90), *Sogliole ai carciofi* (S. 149) oder ein anderes Fischgericht servieren. Da dieses Gericht sehr üppig und sättigend ist, bevorzugen Sie im Anschluss vielleicht aber auch ein Gemüsegericht. Ich empfehle die erfrischenden *Melanzane al limone* (S. 138) oder den *Insalata di fagiolini al vino* (S. 161).

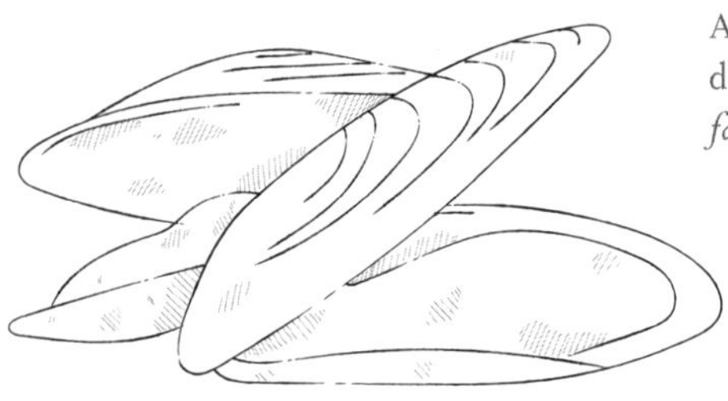

Risotto con gli asparagi

Risotto mit weißem Spargel

Dieses köstliche Gemüse-*risotto* wird im Frühling zubereitet, wenn es auf dem Markt frischen Spargel aus der Region gibt. Falls Sie keine Brühe vorrätig haben, können Sie auch zwei Brühwürfel von guter Qualität für die gleiche Menge Wasser verwenden.

Für 4 Personen

450 g weißer Spargel
1,7 l hausgemachte Gemüse- oder Fleischbrühe (siehe S. 318/319)
75 g Butter
2 Schalotten oder 1 kleine Zwiebel, fein gehackt
Salz
300 g italienischer Reis (z. B. Arborio)
60 g Parmesan, frisch gerieben
schwarzer Pfeffer aus der Mühle

1. Den Spargel schälen und gründlich waschen. Die holzigen weißen Spargelenden abschneiden und in der Brühe in einem Topf 15 Minuten auskochen, um die Brühe damit zu aromatisieren. Die Stücke mit einem Schaumlöffel herausheben und wegwerfen.
2. Die zarten Spargelspitzen (ca. 2,5 cm Länge) abschneiden und in der köchelnden Brühe *al dente* garen. Herausheben und für die Garnierung beiseitelegen. Die restlichen Stangen in kurze Stücke schneiden, in die heiße Brühe geben und gar kochen. Mit einem Schaumlöffel herausheben, auf ein Brett legen und grob hacken.
3. Die Hälfte der Butter mit den Schalotten in einem großen, tiefen Topf erhitzen und bei schwacher Hitze sautieren. Etwas Salz zufügen, damit Flüssigkeit austritt und die Schalotten nicht braun werden.
4. Sobald die Schalotten weich sind, den Reis einrühren und in der Butter glasieren, bis die Außenseite der Körner durchsichtig wird.
5. Einen Schöpflöffel köchelnde Brühe zugießen und unter gelegentlichem Rühren den Reis die Flüssigkeit aufnehmen lassen. *Risotto* muss häufig umgerührt werden, aber nicht die ganze Zeit. Sobald die Brühe fast komplett aufgesogen ist, einen weiteren Schöpflöffel zugeben. Weiter so verfahren, bis der Reis *al dente* ist. Möglicherweise wird nicht die ganze Brühe benötigt. Nach der Hälfte der Kochzeit (sie beträgt insgesamt etwa 20 Minuten) die Spargelstücke zufügen.
6. Den Topf vom Herd nehmen und die restliche Butter sowie die Hälfte des Parmesans darin bei geschlossenem Deckel schmelzen lassen. Dann das *risotto* kräftig umrühren. In eine vorgewärmte Schüssel füllen, mit den beiseitegestellten Spargelspitzen krönen und sofort servieren. Den restlichen Parmesan in einer kleinen Schüssel dazureichen.

Nach diesem edlen *primo* passt als zweiter Gang ein nicht allzu üppiges Fisch-, Fleisch- oder Geflügelgericht. *Fragolino in cartoccio* (S. 82), *Petti di pollo all'arancia* (S. 224) oder *Arrosto freddo alle erbe* (S. 283) wären eine gute Wahl.

Risotto-Reste

Risotto-Reste lassen sich auf zweierlei Art gut weiterverwerten. Und damit meine ich nicht, sie einfach aufzuwärmen oder in einer Suppe zu versenken, wo der Reis nur aufweicht. Ich spreche vielmehr von den *arancini* genannten sizilianischen *risotto*-Bällchen, die inzwischen auch im Norden beliebt sind. Traditionell werden *arancini* mit Fleisch-*ragù*, Hühnerleber-*ragù* oder Tomate und *mozzarella* gefüllt. Ich verwende gerne ausschließlich *mozzarella*, weil ich mein *risotto* so sehr liebe, dass ich sein Aroma nicht durch den Geschmack von Tomaten verfälschen möchte. Da einige aus meiner Familie die Aromen jedoch gerne kombinieren, reiche ich eine Tomatensauce dazu. Aus allen Gemüse-*risotti* in diesem Buch können Sie wunderbar *mozzarella arancini* zaubern.

Sie benötigen dazu 1 *mozzarella*, 2 Bio-Eier, 4 EL frisch geriebenen Parmesan, 350 g *risotto*, Salz, schwarzen Pfeffer aus der Mühle und Semmelbrösel. Den *mozzarella* trocken tupfen und in kleine Stücke schneiden. 1 Ei und den Parmesan mit dem *risotto* vermengen. Das *risotto* zu sechs mandarinengroßen *arancini*-Bällchen formen (wenn Sie Ihre Hände vorher anfeuchten, bleibt das *risotto* nicht kleben). Eine Mulde in jedes Bällchen drücken und einige *mozzarella*-Stücke hineingeben (es werden vielleicht nicht alle *mozzarella*-Stücke benötigt). Die Mulde schließen, das Bällchen im verbliebenen, mit Salz und Pfeffer gewürzten und leicht verquirlten Ei rollen, dann in Semmelbröseln wälzen. Die Brösel mit der Hand fest andrücken.

Falls Sie noch etwas Zeit haben, können Sie die Bällchen nun in den Kühlschrank legen, denn sie lassen sich gekühlt besser finalisieren. Etwa 10–15 Minuten vor dem Essen die Bällchen in Pflanzenöl frittieren: Die ersten 5 Minuten bei mittlerer bis starker Hitze, dann die Temperatur reduzieren und weitere 5 Minuten ausbacken, damit der *mozzarella* im Inneren zerläuft.

Diese *arancini* eignen sich perfekt für Vegetarier. Sie machen sich wunderbar als erster Gang und sind eine gute Beilage zu Steak oder Brathähnchen. Auch kalt schmecken sie ganz hervorragend.

Das zweite gute Rezept für *risotto*-Reste heißt *Tortino di riso* (Reiskuchen). Dazu 2 Bio-Eier und 6 EL frisch geriebenen Parmesan mit 300–400 g *risotto* vermengen. 4 EL Crème double zufügen und gründlich untermischen. 1 EL Butter in einer ofenfesten Pfanne mit Antihaftbeschichtung zerlassen und die *risotto*-Mischung zugeben. Zu einem kompakten Fladen drücken und bei sehr schwacher Hitze 7 Minuten garen. Inzwischen den Backofengrill vorheizen und den Reiskuchen anschließend grillen, bis er eine Kruste bildet. Mit einem Teigschaber am Rand der Pfanne entlangfahren und das *tortino* zum Servieren auf eine runde Schale stürzen.

Polenta

Polenta

Die klassische *polenta* besteht aus Maisgrieß und Wasser. In manchen Gegenden der nördlichen Lombardei wird allerdings auch Buchweizenmehl zugegeben. In der Antike wurde *polenta* – im Lateinischen *puls* oder *pulmentum* genannt – aus Dinkel und anderen Getreidearten hergestellt, während im Mittelalter und in der Renaissance das Mehl für *polenta* aus Hirse, Esskastanien und sogar Eicheln gewonnen wurde. Kolumbus brachte nach seiner Ankunft in der Neuen Welt den Mais mit nach Europa. In seinem Tagebuch schrieb er: »Mais hat einen angenehmen Geschmack, und alle Menschen dieses Landes ernähren sich davon.«

In Europa wurde Mais zuerst in Spanien angebaut. Den Spanierinnen und Spaniern schmeckte er so gut, dass Karl V., der nur den Weizen für eine echte Christenspeise hielt, die Bauern durch verschiedene Anreize dazu brachte, vornehmlich Weizen anzubauen und Mais zu vernachlässigen. Von Spanien gelangte der Mais nach Italien, und zwar als Erstes nach Venedig zum Rialto-Markt. Die berühmte Brücke gab es damals noch nicht, aber der Markt, der auch heute noch abgehalten wird, existierte bereits. Dort wurden die aus fernen Ländern angelieferten Güter entladen.

Das gelbe Getreide wurde bald *granoturco* genannt, also türkisches Getreide. Warum man es so getauft hat, wird heute immer noch diskutiert. Aufgrund der Ähnlichkeit zwischen den Maisfäden und dem Bart eines Türken? »Wegen eines Übersetzungsfehlers, nach dem die Engländer das Getreide ›*turkey wheat*‹ (Truthahnfutter) nannten? Wobei der ›*turkey*‹ seinen Namen einer gewissen Ähnlichkeit zwischen dem Hals des Vogels und dem türkischen Turban verdankt.« So schrieb es zumindest im 18. Jahrhundert Pianigiani in seinem etymologischen Wörterbuch. Die einzige Erklärung, die mir glaubwürdig erscheint, lautet folgendermaßen: Im 16. Jahrhundert kamen so viele Dinge fremden Ursprungs aus der Türkei (zumindest glaubte man das), dass die Bezeichnung *turco* ein Synonym für »fremd« oder »ausländisch« wurde.

In Italien wurde *granoturco* zuerst in der Polesine angebaut, einer Marschlandschaft zwischen Padua und Ferrara am Podelta. Man stellte bald fest, dass die Pflanze dort gedieh, wo keine anderen Nutzpflanzen wuchsen, nämlich in heißen und sehr feuchten Gebieten, die den Gegebenheiten in ihrem Heimatland entsprachen. Deshalb wurde *granoturco* sehr gerne angebaut – und daraus später die erste gelbe *polenta* hergestellt. Sie schmeckte wesentlich besser als der Brei aus anderen Getreiden, und schon bald wurde sie in Norditalien das Grundnahrungsmittel der Armen. Diese neue *polenta* war so gut, dass selbst ein Adliger aus Cremona im Jahre 1556 einen Beutel mit Maiskörnern an Herzog Ferdinando de' Medici in Florenz schickte und ihm mitteilte, dass sich daraus »sehr gute *polenta* zubereiten« ließe. Die *polenta* war von den Tischen der Armen zu den Tafeln der Reichen aufgestiegen.

Doch auch eine traurige Episode in der Geschichte der *polenta* muss ich hier erwähnen: Anfang des 18. Jahrhunderts kam eine seltsame neue Krankheit auf, über die auch schriftliche Zeugnisse überliefert sind. Typisch waren rote Hautveränderungen, Verdauungsprobleme, Schwäche und sogar geistiger sowie körperlicher Verfall. Man taufte die Krankheit Pellagra, abgeleitet von *pelle agra*, was so viel wie »raue Haut« bedeutet. Die Symptome traten jeweils im Frühjahr auf, wenn man im Winter fast nur *polenta* gegessen hatte. Goethe schrieb 1786 in seiner *Italienischen Reise*: »Ihre Gesichtszüge deuteten auf Elend, Kinder waren ebenso erbärmlich anzusehen … Ich glaube, die Ursache dieses krankhaften Zustandes in dem häufigen Gebrauch des türkischen und Heidekorns zu finden. Jenes, das sie auch gelbe Blende nennen, und dieses, schwarze Blende genannt …« Verständlicherweise suchte man die Schuld bei der *polenta*, und wenig später wurde ihr Verzehr gesetzlich verboten. Aufgrund der daraus resultierenden

Mangelernährung und des Hungers litten die Menschen jedoch noch viel mehr: Innerhalb weniger Jahre hatte man Tausenden Menschen ihr Hauptnahrungsmittel weggenommen und es als Viehfutter deklariert.

Erst zu Beginn des 20. Jahrhunderts wurden die Vitamine entdeckt, und die Wahrheit kam ans Licht. Die Ursache von Pellagra war nicht einer der Maisinhaltsstoffe, sondern ein Mangel an Eiweiß und Vitaminen, der auftritt, wenn Mais die wichtigste oder gar die einzige Nahrungsquelle darstellt.

In der Vergangenheit wurde *polenta* mehr als jedes andere italienische Gericht gerühmt und besungen. In Italien und auch außerhalb des Landes bildeten sich zahlreiche Vereinigungen. Manche davon tarnten sich als Gesellschaften zum Lob der Vorzüge der *polenta*, waren im Grunde aber politische Bewegungen. Die berühmteste Gesellschaft hieß *Ordine dei Polentoni*. Sie wurde in Paris in der zweiten Hälfte des 19. Jahrhunderts gegründet. Zu ihren Mitgliedern zählten bekannte Leute wie der Maler De Nittis oder Émile Zola, Edmond de Goncourt und der Musiker und Librettist Arrigo Boito, der in venezianischem Dialekt ein langes Gedicht über die Kunst des *polenta*-Rührens verfasste. Die *polenta* inspirierte auch Künstler wie Magnasco und Longhi, die in Werken der Genremalerei zeigten, wie goldene *polenta* aus einem kupfernen *paiolo* auf ein weißes Tischtuch geschüttet wurde, und dieses Motiv ins Zentrum ihres jeweiligen Gemäldes stellten. *Paiolo* ist die Bezeichnung für das Gefäß, in dem die *polenta* traditionell zubereitet wurde: ein aus unbeschichtetem Kupfer gefertigter breiter Kessel mit Henkel und gerundetem Boden.

Die Zubereitung von *polenta* ist gewissermaßen ein Ritual. Giovanni Arpino, ein Autor des 20. Jahrhunderts, beschrieb es mit nostalgischen Worten: »Kaum hatte man die *polenta* gerührt und gegessen, kam wieder der nächste unvermeidliche Hunger auf, und schon war ein Tag vergangen. In der langsameren Welt, die keine Hektik kannte, trat die *polenta* an die Stelle der Uhr. Kann man diese Tugenden in einem Hummer, einem Soufflé oder gar einem *raviolo* entdecken? Polenta ist die einzigartige goldene Speise der Zuflucht.« Und Alessandro Manzoni schrieb in *I promessi sposi*, dass die *polenta*, als sie auf ein Brett gestürzt wurde, »wie der Vollmond in einem großen Kreis aus Nebel« aussah.

Der goldene Mond ist ein sehr vielseitiges Gericht: *Polenta* lässt sich so gut mit anderen Speisen kombinieren, dass man sie in der Region Cuneo im Piemont *la Traviata* nennt. Sie passt zu Butter und Käse, zu herzhaften Eintöpfen, zu Wild und zu Klippfisch. Aus *polenta*-Resten lassen sich köstliche Schichtspeisen (*polenta pasticciata*) zaubern. Oder man brät oder grillt sie als Beilage zu Fisch- oder Fleischgerichten. *Polenta* hat in der italienischen Alpenregion die gleiche Bedeutung wie Pasta für Süditalien. Leider hat sie gegenüber der alles erobernden Pasta an Boden verloren. Dies liegt sicher zum Teil daran, dass *polenta* trotz all ihrer Vorteile kein Fast Food ist.

Falls Sie, nachdem Sie den folgenden Abschnitt gelesen haben, nach einer Abkürzung suchen, sollte ich besser noch erwähnen, dass die sogenannte Minuten-*polenta*, die es im Geschäft zu kaufen gibt, in keiner Weise mit dem Original zu vergleichen ist.

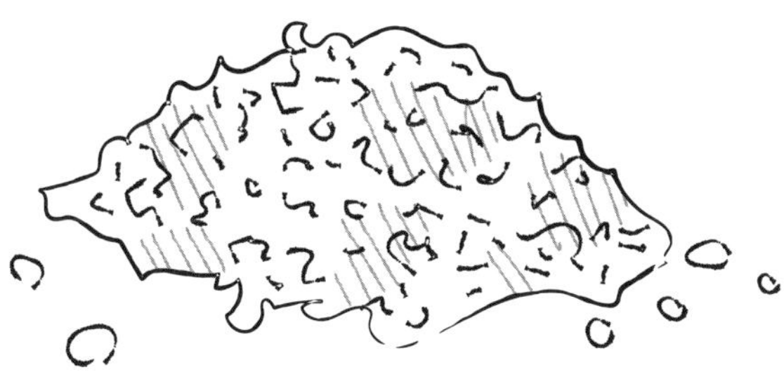

Die Zubereitung von Polenta

Für *polenta* benötigen Sie gemahlenen Mais, von dem es zwei Arten gibt: fein gemahlenen für die weiche, dünnflüssige *polenta* und grob gemahlenen Grieß mit glasig wirkenden Körnern, die eine festere und schmackhaftere *polenta* ergeben. Der Nachteil der grob gemahlenen Variante liegt in der längeren Kochzeit, da die äußere Hülle der Körner länger braucht, bis sie gar ist. Da Sie vermutlich keinen *paiolo* in Ihrem Kamin hängen haben, benötigen Sie außerdem einen großen Topf, einen langen, stabilen Holzkochlöffel, kräftige Arme und 45 Minuten Zeit am Stück (dies erklärt, warum es in Italien jetzt ein spezielles Rührgerät gibt, das man einfach in den Topf stellen kann).

1 ¾ l Wasser in einem Topf zum Kochen bringen. 1 EL Salz zufügen und die Temperatur reduzieren. Das Wasser sollte nur köcheln, wenn der Maisgrieß (300 g) langsam zugegeben wird, da sich sonst schnell Klümpchen bilden. Am besten nimmt man 1 Handvoll Grieß und lässt ihn unter ständigem Rühren mit dem Kochlöffel aus der geschlossenen Faust ins Wasser rieseln. Nachdem der ganze Grieß zugefügt wurde, noch weitere 10 Minuten umrühren. Danach kann man sich wieder anderen Dingen in der Küche zuwenden und muss die *polenta* nur jede Minute einmal kräftig umrühren. Die *polenta* sollte mindestens 40 Minuten garen.

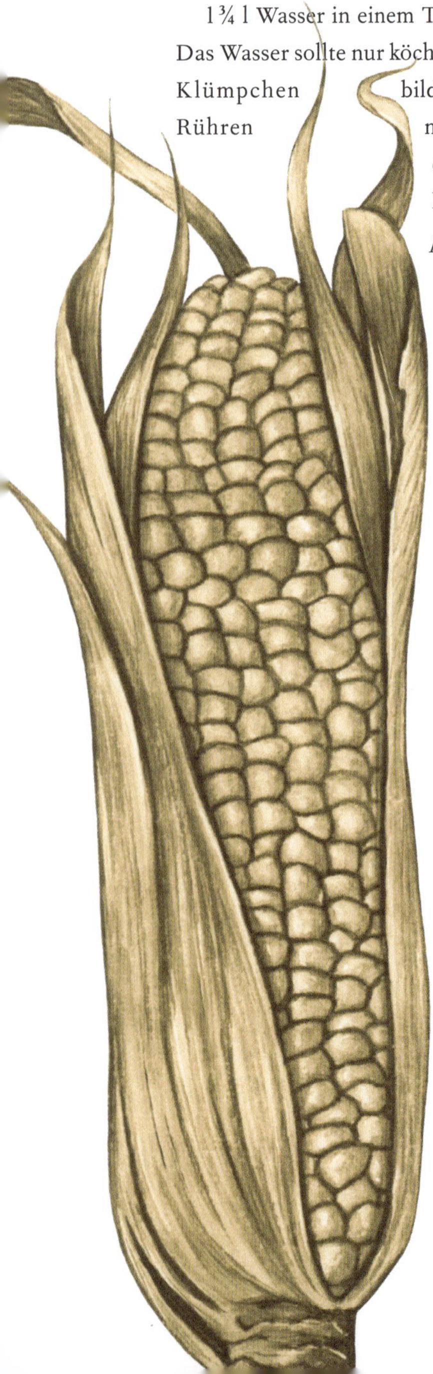

Die fertig gegarte *polenta* auf ein mit einer großen weißen Serviette ausgelegtes Holzbrett stürzen. Nun können Sie die *polenta* als Beilage zu einem Gericht Ihrer Wahl servieren. Oder Sie lassen sie abkühlen und verarbeiten sie später zu einem anderen Gericht weiter.

Um die *polenta*, die am Topfboden haftet, zu entfernen (was ziemlich mühsam ist), füllen Sie den Topf mit etwas Wasser, sodass die *polenta*-Reste bedeckt sind. Nach bis zu 24 Stunden Einweichzeit lassen sich die Reste gut lösen. Im Italien meiner Kindheit bekamen die Hühner diese *polenta*-Reste vom Topfboden. Heute gebe ich sie meinem Hund Pippo, der sie mit Begeisterung frisst.

Im obigen Abschnitt habe ich die traditionelle, ehrwürdige *polenta*-Zubereitungsweise beschrieben. Es gibt jedoch noch einen weiteren Weg. Die Vorgehensweise habe ich in dem Buch *Polenta, piatto da re* von Maria Zaniboni Rivieccio entdeckt. Mit dieser einfachen, schnellen Methode wird die *polenta* recht ordentlich, besonders, wenn Sie sie anschließend ein zweites Mal garen, also z. B. braten, zu Gnocchi verarbeiten oder in Schichten als *polenta pasticciata* backen. Man kocht die *polenta* einfach im Dampfkochtopf – ich hoffe, man wird mir verzeihen, dass ich einen derartig ketzerischen Kochtipp öffentlich bekannt mache.

Dazu 1 ½ l Wasser mit 1 EL grobem Salz im Dampfkochtopf zum Kochen bringen. Die Temperatur reduzieren, bis das Wasser nur noch köchelt, dann 400 g Maisgrieß in dünnem Strahl zugeben: Durch die geschlossene Faust rieseln lassen und mit der anderen Hand mit einem langen Holzkochlöffel kräftig immer in eine Richtung rühren. Wenn der Grieß komplett eingerührt ist, die Temperatur erhöhen und die Mischung unter ständigem Rühren zum Kochen bringen. Den Dampfkochtopf verschließen, unter Druck setzen und die *polenta* 20 Minuten garen, bis sie fertig ist.

Als meine Kinder noch klein waren, gab es am Sonntagabend bei uns immer ein ganz simples *polenta*-Gericht, nämlich *polenta* mit Ei und Bacon. Die Kinder konnten sich damit identifizieren, da es halb italienisch, halb englisch war, ihnen also ähnelte! Kochen Sie dazu Ihre *polenta* auf traditionelle Weise (oder probieren Sie die Dampfkochtopfmethode aus). Rühren Sie ein ordentliches Stück Butter ein und servieren Sie die *polenta* mit Spiegeleiern obenauf sowie knusprigen Baconstreifen rundherum.

Polenta alla griglia e polenta fritta

Gegrillte polenta und gebratene polenta

In Norditalien verwertet man *polenta*-Reste meist, indem man sie grillt oder brät. Dafür die kalte *polenta* in 1 ½–2 cm dicke Scheiben schneiden und auf das Grillgitter legen. Jede Scheibe mit Olivenöl bestreichen und unter dem vorgeheizten Backofengrill braten, bis sich eine Kruste bildet.

Oder die in Scheiben geschnittenen *polenta*-Reste in etwas Butter oder Öl in einer schweren Pfanne braten, bis sich eine durchscheinende Kruste bildet. Dann wenden und die andere Seite braten.

Polenta alla griglia und *polenta fritta* reicht man als Beilage zu einer Vielzahl von Gerichten, darunter auch Wildgerichte und *fritto misto* (frittierter Fisch).

Polenta alla pizzaiola

Polenta mit Pizzabelag

Eine weitere tolle Methode zur Verwertung von *polenta*-Resten: Die kalte *polenta* in 5 cm große Quadrate schneiden. Jedes Quadrat mit etwas Olivenöl beträufeln, 1 Scheibe *mozzarella* obenauf legen und mit gut abgeseihten stückigen Tomaten krönen. Die *pizzette* mit etwas Oregano und reichlich schwarzem Pfeffer aus der Mühle bestreuen und nochmals mit ein wenig Olivenöl beträufeln. Im heißen Backofen 5 Minuten backen, bis der Käse geschmolzen ist.

Wenn Sie die Quadrate etwas kleiner machen, können Sie die *pizzette* als Snack zu Getränken servieren. Sie schmecken heiß ebenso gut wie zimmerwarm.

Polenta pasticciata alla piemontese

Gebackene polenta mit porcini und Trüffelaroma

In Italien bereitet man dieses Gericht meist mit *polenta*-Resten zu. Die kalte *polenta* wird in Scheiben geschnitten und schichtweise (*pasticciata*) mit anderen Zutaten in einer Form gebacken. Man kann die *polenta* entweder abwechselnd mit *ragù*-Bolognese und Béchamelsauce schichten, also wie bei *lasagne*, oder wie im folgenden Rezept vorgehen, wodurch meiner Ansicht nach ein harmonischeres Gericht entsteht. Die hier vorgestellte Sauce kann man auch für *lasagne* verwenden.

Der weiße Trüffel, der neben dem Barolo zu den gastronomischen Perlen des Piemonts zählt, ist keine zwingend notwendige Zutat. Heutzutage ist er viel zu kostbar, um mitgekocht zu werden. Alternativ gibt es eine hervorragende weiße Trüffelpaste, die dem Gericht ein köstliches Trüffelaroma verleiht.

Für 4–6 Personen

polenta (siehe S. 54)
40 g getrocknete Steinpilze (*porcini*)
750 ml Milch
60 g Butter, plus mehr zum Fetten
50 g Weizenmehl
Salz und schwarzer Pfeffer aus der Mühle
1 EL Trüffelpaste (nach Belieben)
100 g italienischer *fontina*-Käse, in dünne Scheiben geschnitten
100 g Gruyère, in dünne Scheiben geschnitten
60 g Parmesan, frisch gerieben

1. Die *polenta* mindestens 2 Stunden oder besser 1 Tag im Voraus zubereiten, da sie für dieses Gericht vollständig erkaltet sein muss. Die gekochte *polenta* auf ein Brett gießen und zu einem 5 cm dicken Rechteck formen. Alternativ in eine mit kaltem Wasser ausgespülte rechteckige Form füllen. Abkühlen lassen.
2. Die getrockneten *porcini* in eine kleine Schüssel mit warmem Wasser legen. (Ich finde, dass die empfohlene Einweichzeit von 30 Minuten oft nicht ausreicht, und lasse die Pilze daher 1 Stunde im Wasser, bis sie sich richtig vollgesogen haben.) Dann vorsichtig herausheben und unter fließendem Wasser kalt abspülen. Gründlich trocken tupfen und grob hacken.
3. Die Einweichflüssigkeit durch ein mit einem Mulltuch oder Küchenpapier ausgelegtes Sieb langsam filtern, sodass Sand und Staub im Sieb zurückbleiben.
4. Die Milch erhitzen, bis sie köchelt.
5. Den Backofen auf 220 °C vorheizen.
6. Die Butter in einem Topf mit schwerem Boden zerlassen, die gehackten *porcini* zufügen und 10 Minuten bei schwacher Hitze sautieren. Falls nötig, einige EL Einweichflüssigkeit zuträufeln.
7. Das Mehl hineinsieben und unter ständigem Rühren 1 Minute erhitzen. Vom Herd nehmen, nach und nach die Milch einrühren (wie bei einer Béchamelsauce). Mit Salz und Pfeffer würzen. Den Topf zurück auf den Herd stellen und die Sauce zum Köcheln bringen. Dann den Topf in einen größeren, halb mit heißem Wasser gefüllten Topf stellen oder einen Wärmeverteiler unter den Topf legen (das ist am einfachsten) und die Sauce weitere 15 Minuten köcheln lassen. Durch das langsame Erhitzen wird die Sauce fein und homogen. Zum Schluss die Trüffelpaste einrühren und mit Salz und Pfeffer abschmecken.

8. Die kalte *polenta* vertikal in 1 cm dicke Scheiben schneiden.
9. Eine feuerfeste rechteckige (*lasagne-*)Form (25 cm Länge) einfetten. 2 EL Pilzsauce auf dem Boden verteilen. Mit einer Schicht *polenta*-Scheiben belegen, dann einige Scheiben Käse darauf verteilen. Mit etwas Parmesan und 1 guten Prise Pfeffer bestreuen. Etwas Sauce auf dem Käse verteilen und mit einer weiteren Schicht *polenta* bedecken. Weiter so verfahren, bis es drei Schichten *polenta* und alle Zutaten aufgebraucht sind. Mit einer Schicht Sauce abschließen.
10. Im vorgeheizten Backofen 10–15 Minuten backen. Vor dem Servieren 5 Minuten ruhen lassen.
Dieses Gericht kann schon am Vortag komplett vorbereitet werden. Dann aber etwas länger backen, sodass es wirklich durcherhitzt ist.

Nach diesem nahrhaften, wärmenden Gericht können Sie *Triglie al cartoccio* (S. 90) oder *Petti di pollo all'arancia* (S. 224) servieren.

Hülsenfrüchte

Hülsenfrüchte

Zur Zeit der Römer galten Kichererbsen und andere Hülsenfrüchte als alltägliche Nahrungsmittel. Horaz spricht in einer seiner Satiren davon, nach Hause zu gehen, um zum Abendessen *lasagne* und Kichererbsen (im Lateinischen *cicera*) zu speisen. Einer der Vorfahren Ciceros soll seinen Namen einer Warze auf der Nase verdanken, die wie eine Kichererbse aussah. Im Mittelalter galten Hülsenfrüchte als so kostbar, dass sie als Zahlungsmittel für Steuern oder Alimente verwendet wurden. Während der Renaissance waren sie jedoch nicht mehr so angesehen. Baldassare Pisanelli, ein Arzt aus Bologna, schrieb 1589, dass Bohnen »ein Bauernessen sind, das sich nicht für kultivierte Leute eignet«. Linsen seien gar »schädlich für melancholische Menschen, da sie ihnen schreckliche Träume bescheren, das Blut verdicken, sodass es nicht mehr durch die Venen fließt … sowie Lepra, Krebs und andere melancholische Krankheiten verursachen«.

Das klingt heutzutage alles recht seltsam, da Hülsenfrüchte inzwischen zu den gesündesten Nahrungsmitteln zählen und überall recht beliebt sind. Diese Beliebtheit ist wohlverdient, da sie köstlich schmecken, ob pur oder mit vielen anderen Zutaten kombiniert, oder auch in Salaten, angemacht mit Olivenöl und großzügig mit Kräutern verfeinert.

Die in Italien am häufigsten verwendeten Hülsenfrüchte sind verschiedene Sorten grüne Bohnen, Dicke Bohnen, Linsen und Kichererbsen. Die grüne Bohne (*Phaseolus vulgaris*), die aus der Neuen Welt nach Italien kam, wurde schnell sehr beliebt. Zu Beginn des 16. Jahrhunderts baute man sie erfolgreich in Venetien an. Karl V. soll Papst Clemens VII. einen Sack Bohnen geschenkt haben, der ihn wiederum an einen gewissen Piero Valeriano weitergab, der als Lehrer am Hof der Medici tätig war. Valeriano verteilte die Bohnen an das Landvolk von Lamon, ein Dorf in der Nähe seines Heimatorts Belluno. Als die Bauern einige dieser fremden Bohnen anbauten, erzielten sie eine hervorragende Ernte. So entstanden die aromatischen *fagioli di Lamon*, die recht groß sind und eine zarte Haut haben.

Basierend auf den *fagioli di Lamon* züchtete man verschiedene Sorten, von denen die *borlotti* zu den beliebtesten zählen. In den Rezepten Norditaliens kommen *borlotti*-Bohnen am besten zur Geltung, während die hervorragendsten Rezepte für weiße *cannellini* aus der Toskana stammen. Dazu zählt auch die *ribollita*, eine Suppe mit *cannellini* und Schwarzkohl, sowie die *fagioli all'uccelletto* (siehe S. 65). Ebenso bemerkenswert sind die verschiedenen Versionen von *pasta e fagioli* aus Venetien.

Die Heimat der Dicken Bohnen liegt in Apulien, wo sie das ganze Jahr über als Grundnahrungsmittel gegessen werden. Dort werden meist getrocknete Dicke Bohnen zubereitet, wie in dem köstlichen Gericht, das wir auf einem Bauernhof bei Cisternino in Apulien bekamen. Als uns die Bäuerin Maria herumführte, fiel mir sofort auf, dass es, obwohl das Haus nur ein sehr kleines Wohnzimmer mit Ledersofa und riesigem Fernseher hatte, nicht weniger als drei Küchen gab. »Eine für den Alltagsgebrauch, eine zum Pastamachen und die dritte für Besucher«, erklärte uns Maria. Wir saßen abends in der Besucherküche und tranken den starken Wein der Gegend. Auch wenn es schon ziemlich spät war, wurde dennoch eine große Schüssel mit pürierten Bohnen mitten auf den Tisch gestellt. Die *ncapriata* genannte cremige Mischung aus Dicke-Bohnen-Püree und gekochten Steckrübenblättern war mit Knoblauch verfeinert und mit reichlich dickflüssigem regionalen Olivenöl übergossen. Selbst nach einem guten Abendessen war

dieses einfache Gericht unvergesslich. Für mein Rezept verwende ich Steckrübenblätter oder die langen Zichorienblätter, die man in griechischen Lebensmittelläden bekommt.

Italienische Linsen sind braun und behalten beim Kochen ihre Form. Am besten schmecken die Linsen aus Castelluccio, einer Stadt in Umbrien. Sie sind klein, dunkelbraun und haben ein intensives, süßliches Aroma. In nur 20 Minuten sind sie gar. Als ich sie in Spoleto zum ersten Mal probierte, fragte ich mich, was Esau wohl hergegeben hätte, wenn ihm Jakob einen Teller dieser Linsen anstelle der ägyptischen vorgesetzt hätte. Gewiss mehr als sein Erstgeburtsrecht!

Wie Dicke Bohnen werden auch Kichererbsen im Süden häufiger gegessen. Man bereitet sie ganz schlicht zu und serviert sie oft mit Pasta. Vielleicht verdanken sie ihre Beliebtheit ihrem Ruf als Aphrodisiakum – Kichererbsen sind eines der wenigen bäuerlichen Nahrungsmittel, denen eine erotisierende Wirkung nachgesagt wird.

Der Kauf und die Zubereitung von Hülsenfrüchten

Hülsenfrüchte kauft man am besten bei einem Händler, der damit viel Umsatz macht. Getrocknete Hülsenfrüchte sollte man innerhalb von zwölf Monaten nach der Ernte essen, also von einem Sommer bis zum nächsten, da sie sonst selbst bei langer Garzeit hart bleiben und ihr Aroma verlieren. Sie sollten frisch und nicht verschrumpelt aussehen.

Linsen kann man ohne vorheriges Einweichen kochen – ein großer Vorteil, wenn man, so wie ich, Mahlzeiten erst nach dem Einkaufen plant. Kichererbsen und getrocknete Dicke Bohnen muss man dagegen lange einweichen, teils bis zu 24 Stunden, aber auf jeden Fall über Nacht. Ich weiche Kichererbsen so ein, dass auch die härteste Schale weich wird: Die Kichererbsen in einer Schüssel mit kaltem Wasser bedecken. 1 TL Backnatron, 1 EL Mehl und 1 EL Salz mit etwas Wasser zu einer dünnen Paste verrühren und untermischen. Über Nacht stehen lassen. Danach abseihen, abspülen und in Wasser ohne Salz kochen. Dabei die ersten 1–1 ½ Stunden den Deckel nicht abnehmen, da die Kichererbsen sonst womöglich hart werden. Kichererbsen können bis zu 4 Stunden brauchen, bis sie gar sind, also länger als alle anderen Hülsenfrüchte.

Über die Einweichzeit von Bohnen können sich Köche und Gastronomen wunderbar streiten. Wenn ich, wie so oft, vergessen habe, meine Bohnen rechtzeitig einzuweichen, um die empfohlenen 4–6 Stunden im Wasser liegen zu lassen, wende ich eine exzellente Methode an: Ich koche sie 2–3 Minuten, seihe und spüle sie ab und koche sie dann in frischem Wasser, bis sie weich sind. Dazu reichen meist 1–1 ½ Stunden. So werden die Bohnen leichter verdaulich.

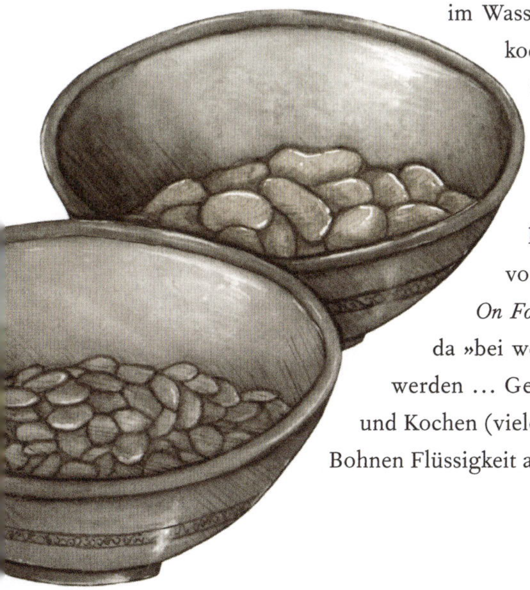

Falls möglich, sollten Sie Hülsenfrüchte in einem Tontopf oder anderen dickwandigen Topf kochen. Gemüse und Kräuter können Sie gleich mit in den Topf geben, Salz aber erst 10 Minuten vor dem Ende der Kochzeit. Harold McGee schlägt in seinem Buch *On Food and Cooking* vor, Hülsenfrüchte in wenig Wasser zu kochen, da »bei wenig Kochwasser auch weniger Kohlenhydrate ausgeschwemmt werden … Geben Sie den Hülsenfrüchten genügend Wasser zum Aufnehmen und Kochen (viele Topfböden sind angebrannt, weil der Koch vergessen hat, dass Bohnen Flüssigkeit absorbieren), aber ertränken Sie sie nicht«.

Anatra alla pavese

Jungente mit Linsen

Dieses Rezept aus Pavia, einer meiner Lieblingskleinstädte in der Lombardei, kombiniert Linsen auf köstliche Art mit einer gebratenen Ente. Die Linsen werden zuerst halb gar gekocht und dann gemeinsam mit den angebratenen Ententeilen geschmort. Sie nehmen dabei etwas Entenfett auf, was ihnen einen intensiven Geschmack verleiht.

FÜR 4 PERSONEN

Für die Jungente

1 frische Jungente (à ca. 2–2 1/4 kg), küchenfertig
3 Schalotten oder 1 Zwiebel, sehr fein gehackt
1 Handvoll Selleriegrün oder 1 kleine Stange Staudensellerie, sehr fein gehackt
Salz
2 EL *grappa*
150 ml trockener Weißwein
schwarzer Pfeffer aus der Mühle
1 TL Speisestärke oder Pfeilwurzelmehl

Für den Fond

1 Zwiebel, mit 1 Gewürznelke gespickt
1 Stange Staudensellerie, möglichst mit grünen Blättern
2 Lorbeerblätter
4 Stängel frische Petersilie
1 Knoblauchzehe
5 Pfefferkörner, leicht zerdrückt
1 TL Salz

Für die Linsen

200 g braune Linsen
1 EL Olivenöl
1 Zwiebel, halbiert
1 Stange Staudensellerie, halbiert
Salz

1. Die Ente vorbereiten: Innen und außen waschen, auf ein schräg stehendes Brett legen und 10 Minuten oder etwas länger abtropfen lassen. In Stücke zerlegen und mit Küchenpapier gut trocken tupfen.
2. Rücken, Flügel und Hals in einen Suppentopf geben. Die restlichen Fondzutaten zufügen, alles gerade mit Wasser bedecken und zum Kochen bringen. Den Schaum, der zu Beginn an die Oberfläche steigt, abschöpfen. Die Temperatur stark reduzieren, sodass nur noch gelegentlich eine Luftblase aufsteigt. Etwa 2 Stunden kochen, dann in einen sauberen Topf abseihen und den Fond reduzieren, bis er ein starkes Entenaroma verströmt. Abkühlen lassen, dann das Fett abschöpfen, das sich an der Oberfläche sammelt. (Falls Sie den Fond 1 Tag im Voraus zubereiten, können Sie das erkaltete Fett einfach von der Brühe abheben.)
3. Die Linsen in einem Sieb unter fließendem Wasser kalt abspülen und kleine Steinchen oder Staub entfernen. Dann in einem Topf mit kaltem Wasser bedecken, Öl, Zwiebel, Sellerie und etwas Salz zufügen und langsam zum Kochen bringen. Den Deckel auflegen und die Linsen leise köcheln lassen, bis sie gerade weich zu werden beginnen. Eine exakte Zeitangabe ist schwierig, da die Kochzeit von der Qualität und Frische der Linsen abhängt. Die köstlichen winzigen Linsen aus Umbrien muss man z. B. nur blanchieren. Abgießen und abtropfen lassen.
4. Die übrigen Entenstücke mit der Haut nach unten in einer tiefen Pfanne mit schwerem Boden etwa 10 Minuten braten, bis das Fett austritt. Die Stücke dabei anfangs mehrfach hin und her schieben, damit die Haut nicht am Pfannenboden haftet. Die Stücke in einen Bräter legen. Den Großteil des Fetts abseihen (für einen Braten oder für sautierte Kartoffeln aufheben).
5. Schalotten, Sellerie und etwas Salz in die Pfanne mit dem verbliebenen Entenfett geben und das Gemüse bissfest sautieren. Danach mit in den Bräter füllen.
6. Den Schnaps über die Ente träufeln und anzünden. Wein und 120–150 ml Entenfond zugießen, sobald die Flamme erlischt. Auf dem Herd zum Kochen bringen und die gut abgetropften Linsen zugeben. Mit Salz und 1 guten Prise Pfeffer würzen. Den Deckel auflegen und alles 30–40 Minuten köcheln lassen, bis Ente und Linsen gar sind.

7. Die Speisestärke mit einigen EL Fond vermengen und in die Flüssigkeit einrühren. Weitere 5 Minuten köcheln lassen, dann mit Salz und Pfeffer abschmecken. Direkt aus dem Bräter servieren oder die Ententeile auf einem Bett aus Linsen arrangieren, wenn es etwas festlicher zugehen soll.

Dieses Gericht lässt sich gut im Voraus zubereiten und dann langsam erwärmen. Servieren Sie kein anderes Gemüse dazu, sondern anschließend einen frischen Salat. Als *primo* würde ich *penne* mit *ricotta salata* in Tomatensauce oder die köstlichen *Melanzane al limone* (S. 138) wählen, für alle, die leichteres Essen bevorzugen.

Ceci e rucola

Kichererbsen und Rucola

Ich liebe die Optik dieses Salats: vielzackige grüne Rucolablätter zwischen schlichten runden Kichererbsen. Für dieses Gericht verwende ich Kichererbsen aus der Dose, was völlig in Ordnung ist, auch wenn der intensivere Geschmack getrockneter Kichererbsen etwas fehlt. Falls Sie getrocknete Kichererbsen verwenden möchten, finden Sie Hinweise zum Einweichen auf S. 61. Dies ist das Lieblingsgericht meines Mannes, wenn er mal alleine ist. Er öffnet dann einfach eine Dose aus der Vorratskammer und pflückt im Garten ein paar Blätter Rucola. Simpel, nahrhaft und wirklich hervorragend. Dieses Gericht funktioniert auch mit Linsen statt Kichererbsen.

Für 4 Personen

800 g Kichererbsen (aus der Dose)
75 ml natives Olivenöl extra
2 Knoblauchzehen
100 g Rucola
Salz und schwarzer Pfeffer aus der Mühle

1. Die Kichererbsen abseihen und unter fließendem Wasser kalt abspülen. Wer Zeit und Muße hat, kann die einzelnen Kichererbsen noch von ihrer Haut befreien. Das ist viel leichter, als es klingt und geht recht schnell – und das fertige Gericht schmeckt dann besser: Man vermeidet störende Stückchen zwischen den Zähnen, und das Öl kann besser in die Kichererbsen eindringen.
2. Die Hälfte des Öls und den Knoblauch in einer Pfanne erhitzen. Sobald der Knoblauch sein Aroma entfaltet, die Zehen herausnehmen und wegwerfen. Die Kichererbsen zugeben und durcherhitzen. Den Herd ausschalten und die Kichererbsen abkühlen lassen.
3. Die Stängel der Rucolablätter entfernen, die Blätter waschen und trocken tupfen.
4. Die Kichererbsen in eine Salatschüssel füllen und den Rucola zufügen. Mit dem restlichen Öl anmachen und mit Salz und reichlich Pfeffer würzen.

Ein fröhlicher und unkomplizierter erster Gang, der sich besonders gut zum Mittagessen macht. Oder ein nahrhafter und frischer zweiter Gang für Vegetarier.

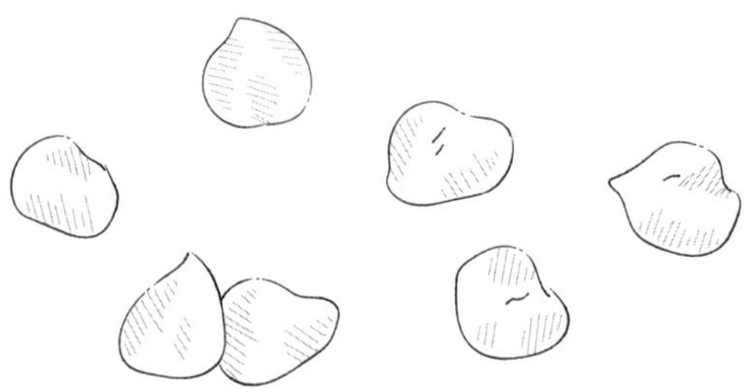

Fagioli all'uccelletto

Bohnen mit Knoblauch, Salbei und Öl

Dieses typisch toskanische Gericht kann auf vielerlei Arten zubereitet werden. Ich stelle hier zwei meiner Lieblingsvarianten vor, die ich zum ersten Mal vor vielen Jahren in Chianti probieren durfte, als wir einen Bauernhof in der Nähe von Gaiole hatten. Mir ist die Version ohne Tomaten lieber (*Fagioli all'uccelletto in bianco*), da der süße, erdige Geschmack der Bohnen so stärker hervortritt und nicht von der Tomatensauce überdeckt wird.

Fagioli all'uccelletto bedeutet wörtlich »nach Art der kleinen Vögel«. Der Name blieb wohl hängen, weil auf diese Weise zubereitete Bohnen die traditionelle Beilage zu *uccelletti*, also kleinen Vögeln, sind, die von Toskanern gerne verzehrt werden. Diese Erklärung liefert auch Lynda Brown in Nr. 24 der Zeitschrift *Petits propos culinaires*, wo sie eine weitere Zubereitungsart für Bohnen ohne Tomatensauce beschreibt, die sie im nördlich von Gaiole gelegenen Radda probiert hat. Bei ihrer Version gibt man die Bohnen zu sautierter Zwiebel – eine gute Alternative.

Für 4 Personen benötigt man rund 800 g gekochte und abgeseihte Bohnen (ca. 350 g Trockengewicht). In einer Pfanne 3 EL natives Olivenöl extra mit 1 schönen Zweig frischem Salbei und 2 geschälten und zerdrückten Knoblauchzehen braten, bis der Salbei allmählich brutzelt und der Knoblauch aromatisch duftet. Dann den Knoblauch herausnehmen und wegwerfen. Wer rote *fagioli* möchte, gibt jetzt 2 EL Tomatenmark zu: 1 Minute vermengen, bis das Mark durcherhitzt ist und seinen metallischen Geschmack verloren hat. Die Bohnen gut unterrühren, bis sie rundum mit Öl (und Tomatenmark) überzogen und damit aromatisiert sind. Einige EL Wasser oder Brühe zugießen, sodass der Pfannenboden gerade bedeckt ist. Mit etwas Salz und reichlich Pfeffer würzen und garen, bis die Flüssigkeit fast komplett aufgenommen wurde.

Die Bohnen in einer Schale oder Schüssel abkühlen lassen. Zum Essen sollten sie lauwarm sein. Vor dem Servieren mit reichlich nativem Olivenöl extra beträufeln – das verleiht den Bohnen das gewisse Etwas! Sie können diese Bohnen als Beilage zu geschmortem oder gegrilltem Fleisch reichen. Ich serviere sie allerdings auch gerne als eigenständiges Gericht.

Ich würde Ihnen für dieses Gericht nur ungern Bohnen aus der Dose empfehlen, da sie wenig aromatisch sind und gerne matschig werden. Am Schluss hätten Sie eine Speise, die den ursprünglichen *Fagioli all'uccelletto* kaum noch ähnelt.

Brot

Brot

Brot zählt bei vielen italienischen Gerichten zu den unverzichtbaren Zutaten. Es wird wie bei *salsa verde* als Verdickungsmittel eingesetzt, auch in Suppen dient es zum Andicken und sorgt für mehr Sättigung. Bei Füllungen fungiert es als neutrales Element, das die Füllung zudem preiswerter macht. *Torta di pane* (wörtlich »Brotkuchen«) wird überall in Italien auf leicht unterschiedliche Weise zubereitet und schmeckt einfach köstlich.

Es heißt, dass Italienerinnen und Italiener mehr Brot als alle anderen Völker dieser Erde verzehren. Sie essen es am liebsten tagesfrisch. Aber Erziehung, Kultur und natürliche Sparsamkeit haben dazu geführt, dass Brot nie weggeworfen wurde. So kam es, dass nach dem Füttern der Tiere mit dem altbackenen Brot weitere Verwendungsweisen ersonnen wurden – und es entstanden einige der besten Rezepte der *cucina povera*, wobei dieser Ausdruck nicht »armselige Küche« bedeutet, sondern »Kochen nach Art der armen Leute«. Diese schmackhafte Küche ist in der Tat sehr originell und steckt voller regionaler Aromen. Probieren Sie doch einfach *Pancotto* (siehe Folgeseite) – eine der unzähligen Versionen dieser Suppe, die landauf, landab zubereitet werden –, dann wissen Sie, was ich meine. Meist wird Weißbrot verwendet, allerdings das grobe graue Bauernbrot und nicht die luftigen Brötchen, die man bei Tisch isst.

Ich bewahre stets ein in zwei Hälften geschnittenes Weißbrot im Tiefkühler auf, weil ich für meine Rezepte häufig Brot benötige. Vollkornbrot esse ich lieber bei Tisch. Denn sein nussiger, malziger Geschmack würde das Gericht, das ich zubereiten will, aromatisch beeinträchtigen.

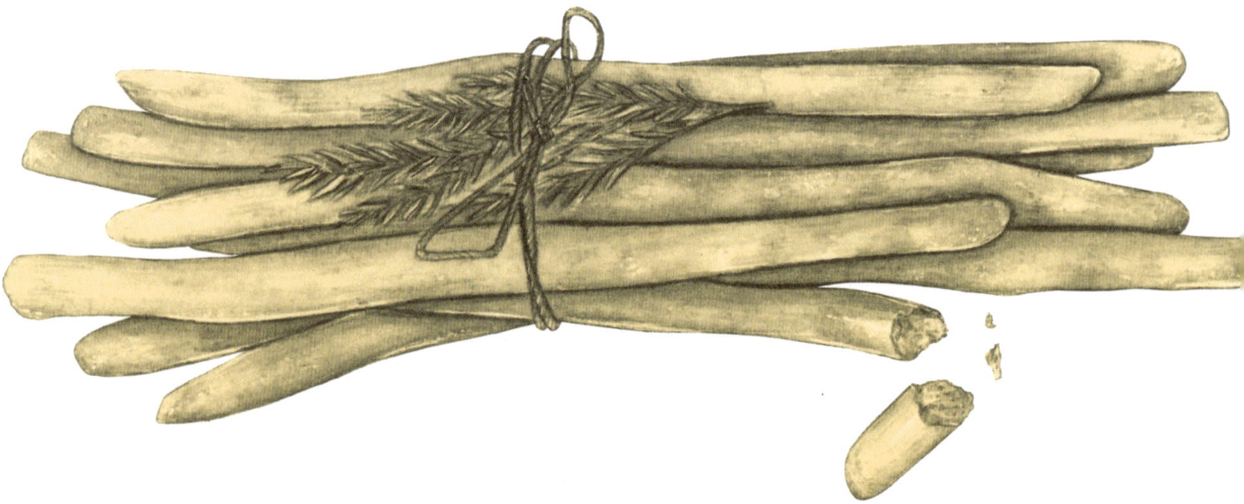

Pancotto
Brotsuppe

Sämtliche italienischen Regionen, Städte, Dörfer und Familien haben ihren Lieblings-*pancotto*, mit dem sich Weißbrotreste auf perfekte Weise verwerten lassen. Dieses Rezept mag ich am liebsten.

Für 4 Personen
200 g altbackenes Weißbrot von guter Qualität, Kruste entfernt
4 EL natives Olivenöl extra
1 getrocknete Chili, zerbröselt
3 Knoblauchzehen, gehackt
3 EL frisch geschnittene Petersilie
1,5 l hausgemachte Gemüse- oder leichte Fleischbrühe (siehe S. 318/319)
Salz und schwarzer Pfeffer aus der Mühle
pecorino oder Parmesan, frisch gerieben

1. Das Brot in Stücke brechen und einige Sekunden im Mixer zerkleinern oder grob hacken.
2. Die Hälfte des Öls, Chili, Knoblauch und Petersilie in einen Suppentopf mit schwerem Boden geben (am besten einen Tontopf) und unter ständigem Rühren 1 Minute sautieren. Das Brot zufügen und 5 Minuten vermengen, bis es sich mit Öl vollgesogen hat und allmählich goldbraun wird.
3. Die Brühe über das Brot gießen und die Suppe ohne Deckel 35–40 Minuten köcheln lassen. Mit Salz und Pfeffer abschmecken.
4. Die Suppe in einzelne Schalen füllen und mit dem restlichen Öl beträufeln. Zum Servieren etwas geriebenen Käse in einer Schüssel dazureichen.

Ich esse diese Suppe gerne zimmerwarm, besonders im Sommer.

Canederli
Brot-gnocchi

Diese *gnocchi* sind, wie ihr Name schon sagt, die italienische Version der österreichischen Knödel. Man kann sie aus Vollkornbrot oder grobem Weißbrot zubereiten – eigentlich aus jedem gut schmeckenden Brot. Sie können so groß wie Orangen oder so klein wie Walnüsse sein. Die großen Exemplare serviert man traditionell mit Gulasch oder zu anderen Fleischeintöpfen. Ich mag die kleinen *canederli* lieber, am liebsten in gebräunter Butter geschwenkt, aromatisiert mit 1 kleinen Zweig Rosmarin und einigen frischen Salbeiblättern. Dazu mische ich die Brösel von altbackenem Vollkornbrot und Weißbrot mit Kruste. Dies ist eines der wunderbarsten Gerichte aus alten Brotstücken, die man ganz hinten im Brotkasten entdeckt hat.
Canederli werden in Brühe gekocht. Falls ich nicht genügend Fleisch- oder Hühnerbrühe (siehe S. 318) vorrätig habe, koche ich eine Gemüsebrühe (siehe S. 319). Wer es sehr eilig hat, kann sie in aus Brühwürfeln hergestellter Hühnerbrühe oder in Brühe aus Fleischextrakt von bester Qualität und ein wenig Sojasauce garen.
Für Vegetarier können Sie *gnocchi di magro* aus Brot zubereiten. Dazu lassen Sie den Bacon weg und geben einfach mehr Zwiebel, Petersilie und Parmesan dazu.

Für 4 Personen
als erster Gang oder für 6 als Beilage zu einem Fleischeintopf

300 g Vollkornbrot und Weißbrot von guter Qualität
300 ml Milch, plus mehr bei Bedarf
200 g geräucherter Bacon
75 g Butter, plus mehr zum Fetten
1 mittelgroße Zwiebel, sehr fein gehackt
3 EL frisch geschnittene Petersilie
45 g Parmesan, frisch gerieben
2 Bio-Eier
1 Prise frisch geriebene Muskatnuss
Salz und schwarzer Pfeffer aus der Mühle
Weizenmehl
3 l hausgemachte Fleisch- oder Gemüsebrühe (siehe S. 318/319)
1 TL Rosmarinnadeln
4–5 frische Salbeiblätter

1. Das Brot in kleine Stücke zupfen und in eine Schüssel geben.
2. Die Milch erhitzen, über das Brot gießen und 3 Stunden einweichen. Nach einiger Zeit bei Bedarf noch etwas mehr Milch zugießen. Eine genaue Mengenangabe ist schwierig (da abhängig vom verwendeten Brot) – zum Schluss sollten Sie eine feuchte, aber feste Masse vor sich haben. Gründlich mit einer Gabel auflockern und möglichst viel Luft in die Masse einarbeiten. (Keinen Mixer für diesen Arbeitsschritt verwenden, da die Mischung sonst nur zerdrückt und klebrig wird. Sie können allerdings ein elektrisches Rührgerät zum Einsatz bringen.) Die Mischung soll nicht püriert werden, sondern wie feuchter Bulgur aussehen.
3. Den Bacon in einer Pfanne mit Antihaftbeschichtung braten, bis er anbräunt und ein Teil des Fetts ausgetreten ist. Anschließend sehr fein würfeln und zur Brotmischung geben.
4. Das Baconfett aus der Pfanne abgießen, dann 15 g Butter und die Zwiebel zufügen und 5 Minuten unter ständigem Rühren vorsichtig sautieren. Petersilie einrühren und 1 weitere Minute braten. Zum Schluss 3 EL Parmesan einstreuen und den Pfanneninhalt zur Brotmischung geben.
5. Die Eier leicht verquirlen und über die Brotmischung gießen. Gut mit Muskatnuss, Salz und Pfeffer würzen. Alles gründlich vermengen und mit einem großen Metalllöffel immer wieder auflockern.
6. Zuerst ein kleines Probeknödelchen formen und in einen Topf mit kochendem Wasser gleiten lassen. Wenn es nicht zerfällt, die restlichen *gnocchi* formen (siehe nächster Punkt). Ist der Teig zu locker, ein wenig Mehl einarbeiten und nochmals versuchen.
7. Etwas Mehl auf die Arbeitsfläche streuen. Mit einem Löffel kleine Häufchen der Mischung abstechen, zu ovalen oder runden Knödelchen formen und leicht im Mehl wälzen. Mit angefeuchteten Händen gelingt diese klebrige Angelegenheit wesentlich leichter: Ich lege mir dafür ein nasses Tuch daneben und befeuchte mir damit, falls nötig, die Hände.
8. Die *gnocchi* auf ein mit einem sauberen Geschirrtuch bedecktes Tablett legen und dieses (oder mehrere) für mindestens 30 Minuten oder länger in den Kühlschrank stellen.
9. Die Brühe zum Kochen bringen. Mit Salz abschmecken, danach die kalten *gnocchi* vorsichtig hineingleiten lassen. Sobald die Brühe wieder kocht, die Temperatur reduzieren, sodass die Flüssigkeit noch leise köchelt. Nicht kräftig sprudeln lassen, da die *gnocchi* sonst zerfallen. Etwa 20 Minuten garen (große Knödel brauchen länger), dann mit einem Schaumlöffel herausnehmen und auf einem mit Küchenpapier ausgelegten Brett abtropfen lassen. Die Brühe für später als Suppe aufbewahren – sie schmeckt jetzt noch besser!
10. Den Backofen auf 200 °C vorheizen.
11. Die *gnocchi* nebeneinander in einer Schicht in einer eingefetteten feuerfesten Form verteilen.
12. Die restliche Butter mit Rosmarin und Salbei in einem kleinen Topf erhitzen, bis die Butter tiefgolden leuchtet. Die Kräuter

herausnehmen und wegwerfen. Die *gnocchi* mit der Butter übergießen und mit etwas weiterem Parmesan bestreuen. Die Form einige Minuten in den Backofen stellen und die *gnocchi* dann servieren. Den restlichen Käse extra dazureichen.

Sie können die *gnocchi* bis einschließlich Arbeitsschritt Nr. 9 im Voraus zubereiten und später mit Alufolie abgedeckt im Backofen 20 Minuten durcherhitzen. Diese *gnocchi* schmecken auch sehr gut mit Tomatensauce – so isst man sie in der Region Trentino. Wenn Sie die *gnocchi* als ersten Gang servieren, können Sie danach jegliches Fleisch-, Fisch- oder Gemüsegericht auf den Tisch bringen. Ich würde *Coniglio alle erbe e funghi secchi* (S. 180) oder *Tonno alla calabrese* (S. 88) auswählen. Die *gnocchi* können auch als Beilage zu einem üppigen Eintopf dienen, wie z. B. *Spezzatino di agnello in agrodolce* (S. 299) oder das saftige *Spezzato di manzo al Barbera* (S. 289).
Als Fleischbeilage sollten die *gnocchi* etwas größer sein, etwa wie Mandarinen. Das sieht besser aus und geht schneller.

Cavolfiore strascinato con la mollica

Panierter Blumenkohl mit Sardellen, Kapern und Oliven

Für dieses köstliche süditalienische Gericht sind braune Brösel besser geeignet als weiße. Ich mache die Brösel im Mixer, weil es schnell geht. Sie können statt Blumenkohl auch Brokkoli oder Frühlingskohl verwenden. Am liebsten bereite ich aber *catalogna* auf diese Weise zu, einen langen grünen Chicorée, den man gelegentlich in griechischen Lebensmittelläden findet, wo er schlicht und einfach Chicorée heißt.

Für 4 Personen
- 1 ganzer Blumenkohl (à ca. 500 g)
- Salz
- 6 EL natives Olivenöl extra
- 100 g frische Brotbrösel
- 3 gesalzene Sardellen, entgrätet und gewaschen, oder 6 Sardellenfilets
- 1–2 getrocknete Chilis, Samen entfernt
- 2 Knoblauchzehen
- 1 ½ EL Kapern, abgespült und trocken getupft
- 12 schwarze Oliven, entsteint und in Streifen geschnitten
- schwarzer Pfeffer aus der Mühle

1. Den Blumenkohl in kleine Röschen zerteilen und die zarten Stängel in Stückchen schneiden. Vorsichtig waschen, dann 5 Minuten in kochendem Salzwasser blanchieren, abseihen und mit Küchenpapier trocken tupfen.
2. Das Öl erhitzen und die Semmelbrösel darin 3 Minuten braten. Dabei umrühren, sodass sie sich mit Öl vollsaugen.
3. Den Blumenkohl (Röschen und Stängel) zugeben und unter ständigem Rühren braten, bis er gar, aber noch knackig ist. Am besten mit einer Gabel statt eines Löffels umrühren, da so die Röschen eher intakt bleiben.
4. Inzwischen alle anderen Zutaten außer Oliven hacken und unter die Blumenkohl-Semmelbrösel-Mischung rühren. Die Oliven zufügen und die Mischung 1 weitere Minute braten und vermengen. Mit Salz und Pfeffer abschmecken.

Tortino di zucchine

Überbackene Zucchini in Tomatensauce

Ein gebackenes Gemüsegericht heißt in Italien *tortino*. Meist wird es ohne Teighülle gebacken – mit Teig wird es zur *torta*. Diese Art von Gericht mag ich am liebsten: Schmackhaft, unkompliziert und mit unzähligen Varianten. Die Kruste besteht aus einer Mischung von Brotbröseln und Parmesan; am besten passen hier braune Brösel.

Dieses *tortino* ist sehr vielseitig, da man es als *primo*, als *secondo* oder als Beilage zu gebratenem oder gegrilltem Fleisch servieren kann.

Für 4–6 Personen

700 g Zucchini
Salz
30 g Butter
4 EL Olivenöl
2 Zwiebeln, in feine Ringe geschnitten
2 Knoblauchzehen, in feine Scheiben geschnitten
1 EL frisch geschnittene glatte Petersilie
225 g reife Tomaten, gehäutet, Samen entfernt, Fruchtfleisch grob gehackt, alternativ stückige Eiertomaten (aus der Dose)
schwarzer Pfeffer aus der Mühle
1 TL Oregano
3 EL frische Brotbrösel, leicht geröstet
3 EL frisch geriebener Parmesan

1. Die Zucchini unter fließendem Wasser kalt abspülen. Falls die Zucchini nicht klein und zart sind, die hervorstehenden Rippen mit einem Gemüseschäler entfernen.
2. Die Zucchini in 5 mm dicke Scheiben schneiden, in einem Sieb mit reichlich Salz bestreuen und mit den Händen gut vermengen. Abtropfen lassen, während die Tomatensauce zubereitet wird.
3. Die Butter und die Hälfte des Öls in einer mittelgroßen Pfanne erhitzen. Zwiebeln und etwas Salz (dadurch bräunen die Zwiebeln nicht an) zufügen, sobald die Butter geschmolzen ist. Bei schwacher Hitze sautieren, bis sie weich sind. Dann Knoblauch und Petersilie zugeben und unter ständigem Rühren 1 Minute sanft garen.
4. Temperatur erhöhen und die gehackten Tomaten mit Saft zufügen. Zum Kochen bringen, danach auf niedrige Temperatur zurückschalten und unter häufigem Rühren 10 Minuten köcheln lassen.
5. Den Backofen auf 190 °C vorheizen.
6. Die Zucchinischeiben unter fließendem Wasser kalt abspülen und mit einem Geschirrtuch oder reichlich Küchenpapier gründlich trocken tupfen.
7. Zucchinischeiben zu den Tomaten geben und ohne Deckel ca. 15 Minuten garen. Sie sollten zart, aber noch fest sein. Die Garzeit hängt von Frische und Größe der Zucchini ab. Gelegentlich umrühren, dabei am besten eine Gabel statt eines Löffels verwenden, da so die Scheiben eher intakt bleiben. Mit Pfeffer und Oregano würzen und mit Salz abschmecken.
8. Eine flache feuerfeste Schale mit einem Teil des restlichen Öls einfetten.

9. Brotbrösel und Parmesan in einer Schüssel vermengen.
10. Die Zucchini-Tomaten-Mischung in die gefettete Form füllen und mit der Bröselmischung bestreuen. Das restliche Öl darüberträufeln. Etwa 15 Minuten im Ofen backen, bis die Brösel angebräunt sind. Aus dem Ofen nehmen, einige Minuten abkühlen lassen und dann servieren.

Sie können dieses Gericht bis einschließlich Arbeitsschritt Nr. 7 im Voraus zubereiten. Die Zucchini dann in der Tomatensauce im Topf wieder erhitzen und erst anschließend in die feuerfeste Form füllen.

Wie alle echten Italienerinnen und Italiener esse ich zu Beginn einer Mahlzeit gerne ein nahrhaftes Gericht. Deshalb serviere ich das *tortino* als leichten zweiten Gang nach einem eher sättigenden *primo* wie z. B. den Brot-*gnocchi* (*Canederli*, S. 69) oder *Riso e luganeghin* (S. 114). Falls Sie das Gemüse als ersten Gang reichen möchten, können Sie danach *Arrosto di maiale all'acqua* (S. 270) oder *Fragolino in cartoccio* (S. 82) auf den Tisch bringen. Es passen im Grunde alle Fleisch- oder Fischgerichte ohne Tomaten, die neben dieser mediterranen Ouvertüre bestehen können.

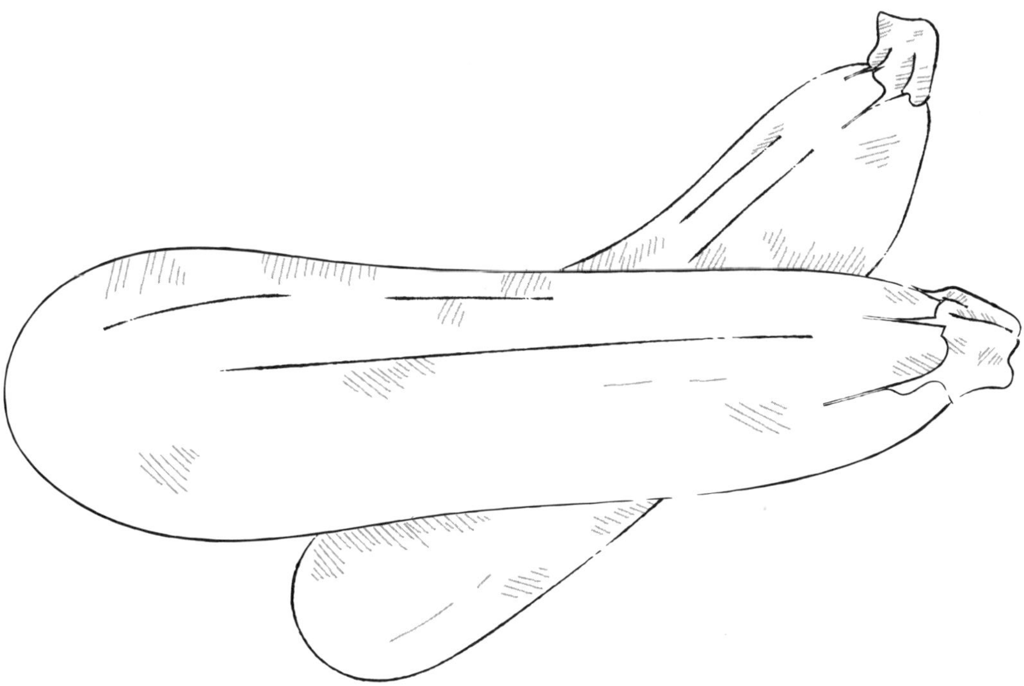

Torta di pane

Brotkuchen

Diese aus altbackenem Brot zubereitete italienische Nachspeise ähnelt einem Kuchen – sie wird wie dieser aus einer Form gestürzt und kalt serviert. Jede Region in Italien hat mindestens eine eigene Brotkuchen-Variante. Sie können Schokoladenstückchen oder Mandeln und andere Nüsse statt Zitronat und Orangeat verwenden und hemmungslos variieren, je nachdem, was sich gerade in Ihrem Vorratsschrank findet. Oder Sie nehmen weniger Sahne und mehr Milch (oder umgekehrt), sodass Sie die *torta* ganz Ihrem Geschmack, Ihrer Ernährungsweise oder Ihren gesundheitlichen Bedenken anpassen können. Ich denke, mein Rezept ist ein recht vernünftiger Kompromiss.

Ich habe immer ein kleines Glas mit in Rum eingelegten Sultaninen vorrätig; sie sind eines meiner Geheimnisse. Und sehr praktisch, da sie bereits weich sind und ein wunderbares Rumaroma haben. Sie können sie auch in *grappa* oder Brandy einlegen und zusammen mit dem Alkohol zur Nachspeise geben.

Für 8 Personen

150 g altbackenes Weißbrot von guter Qualität
75 g Butter, plus mehr zum Fetten
200 ml Milch
300 g Kochsahne (ca. 18 % Fett), alternativ normale Sahne, mit etwas Wasser verdünnt
40 g Sultaninen
3 EL Rum
100 g Zucker
Abrieb von 1 unbehandelten Zitrone
1 Prise gemahlene Gewürznelke
½ TL Zimtpulver
1 Prise gemahlener Ingwer
1 Prise Safranpulver
30 g Zitronat und Orangeat, gehackt
30 g Pinienkerne
3 Bio-Eier, getrennt
Puderzucker zum Bestäuben

1. Den Backofen auf 190 °C vorheizen.
2. Die Brotkruste entfernen, das Brot in Scheiben schneiden und im Backofen 5 Minuten rösten. Danach in eine Schüssel legen und die Butter in Flocken zufügen. Den Ofen nicht ausschalten.
3. Milch und Sahne zum Kochen bringen und über Brot und Butter gießen. Gut vermengen und abkühlen lassen.
4. Inzwischen die Sultaninen mindestens 15 Minuten im Rum einweichen.
5. Die abgekühlte Brot-Milch-Mischung mit einer Gabel verquirlen, bis sie weich und luftig ist. Zucker, Sultaninen mit Rum, Zitronenabrieb, Gewürze, Zitronat, Orangeat und Pinienkerne zufügen und alles gründlich vermengen.
6. Die Eigelbe leicht verquirlen und zur Brotmischung geben. Das Eiweiß schlagen, bis der Eischnee fest, aber nicht trocken ist. Vorsichtig unter die Mischung heben.
7. Eine Backform (18 cm ø) einfetten und mit Backpapier auslegen. Auch das Backpapier fetten und die Mischung in die Form füllen. Etwa 1 Stunde im Ofen backen, dann die Temperatur auf 150 °C reduzieren und weitere 20 Minuten backen, bis an einem in die Mitte des Kuchens gestochenen Holzstab kein Teig mehr haftet.
8. Den Brotkuchen in der Form abkühlen lassen, anschließend stürzen und das Backpapier abziehen. Den Kuchen auf einen hübschen Teller legen und großzügig mit Puderzucker bestäuben.

Dieser Kuchen schmeckt noch intensiver, wenn man ihn am Vortag zubereitet, da die Aromen sich dann besser miteinander verbinden.

Getrocknete Brösel

In jeder italienischen Küche findet sich ein Glas oder eine Dose voll getrockneter Brösel, die eine wichtige Zutat vieler Gerichte sind. Mit Bröseln dickt man Saucen wie *salsa verde* an, oder man streut sie als dünne Kruste auf ein Gratin oder in gefettete Backformen, damit die Füllung nicht anhaftet. Die meisten Gerichte mit Füllung enthalten Brösel, und in Süditalien kommen Brösel bei Pastagerichten oft anstelle von geriebenem Käse zum Einsatz.

Getrocknete Brösel sollten aus grobem Weißbrot von guter Qualität hergestellt werden. Sie können auch eine Mischung aus weißem und Vollkornbrot verwenden, doch die Brösel sollten keinen starken Eigengeschmack haben, da sie die Grundlage für die anderen Zutaten bilden. Stellen Sie die Brösel also nicht ausschließlich aus Vollkornbrot her, da sie dann einen deutlichen Eigengeschmack haben. Das Brot in kleine Stücke brechen und im Backofen trocken rösten. Anschließend im Mixer zu Bröseln verarbeiten. Die Brösel sollten maximal 2 Monate im Kühlschrank in einem luftdichten Behälter aufbewahrt werden. Ich bereite immer gleich eine große Menge an Bröseln zu, fülle damit zwei Schraubgläser und gebe eines davon in den Tiefkühler, wo die Brösel sich mehrere Monate halten.

Passatelli

Diese feine Suppe aus der Region Emilia-Romagna enthält Brösel, Eier, Kalbsknochenmark und Parmesan. Sie benötigen eine Brühe von guter Qualität mit feinem, aber intensivem Aroma. Damit sich das Mark leichter aus den Knochen lösen lässt, können Sie Ihren Metzger darum bitten, die Knochen längs aufzuschneiden. Löffeln Sie dann das Mark heraus. Das Mark, das nicht für diese Suppe verwendet wird, können Sie tiefkühlen. Es macht sich wunderbar in einem *soffritto* für ein *risotto* oder in der Füllung für *ravioli*.

FÜR 4 PERSONEN

- 1¼ l hausgemachte Fleischbrühe (siehe S. 318)
- 45 g Parmesan, frisch gerieben
- 45 g feine Semmelbrösel
- 30 g Kalbsknochenmark
- 1 Bio-Ei (Größe L)
- 1 gute Prise frisch geriebene Muskatnuss

1. Die Brühe zum Kochen bringen.
2. Parmesan und Brösel in einer Schüssel vermengen. Das Knochenmark zerbröckeln, mit Ei und Muskatnuss zugeben und alles gut verkneten. Die Mischung sollte die Konsistenz von Couscous haben.
3. Die Scheibe mit den größten Löchern in die Flotte Lotte einsetzen. Sobald die Brühe kocht, die Mischung durch die Flotte Lotte direkt in die heiße Brühe streichen. Einige Minuten köcheln lassen, dann vom Herd nehmen. Einige Minuten stehen lassen und anschließend mit dem Schöpflöffel in einzelne Schüsseln füllen.

Costoletta e Cotoletta

In Norditalien verwendet man Brösel vor allem zum Panieren. So erhalten in Butter gebratene Speisen eine köstliche Kruste. Diese Zubereitungsmethode wird besonders in der Lombardei angewandt, wo Butter eine bedeutende Rolle spielt. Am bekanntesten ist das *costoletta alla milanese* aus leicht geklopftem Kalbskotelett, das zuerst in gequirltes Ei getaucht, dann in Bröseln gewendet und schließlich in Butter ausgebacken wird. Bei diesem Gericht läuft einem das Wasser im Mund zusammen. Aber die Zubereitung ist nicht so einfach, wie man vielleicht glauben möchte. Die Kruste muss schön goldbraun sein und darf keine schwarzen Flecken aus verbrannten Bröseln aufweisen, während das Kalbfleisch im Inneren *à point* gebraten sein muss, also nicht mehr rosa, aber dennoch saftig. *Cotolette*, also Kalbsschnitzel, werden ebenso zubereitet, sind aber leichter zu braten. Die dünn geschnittenen Schnitzel müssen nur kurz gebraten werden, sodass die Gefahr, die Panade anzubrennen, geringer ist. *Costolette* und *cotolette* kann man auch kalt essen – sie eignen sich deshalb hervorragend für ein Picknick.

Ich erinnere mich noch an die stilvollen Picknicks, die wir vor dem Krieg jeden Sommer veranstalteten, und zwar auf dem Weg nach Forte dei Marmi in der Toskana, wo wir unsere Ferien am Meer verbrachten. Wir fuhren zusammen mit unseren Cousins und Cousinen in einer Karawane aus drei Autos, die mit Kindern, Kindermädchen, großen und kleinen Koffern und Hunden vollgepackt waren. Die Straße über den Apennin war lang und kurvenreich, denn es gab damals noch keine Schnellstraße zwischen Parma und La Spezia. Wir waren den ganzen Tag unterwegs, was zum Teil daran lag, dass wir ganz oben auf dem Cisa-Pass eine Pause für unser ausgiebiges Picknick einlegten. Weiße Tischtücher wurden auf den smaragdgrünen Wiesen ausgebreitet, Picknickkörbe wurden aus den geräumigen Kofferräumen geholt und die Dosen mit dem Essen wurden geöffnet. Ich war die Jüngste der Cousinen und musste um mein *costoletta* kämpfen. Meine Lieblingsspeise schmeckte einfach zu köstlich! Mit dem Knochen als Griff ließ sich das Kotelett sehr praktisch essen. Die Erwachsenen aßen stattdessen oft Schnitzel mit einem Klecks Mayonnaise (während des 19. Jahrhunderts hatten französische Gerichte und Bräuche Eingang in die Küche der Lombardei gefunden).

Schweinefleisch, Hähnchenbrust, Leber, Hirn und Kalbsbries können ebenso wie Fischsteaks oder -filets paniert werden. Auch auf diese Weise zubereitete Auberginenscheiben schmecken hervorragend. Panierte Schnitzel können auch Teil eines aufwendigeren Gerichts sein: Die Schnitzel jeweils mit 1 Scheibe Gruyère belegen, in einer feuerfesten Schale verteilen, mit einigen EL Béchamelsauce beträufeln und 10–15 Minuten im Backofen überbacken. Oder das Schnitzel mit 1 Scheibe *mozzarella* belegen, mit 1 EL Tomatensauce beträufeln, mit etwas Oregano bestreuen und dann backen, bis der Käse schmilzt. Panierte Schweineschnitzel kann man *in saor* servieren. Dazu verwendet man die Sauce, die im Rezept von S. 86 über die Sardinen gegossen wird. Der Vorteil dieser Gerichte liegt darin, dass Sie das Schnitzel im Voraus zubereiten und braten können, um es dann später einfach schnell in den Backofen zu schieben.

Costolette alla milanese

Kalbskoteletts nach Mailänder Art

Dies ist die beste, wenn auch nicht einfachste Zubereitungsmethode für Kalbskoteletts. Aber wenn Sie das richtige Fleisch kaufen und den Anweisungen sorgfältig folgen, werden Sie mit einem köstlichen Ergebnis belohnt.

Beim Kauf der Kalbskoteletts sollten Sie darauf achten, dass das Fleisch hellrosa und das Fett milchweiß ist. Bitten Sie den Metzger, die Koteletts mit einer Dicke von 1 cm zuzuschneiden, die Ecke zu entfernen, an der Rippen und Rückgrat verbunden sind, und den »Stiel« des Koteletts zu kürzen (diese Abschnitte können Sie für eine Brühe oder ein *ragù* verwenden).

Zum Braten lege ich meine *costolette* (oder auch andere panierte Speisen) mit der Butter in eine kalte Pfanne – dieses Geheimnis hat mir der Gastronom und Autor Livio Cerini di Castegnate verraten. Auf diese Weise wird die Butter nicht zu dunkel und die Koteletts bleiben außen schön goldbraun, werden aber dennoch durchgegart.

Für 4 Personen
2 Bio-Eier
Salz
4 Kalbskoteletts
100 g Semmelbrösel
75 g Butter

1. Die Eier mit etwas Salz in einem Suppenteller leicht verquirlen.
2. Die Koteletts in die verquirlten Eier tauchen, sodass beide Seiten damit überzogen sind. Überschüssiges Ei abtropfen lassen.
3. Die Semmelbrösel in einer Schale verteilen und die Koteletts darin wenden. Die Brösel fest mit den Händen andrücken.
4. Eine große Pfanne mit schwerem Boden wählen, in der die Koteletts nebeneinander Platz haben. (Alternativ zwei mittelgroße Pfannen verwenden und dafür die Buttermenge um 15 g erhöhen.) Den Boden der Pfanne großzügig mit Butter einfetten und Butterstückchen in der Pfanne verteilen. Dazu drei Viertel der Butter verwenden. Die Koteletts in die gefettete Pfanne legen und bei niedriger bis mittlerer Temperatur erhitzen. Die Koteletts während des Bratens ständig bewegen, damit sie nicht anhaften. Etwa 4 Minuten braten, dann wenden und von der anderen Seite braten. Die restliche Butter in Flocken zwischen die Koteletts legen. Die Koteletts weitere 3 Minuten sanft garen und dabei bewegen. Die genaue Bratdauer hängt von der Dicke der Koteletts ab. Das Fleisch sollte bis an den Knochen durchgegart, aber noch feucht und saftig sein.
5. Die fertigen Koteletts auf einen vorgewärmten Teller legen, mit der brutzelnden Butter übergießen und sofort servieren.

Costolette alla milanese zählen zu den wenigen Gerichten, die traditionell mit *Risotto alla milanese* serviert werden. Ausnahmsweise bestehe ich nicht auf dieser Tradition – ich serviere dazu lieber *Risotto in bianco* (S. 43) oder sautierte Kartoffeln. In Mailand gilt ein kleiner grüner Salat hinterher als *de rigueur*.

Costolette schmecken auch hervorragend *al cartoccio:* Dazu werden sie mit sautierten Pilzen und ein wenig *prosciutto* im Backpapierpäckchen im Ofen zubereitet.

Fisch & Meeresfrüchte

Fisch und Meeresfrüchte

Italiener lieben Fisch – das zeigt sich schon bei den Fischhändlern im ganzen Land: Sie bieten eine unfassbare Fischauswahl an, die hübsch ordentlich zwischen Eisstückchen auf frisch geschrubbtem Carrara-Marmor präsentiert wird. Allein der Anblick dieser blitzblanken Läden, die den Gaben des Meeres gewidmet sind, bereitet mir große Freude. Oft ertappe ich mich dabei, wie ich am Corso Buenos Aires in Mailand fasziniert in die Auslagen der Fischhändler starre, bis mich ein Verkäufer nach meinen Wünschen fragt. »Oh, gar nichts«, antworte ich dann, »ich habe nur Ihre Fische bewundert.«

In der ersten Reihe liegen die Sardellen und Sardinen in ihrer glänzenden silberblauen Livree. Obwohl diese Fische einst als Armenspeise galten, werden sie nun stolz ausgestellt, da sie im Mittelmeer inzwischen selten geworden und ihre Zahl für die Konservenindustrie stark dezimiert wurde. Hinter den blauen Fischen liegen die Miesmuscheln, *vongoli*, Seeigel, *canestrelli* (kleine Jakobsmuscheln) und Steindatteln, die alle fest verschlossen auf ihr Lebensende in einer Suppe, einer Pastasauce oder in einem Salat warten. Daneben sind die großen und kleinen Krustentiere ausgebreitet, die in ihrem letzten Versuch zu überleben schläfrig übereinander krabbeln. Die köstlichen *moleche* (weiche Butterkrebse aus der Lagune von Venedig) wirken neben den grauen *cicale* (kleine, flache Hummer) geradezu verletzlich. Sepien, Oktopusse und Kalmare gibt es in allen Größen, von winzigen, nur 5 cm langen Exemplaren bis zu riesigen Monstern, die einen aus ihren leeren tiefblauen Augen anstarren. Große Fische wie Loup de mer, Dorade und Steinbutt sind weiter hinten im Laden ausgestellt. Dort warten sie auf gut betuchte Käuferschaft, die es sich leisten kann, diese Fische zur eleganten Abendeinladung zu servieren.

Leider gibt es in Großbritannien und den deutschsprachigen Ländern nur wenige Fischhändler mit solch einer Auswahl von exzellenter Qualität. Beim Fischkauf sollten Sie ein Fischgeschäft, aus dem ein unangenehmer Geruch strömt, gar nicht erst betreten. Fisch frisch aus dem Meer riecht kein bisschen »fischig«, sondern nur nach Meer. Schauen Sie sich im Laden die Fische genau an: Sie sollten steif sein, eine glänzende Haut und schimmernde, lebendig wirkende Augen haben. Große Fische halten sich länger als kleine Fische: Seezunge, Steinbutt oder Loup de mer z. B. verderben nicht so schnell wie Sardinen, Makrelen oder Petersfisch. Noch ein letzter Rat: Wenn Sie Filets von kleinen Fischen wie Seezunge, Scholle oder Wittling kaufen möchten, nehmen Sie den ganzen Fisch und lassen Sie ihn vom Händler filetieren. So erhalten Sie meist frischere Filets, und Kopf und Knochen können Sie mitnehmen und daraus einen hervorragenden Fischfond kochen.

Trancie di nasello al rosmarino

Seehecht mit Frühlingszwiebeln, Knoblauch und Rosmarin

Dieses schlichte, aber fantastische Rezept verdanke ich Romana Bosco, die in Turin eine Kochschule namens *Il Melograno* leitet.

FÜR 4 PERSONEN

1 EL Weizenmehl
200 ml Milch
3 Knoblauchzehen
4 Frühlingszwiebeln
Nadeln von 1 Rosmarinzweig (à ca. 10 cm Länge)
30 g Butter
150 ml hausgemachte Fleischbrühe (siehe S. 318)
4 Seehechtsteaks (à ca. 180 g)
Salz und schwarzer Pfeffer aus der Mühle
700 g Salz-/Pellkartoffeln oder gedämpfte Kartoffeln (nach Belieben)

1. Das Mehl in die Milch einrühren. Den Knoblauch zufügen und die Milch bei schwacher Hitze unter ständigem Rühren zum Kochen bringen. Etwa 10 Minuten köcheln lassen, dabei ständig umrühren, damit sich keine Klümpchen bilden.
2. Inzwischen die weißen Abschnitte der Frühlingszwiebeln sowie die Rosmarinnadeln fein hacken und in der Butter sehr langsam in einer großen Pfanne mit Deckel erhitzen. Die Frühlingszwiebeln dürfen nicht anbräunen. Einige EL Brühe zugießen, damit sie nicht austrocknen. Die grünen Abschnitte für ein anderes Gericht aufbewahren.
3. Die Fischsteaks mit Küchenpapier trocken tupfen und zu den Frühlingszwiebeln geben. Bei immer noch schwacher Hitze 1 Minute von jeder Seite braten. Dann die Milchmischung sowie die Hälfte der restlichen Brühe zufügen und mit Salz und Pfeffer würzen. Den Deckel auflegen und 10 Minuten erhitzen, bis der Fisch gar ist. Gut im Auge behalten und etwas mehr Brühe zugießen, falls der Fisch zu trocken wird. Mit Salz und Pfeffer abschmecken. Die Knoblauchzehen entfernen und wegwerfen.
4. Die Kartoffeln (falls Sie welche servieren möchten) in Scheiben schneiden und zum Erhitzen in die Pfanne legen, sodass sie die milchige Fischsauce aufnehmen. Falls nötig, noch etwas Brühe zufügen. Die Kartoffeln schmecken ausgesprochen köstlich, wenn man sie zusammen mit dem Seehecht zubereitet.

Fragolino in cartoccio

Dorade en papillote

Im Winter entdeckt man oft rosafarbene Fische beim Fischhändler. Dies sind Doraden Rosé, die nicht nur hübsch aussehen, sondern auch köstlich schmecken. Da sie recht zartes Fleisch haben, eignen sie sich besonders gut für die Zubereitung *in cartoccio* (im Papierpäckchen) mit einer schlichten Kräuter-*salsina* (»kleine Sauce«). Sie können die frischen Kräuter nach Belieben auswählen; Fenchel oder Fenchelgrün sollte jedoch stets dabei sein. Ich wickle die Fische zum Garen gerne in Backpapier: Die Päckchen bieten beim Servieren einen schönen Anblick.

FÜR 4 PERSONEN

4 Doraden Rosé (à ca. 225 g)
2 EL frisch geschnittene gemischte Kräuter (z. B. 1 Stängel Petersilie, 1 kleiner Zweig Rosmarin, 2 Salbeiblätter, 1 Zweig Thymian, 2 Stängel Majoran, einige Basilikumblätter und 1 ganzer Stängel Fenchel oder Fenchelgrün)
½ Knoblauchzehe
Salz und schwarzer Pfeffer aus der Mühle
frisch gepresster Saft von ½ kleinen Zitrone
3 EL natives Olivenöl extra, plus mehr zum Fetten

1. Die Fische vom Fischhändler gut schuppen, ausnehmen (auch die Kiemen entfernen) und säubern lassen. Kopf und Schwanz sollten allerdings am Fisch bleiben. Die Fische vor der Zubereitung gut abspülen und auf einem schräg stehenden Brett abtropfen lassen, während die Sauce zubereitet wird.
2. Den Backofen auf 200 °C vorheizen.
3. Kräuter und Knoblauch im Mixer hacken, aber nicht pürieren. In eine Schüssel füllen und mit Salz und Pfeffer würzen. Zitronensaft sowie nach und nach das Öl zuträufeln. Dabei mit einer Gabel verquirlen, damit die Sauce andickt.
4. Vier rechteckige Stücke Backpapier (oder Alufolie) zuschneiden, jeweils groß genug für einen Fisch – das Papier wird oben und an den Seiten zusammengefaltet. Mit etwas Öl bestreichen. Jeweils einen Fisch darauflegen und diesen innen und außen mit etwas Sauce beträufeln. Das Päckchen zusammenfalten und verschließen: Dazu Backpapier oder Alufolie an den Rändern umklappen und mehrfach knicken.
5. Die Päckchen in eine Bratreine legen und im Ofen 15 Minuten backen. So wird der Fisch im eigenen Saft gegart und bleibt schön saftig.
6. Die Päckchen auf einzelne Teller legen und zum Öffnen die Enden abschneiden. Den Fisch in seiner Backpapier-»Schale« lassen, da so die Garsäfte nicht verloren gehen.

Ich serviere aus Überzeugung keine Beilage zu Fisch *al cartoccio*, da auf dem Teller fast kein Platz mehr ist – ganz abgesehen davon, dass der Fisch alleine völlig ausreicht. Sie brauchen lediglich reichlich Weißbrot mit Kruste zum Auftunken der köstlichen Garsäfte sowie einen Salat hinterher. Ich liebe Salat aus gegartem Gemüse. Mein Lieblingssalat wäre hier der *Insalata di fagiolini al vino* (S. 161) oder ein kühler *Insalata del Bronzino* (S. 163).

Zuppetta di pesce

Leichte Fischsuppe

Da leichtere Gerichte immer beliebter werden, ersetze ich mit dieser *zuppa di pesce* die üppige *cacciucco*, *brodetto* und *burrida* früherer Zeiten. Ich bin zwar keine Meisterin der *Nuova Cucina*, finde aber, dass diese frische, leichte *zuppa* wirklich köstlich schmeckt und voll traditioneller italienischer Aromen steckt. Die Zubereitung ist zudem einfacher als bei den üppigeren Varianten. Außerdem ist man nicht so sehr auf typisch italienischen Fisch angewiesen, sodass man die Suppe auch außerhalb Italiens zubereiten kann, obwohl die Fischauswahl meist um einiges geringer ist.

Der Fischkopf gehört beim Kochen unbedingt mit in die Suppe, da er ihr ein kräftiges Aroma verleiht. Kaufen Sie möglichst keine vorgekochten Garnelen. Tiefgekühlte Garnelen sollten Sie vor der Verwendung unbedingt komplett auftauen lassen.

Für 4 Personen

225 g Miesmuscheln
450 g Garnelen
450 g Seeteufel, küchenfertig
4 EL natives Olivenöl extra
1 Knoblauchzehe, in dicke Scheiben geschnitten
1 getrocknete Chili
2 EL frisch geschnittene glatte Petersilie
4 reife Eiertomaten, gehäutet, Samen entfernt, Fruchtfleisch grob gehackt, alternativ stückige Eiertomaten (aus der Dose)
1 Fischkopf (Kabeljau, Seehecht oder ein anderer großer weißfleischiger Fisch – kein Lachs!)
100 ml trockener Weißwein
Salz und schwarzer Pfeffer aus der Mühle
8 Baguettescheiben, leicht geröstet

1. Die Miesmuscheln säubern (siehe Hinweise auf S. 98), aber noch nicht kochen.
2. Die Garnelen schälen und, falls nötig, den Darm entfernen. Den Seeteufel trocken tupfen, häuten und in mundgerechte Stücke schneiden.
3. Die Hälfte des Öls in einem (Ton-)Topf erhitzen und Knoblauch, Chili sowie die Hälfte der Petersilie zufügen. Sautieren, bis der Knoblauch allmählich anbräunt. Dann die gehackten Tomaten und den Fischkopf zugeben. Den Wein zugießen und köcheln lassen. Wenn er fast vollständig eingekocht ist, 750 ml kochendes Wasser zugießen. Salzen und alles 20 Minuten kochen.
4. Seeteufel und Miesmuscheln zufügen und 3 Minuten mitkochen. Dann die Garnelen zugeben und weitere 2 Minuten garen.
5. Den Fischkopf aus der Flüssigkeit nehmen und wegwerfen (ich gebe die Bäckchen noch zur Suppe). Die Suppe mit dem restlichen Öl und der verbliebenen Petersilie verfeinern. Mit Salz und Pfeffer abschmecken.
6. Zwei Scheiben geröstetes Baguette in jede Suppenschüssel geben und die Suppe mit dem Schöpflöffel austeilen.

Ich empfehle Ihnen, nach diesem Gang ein weiteres Fischgericht zu servieren – ganz nach italienischer Art. Perfekt passen *Calamari ripieni* (S. 93) oder *Trancie di nasello al rosmarino* (S. 81). Möchten Sie lieber Fleisch reichen, könnten Sie *Filetto di maiale alla Cavalcanti* (S. 303) oder *Prosciutto cotto in salsa di cipolla* (S. 110) wählen.

Coda di rospo e cozze in salsa gialla

Seeteufel und Miesmuscheln in Tomaten-Safran-Sauce

Als ich einmal bei einem venezianischen Freund zu Besuch war, gab es dort dieses köstliche Gericht – und zwar anders zubereitet als der übliche *coda di rospo* vom Grill, den man in Venedig so oft im Restaurant bekommt.

Für 4 Personen

450 g Miesmuscheln
1 Prise Safranpulver oder -fäden
800 g Seeteufel, küchenfertig
225 g reife Tomaten, gehäutet, Samen entfernt, Fruchtfleisch grob gehackt, alternativ stückige Eiertomaten (aus der Dose), ohne Saft
2 Schalotten oder ½ Zwiebel, fein gehackt
15 g Butter
3 EL Olivenöl
2 Knoblauchzehen, gehackt
½ kleine getrocknete Chili, Samen entfernt, zerbröselt
1 Bund glatte Petersilie, frisch geschnitten
100 ml trockener Weißwein
Salz und schwarzer Pfeffer aus der Mühle
spaghettini oder gekochter Reis zum Servieren

1. Die Miesmuscheln säubern und zubereiten (siehe Hinweise auf S. 98). In eine Schüssel füllen und die Garflüssigkeit durch ein mit einem Mulltuch ausgelegtes Sieb filtern. Den Safran zur Flüssigkeit geben, gut vermengen und dann beiseitestellen.
2. Die dunkle Haut des Seeteufels abziehen, falls dies noch nicht geschehen ist. Auch die dünne durchsichtige Haut entfernen, da der Fisch sonst während des Bratens schrumpfen würde. Den Fisch abspülen, trocken tupfen und in kleine Stücke schneiden.
3. Die Tomaten bei schwacher Hitze in einem kleinen Topf unter häufigem Rühren 10 Minuten garen, bis sie zerfallen.
4. Die Schalotten in einer Pfanne langsam in Butter und Öl sautieren, bis sie weich sind. Knoblauch, Chili und 2 EL Petersilie zufügen und 1 Minute mitgaren. Das *soffritto* mit einem Löffel fest auf den Pfannenboden drücken, damit die Schalottenflüssigkeit austritt.
5. Den Fisch zugeben und unter ständigem Wenden 3 Minuten braten. Nun den Wein zugießen und köcheln lassen, bis nur noch wenig Flüssigkeit übrig ist.
6. Tomaten und Safran-Muschelsud einrühren, mit Salz und Pfeffer würzen und weiter köcheln lassen, bis der Fisch gar ist. Dies dauert etwa 7–10 Minuten, je nachdem, wie groß die Stücke sind. Falls zu viel Flüssigkeit in der Pfanne ist, den Fisch herausnehmen, in eine vorgewärmte Schale legen und die Flüssigkeit bei hoher Temperatur reduzieren, bis sie schön aromatisch schmeckt. Die Miesmuscheln zufügen und sofort den Herd ausschalten, da sie nicht kochen, sondern nur erhitzt werden müssen. Den Sud mit Salz und Pfeffer abschmecken.
7. Das Gericht in einer vorgewärmten Schale anrichten und mit der restlichen Petersilie bestreuen.

Rundherum *spaghettini* anordnen, die in 2 EL nativem Olivenöl extra geschwenkt wurden, oder gekochten Reis. Eine weitere Beilage ist nicht nötig; Sie sollten nur anschließend einen Salat reichen.

Als ersten Gang können Sie *Peperoni arrostiti* (S. 123) oder *Scodelle di cipolle ripiene* (S. 120) servieren. Falls Ihr Menü einer bestimmten Farbe folgen soll, könnten Sie dafür gelbe Paprikaschoten verwenden und als Nachspeise *Torta di mandorle all'arancia* (S. 244) mit Orangensalat reichen.

Sardinen

Der zoologische Name dieses Fischs lautet *Sardina pilchardus*. Sardinen sollten klein sein, also nicht länger als 12 cm, wenn sie gefangen werden. Sie schwimmen in großen Schwärmen und werden überwiegend in spanischen Gewässern, vor Süditalien und rund um Sizilien gefangen. Die Firmen, die Sardinen in Salz oder Öl einlegen, befinden sich ebenfalls überwiegend im Süden und auf Sizilien. Das Gedeihen vieler Dörfer hing früher von einem guten Fang ab, was in geringerem Umfang auch heute noch der Fall ist. In seinem berühmten Roman *I Malavoglia* beschreibt Giovanni Verga das fröhliche Treiben in dem Dorf Acitrezza im Osten Siziliens im Jahre 1863, als der Sardinen- und Sardellenfang besonders ergiebig war. Alle im Dorf waren damit beschäftigt, den Fisch in Fässern einzulegen (so wurde er konserviert): Sie wussten, dass sie durch den Verkauf genug verdienen würden, um Vorräte für den Winter zu kaufen, wenn der Fischfang weniger einbringlich wäre.

Richtig frische Sardinen schmecken unglaublich köstlich. Ihr Körper sollte fest sein und stahlblau schimmern, und sie sollten leuchtend klare Augen haben. In Goldonis Theaterstück *Le Donne de casa soa* schickt Siora Angiola ihren Diener zum Sardinenkauf. Sie erklärt ihm, dass er sich die Fische von ganz oben nehmen soll, die am besten und am fettesten sind. »Wenn sie müde sind, haben sie rote Köpfe«, sagt sie, was tatsächlich stimmt: Unter den blutunterlaufenen Augen erscheint dann ein roter Fleck.

Viel zu viele der fern des Mittelmeers verkauften Sardinen entsprechen Siora Angiolas Beschreibung. Lassen Sie diese Exemplare besser liegen und kaufen Sie stattdessen Sprotten, falls sie erhältlich sind – sie entstammen der gleichen Familie. Ich habe die meisten meiner Sardinenrezepte auch mit Sprotten ausprobiert und war mit dem Ergebnis immer recht zufrieden.

Viele Sardinenrezepte stammen aus Süditalien. Die bekanntesten sind *Sarde a beccaficu* und *Pasta con le sarde*. *Sarde a beccaficu* verdankt seinen Namen dem Aussehen des Gerichts. Die entgräteten Sardinen werden flach aufgerollt und mit dem Schwanz in die Luft in eine Schale gestellt, sodass sie wie *beccafichi*, kleine Vögel, aussehen, die in die Schale picken. *Pasta con le sarde* schmeckt so fantastisch, dass ich das Gericht eher noch mit Heringen zubereite, als darauf zu verzichten, wenn es keine frischen Sardinen gibt. Es ist eine köstliche Kombination aus Sardinen, Pinienkernen und Sultaninen.

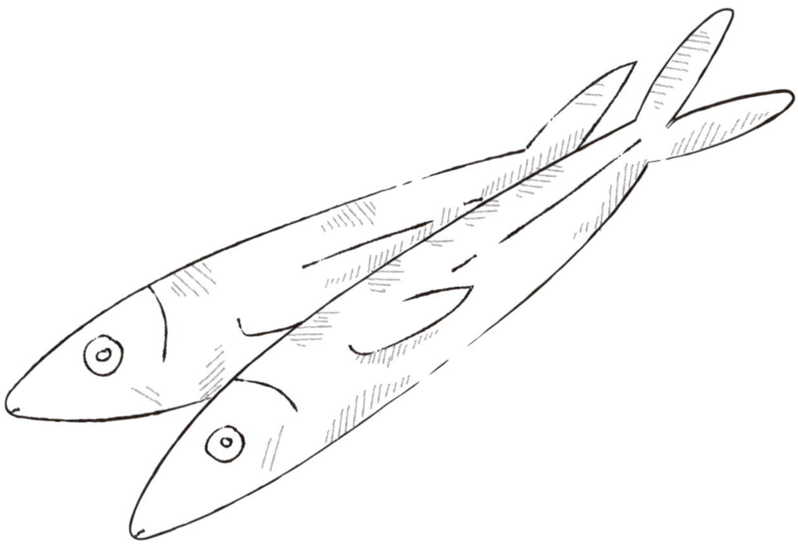

Sarde in saor

Sardinen in süßsaurer Sauce

Dies ist ein altes Rezept aus Venetien. Man bereitete es für Seeleute zu, die es mit auf ihre Fahrten nahmen. Die vielen Zwiebeln in der *saor* (Sauce) sollten die Männer vor Skorbut bewahren.

Für 4 Personen

700 g frische Sardinen, küchenfertig
75 g Weizenmehl
Salz
Pflanzenöl zum Braten
30 g Sultaninen
2 EL Olivenöl
200 g Zwiebeln, in dünne Ringe geschnitten
2 TL Zucker
100 ml trockener Weißwein
100 ml guter Weinessig
2 EL frisch gepresster Granatapfel- oder Zitronensaft
4 Lorbeerblätter
12 schwarze Pfefferkörner, leicht zerdrückt
1 Msp. Zimtpulver
1 Msp. gemahlener Koriander

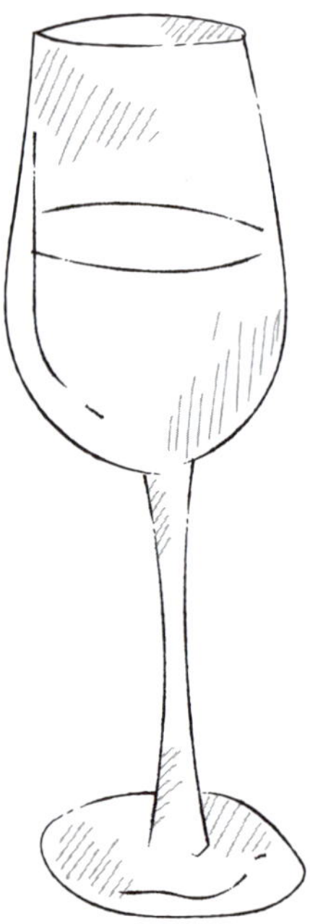

1. Die Sardinen gründlich abwaschen und trocken tupfen.
2. Das Mehl auf einem Brett verteilen und salzen.
3. Reichlich Pflanzenöl in einem Wok oder einer Pfanne erhitzen. Inzwischen die Sardinen rundum im Mehl wenden.
4. Sobald das Öl sehr heiß ist, aber noch nicht raucht (mit einem Brotstückchen testen: es sollte in 50 Sekunden anbräunen), die Sardinen portionsweise hineingleiten lassen und von jeder Seite 2 Minuten braten, bis sich eine goldgelbe Kruste bildet. Die Fische mit einem Pfannenwender herausheben und auf Küchenpapier entfetten.
5. Die Sultaninen in etwas warmem Wasser einweichen.
6. Das Olivenöl mit den Zwiebelringen in einer weiteren Pfanne erhitzen. Oder die bisherige Pfanne verwenden, nachdem Sie das abgekühlte Bratöl in eine Flasche abgefüllt oder es weggeschüttet haben. Die Zwiebeln bei schwacher Hitze braten und unter häufigem Rühren etwas Salz und den Zucker zugeben. Die Zwiebelringe sollten am Ende goldbraun sein. Die Temperatur erhöhen und Wein, Essig und Granatapfelsaft zugießen. Sprudelnd kochen lassen, bis die Flüssigkeit auf die Hälfte reduziert ist.
7. Die Fische in eine hübsche Schale legen: Ich nehme dazu eine rustikale Tonschale. Die Zwiebelsauce darübergießen und die Lorbeerblätter obenauf legen.
8. Die Sultaninen abseihen und mit den Gewürzen über die Fische streuen. Die Schale mit Frischhaltefolie abdecken und 24 Stunden durchziehen lassen.

Falls Sie das Gericht 2 Tage oder länger aufbewahren möchten, sollten Sie es in den Kühlschrank stellen, wo es einige Tage frisch bleibt. Nehmen Sie es jedoch mindestens 2–3 Stunden vor dem Servieren heraus, sodass es sich auf Zimmertemperatur erwärmt.
Ich habe dieses Gericht schon mit Erfolg aus Sprotten und Heringen zubereitet, die man in den Läden oder an den Marktständen außerhalb Italiens meist in frischerem Zustand bekommt als Sardinen. Seezungen- oder Schollenfilets kann man ebenfalls auf diese Weise servieren. All diese Fischvarianten ergeben einen sehr appetitlichen ersten Gang, nach dem ich gerne ein aromatisches Fisch-Hauptgericht wie *Polpo in umido* (S. 97) oder *Spaghetti coi calamari* (S. 95) reiche.

Thunfisch

»Der *tonno* ist ein Fisch mit außergewöhnlichen Maßen«, erklärte der im 15. Jahrhundert lebende Schriftsteller Platina in seinem Werk *De honesta voluptate et valetudine*. Der Fisch kann in der Tat bis zu zwei Meter lang werden. Er kann unglaublich schnell schwimmen – sein schöner dunkelblauer Körper schießt wie ein Torpedo durchs Wasser. Thunfische wandern im Frühsommer an die Küste, ja sogar in Flussmündungen hinein, um dort zu laichen. Man nennt sie zu diesem Zeitpunkt *tonni di corso*. Wenn sie im Spätsommer zurückkehren, heißen sie *tonni di ritorno*. Ihre Wanderbewegungen sind allerdings noch immer ein Rätsel. Alan Davidson vermutet in seinem unglaublich wichtigen Buch *Mediterranean Seafood*, dass »sie vielleicht von der Temperatur des Wassers und von den Wanderungen anderer Fische, die ihnen als Nahrung dienen, beeinflusst werden«.

Genau zu der Zeit, in der die Thunfische zu ihren Laichplätzen ziehen, findet die sizilianische *mattanza del tonno* (Abschlachten der Thunfische) statt. Die *mattanza* war schon immer ein Ritual, das die sizilianischen Fischer sehr schätzten. Die typische Fang- und Tötungsmethode wurde vermutlich von den Phöniziern erlernt und hat sich seitdem kaum verändert. Patrick Brydone schilderte 1770 in einem seiner Briefe aus Sizilien, wie die *mattanza* ablief (und noch immer abläuft): »Diese Fische erscheinen erst gegen Ende Mai im Meer vor Sizilien. Dann werden die sogenannten *tonnaros* vorbereitet. Mit großem Aufwand wird eine Art Wasserschloss aus starken Netzen gebildet, die am Meeresboden mit schweren Bleigewichten verankert werden. Diese *tonnaros* werden in den von den Thunfischen am häufigsten benutzten Passagen zwischen Felsen und Inseln errichtet. Der Zugang zu den Passagen wird mit Netzen verschlossen, bis auf eine kleine Öffnung, die als Außentor des *tonnaro* bezeichnet wird.« Brydone beschreibt dann, wie die an der Wasseroberfläche lärmenden Männer die Fische von der »Eingangshalle« zum »Vorraum« treiben, wobei ein Netz, das hinter ihnen heruntergelassen wird, ihr Entkommen verhindert. Auf die *anticamera* folgt die *camera della morte*, die Todeskammer: »Sie wurde aus festeren Netzen und mit stärkeren Ankern als die anderen Kammern errichtet. Sobald genügend Thunfische gefangen sind, werden sie von den Vorkammern in die Todeskammer getrieben – und das Abschlachten beginnt. Die Fischer und oft sogar die gehobenen Herrschaften der Gegend sind mit einer Art Speer oder Harpune bewaffnet und greifen die armen, wehrlosen Tiere von allen Seiten an, die nun verzweifelt und mit großer Kraft und Geschicklichkeit umherzappeln, sodass das Wasser in die Boote schwappt. Sie zerreißen die Netze, zerschmettern ihre Köpfe an Felsen oder Ankern, und manchmal sogar an den Booten ihrer Feinde.«

Thunfischfleisch ist relativ fest und trocken. Ich finde, dass es durch eine Marinade aus Essig und Wasser an Geschmack gewinnt. Dies schlägt der sizilianische Schriftsteller Alberto Denti di Pirajno in seinem faszinierenden Buch *Il gastronomo educato* vor. Ich halte Thunfisch für einen hervorragenden Fisch, der überall gut erhältlich ist.

Thunfisch war bereits zu römischen Zeiten beliebt. Apicius verfasste Rezepte, in denen Thunfisch gekocht – eine bei den Römern bewährte Zubereitungsart für Fisch und Fleisch – und dann mit einer süßsauren Sauce, die Öl und Garum enthielt, angemacht wurde. Noch heute kombiniert man Thunfisch gerne mit einer süßsauren Sauce oder bereitet ihn auf klassisch-mediterrane Weise mit Tomaten zu (siehe folgendes Rezept).

Häufig wird Thunfisch in Olivenöl oder in Lake konserviert. Früher legte man ihn in Fässer ein, die mit Olivenöl aufgefüllt wurden, *tonno sott'olio*. Am besten schmeckt die *ventresca*, das zarte, saftige Bauchfleisch des Fischs. In manchen italienischen Feinkostläden gibt es Konservendosen mit *ventresca* sowie Thunfisch aus dem Fass, der nach Gewicht verkauft wird. Eingelegter Thunfisch wird in der italienischen Küche recht häufig verwendet – ob als Brötchenbelag, als Gemüsefüllung (wie in dem hervorragenden Rezept für gefüllte Zwiebel auf S. 120) oder in Pastasaucen.

Das bekannteste Thunfischgericht ist wohl der toskanische Bohnen-Thunfisch-Salat *Insalata di fagioli e tonno*, der auch auf den Speisekarten der meisten italienischen Restaurants außerhalb Italiens steht. Das Grundrezept ist sehr einfach und enthält die Hauptzutaten Thunfisch, *cannellini*-Bohnen (meist aus der Dose) und Zwiebeln. Ich verfeinere den Salat noch durch ein paar hübsche Ergänzungen und verwende getrocknete *cannellini*, die besser schmecken als die aus der Dose, aber zuerst eingeweicht und gekocht werden müssen. Außerdem nehme ich die süßlichen roten Zwiebeln oder Frühlingszwiebeln und mariniere sie 2 Stunden in Zitronensaft. Und ich löffle die Bohnen auf ein Bett aus rotem *radicchio*, was für Farbe, eine leichte Bitternote und Knackigkeit sorgt. Darauf verteile ich dann den mit der Gabel aufgelockerten Thunfisch, den ich mit der roten Zwiebel bestreue. Das Dressing besteht aus allerbestem Olivenöl, schwarzen Pfeffer aus der Mühle und ein wenig Salz.

Tonno alla calabrese

Thunfisch mit Tomaten, Kapern, schwarzen Oliven und Chili

Kaufen Sie am besten Steaks vom Thunfischbauch, da sie feiner schmecken und zarter sind. Große Steaks können Sie einfach halbieren.

Für 4 Personen

4 frische Thunfischsteaks (ca. 1 cm Dicke, à 180 g)
Salz und schwarzer Pfeffer aus der Mühle
4 EL Olivenöl
2 EL Weinessig
4 Lorbeerblätter
4 reife Tomaten
2 EL Semmelbrösel
3 EL Kapern, abgespült und trocken getupft
12 süße schwarze Oliven
2 getrocknete Chilis

1. Die raue Fischhaut abziehen (falls vorhanden) und die Steaks von beiden Seiten mit Salz und Pfeffer einreiben. Die Steaks in eine feuerfeste Schale legen und mit der Hälfte des Öls und dem Essig übergießen. Auf jedes Steak ein Lorbeerblatt legen und den Fisch 1 Stunde marinieren. Zwischendurch einmal wenden.
2. Den Backofen auf 200 °C vorheizen.
3. Die Tomaten blanchieren und häuten. Halbieren und die Samen herausdrücken. Das Fruchtfleisch grob hacken und auf den Steaks verteilen. Mit Semmelbröseln, Kapern und Oliven bestreuen und die Chilis zufügen. Mit dem restlichen Öl beträufeln. Die Schale mit Alufolie abdecken und den Fisch je nach Dicke der Steaks etwa 20 Minuten im Ofen backen, bis er gar ist.
4. Die Steaks auf einen vorgewärmten Teller legen. Lorbeerblätter und Chilis entfernen und wegwerfen. Die Garflüssigkeit bei Bedarf mit Salz und Pfeffer würzen. Die Steaks damit beträufeln und dann servieren.

Ich lege gerne rund um die Steaks gegrillte *polenta*-Stäbchen – so kombiniere ich ein Gericht aus dem tiefen Süden mit der sehr norditalienischen *polenta*. Zu Beginn der Mahlzeit können Sie *Risotto alla marinara* (S. 45) reichen oder eine herzhafte *Minestrone* (S. 280). Servieren Sie nach dem Fisch zur Erfrischung eine Schüssel mit grünem Salat.

Spaghetti al tonno

Spaghetti mit Thunfisch-Tomaten-Sauce

Der eingelegte Thunfisch wird hier nicht mehr extra gegart, wie sonst bei Saucen meist üblich. So tritt der angenehme Geschmack des Thunfischs deutlicher hervor.

FÜR 4 PERSONEN
1–2 Knoblauchzehen
75 ml natives Olivenöl extra
4 Tomaten, gehäutet und grob gehackt
10 schwarze Oliven, entsteint und in Streifen geschnitten
1 EL Kapern, abgespült und trocken getupft
12 Basilikumblätter, gezupft
Salz
300 g *spaghetti*
200 g Thunfisch (aus der Dose, von guter Qualität, in Olivenöl oder eigenem Saft)
schwarzer Pfeffer aus der Mühle

1. Den Knoblauch in dicke Scheiben schneiden. Mit der Hälfte des Öls, Tomaten, Oliven und Kapern in einem kleinen Topf erhitzen. Dann Basilikum und ½ TL Salz zufügen und alles 5 Minuten garen.
2. Die Pasta wie gewöhnlich in kochendem Wasser mit Salz garen.
3. Inzwischen den Thunfisch abseihen, mit der Gabel auflockern und in eine Servierschüssel füllen. Das restliche Öl zugießen, mit reichlich Pfeffer würzen und alles gründlich vermengen.
4. Die fertig gekochten *spaghetti* mit einer Holzgabel oder einer Spaghettizange aus dem Wasser heben (oder die Nudeln abseihen) und in die Schüssel zum Thunfisch geben. Beim Abseihen eine Tasse Kochwasser aufbewahren und beiseitestellen. Die Tomatensauce gründlich mit dem Thunfisch vermengen. Falls das Gericht zu trocken wirkt, etwas Kochwasser zugießen.

Nach dieser köstlichen Eröffnung sollten Sie einen ebenso beeindruckenden *secondo* auswählen. Ich empfehle *Fragolino in cartoccio* (S. 82). Falls Sie die Pasta als Hauptgericht servieren möchten, reichen Sie davor am besten *Zuppetta di pesce* (S. 83) oder *Melanzane ripiene alla pugliese* (S. 141).

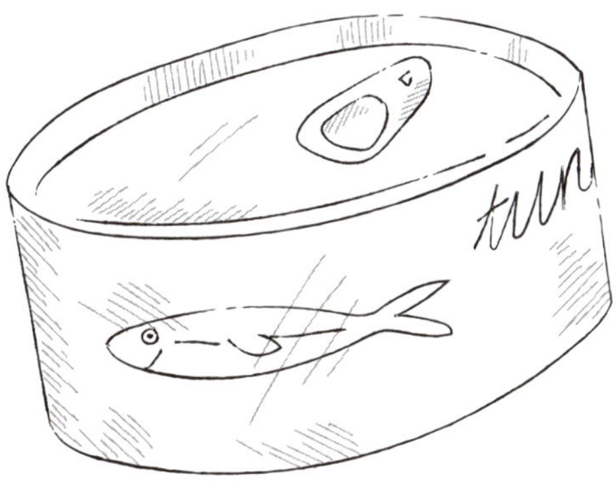

Rote Meerbarbe

Die Rote Meerbarbe ist einer der besten Fische des Mittelmeers und wird seit der Zeit der Römer in Italien sehr gerne gegessen. Sie wird überwiegend im Ligurischen und Tyrrhenischen Meer gefangen, wo sie im tiefen, felsendurchsetzten Wasser zu Hause ist. Rote Meerbarben sind leuchtend rot und haben festes, schmackhaftes Fleisch, das kaum gewürzt werden muss. Daher werden die Fische schlicht zubereitet und oft nur mit Tomaten und Kräutern aromatisiert, wobei am häufigsten Fenchelgrün verwendet wird.

Die in Großbritannien und in den deutschsprachigen Ländern erhältlichen Roten Meerbarben sind meist tiefgekühlt und stammen aus dem Mittelmeer. Zum Glück verliert dieser Fisch beim Tiefkühlen kaum an Geschmack. Jane Grigson schrieb in ihrem Buch *Fish Cookery*, dass im Jahr 1819 ganze 5000 Rote Meerbarben in der britischen Weymouth Bay gefangen wurden. Ich frage mich, was aus unseren einheimischen Roten Meerbarben geworden ist ... Vielleicht sind sie verschwunden – genau wie es momentan die Makrelen tun. Oder vielleicht werden sie nach Frankreich geschickt, so wie viele der besten englischen und schottischen Fische, um dann aber am nächsten Tag zurück in London zu sein, wo sie in den Restaurants serviert werden.

Triglie al cartoccio

Rote Meerbarbe mit Tomaten, Knoblauch, Ingwer und Basilikum

Da Rote Meerbarben so hübsch und appetitlich aussehen, eignen sie sich besonders für die Zubereitung *al cartoccio*. Ich habe Fisch schon immer gerne auf diese Weise serviert, denn so bleibt sein Aroma erhalten. Und außerdem muss ich danach keinen Topf abspülen. Diese Garmethode wird in Italien seit Jahrhunderten angewendet und ist heute überall beliebt, ob daheim oder im Restaurant. Im Gegensatz zu vielen Restaurantgerichten lässt es sich auch gut für Gäste zu Hause zubereiten: Wenn Sie den Fisch vorbereitet und hübsch verpackt haben, können Sie ihn erst mal vergessen und müssen erst 10 Minuten vor dem Essen wieder an ihn denken.

Viele Speisen lassen sich *al cartoccio* zubereiten. Am liebsten nehme ich dafür Fisch, wie Sie hier in meinem Buch unschwer erkennen können. Doch auch Fleisch schmeckt köstlich, wenn Sie es so garen. Probieren Sie Schweinefilet mit Pilzen, ein paar getrockneten *porcini*, und einem Schuss Wermut, oder versuchen Sie das Rezept für *spaghetti* auf S. 21. Aber Vorsicht: Achten Sie auf die richtige Menge an Aromazutaten und Gewürzen. Die eingewickelten Speisen können bis zum Servieren nicht mehr nachgewürzt werden. *Al cartoccio* zubereiteter Fisch muss ganz frisch sein, da die Garsäfte im Papierpäckchen eingeschlossen werden und sich das Aroma dadurch konzentriert.

In diesem Rezept ergänze ich typisch mediterrane Zutaten durch eine exotische Note, nämlich mit ein wenig gehacktem Ingwer, der wunderbar zu Fisch und Knoblauch passt, wie uns die chinesische Küche zeigt.

Für 4 Personen
4 Rote Meerbarben (à ca. 250 g)
4 kleine feste Tomaten, gehäutet
1 gute Handvoll Basilikumblätter
1 Knoblauchzehe
1 cm frischer Ingwer, geschält
4 EL natives Olivenöl extra, plus mehr zum Fetten
Salz und schwarzer Pfeffer aus der Mühle

1. Die Fische vom Fischhändler schuppen und gut säubern lassen. (Er soll dabei nur einen kurzen Schnitt am Bauch anbringen und die Fische nicht vom Anus bis zum Kopf aufschneiden, da sie sonst nicht mehr so hübsch anzusehen sind. Bitten Sie den Fischhändler auch, die Leber jeweils im Fisch zu belassen, was Liebhaber der Roten Meerbarben besonders begeistern wird. Natürlich dürfen auch Kopf und Schwanzflosse nicht entfernt werden.) Zu Hause nochmals prüfen, ob die Fische wirklich gut geschuppt wurden. Jeweils die Brust- und Rückenflossen abschneiden und die Kiemen gegebenenfalls entfernen, da sie oft bitter schmecken. Die Schwanzflosse ein Stück kürzen, dabei aber die ursprüngliche Form berücksichtigen. Die Fische gründlich abspülen und zum Abtropfen auf ein schräges Brett stellen.
2. Den Backofen auf 200 °C vorheizen.
3. Die Tomaten halbieren, Samen und den bitteren Saft herausdrücken. Das Fruchtfleisch fein würfeln und in eine kleine Schüssel füllen. Basilikumblätter, Knoblauch und Ingwer fein schneiden, mit dem Öl in die Schüssel geben und gründlich vermengen.
4. Vier rechteckige Stücke Backpapier zuschneiden. Sie sollten jeweils groß genug für einen Fisch sein – das Papier wird oben und an den Seiten mehrfach zusammengefaltet. Mit etwas Öl bestreichen.
5. Die Fische innen und außen salzen und pfeffern. Den Großteil der Tomatenmischung auf die Backpapierstücke verteilen, die Fische darauflegen und die restliche Tomatenmischung obenauf setzen. Das Papier rund um den Fisch zusammenfalten. Gut verschließen, die Päckchen in eine Bratreine legen und 15 Minuten im Ofen backen. Große Fische brauchen vielleicht etwas länger.
6. Die Papierpäckchen auf Teller verteilen. Die umgeschlagenen Enden der Päckchen abschneiden und das Papier öffnen. Dann servieren, sodass die Gäste direkt aus den Päckchen essen können.

Manchmal gebe ich noch ein paar halb gekochte Kartoffelwürfel mit ins Päckchen. Die Kartoffeln werden im Tomaten-Fisch-Garsaft fertig gegart. Unbedingt Brot zum Auftunken dazuservieren und im Anschluss einen grünen Salat reichen.

Die Kopffüßer

Diese kleine Gruppe von Meerestieren umfasst Sepien, Kalmare und Oktopusse, die außerhalb des Kochtopfs alle nicht sonderlich hübsch aussehen. Gut zubereitet schmecken sie jedoch so köstlich, dass man sich von ihrem Äußeren nicht abschrecken lassen sollte. Sie sollten beim Kauf ganz frisch sein, wie Fisch generell. Heutzutage kauft man sie jedoch oft tiefgekühlt. Nach dem Auftauen ist ihr Muskelfleisch entspannt, sodass sie schneller gar werden. Allerdings schmecken sie auch weniger intensiv. Falls Sie am Meer wohnen und dort mit etwas Glück frisch gefangene Kalmare oder Sepien kaufen können, sollten Sie die Tiere noch 2 Tage im Kühlschrank aufbewahren, damit das Fleisch weich wird. Italiener lieben diese seltsam aussehenden Meerestiere und haben zahlreiche Rezepte zu ihrer Zubereitung erfunden.

Kalmare (calamari)

Dieser Kopffüßer ist bei uns recht leicht erhältlich. Sie können große oder kleine frische oder kleine tiefgekühlte Kalmare aus dem Mittelmeer kaufen. Da frische Exemplare schmackhafter und meist größer sind, sollten Sie diese bevorzugen, falls erhältlich.

Große Kalmare schneide ich in Streifen und verwende sie für Eintöpfe. Oder ich koche sie für einen Meeresfrüchtesalat. Die kleineren Tiere fülle ich auf unterschiedlichste Weise. Die Füllung besteht vor allem aus gehackten Tentakeln, Petersilie und Knoblauch sowie Semmelbröseln oder Reis. Auch Tomaten passen gut. Sie können sie auch zusammen mit dem Wein zur Garflüssigkeit geben. Es wird Ihnen sicher Spaß machen, bei der Füllung ein wenig zu experimentieren.

Kalmare und andere Kopffüßer sind nicht leicht zuzubereiten. Man sollte sie entweder nur sehr kurz kochen oder sie wie in der chinesischen Küche frittieren. Oder man köchelt sie auf italienische Art in einem Eintopf bei sehr schwacher Hitze. In Italien werden die kleinen *calamaretti* meist frittiert und für *fritto misto di mare* verwendet. Die winzigen, maximal 5 cm großen *calamaretti* werden leicht in Mehl gewendet und dann in heißem Öl ausgebacken – so schmecken sie einfach köstlich. Auch größere Kalmare kann man so zubereiten, wenn man sie zuvor in Ringe schneidet.

Kalmare säubern

Das Säubern von Kalmaren geht schnell und ist ganz einfach: Die Tube in einer Hand halten und mit der anderen Hand die Tentakel herausziehen. Dabei kommt auch der Inhalt der Tuben mit heraus. Die Tentakel oberhalb der Augen abschneiden und den kleinen Hornschnabel in der Mitte der Tentakel herausdrücken. Die fleckige Haut unter fließendem Wasser von der Tube abziehen. Das durchsichtige Rückgrat und verbliebene Reste mit der Hand aus der Tube ziehen. Tube und Tentakel unter fließendem Wasser gründlich abspülen und in einem Sieb abtropfen lassen. Dann mit Küchenpapier gut trocken tupfen. Nun können die Kalmare zubereitet werden.

Calamari ripieni

Gefüllte calamari

Hier sind die beiden wichtigsten Zutaten der italienischen Fischküche, *calamari* und Thunfisch aus der Dose, in einem Rezept vereint. Es stammt von Francesco Leonardi, einem talentierten neapolitanischen Koch des 18. Jahrhunderts. Die Krönung seiner Karriere war seine Position als Koch am Hofe von Katharina der Großen. Doch er bekam wie alle Süditaliener Heimweh und reiste zurück nach Neapel, wo er sein Werk *L'Apicio moderno* verfasste, das 3000 Rezepte umfasste. Die Rezepte waren eher enzyklopädisch angeordnet und sollten nicht unbedingt als Kochvorlage dienen. Oft passte er Ideen und Gerichte aus fremden Ländern an den italienischen Geschmack an.
Servieren Sie diese *calamari* zimmerwarm, da sie so wesentlich besser schmecken als in heißem Zustand.

Für 4 Personen

1 kg Kalmare (*calamari*, ca. 10–12,5 cm Körperlänge)
2 Schalotten oder 1 kleine Zwiebel, sehr fein gehackt
Salz
75 ml Olivenöl
1 Knoblauchzehe, fein gehackt
2 EL frisch geschnittene glatte Petersilie
1 getrocknete Chili, Samen entfernt, zerbröselt
1 gesalzene Sardelle, abgespült und gehackt, oder 2 Sardellenfilets, gehackt
60 g Weißbrot von guter Qualität, Kruste entfernt
75 ml trockener Weißwein
100 g Thunfisch (aus der Dose, in Olivenöl oder eigenem Saft)
schwarzer Pfeffer aus der Mühle

1. Die *calamari* säubern und vorbereiten (siehe Hinweise auf S. 92). Die dreieckigen Seitenflügel von der Tube abschneiden. Die Tuben ganz lassen, Tentakel und Seitenflügel in kleine Stücke schneiden.
2. Für die Füllung die Schalotten mit etwas Salz in 2 EL Öl in einer Pfanne 10 Minuten sanft schmoren, bis die Schalotten weich sind. Knoblauch, Petersilie und Chili zugeben und unter häufigem Rühren 2 Minuten mitgaren. Tentakel- und Seitenflügelstückchen sowie die Sardelle zufügen und sanft braten, bis aus den Tentakeln Flüssigkeit austritt.
3. Den Backofen auf 170 °C vorheizen.
4. Das Brot von Hand oder im Mixer zerbröseln und in die Pfanne streuen. Die Temperatur leicht erhöhen und die Mischung unter ständigem Rühren 3–4 Minuten erhitzen, bis das Brot die Flüssigkeit aufgesaugt hat. 2 EL Wein zugießen und alles weitere 5 Minuten garen. Vom Herd nehmen.
5. Den Thunfisch mit einer Gabel auflockern und fein hacken. Gründlich unter die Bröselmischung mengen und mit Salz und Pfeffer würzen.
6. Die Füllung in die Tuben löffeln, bis diese zu drei Vierteln voll sind. Die Tuben schrumpfen beim Erhitzen, sodass komplett gefüllte Tuben aufreißen oder platzen würden. Die Öffnung mit einem Zahnstocher verschließen.
7. Eine feuerfeste Schale mit 1 EL des restlichen Öls einfetten und

die *calamari* dicht nebeneinander in einer Schicht hineinlegen. Den restlichen Wein erhitzen, 30 Sekunden kochen, dann zusammen mit dem verbliebenen Öl über die gefüllten Tuben gießen. Gut mit Alufolie abdecken und 1 Stunde im Ofen garen. Dabei die *calamari* gelegentlich mit der Flüssigkeit beträufeln und zwei- bis dreimal wenden.

8. Die *calamari* sind fertig, wenn sie sich beim Einstechen mit einer Gabel sehr weich anfühlen. Die Garflüssigkeit in einen kleinen Topf gießen, falls sie sehr dünn ist, und bei starker Hitze reduzieren, bis sie aromatisch und sirupartig wird. Mit Salz und Pfeffer abschmecken. Sobald die *calamari* abgekühlt sind, die Zahnstocher entfernen und die Tuben in Scheiben schneiden. Zum Anrichten die Sauce rundherum träufeln.

Dieses Gericht können Sie als *primo* oder als *secondo* reichen – dann mit neuen Kartoffeln oder Reis, der mit etwas Olivenöl beträufelt und mit Petersilie bestreut wird. Ein frischer grüner Salat kommt hinterher sicher gut an.

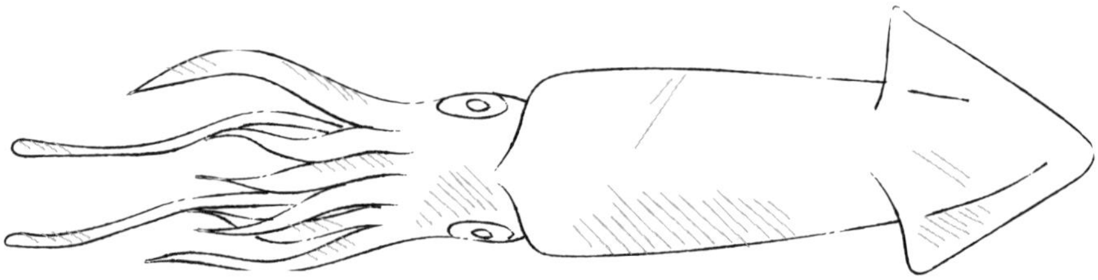

Spaghetti coi calamari

Spaghetti mit calamari-Eintopf

Diesen Fischeintopf können Sie komplett im Voraus zubereiten und bis zu 2 Tage im Kühlschrank aufbewahren. Ich verwende gerne frischen Kalmar. Er ist größer und muss länger gegart werden, schmeckt aber besser als die kleinen TK-*calamari*.

Für 4 Personen

- 700 g Kalmar (*calamari*)
- 75 ml Olivenöl
- 1 mittelgroße Zwiebel, sehr fein gehackt
- Salz
- 2 Knoblauchzehen, fein gehackt
- 2 EL frisch geschnittene Petersilie
- 1 kleine getrocknete Chili, Samen entfernt, zerbröselt
- 400 g Eiertomaten (aus der Dose)
- 150 ml trockener Weißwein
- schwarzer Pfeffer aus der Mühle
- 300 g *spaghetti*

1. Die Kalmare säubern und vorbereiten (siehe Hinweise auf S. 92).
2. 4 EL Öl, Zwiebel und etwas Salz in einen Topf mit schwerem Boden geben, einen Deckel auflegen und die Zwiebel unter häufigem Rühren bei schwacher Hitze 5 Minuten schmoren. Das Salz lässt die Feuchtigkeit der Zwiebel austreten, sodass sie gart, ohne anzubräunen.
3. Knoblauch, Petersilie und Chili einrühren und 1 Minute mitgaren. Auf mittlere Temperatur erhöhen und die Tomaten zufügen. Etwa 10 Minuten kräftig köcheln lassen, dann den Wein zugießen und alles weitere 5 Minuten kochen.
4. Inzwischen die Kalmartuben und die Seitenflügel in schmale Streifen, die Tentakel in mundgerechte Stücke schneiden. Zur Sauce geben und mit 1 guten Prise Pfeffer würzen. Die Temperatur reduzieren und ohne Deckel garen, bis die Kalmarstücke weich sind, wenn man sie mit einer Gabel ansticht (die Länge der Garzeit hängt von der Größe der Stücke ab). Falls die Sauce zu trocken wird, einige EL heißes Wasser zugießen. Zum Ende der Garzeit sollte sie allerdings dickflüssig und nicht zu wässrig sein.
5. Die *spaghetti* in kochendem Wasser mit Salz *al dente* kochen, sobald die Kalmare fertig sind. Die Pasta herausheben und direkt in eine vorgewärmte tiefe Schüssel geben. Mit dem restlichen Öl sowie einigen EL Sauce beträufeln und gut vermengen. Dann die restliche Sauce mit dem Kalmar rund um die Pasta verteilen.

Dies ist eine sättigende »Ein-Gang-Mahlzeit«, nach der man nur noch einen grünen Salat servieren sollte.

Oktopus

Diese etwas finster wirkenden Kreaturen sind bei vielen Fischhändlern erhältlich. Meist sind oder waren sie tiefgekühlt, aber das macht nichts, denn ich bin der Meinung, dass der Oktopus eines der wenigen Meerestiere ist, das sein Aroma auch nach dem Einfrieren bewahrt. Es gibt zwei Arten von Oktopus: Am besten schmeckt der *polpo verace* (Echter Oktopus), dessen acht Tentakel jeweils zwei Reihen von Saugnäpfen aufweisen. Die andere Art heißt *moscardino* (Moschuskrake) oder in Neapel *sinisco* – sie ist zäher und nicht so süß. Doch die kleinen *moscardini* aus dem Ligurischen Meer schmecken in einem traditionellen Genueser Gericht ganz hervorragend: Der Eintopf aus Steinpilzen und Tomatensauce wird mit dem herrlich aromatischen einheimischen Basilikum gewürzt.

In Italien sieht man oft Fischer am Kai, die einen gefangenen großen Oktopus auf den Boden klatschen, um sein Muskelfleisch zu entspannen, das dadurch zarter wird. In den Läden wird Oktopus meist kochfertig verkauft, trotzdem rate ich Ihnen, dickere Tentakel vor dem Kochen mit einem Fleischklopfer zu bearbeiten. Oktopus wird oft zusammen mit Tomaten und manchmal Wein in Tontöpfen gegart, und zwar bei sehr schwacher Hitze und über lange Zeit, da das Fleisch sonst hart wird. Am liebsten esse ich frischen Oktopus gekocht und mit allerbestem Olivenöl angemacht.

Im Restaurant *Le Due Corone* in Lerici wurde uns letztens der beste Oktopus serviert, den ich je gegessen habe. Es war nur ein Tentakel, der ganz zart und süß schmeckte und in Meerwasser gekocht worden war (was wirklich empfehlenswert ist). Dazu gab es heiße Salzkartoffeln. Die Kartoffel, eine gelbe neue Kartoffel, aus der sich auch wunderbare *gnocchi* zubereiten lassen, war mindestens ebenso bemerkenswert wie der Oktopus. Mir wurde klar, dass ich ganz vergessen hatte, wie eine gute Kartoffel schmeckt – und mir wurde die nachlassende Qualität der heute erhältlichen Kartoffeln bewusst, die womöglich damit zusammenhängt, dass die Knollen zu nah an der Oberfläche gepflanzt werden, damit man sie leichter maschinell ernten kann. Außerdem werden sie ausgegraben, bevor sie reif sind, um frühzeitiges Austreiben zu verhindern.

Polpo in umido

Oktopus-Eintopf

Köstlich und unkompliziert – eine unwiderstehliche Kombination. Falls der erhältliche Oktopus zu groß ist, bitten Sie den Fischhändler, Ihnen die gewünschte Menge abzuschneiden.

Für 4–5 Personen
1,3 kg Oktopus
90 ml Olivenöl
3 geschälte Tomaten (aus der Dose), grob gehackt
1 Bund glatte Petersilie
4 Knoblauchzehen
Salz und schwarzer Pfeffer aus der Mühle

1. Den Oktopus 30 Minuten in einer Schüssel mit kaltem Wasser einlegen, damit sich der Sand aus den Saugnäpfen löst. Vor dem Herausnehmen die Saugnäpfe prüfen und verbliebenen Sand entfernen. Dicke Abschnitte der Tentakel mit einem Fleischklopfer bearbeiten. Gründlich abtropfen lassen.
2. Zur Zubereitung einen Tontopf (oder anderen dickwandigen Topf) verwenden, da die Flüssigkeit so bei sehr schwacher Hitze köcheln kann. Öl, Tomaten, die Hälfte der Petersilie sowie 3 Knoblauchzehen in den Topf geben und den Oktopus obenauf legen. Mit reichlich Pfeffer würzen, aber noch kein Salz zufügen, da der Oktopus vielleicht schon salzig genug ist. Alles zum Köcheln bringen, dann den Topf mit Alufolie abdecken und einen dicht schließenden Deckel auflegen. Die Temperatur reduzieren und den Oktopus 1½ Stunden köcheln lassen, bis er weich ist. Wenn sich eine Gabel an den dickeren Stellen der Tentakel leicht einstechen lässt, ist der Oktopus fertig.
3. Die verbliebene Knoblauchzehe sowie die restliche Petersilie hacken und in den Topf geben. Gut vermengen und, falls nötig, mit Salz abschmecken.
4. Den Oktopus herausheben und in eine Schale legen. Bei sehr schwacher Hitze im Backofen (Tür einen Spalt geöffnet) warm halten.
5. Die beim Kochen vom Oktopus reichlich abgegebene Flüssigkeit stark einkochen. Sobald sie aromatisch und sirupartig ist, den Oktopus in Portionen schneiden, zurück in den Topf füllen und direkt aus dem Topf servieren.

Ich reiche zu diesem Oktopus gerne *polenta*, was sehr unorthodox ist, da ich damit ein neapolitanisches Gericht mit einer Beilage aus dem Norden kombiniere. Neue Kartoffeln oder Reis passen ebenso gut dazu. Hinterher benötigen Sie nur noch einen Salat. Als Vorspeise zu diesem üppigen Gericht können Sie *Melanzane al limone* (S. 138) oder *Funghi al forno* (S. 181) servieren.
Falls etwas Oktopus übrig bleibt, können Sie ihn, in Stückchen geschnitten, mit *spaghettini* mischen, die Sie zuvor mit einigen EL nativem Olivenöl extra vermengt haben.

Schalentiere

Vor vielen Jahren verbrachte ich mit meiner Familie einen Urlaub im Norden Cornwalls. Als wir einen Strandausflug machten, fielen mir zwei Dinge auf: Die über dem Strand aufragenden Felsen waren von wunderbaren großen Miesmuscheln bedeckt. Und niemand sammelte sie ein. Wir machten uns also kurzerhand ans Werk. Als wir wieder in unserem gemieteten Cottage waren, begannen wir vergnügt damit, die Muscheln einzuweichen und zu putzen, was eine ganze Weile dauerte. Wir aßen sie zu *spaghetti* und im Salat, kochten eine Suppe daraus und füllten sie. Warum sich niemand sonst an diesen Schätzen der Natur bedient hatte, wird mir immer ein Rätsel bleiben.

Die beliebtesten italienischen Schalentiere sind Mies- und Venusmuscheln. Die besten italienischen Venusmuscheln (*vongole veraci*) können Sie bei jedem ordentlichen Fischhändler bestellen. Die *vongola comune* (Teppichmuschel) kommt auch in britischen Gewässern vor. Sie ist kleiner als die *vongola verace* und schmeckt nicht so süß, kann aber für Suppen oder zu *spaghetti* verwendet werden. Auch Miesmuscheln werden immer beliebter, und inzwischen sind vielerlei Arten erhältlich: In den Sommermonaten werden französische, niederländische, britische und sogar riesige neuseeländische Miesmuscheln verkauft.

Miesmuscheln oder *vongole* zum Säubern in eine Schale mit kaltem Wasser legen und einige Zeit darin liegen lassen, damit sie den Sand ausscheiden. Die Schalen mit einer steifen Bürste kräftig putzen. Manche Venus- und Zuchtmiesmuscheln sind bereits ziemlich sauber, während andere Muscheln oft von Seepocken bedeckt sind, die sich aber leicht ablösen lassen. Auch den Bart sollte man entfernen. Mehrmals das kalte Wasser erneuern und die Muscheln wirklich gründlich säubern. Muscheln, die offen bleiben, wenn man sie auf eine harte Oberfläche klopft, müssen weggeworfen werden. Sie sind tot und nicht essbar. Ich verrate Ihnen ein kleines Geheimnis: Beim Muschelkochen gebe ich 8–10 Knoblauchzehen und 1–2 geviertelte Zitronen mit in den Topf. Die Zitronen zerstören teils Bakterien in den Schalentieren. Außerdem wird die Garflüssigkeit, die im Topf verbleibt, nachdem sich die Muscheln geöffnet haben, aromatischer. Muscheln, die sich beim Erhitzen nicht geöffnet haben, müssen Sie ebenfalls entsorgen.

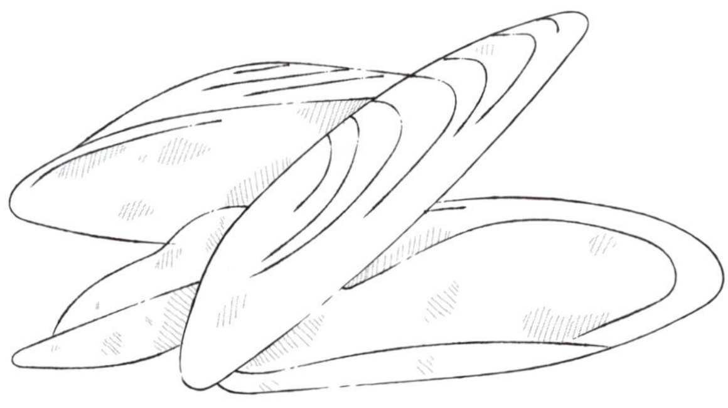

Vermicelli alle vongole in bianco

Spaghetti mit vongole

Die Sauce in diesem Rezept ähnelt der Pastasauce, die neapolitanische Fischer an Bord ihrer Schiffe kochten. Im Gegensatz zur typischen Venusmuschelsauce enthält sie keine Tomaten, wodurch der feine Eigengeschmack der Muscheln stärker zutage tritt. *Vongole* können Sie bei jedem guten Fischhändler bestellen. Oder Sie verwenden Herzmuscheln, die allerdings nicht so süß sind. Herzmuscheln müssen Sie mindestens 2 Stunden in kaltem Wasser liegen lassen, damit sie den Sand komplett ausscheiden. Auch mit Miesmuscheln schmeckt dieses Rezept ganz hervorragend.

Für 4 Personen

1 kg *vongole*
4 EL trockener Weißwein
Salz
350 g *spaghetti* oder *spaghettini*
75 ml Olivenöl
3 Knoblauchzehen, fein gehackt
3 EL frisch geschnittene glatte Petersilie
Abrieb von ½ unbehandelten Zitrone
½ getrocknete Chili, Samen entfernt, zerbröselt
schwarzer Pfeffer aus der Mühle

1. Die *vongole* säubern und vorbereiten (siehe Hinweise auf S. 98).
2. Den Wein in eine große Pfanne gießen, die gesäuberten Muscheln zufügen, einen Deckel auflegen und bei mittlerer Hitze garen, bis sich die Muscheln geöffnet haben. Die Pfanne dabei mehrfach rütteln.
3. Das Muschelfleisch aus den Schalen lösen und die Schalen wegwerfen.
4. Die Garflüssigkeit durch ein mit einem Mulltuch oder Küchenpapier ausgelegtes Sieb in einen kleinen Topf filtern. Bei hoher Temperatur auf die Hälfte reduzieren.
5. Die Pasta in einem großen Topf mit kochendem Salzwasser fast gar kochen.
6. Inzwischen Öl, Knoblauch, die Hälfte der Petersilie, Zitronenabrieb und Chili in einer großen Pfanne bei mittlerer Hitze braten, bis der Knoblauch allmählich anbräunt. Den Knoblauch herausnehmen und wegwerfen.
7. Die Pasta aus dem Kochwasser heben und zur Sauce in die Pfanne geben.
8. *Vongole* und reduzierte Garflüssigkeit zufügen und unter Rühren 1 Minute erhitzen. Dabei die Pasta immer wieder etwas in die Höhe heben. Die Muscheln sollten nur erwärmt werden, aber nicht mehr kochen. Mit Salz und Pfeffer abschmecken.
9. Sofort aus der Pfanne servieren oder in eine vorgewärmte Schüssel füllen.

Nach diesem herzhaften Gericht können Sie *Calamari ripieni* (S. 93) oder *Trancie di nasello al rosmarino* (S. 81) reichen.

Spaghettini e cozze in cartoccio

Spaghettini und Miesmuscheln en papillote

Spaghetti und Miesmuscheln – zwei wirklich typisch italienische Zutaten. In diesem Rezept werden sie in kleinen Papierpäckchen vereint. Gerichte *in cartoccio* machen Spaß und bringen bei Tisch das Gespräch in Gang – einer der Gründe, warum ich diese Zubereitungsart liebe. Der andere Grund ist rein praktischer Art: Man muss seine Gäste nicht hektisch an den Tisch rufen, weil die *spaghetti* kalt werden. Denn schön eingewickelt bleiben sie wunderbar warm.
Verwenden Sie für die Zubereitung *ai cartoccio* am besten herkömmliches Backpapier.

Für 4 Personen
4 EL Tomatensauce (*Sugo fresco di pomodoro*, S. 132)
1 kg Miesmuscheln
2 unbehandelte Zitronen
12 Knoblauchzehen, zerdrückt
300 g *spaghettini*
Salz
1 Bund Petersilie
4 EL natives Olivenöl extra
schwarzer Pfeffer aus der Mühle

1. Zuerst die Tomatensauce zubereiten (siehe Hinweise auf S. 132).
2. Die Miesmuscheln putzen und mit Zitrone und Knoblauch garen (siehe Hinweise auf S. 98).
3. Inzwischen vier Quadrate à 25 cm aus Backpapier zuschneiden.
4. Die gegarten Miesmuscheln aus den Schalen lösen, die Schalen wegwerfen. Dafür am besten über dem Topf arbeiten, in der die Miesmuscheln gekocht wurden, um den Muschelsaft im Topf aufzufangen. Zitronenviertel und Knoblauchzehen entfernen, eine davon beiseite legen. Den Garsaft durch ein mit Küchenpapier ausgelegtes Sieb in eine kleine Schüssel filtern.
5. Die *spaghettini* in kochendes Wasser mit Salz geben und das Wasser erneut zum Kochen bringen.
6. Den Backofen auf 180 °C vorheizen.
7. Ein Drittel der Miesmuscheln, die beiseitegelegte Knoblauchzehe sowie die Petersilie hacken und 1 Minute im Öl in einer großen Pfanne braten.
8. Die Pasta nicht ganz *al dente* garen, sondern schon kurz vorher abseihen und in die Pfanne geben. Die nicht gehackten Miesmuscheln, 3–4 EL des aufbewahrten Muschelsuds sowie reichlich Pfeffer zufügen und die Pasta 30 Sekunden lang mit der Sauce vermengen, damit sie ihr Aroma annimmt.
9. Die Pasta in vier Portionen teilen. Jede Portion auf ein Stück Backpapier häufen und mit je 1 EL Tomatensauce krönen. Die Ränder des Backpapiers fest zusammenfalten: An den Ecken beginnen und zur Mitte hin vorarbeiten. Die Päckchen in eine Bratreine legen und im Backofen 10 Minuten erhitzen.
10. Die Päckchen auf vier Teller verteilen und unterhalb des zusammengefalteten Rands aufschneiden. Die Pasta im offenen Päckchen servieren.

Als zweiten Gang empfehle ich *Calamari ripieni* (S. 93). Falls Sie kein Fischliebhaber sind, können Sie auch *Arrosto di maiale all'acqua* (S. 270) oder *Arrosto freddo alle erbe* (S. 283) servieren. Eigentlich passen fast alle Fleisch- oder Fischgerichte dazu, solange sie aromatisch genug sind, um nach diesem intensiven *primo* zu bestehen.

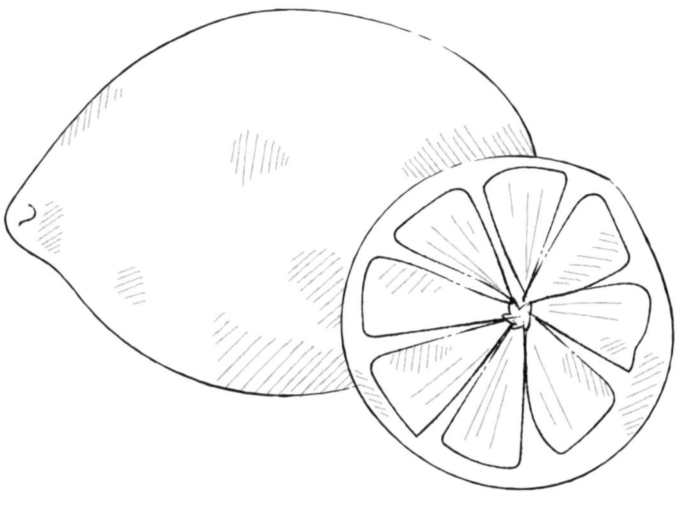

Schwein

Schwein

Vielleicht klingt das ja chauvinistisch, aber ich bin überzeugt, dass in Italien eine größere Auswahl an köstlichen Schweinefleischprodukten hergestellt wird als in anderen Ländern. In den folgenden Rezepten sind natürlich nur Produkte aufgeführt, die auch außerhalb Italiens leicht erhältlich sind. Wenn Sie allerdings eine *salumeria* (Feinkostladen) in Italien besuchen, stehen Sie mitten in einer Hommage an das Schwein: Kränze und Ketten aus kleinen und mittelgroßen Würsten, Salami in allen Formen und Größen, weiche *cotechini* und prächtige *zamponi*, große braune *prosciutti* und dicke rosa *mortadelle* hängen dort wie Stalaktiten von der Decke. Und unter der Glastheke vor Ihnen liegen hübsch arrangierte und aufgeschnittene Würste und Schinken und verführen Sie mit ihrem appetitlichen Duft. Dieser Anblick zeugt von der kulinarischen Kreativität der Italiener und von ihrer Liebe zu sämtlichen Schweinefleischprodukten.

Jahrhundertelang litt ein Großteil des italienischen Volks unter Armut und Hunger. Das Schwein war damals oft der einzige Fleischlieferant und wurde dementsprechend im ganzen Land geehrt. Jeder Teil des Schweins wird zu einem Produkt verarbeitet. In der Region Emilia-Romagna heißt es dazu: *"Il maiale è come la musica di Verdi: non c'è niente da buttar via"* – ein Schwein gleicht der Musik von Verdi: Nichts davon darf man wegwerfen. Ein weiteres Sprichwort aus dem 19. Jahrhundert lautet: *"Se si ammazza il maiale, viene Carnevale"* – wenn das Schwein geschlachtet wird, steht der Karneval vor der Tür. So ist es auch heute noch.

Von allen Gerichten, die am Tag der *maialatura* (Schweineschlachtung) zubereitet werden, schmecken die *ciccioli* am besten. *Ciccioli* sind Stücke von der Schweineschwarte, die in einem riesigen Kupfertopf ausgelassen werden, um Schweinefett zu gewinnen. Sie sind eine Spezialität der Emilia-Romagna, obwohl man sie in ganz Mittelitalien kennt. Als wir während des Kriegs evakuiert wurden und auf dem Land nahe Reggio Emilia lebten, weckten uns im Morgengrauen die Schreie des armen Schweins, das wir als unseren Freund betrachtet hatten. Doch schon am Abend, als in der Küche des nahen Bauernhofs eine Orgie mit *ciccioli* und Brot gefeiert wurde, hatten wir sie wieder vergessen. *Ciccioli* werden heutzutage industriell hergestellt und kommen vakuumverpackt in den Verkauf. Ich habe einige Tüten gekauft, als ich kürzlich in Modena war. Aber meine Hoffnung, diesen Geschmack, der nur noch in meiner Erinnerung lebte, wiederzuentdecken, wurde enttäuscht. Sie schmeckten ganz und gar nicht wie die noch brutzelnden *ciccioli*, die frisch aus dem Kupfertopf kamen.

Un piatto di affettato

Aufschnitt-Teller mit Schinken und Salami

Dies ist kein Rezept, sondern eine Anleitung zum perfekten Anrichten von exzellenten gepökelten Würsten und Schinken. Ein Teller mit *affettato* ist ein hübscher Anblick – die rosafarben bis rot schimmernden Scheiben wirken höchst appetitlich, besonders, wenn man Hunger hat. *Affettato* ist ein Klassiker, ob beim italienischen Mittagsbüfett oder als typisches *antipasto*-Gericht, das Norditaliener gerne am heimischen Mittagstisch (niemals zum Abendessen) servieren. Heutzutage reichen berufstätige Mütter *affettato* auch gerne als schnellen *secondo*.

Sie benötigen dazu fünf oder sechs verschiedene Sorten Schinken und Salami sowie einen großen ovalen oder runden Teller. Traditionell verwendet man *prosciutto crudo*, Kochschinken, *mortadella*, *coppa* und zwei Sorten Salami, eine süße Sorte aus dem Norden, wie z. B. Milano oder Varzi, und eine aus dem Süden mit viel Pfeffer und Knoblauch. Wenn Sie 90–120 g von jeder Sorte Wurst bzw. Schinken kaufen, reicht dies für gut 8–10 Personen. *Affettato* muss großzügig bemessen sein. Rollen Sie den *prosciutto*, legen Sie die *coppa* in kleinen Wellen auf den Teller und breiten Sie die schwereren Scheiben flach aus.

In Mailand verziert man den Teller noch mit geformten Butterhäufchen, und zum *affettato* wird reichlich Weißbrot serviert.

Cotechino

Die *cotechino* ist ein große, etwa 20–25 cm lange Wurst mit einem Durchmesser von 7,5 cm, die ca. 500 g wiegt. Diese seit langer Zeit bekannte Wurstsorte stammt wahrscheinlich aus der Lombardei, wird aber auch in der Emilia-Romagna produziert. Als ich vor Kurzem eine kleine *salumificio* (Wurst- und Salamifabrik) in Missaglia nördlich von Mailand besuchte, fand ich es sehr interessant, dass dort noch eine *cotechino*-Sorte produziert wird, die ich seit meiner Kindheit nicht mehr gesehen hatte – die sogenannte *vaniglia*. Diese *cotechino* wird mit Vanille (statt wie sonst üblich mit Zimt) aromatisiert, eine Variante, die sich wohl einem spontanen Einfall verdankt, da *cotechino* bereits ein Grundnahrungsmittel war, als Vanille erstmals aus Mittelamerika nach Italien importiert wurde.

Cotechino wird aus magerem und fettem Schweinefleisch hergestellt. Dazu kommt eine gute Portion *coteca* (Schweineschwarte), die auch für den Namen verantwortlich ist. Die fein zerkleinerte Mischung wird mit Salz, Pfeffer und verschiedenen Gewürzen verfeinert und dann in echten Schweinedarm gefüllt. Bei einer traditionellen *cotechino* wird nur die Schwarte gehackt. Das Fleisch dagegen wird in einem speziellen Mörser zerstoßen. Nach 2–3 Monaten Reifezeit ist die Wurst verzehrfertig. Eine gute *cotechino* schmeckt süßlich-zart und ist von cremiger Konsistenz, wodurch sie buchstäblich auf der Zunge zergeht.

Die in Italien erhältliche frische *cotechino* ist besser als die außerhalb Italiens verkaufte vorgekochte Sorte. Der Vorteil der vorgekochten Variante liegt darin, dass sie im Gegensatz zur Rohwurst, welche 3 Stunden gegart werden muss, nur 20 Minuten benötigt. Zu finden ist sie in italienischen Feinkostläden und besseren Supermärkten.

Die Zubereitung von *cotechino*

Cotechino wird meist gekocht und als perfektes Wintergericht mit Linsen und Kartoffelbrei serviert. Ich bringe sie mit reichlich Linseneintopf immer an Neujahr auf den Tisch. Denn ein alter Aberglaube besagt, dass Linsen das ganze Jahr über Reichtum bringen und jede Linse für ein Goldstück steht. Außerdem lieben wir Linsen – sie sind warm, sättigend und sehr italienisch.

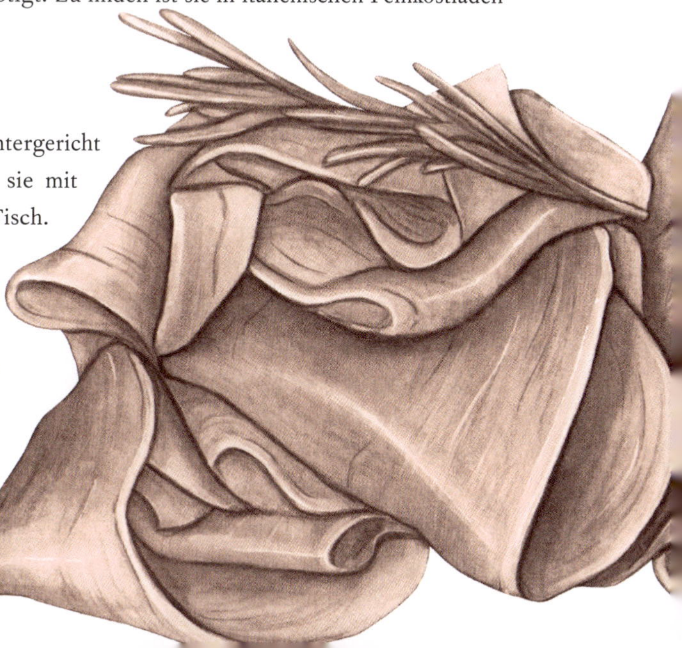

Cotechino in camicia

Roulade mit cotechino und prosciutto in einem dünnen Steak

Dieses Gericht aus Modena (dessen Name »*cotechino* im Hemd« bedeutet) ist recht üppig und hat einen herzhaften Geschmack. Aufgeschnitten sieht es sehr hübsch aus – die rosafarbene Wurst wird vom bräunlichen Steak umhüllt.

In Emilia verwendet man Lambrusco, der allerdings nur in seinem Ursprungsland wirklich gut schmeckt. Victor Hazan schreibt in seinem Buch *Italian Wine*: »Man muss zwischen dem in seinem Ursprungsgebiet Emilia-Romagna getrunkenen Lambrusco und der Exportvariante unterscheiden. Ersteres ist tatsächlich ein Wein, zweiteres eher ein Getränk.« Hier verwende ich einen guten Valpolicella, der wie Lambrusco eine leicht bittere Note hat, aber nicht perlt.

Bitten Sie Ihren Metzger, Ihnen ein großes Stück Roastbeef oder Rinderschmorfleisch (2,5 cm Dicke) abzuschneiden und dieses bis zum längeren Rand horizontal aufzuschneiden, sodass es sich wie ein Buch aufklappen lässt und dann nur noch halb so dick ist. Anschließend bitten Sie ihn, das Steak zu einer schönen Rechteckform zu klopfen.

Für 4–6 Personen

1 *cotechino*, vorgekocht (à ca. 450 g)
700 g Roastbeef oder Rinderschmorfleisch (siehe Rezepteinführung)
100 g *prosciutto*
30 g Butter
2 EL Olivenöl
2 Schalotten oder 1 kleine Zwiebel, sehr fein gehackt
300 ml guter Rotwein (siehe Rezepteinführung)
ca. 100 ml hausgemachte Fleischbrühe (siehe S. 318)
Salz und schwarzer Pfeffer aus der Mühle

1. Die *cotechino* nach Herstellerangaben garen, jedoch 10 Minuten vor dem Ende der angegebenen Garzeit vom Herd nehmen. Etwas abkühlen lassen, dann die Verpackung aufschneiden. Die äußere Haut der *cotechino* einschneiden, abziehen und wegwerfen.
2. Fett und Sehnen vom Fleisch abschneiden, falls noch vorhanden. Die *cotechino* auf das Fleisch legen und die Wurst damit umwickeln, um die Größe zu prüfen. Das Fleisch zuschneiden, falls es zu groß ist – die Ränder sollten sich nur 1 cm überlappen. Die Ränder begradigen. Die *cotechino* wieder entnehmen und beiseitelegen.
3. Den *prosciutto* auf das Fleisch legen, dann die *cotechino* auf dem *prosciutto* platzieren. Das Fleisch um die Wurst wickeln, sodass eine Roulade entsteht. Mit einem dicken Baumwollfaden an der Kante entlang und an beiden Enden zusammennähen. Danach sofort die Nadel wegräumen, bevor man irgendetwas anderes macht und sie später nicht mehr findet – dies ist einer der unschätzbaren kleinen Tipps, die Marcella Hazan in ihren Rezepten gibt.
4. Einen gerade passenden Schmortopf auswählen. Butter, Öl und Schalotten hineingeben und unter häufigem Rühren langsam erhitzen, bis die Schalotten sehr weich sind.
5. Die Fleischroulade zufügen und von allen Seiten anbräunen. Die Temperatur nicht erhöhen, da die Schalotten sonst verbrennen.
6. Inzwischen den Wein erhitzen, bis er sprudelt. Dann sofort in den Schmortopf gießen und den Deckel auflegen. Sollte der Deckel kein Abzugsloch für den Dampf haben, diesen leicht schief auflegen. 1 ¼ Stunden garen, dabei die Roulade zwei- bis dreimal wenden. Danach das Fleisch aus dem Topf heben und beiseitestellen.

7. Die Temperatur erhöhen und nach und nach die Brühe zugießen. Nach jeder Zugabe probieren, bis die richtige Balance der Aromen von Wein und Brühe erreicht ist. Leicht salzen, aber nicht vergessen, dass die Roulade durch *cotechino* und *prosciutto* bereits recht salzig ist. 1 gute Prise Pfeffer zufügen und die Sauce kochen, bis sie intensiv schmeckt und eine sirupartige Konsistenz hat.
8. Die Roulade in 1 cm dicke Scheiben schneiden und dabei den Baumwollfaden entfernen. Die Scheiben in eine vorgewärmte Schale legen und die Sauce darüberlöffeln. Oder die Sauce extra in einer vorgewärmten Schüssel reichen.

Kartoffeln passen ganz hervorragend zu *cotechino*. Ideal sind *Patate ubriache* (S. 290) oder eine Schüssel mit schön buttrigem Kartoffelbrei. Auch Linseneintopf und/oder der *Broccoli stufati* (S. 270) sind eine perfekte Ergänzung.

Pancetta

Das Wort *pancetta* geht auf *pancia* zurück, also die Bezeichnung für den Bauch des Schweins. Er wird vom gleichen Teilstück geschnitten wie der Bauchspeck, unterscheidet sich aber im Geschmack, da er anders gepökelt wird. Statt *pancetta* können Sie auch Baconstreifen verwenden. Aber wer den wahren italienischen Geschmack möchte – *il sapore Italiano genuino* – sollte immer etwas *pancetta* im Kühlschrank haben. *Pancetta* wird meist als Bestandteil von *soffritto* verwendet. Auch wenn *pancetta* inzwischen teilweise durch Olivenöl ersetzt wird, ist sein Aroma für manche Gerichte doch unverzichtbar. Am bekanntesten ist wohl *spaghetti alla carbonara*. Aber auch *ragù bolognese*, Mailänder *minestrone* und venezianische *pasta e fagioli* (Bohneneintopf mit Pasta) enthalten *pancetta*.

Pancetta-Stückchen werden auch mit Leber, Fleisch oder Gemüse auf Spieße gesteckt. Relativ neu sind Spieße mit *pancetta*-Würfeln und Seeteufelstücken, die in Olivenöl, Zitronensaft und Knoblauch mariniert und anschließend auf dem Grill zubereitet werden. Meine Lieblings-*spiedini* (Spieße) bestehen aus *pancetta*, *luganega* und etwas Kalbfleisch, mit kleinen Salbeiblättern dazwischen.

Es gibt zwei Arten von *pancetta* – *pancetta stesa* und *pancetta arrotolata*. *Pancetta stesa* ist flacher Bauchspeck, der vor allem zum Kochen verwendet wird. *Pancetta arrotolata*, also gerollter *pancetta*, ist Bauchspeck mit einem hohen Anteil an magerem Fleisch und mit Gewürznelken und Pfefferkörnern verfeinert. Man isst ihn pur bei Tisch oder als Brötchenbelag. Guter *pancetta* schmeckt einfach himmlisch. Manche Sorten werden geräuchert, besonders diejenigen aus Südtirol, dem Aostatal oder aus Friaul, italienische Grenzregionen, die von der im angrenzenden Ausland herrschenden Vorliebe für geräucherte Speisen beeinflusst wurden.

Ich kaufe *pancetta* im italienischen Feinkosthandel meist gleich in größeren Mengen. 100 g davon lege ich in den Kühlschrank, den Rest friere ich in ähnlich großen Portionen ein.

Prosciutto

Ein altes Sprichwort aus Parma lautet: »*Grasso e magro non del tutto, ecco il pregio del prosciutto.*« Es besagt, dass für den *prosciutto* das richtige Verhältnis von Fett und magerem Fleisch wichtig ist. Die Schinken aus Parma (*prosciutto di Parma*) und aus San Daniele in Friaul sind die besten Rohschinken (*prosciutti crudi*). Weitere *prosciutti crudi* stammen aus Modena, Reggio Emilia und von vielen Bauernhöfen Mittelitaliens. Die letzteren haben meist keinen so feinen Geschmack und sind magerer, röter und oft auch salziger, weshalb sie sich bestens für appetitliche *panini* (belegte Brötchen) eignen.

Für *prosciutto* verwendet man die Hinterkeule des Schweins. Zuerst wird sie gesalzen, also gepökelt, wofür die *maestri salatori* zuständig sind. Der *prosciutto* wird dann aufgehängt, und der 12–18 Monate dauernde Pökelvorgang beginnt. Er wird von weiteren Spezialisten überwacht, welche mehrfach einen langen Stab bis zum Knochen einstechen, den sie dann wieder herausziehen, um an ihm zu riechen. Ihr Geruchssinn muss so gut wie der eines Weinsommeliers sein, da ihnen der Duft alles über den Zustand und Reifegrad des *prosciutto* verrät. Während der sehr langen Reifezeit besteht auch immer das Risiko, dass ein Schinken verdirbt und nicht mehr verkäuflich ist – daraus resultiert der recht hohe Preis des *prosciutto*.

Vor einiger Zeit besuchte ich eine *prosciutto*-Fabrik in Langhirano, einem Ort südlich von Parma. Langhirano hat sich aufgrund seiner idealen Lage im Tarotal auf die Schinkenproduktion spezialisiert: denn der Wind weht aus Südwesten durch das Tal und wiegt die *prosciutti* sanft hin und her (*cullare i prosciutti*). In Langhirano und den Nachbarorten werden pro Jahr etwa sieben Millionen *prosciutti* produziert. Der Fabrikbesitzer Gino Tanzi führte mich von einem kalten Raum in den nächsten. In seinen riesigen, dunklen Lagerhallen hingen 20.000 *prosciutti* von Holzgestellen. Ein beeindruckender Anblick, der mich seltsamerweise an eine lange Pergola erinnerte, auf der Weinreben voller riesiger roter Trauben hingen. Signor Tanzi erklärte mir, dass es sich bei einigen Exemplaren nicht um Parmaschinken handelte. Sie stammten von Schweinen, die in anderen Regionen aufgezogen worden waren, manche davon sogar im Ausland, wie z. B. in Holland und Dänemark. Es waren kleinere Schweine, die auch ein anderes Futter bekamen, sodass diese *prosciutti* nie das herzogliche Kronensiegel von Parma erhalten würden, also den Nachweis der geschützten Ursprungsbezeichnung. Diese *prosciutti* sind nicht von höchster Qualität und werden oft vakuumverpackt verkauft oder in ganz Italien und vermutlich auch im Ausland für Sandwiches und Brötchen verwendet.

Die echten *prosciutti di Parma* sind recht groß und ergeben deshalb wunderbar große Scheiben mit richtigem Fettanteil. Ein so guter *prosciutto* benötigt keine Melone als Beilage, obwohl er natürlich oft zusammen damit serviert wird. Häufig isst man auch reife grüne Feigen *con la goccia* (Anzeichen der Reife: austretender Tropfen) zum *prosciutto*. Zur Abwechslung wickle ich auch gerne mal ein Viertel einer reifen Birne in eine Scheibe *prosciutto*. Während diese Beilagen durch ihren Geschmack das Aroma des Schinkens intensivieren, verwendet man auch den *prosciutto* als »Kontrastmittel« für andere Speisen. Die berühmte *saltimbocca* würde ohne die Scheibe *prosciutto* im aufgerollten Kalbsschnitzel komplett anders schmecken. *Prosciutto*-Fett dient als Basis für die meisten feinen *soffritti*, und gehackter *prosciutto* ist Bestandteil vieler Füllungen für *ravioli*, *crespelle* etc.

Prosciutto am Knochen schmeckt wesentlich besser als entbeinter *prosciutto*. In Italien kaufe ich immer Schinken, der nahe am Knochen abgeschnitten wurde. Das intensivere Aroma macht die kleinere und unregelmäßigere Form der Scheiben wett. Obwohl Sie einen perfekten *prosciutto* am Knochen wahrscheinlich nur in den besten Geschäften Norditaliens finden, lohnt es sich doch, sich auch außerhalb Italiens auf die Suche nach einem guten *prosciutto* zu machen.

Piselli al prosciutto in tegame

In Butter geschmorte Erbsen mit prosciutto und Zwiebeln

Hier dient der *prosciutto* als Würze für die Erbsen. Die Verbindung aus Erbsen und Schinken ist sogar noch älter als die Kombination von Pasta und Tomaten und wird noch immer sehr gern gegessen. Ihr Ursprung liegt in Rom – oder zumindest waren es die Römer, die dieses Gericht bekannt gemacht haben. Es gibt viele Rezepte, die auf dieser Verbindung basieren – ich bin mir sicher, dass Ihnen meine Version schmecken wird.

Der *prosciutto* für dieses Rezept sollte einen breiten Fettstreifen haben und nicht zu dünn aufgeschnitten sein. Die frischen Erbsenschoten sollten klein, prall und hellgrün sein und dürfen keine Flecken haben. Große Schoten eignen sich nicht für dieses Rezept. Sie können die frischen Erbsen natürlich durch 300 g TK-Erbsen ersetzen, die Sie vor dem Garen auftauen lassen. Dann nur 5 Minuten garen und zum Schluss einige EL Brühe zufügen.

Für 4 Personen

1 kg frische Erbsen
6 Frühlingszwiebeln
50 g Butter
Salz
1 TL Zucker
4 EL hausgemachte Gemüsebrühe (siehe S. 319), plus mehr bei Bedarf
schwarzer Pfeffer aus der Mühle
75 g *prosciutto*

1. Die frischen Erbsen palen.
2. Die Frühlingszwiebeln in feine Ringe schneiden und in der Hälfte der Butter 1 Minute in einem Topf sautieren. Mit etwas Salz und dem Zucker bestreuen und 2 EL Brühe zugießen. Einen Deckel auflegen und die Frühlingszwiebeln garen, bis sie weich sind.
3. Erbsen, restliche Brühe und etwas Pfeffer zufügen. Einen Deckel auflegen und die Erbsen bei sehr schwacher Hitze 15 Minuten schmoren, bis sie weich sind. Falls nötig, etwas mehr Brühe zugießen.
4. Den *prosciutto* in kurze Stäbchen schneiden und mit der restlichen Butter sowie 1 guten Prise Pfeffer in den Topf geben. Einige Minuten unter häufigem Rühren garen. Mit Salz und Pfeffer abschmecken und servieren.

Eine köstliche Beilage zu *Costolette alla milanese* (S. 77) oder zu *Scaloppine al basilico e limone* (S. 279).

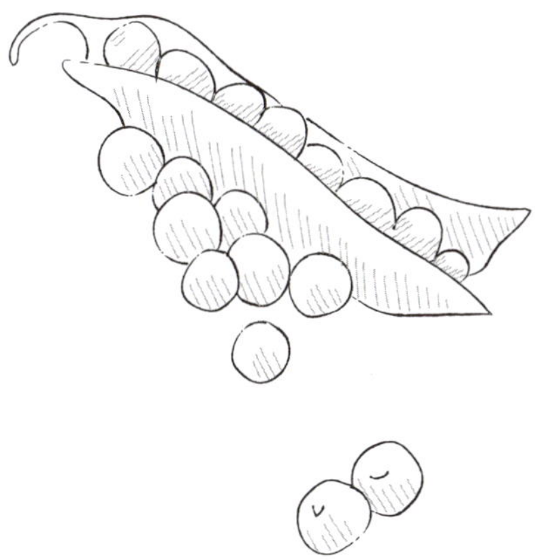

Prosciutto cotto in salsa di cipolla

Kochschinken in Zwiebel-Wermut-Sauce

Für 4 Personen
350–400 g Zwiebeln
60 g Butter
Salz
1 TL Zucker
450 g Kochschinken (*prosciutto cotto*)
100 ml trockener Wermut
1 EL Weizenmehl
1 Prise gemahlene Gewürznelken
300 ml hausgemachte Fleisch- oder Gemüsebrühe (siehe S. 318/319)
schwarzer Pfeffer aus der Mühle

1. Die Zwiebeln in dünne Ringe schneiden und mit der Butter in eine Pfanne geben. Mit etwas Salz und dem Zucker bestreuen und 4 EL Wasser zufügen. Einen Deckel fest auflegen und die Zwiebeln bei sehr schwacher Hitze unter gelegentlichem Rühren mindestens 45 Minuten schmoren. Dann den Deckel abnehmen, die Temperatur erhöhen und die Zwiebeln braten, bis sie anbräunen und fast zu Püree zerfallen.
2. Inzwischen den Kochschinken in dünne Scheiben schneiden.
3. Die Zwiebeln mit dem Wermut beträufeln und erhitzen, bis der Wermut zur Hälfte verdampft ist.
4. Mehl und gemahlene Gewürznelken einrühren und unter ständigem Rühren 1 Minute erhitzen. Die Brühe zugießen und zum Kochen bringen. Unter Rühren bei sehr schwacher Hitze 5 Minuten köcheln lassen. Mit Salz und reichlich Pfeffer abschmecken.
5. Die Kochschinkenscheiben zufügen und 5 Minuten sanft erwärmen.

Am besten richten Sie den Schinken auf einem Bett aus Basmatireis an. Sautierte Karotten passen gut dazu, falls Sie eine Gemüsebeilage wünschen. Als *primo* empfehle ich *Ceci e rucola* (S. 64) oder *Insalata di fagiolini al vino* (S. 161).

Prosciutto con la rucola

Prosciutto mit Rucola

Wenn Sie mal wieder *prosciutto* als ersten Gang für Gäste servieren möchten, kaufen Sie statt Melone doch einfach Rucola. Der leichte scharfe Rucola und der süße *prosciutto di Parma* ergeben farblich und geschmacklich eine schöne Kombination.

Für 4 Personen
100 g Rucola
3 EL natives Olivenöl extra
1 EL frisch gepresster Zitronensaft
Salz und schwarzer Pfeffer aus der Mühle
200 g *prosciutto*, in hauchdünne Scheiben geschnitten

1. Die Rucolablätter säubern und waschen. Gründlich trocken tupfen und in eine Schüssel geben. Öl, Zitronensaft, Salz und Pfeffer zufügen und alles gründlich vermengen.
2. Die *prosciutto*-Scheiben entweder auf einzelne Teller oder auf einen Servierteller legen und die Rucolablätter daneben, rundherum oder in der Mitte platzieren – wie es Ihnen am besten gefällt.

Nach diesem frischen, leichten *antipasto* können Sie einen herzhaften *secondo* servieren, wie z. B. *Ossobuco alla milanese* (S. 228) oder *Spezzato di manzo al Barbera* (S. 289).

Salami

Salamis werden aus zerkleinertem mageren Fleisch und Schweinespeck hergestellt, gefüllt in Schweinedarm. Meist wird Schweinefleisch verwendet, aber es gibt auch einige Salamis, wie z. B. die bekannte *salame Milano*, die Rindfleisch enthalten. Manche Salamis werden sogar aus Wildschwein, Esel, Pferd oder sogar Maultier produziert – gut schmecken sie trotzdem. Das Fleisch kann wie bei den süditalienischen Salamis mit Knoblauch und Chili gewürzt sein oder z. B. mit Weißwein wie bei den allerbesten Salamisorten. Fleisch und Speck können fein oder grob zerkleinert sein. Auch das Verhältnis von Speck und Fleisch variiert je nach Salamisorte. Die meisten Salamis reifen 2–3 Monate, einige der besseren Sorten benötigen sogar 12 Monate.

Salami sollte man nicht zu dünn aufschneiden. Die Regel lautet: je dünner die Salami, desto dicker die Scheibe. Wenn ich also z. B. eine *cacciatore*, eine kleine, nur 12 cm lange Mailänder Salami mit einem Durchmesser von 3 cm, habe, schneide ich 2 ½ cm dicke Stücke ab.

Salami isst man meist pur oder als Teil eines *affettato*, eines schönen Tellers mit Schinken-Salami-Aufschnitt (siehe S. 104). Zu frischen Feigen bevorzuge ich Salami anstelle von *prosciutto*. Manchmal gibt man auch ein paar Stücke Salami zu einer Fleischfüllung, um den Geschmack zu verstärken. Und es existiert ein gutes Rezept für eine Pastasauce: Dazu erhitzt man unter Rühren 100 g Salamiwürfel zusammen mit der gekochten Pasta und *cannellini*-Bohnen in Tomatensauce.

Tortino di purea di patate

Überbackenes Kartoffelpüree mit Salami und mozzarella

Mit der Salami wird aus dem Kartoffelpüree ein eigenständiges Gericht, das sich perfekt für ein Abendessen mit der Familie eignet. Sie können es auch zu Steaks oder Brathähnchen servieren. Wer es lieber vegetarisch mag, lässt die Salami weg und gibt stattdessen einige EL geriebenen Gruyère zu.

FÜR 4 PERSONEN

700 g mehligkochende Kartoffeln
Salz
150 ml Milch
60 g Butter, plus mehr zum Fetten
1 Bio-Ei
3 EL frisch geriebener Parmesan
weißer Pfeffer aus der Mühle
200 g milde Salami, in Scheiben geschnitten und fein gewürfelt
200 g *mozzarella* (vorzugsweise italienischer), gewürfelt
2 EL feine Semmelbrösel

1. Die Kartoffeln gründlich säubern und als Pellkartoffeln mit Schale in reichlich Wasser mit etwas Salz kochen. Abseihen und pellen, sobald sie kühl genug zum Anfassen sind.
2. Die Milch erhitzen, während die Kartoffeln kochen.
3. Die Kartoffeln durch eine Flotte Lotte mit kleinen Löchern passieren oder durch eine Kartoffelpresse drücken. Nicht im Mixer zerkleinern, da die Kartoffeln sonst klebrig werden.
4. Den Backofen auf 190 °C vorheizen.
5. Etwa 40 g Butter kräftig mit dem Kartoffelpüree vermengen, bis sie geschmolzen ist. Dann die heiße Milch zugießen und einrühren. Je länger Sie das Kartoffelpüree rühren, desto luftiger wird es.
6. Ei, Parmesan, Salz und Pfeffer in einer Schüssel vermengen. Dann zum Kartoffelpüree geben und gründlich verrühren. Salami und *mozzarella* unterheben.
7. Eine Auflaufform fetten und mit der Hälfte der Semmelbrösel ausstreuen. Überschüssige Brösel ausschütteln.
8. Die Kartoffelpüreemischung in die Form füllen, mit den restlichen Bröseln bestreuen und die verbliebene Butter in Flocken darauf verteilen.
9. Etwa 20 Minuten im Ofen backen, bis sich eine goldgelbe Kruste bildet. Falls sich keine Kruste gebildet hat, die Grillfunktion einschalten und das Gericht einige Minuten grillen. Aus dem Backofen nehmen und vor dem Servieren einige Minuten abkühlen lassen.

Luganega

Diese milde Wurst ist schon seit dem Altertum bekannt: Cicero und Varro erwähnten sie in ihren Schriften, und Apicius erklärte in seinem Werk *De re coquinaria* ihre Zubereitung: »Pfeffer, Kreuzkümmel, Bohnenkraut, Weinraute, Petersilie, Würze und Lorbeerfrüchte zerdrücken. Mit fein gehacktem frischen Schweinefleisch vermengen und mit Brühe zerstampfen. Zu dieser kräftigen Mischung ganze Pfefferkörner und Nüsse zufügen. Die Därme vorsichtig mit dem Fleisch füllen. Die Würste zum Räuchern aufhängen.« Wie Teofilo Folengo in seinem Werk *Baldus* festhielt, wurde die *luganega* während der Renaissance wieder sehr beliebt: »Verschiedene Regionen und Städte schicken für das Königliche Bankett, das nach dem Turnier des Königs von Frankreich stattfindet, ihre besten Produkte nach Paris. Mailand sendet seinen goldenen Kuchen und seine Würste, welche die trunksüchtigen Franzosen dazu veranlassen, eine Flasche nach der anderen zu leeren.«

Ganz Mailand und auch die Lombardei sind noch immer für ihre *luganega* berühmt und wetteifern mit Venetien um die größte Produktion und den höchsten Verzehr. Die *luganega* aus der Lombardei hat den besten Ruf, wobei der höchste Ruhm Monza gebührt, der mailändischen Vorstadt, die eher für Autorennen denn Würste bekannt ist. Im nördlich von Monza gelegenen Missaglia besuchte ich eine *salumificio* (Wurstfabrik), die noch immer *luganega* mit geriebenem Parmesan auf Bestellung produziert. Als Flüssigkeit wird nach einem traditionellen lombardischen Rezept trockener Weißwein und nicht Wasser zugegeben.

Luganega enthält Speck und mageres Schweinefleisch, meist aus der Schulter, und wird mit Salz, Pfeffer, Gewürznelken und Zimt gewürzt. Die Wurstmasse wird in eine sehr lange, dünne Hülle gefüllt. Man nennt sie auch *salsiccia a metro* (Meterwurst), weil sie früher eher nach Länge und nicht nach Gewicht verkauft wurde. *Luganega* wird frisch verkauft; in Italien wird die lange Wurst oft aufgerollt wie ein Katharinenrad. Außerhalb Italiens bekommt man sie vakuumverpackt in größeren Supermärkten und italienischen Feinkostgeschäften. Für eine längere Haltbarkeit lässt sich die Wurst auch einfrieren.

Gepellt und in kleine Stücke geschnitten wird *luganega* zu einem wichtigen Bestandteil vieler Gerichte, wie z. B. *ragù* und einiger Füllungen. Sie schmeckt auch pur ganz wunderbar: Dazu wird sie längs aufgeschnitten und gegrillt oder in etwas Wasser gegart und dann in mit Salbei aromatisierten Wein eingelegt. In einem guten Mailänder Rezept gibt man 450 g *luganega* zu 450 g Kartoffeln, die in Fleischbrühe gegart wurden. Die Wurst wird zugefügt, wenn die Kartoffeln halb gar sind. Manche Köche blanchieren die *luganega*.

Die Mailänder kennen einen kleinen, sehr treffenden Spruch über ihre *luganega*: »*Pan, vin e luganeghin l'è on mangia divin*« was übersetzt bedeutet: »Brot, *luganega* und Wein werden eine himmlische Mahlzeit sein.«

Riso e luganeghin

Risotto mit luganega

Dieses klassische Gericht aus der Lombardei vereint Reis und *luganega* – zwei der besten regionalen Produkte, die sich geschmacklich perfekt ergänzen.

Für 3–4 Personen
75 g Butter
2 Schalotten oder ½ mittelgroße Zwiebel, sehr fein gehackt
850 ml hausgemachte Fleisch- oder Hühnerbrühe (siehe S. 318)
300 g italienischer Reis (z. B. Arborio)
300 ml guter Rotwein (z. B. Barbera)
225 g *luganega*
Salz und schwarzer Pfeffer aus der Mühle
frisch geriebener Parmesan zum Servieren

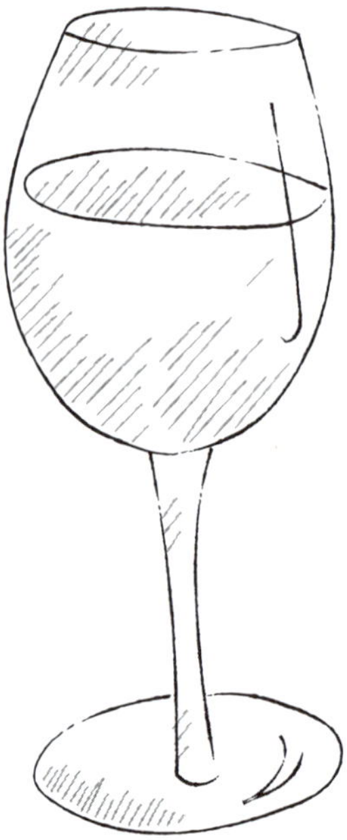

1. Einen großen, tiefen Topf auswählen. (Ich verwende einen runden, gusseisernen Schmortopf, aber ein normaler Topf mit schwerem Boden eignet sich genauso.) Die Hälfte der Butter darin zerlassen und die Schalotten braten, bis sie weich sind und allmählich goldgelb werden.
2. Die Brühe erhitzen, bis sie köchelt.
3. Den Reis zu den Schalotten geben und unter häufigem Rühren erhitzen, bis die Körner außen durchsichtig werden. Dies nennt man in Italien »den Reis rösten«, was den Vorgang ziemlich gut umschreibt. Die Hälfte des Weins zugießen und kräftig kochen, bis er verdampft ist. Dann einen Schöpflöffel köchelnde Brühe zufügen. Gut vermengen und bei mittlerer Hitze kochen, bis auch die Brühe komplett aufgesogen wurde. Weiter schöpflöffelweise Brühe zugießen und den Reis garen, bis das *risotto* fertig ist.
4. Inzwischen die *luganega* in kochendem Wasser blanchieren. So wird überschüssiges Fett ausgeschieden. Die *luganega* abseihen und zurück in den Topf geben. Mit dem restlichen Wein übergießen, einen Deckel auflegen und 7–8 Minuten leise köcheln lassen. Dann die Wurst auf ein Schneidebrett legen und den Wein unter den Reis rühren.
5. Die *luganega* in 2,5 cm dicke Stücke schneiden und einige Minuten vor Ende der Garzeit zum Reis geben.
6. Den Herd ausschalten, sobald das *risotto* fertig ist. Die restliche Butter in Flocken darauf verteilen, einen Deckel auflegen und 1 Minute durchziehen lassen. Kräftig umrühren, sodass der Reis schön cremig wird. Mit Salz und Pfeffer abschmecken und in eine vorgewärmte Schüssel füllen. Sofort servieren und Parmesan in einer Schüssel dazureichen.

Dieses Gericht ist meiner Ansicht nach so sättigend, dass man davor oder danach nur ein Gemüsegericht oder einen Salat benötigt. Ich empfehle als Gemüse *Peperoni alla siciliana* (S. 128) und als Salat den herrlich erfrischenden *Insalata di finocchio ed arancie* (S. 162).

Luganega e peperoni in salsa

Luganega und Paprika in Tomatensauce

Falls Sie keine *luganega* bekommen können, nehmen Sie hierfür einfach eine grobe Bratwurst aus 100 % Schweinefleisch, die nicht zu stark gewürzt ist und wenig Kräuter enthält.

Für 4 Personen

3 große gelbe, rote und/oder orangefarbene Paprikaschoten
450 g *luganega*
2 EL Olivenöl
2 Knoblauchzehen
1 kleines Bund Petersilie, frisch geschnitten
400 g stückige Tomaten (aus der Dose)
100 ml Rotwein
1 TL Zucker
Salz und schwarzer Pfeffer aus der Mühle

1. Den Backofen auf 240 °C vorheizen.
2. Die Paprikaschoten im Ofen etwa 30 Minuten rösten, bis sich die Haut vom Fruchtfleisch löst. Zum Abkühlen in einen Suppenteller legen.
3. Während die Paprikaschoten abkühlen, die *luganega* in Wurstlänge schneiden, falls sie als sehr langes Stück gekauft wurde. Sehr vorsichtig grillen, sodass sie weder hart wird noch anbrennt. Ich verwende eine ofenfeste Pfanne mit Antihaftbeschichtung, die ich unter den Grill im Backofen stelle, keine Grillpfanne auf dem Herd: So sind die Würste weiter von der Hitzequelle entfernt. Außerdem lässt sich die Pfanne leichter säubern. Durch das Grillen scheiden die Würste viel überschüssiges Fett aus.
4. Inzwischen das Öl in einer Pfanne, die auch noch Platz für Würste und Paprika bietet, erhitzen und Knoblauch und Petersilie zufügen. Die Tomaten einrühren, sobald der Knoblauch allmählich anbräunt. Zum Kochen bringen, dann Wein, Zucker, Salz und Pfeffer zugeben. Gut vermengen und alles bei mittlerer bis hoher Temperatur 10 Minuten ordentlich köcheln lassen. Anschließend den Knoblauch herausnehmen und wegwerfen.
5. Die abgekühlten Paprikaschoten über dem Suppenteller häuten, sodass der Saft aufgefangen wird. Die Paprikaschoten jeweils vierteln, Stielansatz, Samen und weiße Membranen entfernen. Die Viertel nochmals halbieren.
6. Die Wurst in 2,5 cm dicke Stücke schneiden und unter die Tomatensauce mengen. Die Paprikastücke mit dem ausgetretenen Saft zufügen. Alles gut umrühren, einen Deckel auflegen und die Mischung 15 Minuten garen, damit sich die Aromen verbinden. Mit Salz und Pfeffer abschmecken.

Mit Kartoffelpüree, Reis oder goldener *polenta* reichen. Eine weitere Beilage ist nicht nötig.
Reichen Sie davor ein Gemüsegericht, einen Salat oder eine Suppe. Meine Empfehlung wären *Scodelle di cipolle ripiene* (S. 120), *Rotoli di melanzana ripieni* (S. 143), *Minestra di rucola e patate* (S. 170) oder *Pancotto* (S. 69).

Gemüse

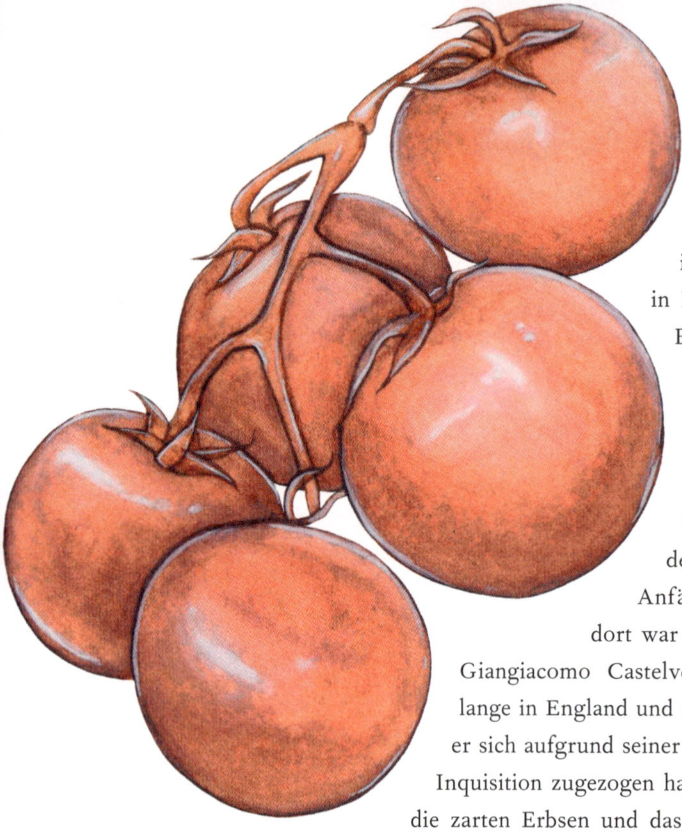

Gemüse

»... eine Unmenge an Farben und frischem Gemüse«. Ein Besuch auf dem Markt ist für mich immer einer der Höhepunkte meiner Aufenthalte in Italien. D. H. Lawrence verfasste diese plastische Beschreibung nach dem Besuch des Markts in Palermo. Und mit genau diesen Worten lässt sich der erste Eindruck festhalten. Wenn ich in Mailand bin, gehe ich jeden Montagvormittag auf den Markt in der Via Kramer, ganz in der Nähe des Hauses meiner Mutter. Die Erinnerungen an diesen Markt lösten in den frühen Fünfzigerjahren, als ich nach England kam, Anfälle von Heimweh bei mir aus. Das Gemüseangebot dort war mehr als kärglich, und ich fühlte mich genau wie Giangiacomo Castelvetro drei Jahrhunderte zuvor. Castelvetro lebte lange in England und starb auch dort. Er war dorthin geflohen, nachdem er sich aufgrund seiner Sympathien für den Protestantismus den Zorn der Inquisition zugezogen hatte. Voll Sehnsucht beschrieb er die Artischocken, die zarten Erbsen und das schöne Laub der Bohnen, die auf den Balkonen Venedigs wuchsen und durch die man die schönen Damen sehen konnte, die zwischen den Blättern hindurchspähten. Seitdem hat sich die Lage jedoch deutlich verbessert. Falls Castelvetro noch am Leben wäre, könnte er inzwischen überall in Großbritannien Fenchel und Artischocken kaufen, auch wenn er sich vielleicht über die manchmal braunen Spitzen beklagen würde.

Italiener behandeln Gemüse mit viel Liebe und Rücksicht. Gemüse ist für uns nicht einfach eine Beilage zu Fleisch oder Fisch, die man nur kochen muss. Wir zaubern daraus vielmehr eigenständige Gerichte. Gemüse wird gefüllt und gebacken, geschmort, sautiert oder gekocht und dann *strascinati* (siehe Blumenkohlrezept auf S. 71) oder mit Öl als Salat angemacht. Die ältesten und köstlichsten Pastetenrezepte beschreiben meist mit Gemüse gefüllte Versionen. In den vergangenen Jahren haben Köche Gemüse-*ravioli* entwickelt sowie viele Gemüsesaucen für Pasta – auch ich, wie z. B. die Kürbissauce auf S. 23 oder die Auberginensauce auf S. 139.

Für dieses Buch habe ich diejenigen Gemüsearten ausgewählt, die am meisten an Italien erinnern und mit denen Italiener und Italienerinnen herausragende Rezepte kreiert haben. Vielleicht müssen Sie sich ein wenig umsehen, bis Sie wirklich frische Exemplare entdecken – aber die Suche lohnt sich.

Lattuga imbottita alla napoletana

Mit Pinienkernen, Sultaninen, Kapern und Oliven gefüllte Salatherzen

Das neapolitanische Rezept verlangt für dieses Gericht Batavia-Salatherzen. Diese besitzen eine leicht bittere Note – ein Gegengewicht zur süßsauren Füllung – und haben außerdem die richtige Größe. Falls Sie sie nicht bekommen, nehmen Sie einfach die üblichen Salatherzen. Die Füllung passt auch sehr gut zu gegrillten Paprikaschoten (siehe S. 123) oder zu den Zwiebelbechern (siehe S. 120).

Für 4 Personen
8 kleine Salatherzen
Salz
4 EL trockener Weißwein
2 EL Olivenöl
1 Knoblauchzehe

Für die Füllung
3 gesalzene Sardellen, entgrätet und abgespült, oder 6 Sardellenfilets
Milch
30 g Sultaninen
2 EL Kapern, abgespült
30 g Pinienkerne
2 Knoblauchzehen
6 EL Semmelbrösel
1 EL schwarzes Olivenpüree (siehe S. 307) oder 12 schwarze Oliven, entsteint und fein gehackt
4 EL natives Olivenöl extra
schwarzer Pfeffer aus der Mühle

1. Die Sardellen in ein kleines Schälchen legen, gerade mit Milch bedecken und 15 Minuten einweichen. Die Milch versüßt die Sardellen, sodass sie sich besser für dieses Gericht eignen.
2. Sultaninen und Kapern in eine kleine Schüssel geben und mit warmem Wasser bedecken, damit die Sultaninen prall werden und sich überschüssiger Essig aus den Kapern löst. Etwa 10 Minuten einweichen, dann abseihen und gründlich trocken tupfen.
3. Die Salatherzen in kochendem Wasser mit wenig Salz 3 Minuten blanchieren. Abseihen, dabei aber etwas Kochwasser auffangen. Die Salatherzen unter fließendem Wasser kalt abspülen, gründlich abseihen, vorsichtig die Flüssigkeit herausdrücken und die Salatherzen mit Küchenpapier trocken tupfen.
4. Die Pinienkerne in einer kleinen gusseisernen Pfanne oder einer anderen Pfanne mit schwerem Boden 2–3 Minuten rösten, bis sie aromatisch duften.
5. Pinienkerne, Sultaninen, Kapern, Sardellen und Knoblauch grob hacken und in eine Schüssel füllen. Semmelbrösel und Olivenpüree zufügen und zusammen mit dem Öl unterrühren. Mit Pfeffer würzen. Die Zugabe von Salz sollte nicht nötig sein, da einige der Zutaten bereits recht salzig sind.
6. Die Füllung vorsichtig zwischen die Blätter der Salatherzen schieben. Die Herzen an der Spitze vorsichtig wieder zusammendrücken und dicht nebeneinander in einen Topf legen. Wein, Olivenöl, 4 EL des beiseitegestellten Kochwassers und Knoblauch zufügen. Bei schwacher Hitze 20 Minuten garen, dabei die Herzen einmal vorsichtig mit zwei Löffeln wenden.
7. Die Salatherzen auf einem Servierteller anrichten. Den Knoblauch aus dem Topf nehmen und wegwerfen. Die Garflüssigkeit mit Salz und Pfeffer abschmecken. Falls sie zu dünn ist, so lange kochen, bis sie etwas andickt und schön aromatisch schmeckt. Die Salatherzen damit beträufeln und dann (zimmer-)warm, aber nicht heiß servieren.

Dieses Gericht können Sie für sich, als *primo* oder *secondo* servieren. Oder nach einem Teller mit *Vermicelli alle vongole in bianco* (S. 99) oder *Spaghetti coi calamari* (S. 95). Die gefüllten Salatherzen passen auch gut zu *Scodelle di cipolle ripiene* (S. 120); die beiden Gerichte ergänzen sich gut und ergeben bei einer entspannten Abendeinladung zusammen einen herausragenden ersten Gang.

Scodelle di cipolle ripiene

Zwiebelbecher mit einer Füllung aus Thunfisch, Sardellen und Kapern

Es gibt viele schöne Rezepte für gefüllte Zwiebeln, doch dieses hier mag ich am liebsten. Die Füllung eignet sich auch für große Tomaten, die dann ca. 40 Minuten gebacken werden. Eine weitere hervorragende Füllung für Zwiebeln steht im vorherigen Rezept für Salatherzen.

Für 4 Personen

2 Gemüsezwiebeln (à ca. 250 g)
Salz
200 g Thunfisch (aus der Dose, in Olivenöl oder eigenem Saft)
4 Sardellenfilets
1 EL Kapern, abgespült
1 kleine getrocknete Chili, Samen entfernt
1 Knoblauchzehe
2 TL Oregano
2 Scheiben Weißbrot (à ca. 30 g), Kruste entfernt
ca. 150 ml Milch
75 ml Olivenöl
schwarzer Pfeffer aus der Mühle
2 EL Semmelbrösel

1. Die Zwiebeln schälen und in kochendes Wasser mit Salz legen. Etwa 15 Minuten kochen, bis die äußeren Schichten weich, aber noch knackig sind. Abseihen und abkühlen lassen.
2. Inzwischen den Thunfisch abseihen, mit Sardellenfilets, Kapern, Chili und Knoblauch klein hacken und die Mischung mit Oregano in eine Schüssel füllen.
3. Das Brot 5 Minuten in der Milch einweichen. Dann ausdrücken und mit zwei Gabeln zerpflücken.
4. Den Backofen auf 200 °C vorheizen.
5. Die abgekühlten Zwiebeln vertikal halbieren und 16–20 äußere Schichten beiseitelegen. Die restlichen Zwiebelstücke hacken und in 2 EL Öl 10 Minuten unter häufigem Rühren sautieren. Das eingeweichte Brot zufügen und 5 Minuten mitbraten, sodass es die Aromen aufnimmt. In die Schüssel zur Thunfischmischung geben, mit 1 EL Öl beträufeln und gründlich vermengen. Mit Salz und Pfeffer abschmecken. Vielleicht benötigen Sie gar kein Salz und auch keinen Pfeffer, falls die Chili bereits für genügend Schärfe sorgt.
6. Jeweils eine kleinere Zwiebelschicht in eine größere Außenschicht stecken, sodass 8–10 Zwiebelbecher entstehen. Eine flache feuerfeste Schale (ich verwende eine kleine, rechteckige Form aus Metall), in die alle Zwiebelbecher knapp hineinpassen, mit 1 EL Öl fetten.
7. Die Zwiebelbecher hineinsetzen, mit ein wenig Salz und Pfeffer würzen und mit der Thunfischmischung füllen. Mit Semmelbröseln bestreuen, das restliche Öl darüberträufeln und im Ofen auf oberster Schiene 20 Minuten backen, bis sich eine leicht goldene Kruste bildet. Falls nötig, die Grillfunktion einschalten und die Zwiebeln einige Minuten bräunen. (Zimmer-)warm servieren; sie sollten weder kochend heiß aus dem Backofen kommen noch eiskalt aus dem Kühlschrank. Die Aromen müssen sich bei der richtigen Temperatur entfalten können.

Wie das meiste gefüllte Gemüse kann auch dieses Gericht allein als *primo* oder als *secondo* serviert werden. Als Beilage zu Fleisch oder Fisch passt es meiner Meinung nach nicht, aber hart gekochte Eier wären eine gute Ergänzung, falls es noch etwas sättigender werden soll.

Zwei oder drei verschiedene gefüllte Gemüsesorten, die man zusammen serviert, wären eine hübsche Idee für einen ersten oder zweiten Gang. Wenn Sie z. B. diese Zwiebeln mit *Melanzane ripiene alla pugliese* (S. 141) und *Pomodori ripieni di riso e olive nere* (S. 308) kombinieren, erhalten Sie eine ausgewogene Mahlzeit.

Süße Paprikaschoten

Die ersten Paprikaschoten, die nach der Rückkehr der Conquistadores nach Europa gelangten, waren für den europäischen Gaumen viel zu scharf. Am 15. Januar 1493 schrieb Christoph Kolumbus in sein Tagebuch: »In Haiti entdeckten meine Männer viel *aji*, das die Einheimischen als Pfeffer verwenden. Aber es ist viel mehr wert, da man es für diejenigen, die seinen sehr intensiven Geschmack vertragen, als eigenständiges Gericht zubereiten kann.« Diese Schote, die eigentlich eine Beere ist, verbreitete sich schnell und wurde immer beliebter. Bereits hundert Jahre nach der Entdeckung der Neuen Welt zählte sie zu den häufigsten Gemüsearten im Nahen Osten und in Indien. In Europa dauerte ihr Aufstieg etwas länger, und man weiß auch nicht genau, ab wann sie in Italien Erfolge feierte. Fest steht, dass Paprikaschoten bereits relativ früh in Süditalien angebaut und verzehrt wurden. Doch sie galten als schlichtes Gemüse, das Köche und Schriftsteller links liegen ließen, da sie glaubten, die Schoten hätten ihre Aufmerksamkeit nicht verdient.

Es ist mir nicht gelungen, Paprikaschoten in irgendeinem italienischen Kochbuch zu entdecken, das vor 1847 erschienen ist. Damals veröffentlichte Ippolito Cavalcanti, Duca di Buonvicino in seinem hervorragenden Buch *Cucina teorico-pratica* (Neapel, 1847) ein recht einfaches Rezept für gefüllte Paprikaschoten: Die Schoten werden mit einer klassisch neapolitanischen Mischung aus Bröseln, Kapern, Oliven, Oregano, Sardellenfilets, Petersilie und Knoblauch gefüllt und dann gebacken. So werden sie bis heute gerne zubereitet. Die Anleitung für die Zubereitung dieser Füllung finden Sie im Rezept für Salatherzen auf S. 119. Heutzutage gilt die Paprika als eine der interessantesten und vielseitigsten Gemüsesorten. Die meisten Köche haben ihr inzwischen ihre Kreativität gewidmet.

Der Kauf von Paprikaschoten

Paprikaschoten sollten glatt und glänzend sein und keine faltige Haut haben. Je schwerer die Schote entsprechend ihrer Größe ist, desto mehr Fruchtfleisch hat sie. Die Farbe zeigt den Reifegrad an. Grüne Paprikaschoten verändern beim Reifen ihre Farbe zu rot oder gelb. Ich mag die Schoten am liebsten, wenn sie reif und schön süß sind, obwohl in manche Gerichte auch eine grüne Paprika passt – nicht nur aus optischen Gründen, sondern weil das intensivere *capsicum*-Aroma der grünen Schote der Speise eine besondere Note verleiht.

Die Zubereitung von Paprikaschoten

Ich häute Paprikaschoten gerne, da die Haut meiner Meinung nach schwer verdaulich und zäh ist. Verwenden Sie zum Häuten von Paprika, die roh verzehrt werden soll, einen Gemüseschäler mit beweglicher Klinge. Die fleischigen Schoten lassen sich recht gut schälen. Paprikaschoten, die gefüllt oder gegart werden sollen, können Sie zum Häuten entweder grillen oder über offener Flamme (mit Wärmeverteiler) rösten. Oder im sehr heißen Backofen (240 °C) backen. Die Paprika herausnehmen und zum Abkühlen beiseitestellen, sobald die Haut blasig und angebrannt ist. Wenn sie dann kühl genug zum Anfassen ist, kann die Haut einfach abgelöst und die Schote mit Küchenpapier sauber getupft werden. Nicht unter fließendes Wasser halten, da der köstliche Garsaft sonst zusammen mit den angebrannten Stellen abgewaschen wird. Nun die Samen entfernen: Dazu den Stielansatz herausschneiden, die Schote halbieren und alle Samen mit Küchenpapier auswischen.

Gegrillte Paprikaschoten schmecken intensiver als gebackene. Und obwohl sie dabei etwas schlaffer werden, grille ich sie lieber, wenn sie gefüllt werden sollen. Anstatt die ganze Schote zu füllen, schneide ich sie manchmal entzwei, säubere sie und fülle die beiden Hälften.

Aus gegrillter Paprika lässt sich ein höchst appetitliches *antipasto* zubereiten, das mit einer Sauce aus Sardellenfilets, Knoblauch und reichlich Petersilie verfeinert wird, die jeweils gehackt, zusammen zerstampft und mit etwas Olivenöl angemacht werden. Rund um die Paprika legt man hart gekochte Eier und erhält so ein gutes, schön anzusehendes Gericht für ein leichtes sommerliches Mittagessen im Garten. Dafür benötigt man pro Person 1 fleischige Paprikaschote.

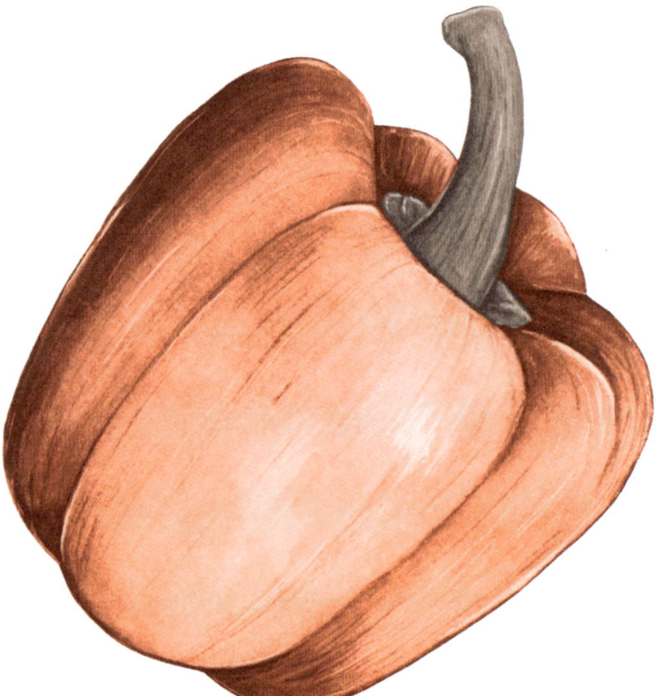

Peperoni arrostiti

Gegrillte Paprikaschoten

Gegrillte und gehäutete Paprikaschoten schmecken ganz anders als rohe oder sautierte Exemplare. Ich finde das Aroma der gegrillten Schoten wesentlich angenehmer, und besser verdaulich sind sie sowieso. Wenn die Paprika Saison hat und nicht zu teuer ist, können Sie 1 oder 2 kg davon auf einmal zubereiten und im Kühlschrank aufbewahren. Mit reichlich Olivenöl bedeckt hält die Paprika 2–3 Monate.
Die Sauce sollte einige Minuten erhitzt werden, damit sich die Aromen von Knoblauch und Sardellen vereinen und nicht zu dominant sind. Sie muss unbedingt bei sehr schwacher Hitze garen, da der Knoblauch sonst anbrennt und die Sardellen bitter werden.
Am besten verwenden Sie einen kleinen Tontopf, der sich direkt auf den Herd stellen lässt. Im Tontopf verteilt sich die Hitze gleichmäßiger und wird länger gespeichert.

Für 4 Personen

4 schöne rote und/oder gelbe Paprikaschoten
3 gesalzene Sardellen, entgrätet und abgespült, oder 6 Sardellenfilets
3 Knoblauchzehen
2 EL frisch geschnittene Petersilie
1 kleine getrocknete Chili, Samen entfernt
4 EL natives Olivenöl extra
Weißbrot zum Servieren

1. Die Paprika auf dem Holzkohlegrill, auf einem Wärmeverteiler über offener Flamme oder im Backofen mit Grillfunktion gründlich rösten, bis die gesamte Oberfläche (rundherum, oben und unten) angebrannt ist. Dann die Paprika herunter- bzw. herausnehmen, da sonst das Fruchtfleisch anbrennt und zum Schluss nur noch papierdünne Paprika übrig ist.
2. Die Schoten abkühlen lassen, dann die Haut entfernen: Sie lässt sich leicht ablösen, wenn die Paprika gleichmäßig gegrillt wurde. (Viele Kochbuchautoren empfehlen, die Paprikaschoten zum Abkühlen in Plastiktüten zu geben, damit sie sich leichter häuten lassen, doch ich finde das völlig unnötig. Als ich letztens in Mailand war, erklärte ich diese Methode der aus Apulien stammenden Haushaltshilfe meiner Mutter, die daraufhin nur lachte. Die Leute in Süditalien haben schon gegrillte Paprika gehäutet, lange bevor es Plastiktüten gab, erzählte sie mir. Außerdem finde ich es bedenklich, wenn man heiße Speisen in Plastik hüllt.) Die Schoten halbieren und Stielansatz sowie Samen entfernen. Das Fruchtfleisch längs in Streifen schneiden und auf einem Teller verteilen.
3. Die Sardellen mit Küchenpapier trocken tupfen, dann mit Knoblauch, Petersilie und Chili im Mörser mit einem Stößel zerstampfen.
4. Öl und Sardellenmischung in einem Topf mit schwerem Boden unter ständigem Rühren sehr langsam erhitzen, dabei weiter zu einer Paste zerstampfen. Die Mischung über die Paprikastreifen löffeln und mindestens 4 Stunden marinieren. Je länger sie marinieren (bis zu 1 Woche), desto besser schmecken sie. Mit reichlich Brot servieren.

Ein schneller erster Gang oder eine schöne Beilage zu Schweinebraten. Wenn ich diese Paprikaschoten als eigenständiges Gericht serviere, verfeinere ich die Sauce noch mit Kapern.

Fagottini di peperoni e coda di rospo

Bündel aus Seeteufel und gegrillter Paprika

Fisch und gegrillte Paprika passen bestens zusammen. Dieses Gericht ist nicht nur schnell und einfach zubereitet, sondern schmeckt auch noch köstlich. Nur das Grillen der Paprika ist ein wenig zeitaufwendig.

Für 4 Personen
4 große rote und/oder gelbe Paprikaschoten
Salz und schwarzer Pfeffer aus der Mühle
600 g Seeteufel, küchenfertig
Olivenöl zum Fetten
3 EL natives Olivenöl extra
75 ml trockener Weißwein
1 Knoblauchzehe
1 Chili

1. Die Paprikaschoten grillen und häuten (siehe vorheriges Rezept). Die kleinste Schote beiseitestellen, die anderen drei in acht gleichmäßig breite vertikale Streifen schneiden. Dabei Stielansatz, Samen und Membranen entfernen. Jeden Streifen salzen und pfeffern.
2. Den Backofen auf 220 °C vorheizen.
3. Die dunkle (falls noch vorhanden) und die durchsichtige Haut des Seeteufels entfernen und den Fisch in acht Teile schneiden. Mit Salz und Pfeffer würzen. Jedes Seeteufelstück mit einem Paprikastreifen umwickeln und die Päckchen in eine gut eingeölte feuerfeste Schale legen. (Ich verwende eine kleine Lasagneform, die gerade genügend Platz für die Päckchen bietet.) Mit 1 EL nativem Olivenöl extra beträufeln und mit Alufolie abdecken. Im Ofen 10 Minuten garen.
4. Inzwischen für die Sauce die übrige Paprikaschote säubern und grob hacken. Mit Wein, Knoblauch und Chili in einem kleinen Topf erhitzen.
5. Sobald der Fisch gar ist, die Garflüssigkeit zur Sauce in den kleinen Topf gießen. Die Backofentemperatur auf 170 °C reduzieren, den Fisch ohne Alufolie zurück in den Backofen schieben und weitere 10 Minuten braten.
6. Die Sauce unter gelegentlichem Rühren 10 Minuten köcheln lassen. Knoblauch und Chili entfernen und wegwerfen, die Sauce im Mixer pürieren. Das restliche Öl bei laufendem Mixer nach und nach durch den Einguss zuträufeln.
7. Zum Servieren je zwei Päckchen auf einen Teller legen und etwas Sauce rundherumträufeln.

Als ich dieses Rezept ausprobierte, aber keinen ersten Gang dazu gekocht hatte, legte ich einfach ein paar gedämpfte Kartoffeln rund um den Fisch, damit das Gericht sättigender war. Sie passten hervorragend dazu, weshalb ich seitdem immer Kartoffeln dazu reiche. Ein Salat hinterher wäre auch eine gute Idee.
Ansonsten empfehle ich als ersten Gang *Sarde in saor* (S. 86) oder für hungrige Gäste *Spaghettini e cozze in cartoccio* (S. 100). Dies wäre eine typisch italienische Mahlzeit, bei der beide Gänge auf Fisch basieren. Wenn Sie die Bündel als ersten Gang reichen und

danach etwas anderes servieren möchten, können Sie *Filetto di maiale alla Cavalcanti* (S. 303) oder ein anderes Fleischgericht mit intensivem Aroma nehmen. Nach der Paprikasauce würde ein Gericht mit mildem Geschmack einfach untergehen.

Terrina coi peperoni

Fleischterrine mit gegrillter Paprika

Diese hübsche Terrine macht sich wunderbar auf einem sommerlichen Büfett. Sie eignet sich auch als vorbereitete Reserve fürs Mittagessen am Wochenende, wenn man spät aus dem Garten kommt und innerhalb von 10 Minuten eine hungrige Familie satt bekommen will. Eine Terrine ist mal etwas anderes als ein kalter Braten und sieht zudem appetitlicher aus. Im Kühlschrank ist sie 3–4 Tage haltbar, wenn man sie in Alufolie wickelt.

Nehmen Sie möglichst Paprikaschoten von unterschiedlicher Farbe, da die aufgeschnittene Terrine dann schön bunt aussieht. Ich kaufe gerne Rinderschmorfleisch und ein Schweinesteak und bitte den Metzger, das Fett zu entfernen und das Fleisch durch den Fleischwolf zu drehen.

Für 8 Personen

3 große rote, gelbe und/oder grüne Paprikaschoten
450 g mageres Rinderhackfleisch
225 g Schweinehackfleisch
40 g Parmesan, frisch gerieben
2 Bio-Eier, leicht verquirlt
1 kleine Knoblauchzehe, in dünne Scheiben geschnitten
Salz und schwarzer Pfeffer aus der Mühle
1 EL Olivenöl zum Fetten
Oliven, Cornichons und/oder unbehandelte Zitronen zum Servieren (nach Belieben)

1. Den Backofen auf 240 °C vorheizen.
2. Die Paprikaschoten im Ofen etwa 25 Minuten rösten, bis die Haut weich ist und sich die Schoten leicht häuten lassen. Alternativ über einer Flamme grillen. (Ich finde jedoch, dass sie im Backofen die richtige Konsistenz für diese Terrine bekommen.) Die Schoten häuten und vierteln, Stielansatz, Samen und Membranen entfernen und das Fruchtfleisch in 1 cm große Stücke schneiden.
3. Die Backofentemperatur auf 190 °C reduzieren.
4. Das Hackfleisch in einer Schüssel gründlich mit Parmesan, Eiern und Knoblauch mischen. Dann Paprikastücke, Salz und 1 gute Prise Pfeffer zufügen. (Dieses Gericht wird kalt gegessen und muss deshalb wie andere kalte Gerichte gut gewürzt werden.) Nochmals gründlich vermengen, am besten mit den Händen, damit man merkt, ob sich die beiden Fleischsorten verbunden haben und die Paprikastücke gleichmäßig verteilt sind.
5. Eine Metallkastenform (1 l Fassungsvermögen) mit dem Öl fetten. Die Fleischmischung in die Form füllen und mit den Hand-

flächen hineindrücken. Die Form fest auf die Arbeitsfläche stoßen, damit verbliebene Luftbläschen platzen. Falls sich in der Terrine Luftkammern gebildet haben, brechen die Scheiben beim Aufschneiden sonst leicht entzwei.

6. Die Terrine mindestens 1 Stunde im Ofen backen (sie löst sich dabei etwas von den Seiten der Kastenform). Garflüssigkeit wegschütten und die Terrine abkühlen lassen.

7. Die Terrine zum Familienessen am Tisch aufschneiden. Soll es etwas stilvoller zugehen, die Terrine in der Küche aufschneiden und mit schwarzen Oliven, halbierten oder zum Fächer aufgeschnittenen Cornichons, mit Schmetterlingen aus Zitronen etc. garnieren.

Zu dieser Terrine passen alle möglichen Salate. Am besten schmeckt mir ein mit leichter Zitronenmayonnaise angemachter Kartoffelsalat oder *Insalata di fagiolini al vino* (S. 161). Als ersten Gang empfehle ich schöne *spaghetti* oder ein cremiges *risotto*. Probieren Sie doch *Spaghetti al tonno* (S. 89), *Vermicelli alle vongole in bianco* (S. 99) oder ein Gemüse-*risotto* (S. 47, 147).

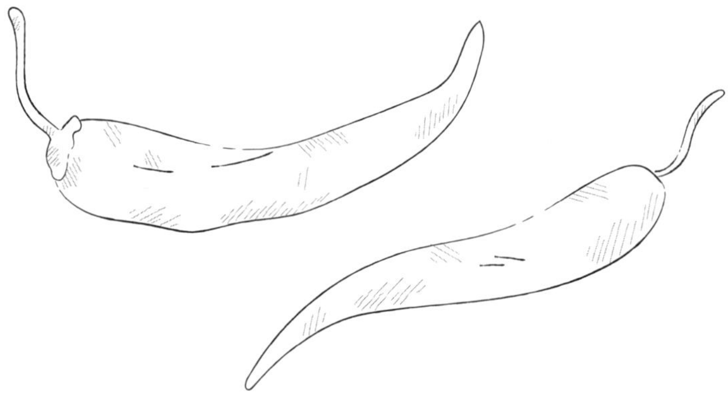

Peperoni e patate in padella

In Öl sautierte Paprikawürfel und Kartoffeln

Mit ihrem typischen Aroma und ihrer Knackigkeit bilden die Paprikaschoten bei diesem süditalienischen Rezept einen schönen Kontrast zu den Kartoffeln.

Für 4 Personen

- 450 g festkochende Kartoffeln
- 450 g gelbe und rote Paprikaschoten
- 2 Knoblauchzehen
- 1 getrocknete Chili (plus mehr nach Belieben), Samen entfernt
- 1 Bund glatte Petersilie
- 100 ml Olivenöl
- Salz

1. Die Kartoffeln schälen und in dünne Scheiben schneiden. Abspülen und gut trocken tupfen. In ein Geschirrtuch wickeln, damit sie nicht braun werden, während die Paprikaschoten zubereitet werden.
2. Die Paprikaschoten waschen und vierteln. Stielansatz, Samen und Membranen entfernen, Fruchtfleisch in 2,5 cm große Würfel schneiden. Die Würfel trocken tupfen und beiseitestellen.
3. Knoblauch, Chili und Petersilie zusammen sehr fein hacken.
4. Die Hälfte des Öls in eine Pfanne mit schwerem Boden gießen, die Hälfte der Petersilienmischung zufügen und bei mittlerer Hitze unter ständigem Rühren 30 Sekunden sautieren. Die Kartoffelscheiben zugeben und 5 Minuten mitbraten. Nun die Scheiben sehr häufig wenden: Dazu eine Gabel verwenden, da die Scheiben dann nicht so leicht auseinanderbrechen wie bei einem Löffel. Die Temperatur ein wenig reduzieren und die Kartoffeln garen, bis sie weich sind. Häufig umrühren und einige EL heißes Wasser zugießen, falls die Scheiben am Pfannenboden anhaften.
5. Inzwischen das restliche Öl und die verbliebene Petersilienmischung in einer weiteren großen Pfanne erhitzen. Ebenfalls 30 Sekunden sautieren, dann die Paprikawürfel untermengen. Bei mittlerer Hitze unter häufigem Rühren und Rütteln 20 Minuten braten, bis die Paprika gar ist, aber noch Biss hat.
6. Kartoffel- und Paprikamischung jeweils salzen und gut vermengen. Zusammen in eine vorgewärmte Schüssel füllen und gründlich umrühren. Sofort servieren.

Die sautierte Paprika können Sie im Voraus zubereiten, die Kartoffeln koche ich jedoch möglichst in letzter Minute, da aufgewärmte Kartoffeln nach aufgewärmten Kartoffeln schmecken. Aber denken Sie daran, dass Sie Kartoffeln fast 30 Minuten in der Pfanne warm halten können, wenn Sie einen Deckel auflegen.
Besonders gut passt das Gericht zu *Arrosto di maiale all'acqua* (S. 270.)

Peperoni alla siciliana

Gegrillte Paprika mit Sardellen, Oliven und Kapern in herzhafter Sauce mit säuerlicher Note

Wenn Sie mich nach meinem Lieblingsgemüsegericht fragen, ist dies sicher einer der Kandidaten mit guten Gewinnchancen. Eigentlich ist es eher ein Relish und nicht so sehr ein Gemüsegericht. Während der langen Garzeit verbinden sich die Aromen auf wunderbare Weise. Ich finde, dass es sogar noch besser schmeckt, wenn es 1 Tag im Voraus zubereitet wird.

Für 4 Personen

4 große Paprikaschoten (à ca. 180 g)
1 mittelgroße Zwiebel, in feine Ringe geschnitten
2 Knoblauchzehen, gehackt
3 EL natives Olivenöl extra
Salz
½ Brühwürfel
2 EL *aceto balsamico*, alternativ guter Rotweinessig mit 1 TL Zucker vermengt
2 EL Oregano
16 schwarze Oliven, entsteint und in Streifen geschnitten
2 gesalzene Sardellen, entgrätet und abgespült, oder 4 Sardellenfilets
1½ EL Kapern, abgespült
schwarzer Pfeffer aus der Mühle

1. Die Paprikaschoten grillen und häuten (siehe Hinweise auf S. 123).
2. Die Schoten vierteln, Stielansatz, Samen und weiße Membranen entfernen und das Fruchtfleisch in 2,5 cm dicke Streifen schneiden.
3. Zwiebel, Knoblauch und Öl in einer Pfanne mit etwas Salz bestreuen und 2 EL Wasser zugießen. Einen Deckel auflegen und die Zwiebel bei schwacher Hitze schmoren, bis sie weich ist und fast zu Püree zerfällt. Den Deckel abnehmen und die Zwiebel weiterbraten, bis sie goldgelb wird. Der ganze Garvorgang dauert ca. 40 Minuten.
4. Paprikastreifen, Brühwürfel und Essig zufügen. Ohne Deckel unter gelegentlichem Rühren 30 Minuten garen. Einige EL heißes Wasser zugeben, falls die Paprika zu trocken erscheint.
5. Die restlichen Zutaten zufügen und bei sehr schwacher Hitze (bei zu starker Hitze schmecken die Sardellen bitter) weitere 20 Minuten braten, bis sich die Aromen verbunden haben und eine üppige Sauce entstanden ist. Mit Salz und Pfeffer abschmecken. (Zimmer-)warm servieren.

Dieses vielseitige Gericht können Sie als *secondo* oder eigenständig mit reichlich knusprigem Brot reichen. Falls Sie es als *primo* auf den Tisch bringen möchten, können Sie danach ein herzhaftes Fleisch- oder Fischgericht servieren, wie z. B. *Brasato all'aceto* (S. 297) oder *Polpo in umido* (S. 97). Es ist auch die perfekte Beilage zu kaltem Roastbeef oder einem Brathähnchen, entweder als Mittagessen mit Gästen oder als Beilage fürs Büfett.

Tomaten

Italienische Küche ohne Tomaten ist kaum vorstellbar. Doch bereits 150 Jahre vor dem Auftauchen dieser Frucht kochte man in Italien auf höchstem Niveau und beeinflusste die Kochkunst in ganz Europa. Die aus Peru und Mexiko stammende Tomate kam mit den Conquistadores, die aus der Neuen Welt zurückkehrten, nach Europa und wurde schließlich Ende des 16. Jahrhunderts auch in Italien bekannt. Erst in den letzten Jahren des 17. Jahrhunderts gewannen die Tomaten an Beliebtheit, vorerst jedoch nur in Süditalien, wo die besten Sorten wuchsen. 1770 berichtete der schottische Reisende Patrick Brydone aus Sizilien: »Es gibt hier auch eine reichlich vorkommende Blütenpflanze, die ich noch niemals zuvor gesehen habe. Sie trägt schöne runde Früchte in leuchtendem Gelb. Sie werden *Il Pomo d'Oro* oder goldener Apfel genannt.«

Etwa zu dieser Zeit hielten die Tomaten Einzug in Italiens Küchen. Das erste Rezept für Tomatensauce für Pasta verfasste der Kochbuchautor Francesco Leonardi im Neapel des 18. Jahrhunderts, während sein Zeitgenosse Vincenzo Corrado, der ebenfalls aus Neapel stammte, Tomaten mit Hammelfleisch, *prosciutto* und anderen Zutaten kombinierte. Im 19. Jahrhundert wurden Tomaten allmählich zu einer gängigen Zutat – eine Entwicklung, die sich im 20. Jahrhundert noch deutlich beschleunigte. Sie wurden oft Bestandteil traditioneller Rezepte wie Mailänder *ossobuco* oder Veroneser *sopa coada*, einer dickflüssigen Suppe mit Taubenfleisch und Gemüse.

»Das Wort ›Tomate‹ steht heute für das Beste und das Schlechteste im Reich der Gemüsesorten«, schrieb Jane Grigson in ihrem bewundernswerten *Vegetable Book*. Zweifellos ist es nicht überall ganz einfach, richtig gute Tomaten zu bekommen. Kaufen Sie die allerteuersten Exemplare, da diese meist am besten sind. Und nehmen Sie lieber Tomaten aus der Dose anstatt Tomaten außerhalb der Saison, die ihr Geld nicht wert sind. Kaufen Sie stets Dosentomaten von guter Qualität, vorzugsweise San Marzano. Diese Tomaten gewinnen an Aroma, wenn Sie beim Garen 1 TL Zucker und 1 TL Tomatenmark zufügen.

Tomaten halten sich nur ein paar Tage. Die ideale Lagertemperatur beträgt 10 °C. Im Kühlschrank ist es ihnen zu kalt. Deshalb sollten Sie nur so viele Tomaten kaufen, wie sie an 3 oder höchstens 4 Tagen aufbrauchen können.

Als Italienerin häute ich Tomaten nur, wenn ich sie koche. Eine gute Tomate mit dünner, zarter Haut sollte man nicht häuten. Die neuen Tomatensorten haben leider meist eine zähe Haut, die nach Gras schmeckt, und müssen darum unbedingt gehäutet werden. Dazu kochendes Wasser über die Tomaten in eine Schüssel gießen und die Tomaten je nach Reifegrad 15–30 Sekunden darin liegen lassen. Dann herausnehmen und in eine Schüssel mit kaltem Wasser geben. In Italien entfernen wir die Samen, wobei unsere Tomaten wesentlich mehr Fruchtfleisch besitzen. Wenn Sie bei den hier verkauften Tomaten alle Samen und den wässrigen Saft entfernen, bleibt oft nicht viel übrig! Um nur einen Teil der Samen zu entfernen, halbieren Sie die Tomaten und drücken sie dann leicht zusammen.

Eine gute Tomate schneidet man am besten in Scheiben oder dicke Spalten und macht sie mit nativem Olivenöl extra, Salz und schwarzemPfeffer aus der Mühle an. Mit Oregano oder Basilikum und ein klein wenig Knoblauch schmeckt der Salat noch besser.

Tomaten lassen sich auf vielerlei Art füllen. *Pomodori ripieni di riso e olive nere* auf S. 308 ist ein gutes Rezept. Oder probieren Sie es einmal mit Thunfisch und Mayonnaise, oder füllen Sie die Tomaten mit ungekochtem Reis und schieben Sie sie in den Backofen. Der großartige Kochbuchautor Artusi (19. Jahrhundert) schlägt vor, sie zu backen: Dazu werden sie halbiert, mit einem Stück Butter, reichlich

Pfeffer und etwas Salz verfeinert und dann als gebackene Beilage zu gebratenem oder gegrilltem Fleisch gereicht. Eines meiner Lieblingsgerichte besteht aus Eiertomaten, die gehäutet und halbiert und danach mit nativem Olivenöl extra, italienischem *mozzarella* sowie Basilikum gefüllt werden. Vor dem Füllen innen mit etwas Salz bestreuen, mit der Schnittseite nach unten 30 Minuten zum Abtropfen auf ein Brett legen und in den Kühlschrank stellen.

Meine drei liebsten Tomatensaucen

Für eine gute Tomatensauce werden die Tomaten entweder nur ganz kurz oder mindestens 40 Minuten gegart. Für diese große zeitliche Bandbreite gibt es einen bestimmten Grund: Tomaten geben ihre säuerliche Flüssigkeit erst nach ca. 10 Minuten Garzeit ab. Und sie müssen 30 Minuten kräftig köcheln, bis die Flüssigkeit verdampft ist. Wenn Sie also sehr schmackhafte Tomaten haben, die Sie für eine Pastasauce verwenden möchten, sollten Sie die auf S. 132 beschriebene Sauce aus frischen Tomaten kochen. Sollten Ihre Tomaten von nicht ganz so guter Qualität sein, wählen Sie einfach das folgende Rezept mit langer Kochzeit aus – *La mia salsa*. Und wenn Sie zu Ihrer Pasta oder zum Reis die pure Frische genießen wollen, sollten Sie die Tomaten gar nicht kochen, wie im Rezept *Sugo di pomodoro crudo* auf S. 131.

Zum Schluss möchte ich noch auf die Verwendung von Tomaten als Gewürz eingehen. Bereits eine reife (gute) Tomate verleiht einem Fleisch- oder Fischgericht ein besonderes Aroma und einen schönen Farbhauch. Und eine Suppe wird meist noch besser, wenn Sie zum *soffritto* eine gehackte Tomate dazugeben.

La mia salsa

Einfache Tomatensauce

Diese schlichte Tomatensauce bereite ich oft in großen Mengen zu, wenn die Tomaten reif und günstig sind. Nehmen Sie am besten Eiertomaten, falls Sie welche bekommen, da sie fester und aromatischer sind. Die Sauce friere ich in Kunststoffdosen unterschiedlicher Größe ein, was recht praktisch ist, wenn ich für ein Rezept manchmal nur einige EL Sauce benötige. Ich verwende sie für Fleisch- und Fischgerichte und gebe sie zu Suppen und Pasta. Wenn ich die Sauce aufwärme, verfeinere ich sie mit einigen EL nativem Olivenöl extra oder einem guten Stück Butter.

Bei Fleischgerichten müssen Sauce und Fleisch lange zusammen gegart werden, damit sich die Aromen verbinden. Diese Sauce ist auch die perfekte Grundlage für ein *ragù*, für das sie sogar noch länger köcheln muss, wie Eduardo de Filippo in einem Gedicht betonte, das er in seinem neapolitanischen Dialekt schrieb. Es heißt *O Rraù di Mamma* (Mamas *ragù*) und behandelt die Ansichten eines frisch verheirateten Mannes, die er seiner jungen Ehefrau recht nachdrücklich nahebringt. Grob übersetzt sagt er: »Nur *mamma* bereitet das *ragù* so zu, wie ich es mag. Seit unserem Hochzeitstag diskutieren wir darüber. Ich bin kein schwieriger Mensch, und eigentlich streitet man über so etwas auch gar nicht. Aber glaubst du wirklich, dass das, was du hier kochst, ein *ragù* ist? Ich esse es, damit ich etwas im Bauch habe. Aber soll ich dir mal was sagen? Das ist einfach nur Fleisch mit Tomatensauce.« Welch vernichtender Hohn!

Die hier angegebenen Zutaten ergeben rund 700 ml Sauce.

1 kg Tomaten waschen und in große Stücke schneiden. In einem Topf mit schwerem Boden mit 1 Stange Staudensellerie, 1 mittelgroßen Zwiebel und ½ Karotte (jeweils in Stücke geschnitten) vermengen. Dann 1–2 Knoblauchzehen, etwas Petersilie, 2 Salbeiblätter, 1 Zweig Thymian sowie ein wenig Salz zugeben. Zu Beginn würze ich noch nicht mit Pfeffer. Falls die Tomaten etwas fade sind, füge ich noch 1 TL Tomatenmark und 1 TL Zucker hinzu. Die Mischung zum Köcheln bringen und unter häufigem Rühren 40–50 Minuten kochen. Die Sauce dabei im Auge behalten, damit sie nicht anbrennt. Falls nötig, ein wenig Gemüsebrühe oder heißes Wasser zugießen. Zum Ende der Garzeit sollte die Sauce recht dickflüssig und die Flüssigkeit größtenteils verdampft sein. Die Sauce durch eine Flotte Lotte streichen oder durch ein Sieb passieren, da sie so die beste Konsistenz bekommt (nicht im Mixer pürieren). Falls Sie doch den Mixer verwenden wollen, müssen Sie die Tomaten häuten und die Samen entfernen, bevor Sie sie in den Topf geben. Die Sauce mit schwarzem Pfeffer aus der Mühle und Salz abschmecken.

Sugo di pomodoro crudo

Sauce aus rohen Tomaten für spaghetti oder Reis

Diese klassische Sauce wird in Italien nur für *spaghetti* oder *spaghettini* verwendet. Ich nehme sie allerdings, besonders für eine sommerliche Mahlzeit, auch gerne zu Basmatireis her.

Für 4 Portionen Pasta oder Reis

- 700 g beste reife (Eier-)Tomaten
- 4 EL natives Olivenöl extra
- 1 Knoblauchzehe, in dünne Scheiben geschnitten
- 1 Dutzend Basilikumblätter oder 1 Bund glatte Petersilie, grob gezupft
- Salz und schwarzer Pfeffer aus der Mühle
- *spaghetti* oder Reis zum Servieren
- Parmesan zum Servieren (nach Belieben)

1. Die Tomaten häuten. Halbieren und Samen sowie Saft zum Teil herausdrücken. Das Fruchtfleisch in dünne Streifen schneiden und in eine Schüssel geben, in der die *spaghetti* oder der Reis später serviert werden sollen. Öl, Knoblauch und Basilikumblätter untermischen. Mit Salz und Pfeffer würzen. Mindestens 1 Stunde marinieren.
2. Die *spaghetti* oder den Reis, die zum Servieren gekocht werden, nach dem Abseihen gut abtropfen lassen, bevor sie mit der Sauce vermengt werden. Zu diesem Gericht passt meiner Meinung nach kein Parmesan. Falls Sie doch Parmesan dazureichen möchten, servieren Sie ihn in einer extra Schüssel.

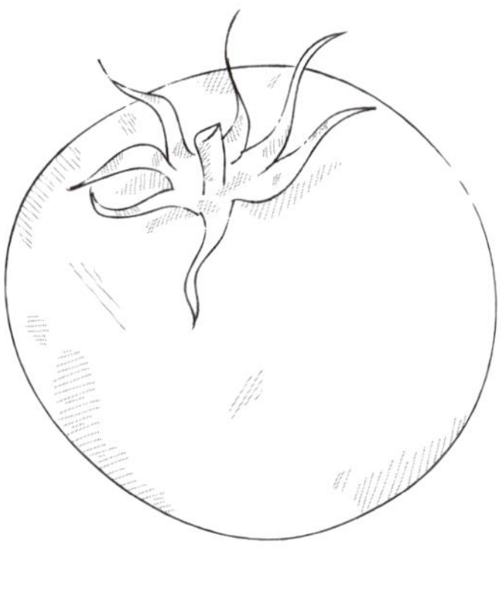

Sugo fresco di pomodoro

Schnelle frische Tomatensauce

FÜR 4 PORTIONEN PASTA ODER GNOCCHI
1 Knoblauchzehe
1 kleine Zwiebel oder 2 Schalotten
1 TL Zucker
2 EL hausgemachte Gemüsebrühe (siehe S. 319)
400 g italienische Eiertomaten (aus der Dose), vorzugsweise San Marzano
Salz und schwarzer Pfeffer aus der Mühle
6 Basilikumblätter, gezupft
2 EL natives Olivenöl extra oder 30 g Butter (nach Belieben)

1. Knoblauch und Zwiebel zusammen hacken und mit Zucker und Brühe in einen Topf geben. Einen Deckel auflegen und die Mischung bei sehr schwacher Hitze unter gelegentlichem Rühren garen, bis die Zwiebel weich und die Brühe größtenteils verdampft ist.
2. Die Tomaten grob hacken. Dazu die Tomaten am besten mit einer Schere noch in der Dose zerschneiden. Dann in den Topf füllen, mit Salz und Pfeffer würzen und nach dem Erreichen des Siedepunkts noch 5 Minuten garen.
3. Basilikum und nach Belieben Olivenöl untermischen.

Teglia di patate e pomodori

Kartoffel-Tomaten-Auflauf

Für dieses sehr mediterrane Gericht sollten Sie Kartoffeln und Tomaten von bester Qualität (keine Kanonenkugeln aus Holland) verwenden.

FÜR 4 PERSONEN
werden 6–7 mittelgroße gekochte Kartoffeln und 450 g reife Tomaten benötigt. Die Kartoffeln in 5 mm dicke Scheiben schneiden und in eine gut eingeölte, flache feuerfeste Auflaufform legen.
1 Bund Petersilie, 1 Knoblauchzehe, 1 getrocknete Chili, 1 EL abgespülte und trocken getupfte Kapern sowie nach Belieben 6 entsteinte schwarze Oliven hacken.

Ich nehme statt Oliven manchmal 1 EL Olivenpüree (siehe Rezept auf S. 307). Die gehackten Zutaten mit 3 EL Olivenöl von bester Qualität in einer Schüssel vermischen. Die Hälfte dieser Mischung auf den Kartoffeln verteilen.
Die Tomaten blanchieren und häuten. Halbieren, die Samen herausdrücken und das Fruchtfleisch in dicke Scheiben schneiden oder grob hacken. Auf den Kartoffeln verteilen, dann die restliche Petersilien-Oliven-Mischung darüberlöffeln. Mit etwas zusätzlichem Öl beträufeln und im vorgeheizten Backofen (200 °C) etwa 30–40 Minuten backen.
Warm servieren, aber nicht direkt heiß aus dem Backofen.

Finte trippe

Frittata-Streifen in Tomatensauce

Warum dieses Gericht aus Rom den seltsamen Namen »Falsche Kutteln« trägt, wird klar, wenn man einen Blick darauf wirft: Die Omelettstreifen sehen aus wie Kuttelstreifen in Tomatensauce. Ich liebe Eier, egal, wie sie gegart werden – doch dies ist eine der besten Zubereitungsarten, die ich kenne.

Für 3–4 Personen
15 g Butter
2 EL Olivenöl
½ Stange Staudensellerie, sehr fein gehackt
½ kleine Zwiebel, sehr fein gehackt
400 g italienische Eiertomaten (aus der Dose), grob gehackt
Salz und schwarzer Pfeffer aus der Mühle
6 Basilikumblätter, fein gezupft

Für die frittata
6 Bio-Eier
2 EL frisch geriebener Parmesan
Salz und schwarzer Pfeffer aus der Mühle
Butter zum Fetten
Mehl zum Ausstreuen

1. Butter und Öl in einem Topf erhitzen. Wenn die Butter allmählich zu schäumen aufhört, Sellerie und Zwiebel zufügen und unter häufigem Rühren bei sehr schwacher Hitze 5 Minuten braten. Tomaten und etwas Salz zugeben. Bei mittlerer Hitze unter gelegentlichem Rühren 30 Minuten garen, dann mit Salz und Pfeffer abschmecken und das Basilikum untermengen. Falls die Sauce zu dickflüssig wird, während des Garens einige EL heißes Wasser zugießen.
2. Den Backofen auf 200 °C vorheizen.
3. Während die Sauce köchelt, die *frittata* zubereiten. Die Eier mit Parmesan, etwas Salz und reichlich schwarzem Pfeffer leicht verquirlen.
4. Eine Backform oder ein Backblech (25 cm x 30 cm) leicht fetten und mit etwas Mehl ausstreuen. Überschüssiges Mehl ausschütteln. Die Eimischung hineingießen und die Form schwenken, sodass sich die Flüssigkeit gleichmäßig verteilt. Die Form in den Ofen schieben und die Mischung 8–10 Minuten backen, bis die *frittata* gar, aber noch etwas weich ist. Der Duft von gekochtem Ei ist ein weiterer Hinweis, dass sie fertig ist.
5. Die *frittata* mit einem Pfannenwender vorsichtig von den Rändern lösen. Die Form auf ein Holzbrett stürzen und die *frittata* herausfallen lassen. Etwas abkühlen lassen, dann locker aufrollen. In 1 cm breite Streifen schneiden und vorsichtig unter die Sauce heben. Etwa 2–3 Minuten erhitzen, damit die *frittata* die Aromen der Sauce aufnimmt, anschließend servieren.

Dies ergibt einen guten *secondo* fürs Familienessen. Sautierte oder gedämpfte Zucchini passen sehr gut dazu. Sie können dieses Gericht auch als ersten Gang servieren und danach ein Fleischgericht oder einen Gemüseauflauf reichen.

Tortino di crespelle pasticciate

Pfannkuchenturm mit mozzarella und Tomatensauce

Obwohl dieses Gericht mit Tomaten und *mozzarella* zwei Zutaten enthält, die eher zur einfachen Landküche zählen, wird es doch sehr stilvoll angerichtet und serviert. Es sieht zwar wie ein *lasagne*-Kuchen aus, hat durch die *crespelle* (Pfannkuchen) aber eine weichere Konsistenz und einen feineren Geschmack.

Die Pfannkuchen können Sie 1 oder 2 Tage im Voraus zubereiten und im Kühlschrank aufbewahren. Sie können sie auch tiefkühlen, wenn sie jeweils ein Blatt Butterbrot- oder Backpapier oder Frischhaltefolie dazwischenlegen. Vor der Verwendung auftauen lassen. Die Tomatensauce kann ebenfalls einige Zeit im Voraus zubereitet werden. Sie hält sich im Kühlschrank bis zu 3 Tage, lässt sich aber ebenso einfrieren. Das Gericht selbst muss allerdings direkt vor dem Backen zusammengestellt werden, da die Pfannkuchen sonst zu weich werden.

Man kann die *crespelle* auch mit Spinat, *ricotta* und Béchamelsauce aufschichten oder mit Schinken, Pilzen und Béchamelsauce. Eigentlich passt jede Füllung, solange sie die Konsistenz von Crème double hat. Sie können sogar eine süße Nachspeise daraus machen, wenn Sie als Füllung eine Crème pâtissière (Vanillecreme) mit in sehr dünne Scheiben geschnittenen pochierten Birnen und Mandelblättchen verwenden.

Die hier angegebene Menge reicht als erster Gang für 4 hungrige junge Leute oder 6 Personen mit normalem Appetit. Falls Sie mehr zubereiten möchten, machen Sie besser zwei Türme anstatt zu viele *crespelle* aufeinanderzuschichten.

Für 4–6 Personen

Für die crespelle

110 g Weizenmehl
Salz
2 Bio-Eier (Größe L)
250 ml Milch
30 g Butter

Für die Tomatensauce

75 ml Olivenöl
30 g Butter
½ kleine Zwiebel oder 1 Schalotte, grob gehackt
1 Knoblauchzehe, gehackt
½ Stange Staudensellerie, grob gehackt
1 kleiner Stängel Petersilie
800 g Tomaten (aus der Dose, mit Saft)
1 TL Tomatenmark
½ TL Zucker
Salz und schwarzer Pfeffer aus der Mühle

1. Für die Pfannkuchen das Mehl mit etwas Salz in eine Schüssel sieben. Die Eier aufschlagen und zufügen. Gut vermengen und dabei nach und nach die Milch zugießen, bis an der Teigoberfläche Blasen zu sehen sind. Alternativ alle Zutaten im Mixer zu einem glatten Teig vermengen. Den Teig mindestens 30 Minuten ruhen lassen – Sie können ihn auch problemlos länger stehen lassen.
2. Danach die Hälfte der Butter zerlassen und in den Teig einrühren. Den Teig in einen Krug füllen, sodass er sich leichter ausgießen lässt.
3. Eine gusseiserne Pfanne (20 cm ø) erhitzen und ein kleines Stück der restlichen Butter darin zerlassen. Die Butter schwenken, sodass der ganze Pfannenboden benetzt wird.
4. Auf mittlere Temperatur reduzieren, sobald die Pfanne heiß ist. Den Teig nochmals umrühren, dann so viel Teig in die Pfanne gießen, dass der Boden mit einer sehr dünnen Schicht bedeckt ist. Die Pfanne dabei in alle Richtungen schwenken. Den Pfannkuchen backen, bis die Unterseite hellgelb ist. Danach mit einem Pfannenwender wenden und kurz von der anderen Seite backen. Auf einen Teller oder ein Brett gleiten lassen. Die Pfanne vom Herd nehmen und erst dann die nächste Runde Teig eingießen. Ansonsten haftet der Teig am Pfannenboden, bevor man ihn verteilen kann. Der Teig sollte für 8–10 Pfannkuchen reichen. Wenn die Pfanne zu trocken wird, jeweils ein winziges Stück Butter zugeben.

Béchamelsauce aus 30 g Butter, 30 g Weizenmehl und 300 ml Milch

Zum Schichten
150 g *mozzarella*
Salz
Milch
4 EL frisch geriebener Parmesan
2 EL frisch geschnittene Basilikumblätter
schwarzer Pfeffer aus der Mühle
15 g Butter, plus mehr zum Fetten

5. Für die Tomatensauce Öl, Butter, Zwiebel, Knoblauch, Sellerie und Petersilie in einem Topf mit schwerem Boden unter häufigem Rühren 10 Minuten sautieren, bis das Gemüse weich ist.
6. Tomaten, Tomatenmark, Zucker und Salz zufügen. Alles zum Kochen bringen, dabei die Tomaten mit einem Metalllöffel zerdrücken. Ohne Deckel 1 Stunde leise köcheln lassen. Die Sauce sollte zum Schluss recht dickflüssig und der Tomatensaft verdampft sein. Falls die Sauce jedoch zu sehr andickt, während des Garens einige EL heißes Wasser zugießen. Die Sauce durch eine Flotte Lotte oder ein Sieb streichen. Mit Salz und Pfeffer abschmecken.
7. Die Béchamelsauce zubereiten (siehe S. 321) und mit der Tomatensauce vermengen.
8. Während die Sauce kocht, den *mozzarella* grob raspeln. Mit etwas Salz in eine kleine Schüssel geben, gerade mit Milch bedecken und 30 Minuten ruhen lassen.
9. Den Backofen auf 180 °C vorheizen.
10. Eine feuerfeste Form ohne Rand oder eine runde Metallschale verwenden, falls vorhanden. Ansonsten den Boden einer Springform (20 cm ø) auf ein Backblech legen und gut einfetten.
11. Den *mozzarella* abseihen und den Großteil der Milch ausdrücken.
12. Einen Pfannkuchen in die Form legen und mit 1 gehäuften EL Sauce bedecken. Einige Stückchen *mozzarella* darauf verteilen und mit etwas Parmesan, Basilikum und Pfeffer bestreuen. Einen weiteren Pfannkuchen obenauf legen, wieder mit Tomatensauce etc. bedecken und weiter so verfahren, bis alle Zutaten aufgebraucht sind. Die letzte Schicht sollte aus Tomatensauce, Basilikum, Parmesan und Pfeffer bestehen.
13. Die Butter in einem kleinen Topf schmelzen und langsam über den Pfannkuchenturm gießen. Dabei mit einem Messer tief einschneiden, damit die Butter in den Turm einsickert.
14. Den Turm mit Alufolie oder einer Kuchenform abdecken und 15 Minuten im Ofen garen. Dann die Alufolie abnehmen und den Turm weitere 10 Minuten backen. Aus dem Ofen nehmen und 5 Minuten ruhen lassen. Das *tortino* zum Servieren auf einen runden Teller gleiten lassen.

Ein wirklich beeindruckendes Gericht, ob als erster Gang bei einer Abendeinladung oder als leichtes Mittagessen mit Salat hinterher. Falls Sie das *tortino* bei einer Abendeinladung servieren möchten, sollten Sie danach etwas reichen, was schnell zubereitet ist – als Ausgleich für die zeitaufwendige Zubereitung des *tortino*. *Arrosto freddo alle erbe* (S. 283) oder *Pesce in bianco con salsina alle erbe aromatiche* (S. 282) wären eine gute Idee.

Sonnengetrocknete Tomaten

Dabei handelt es sich um kleine Tomaten, die meist aus Kalabrien stammen: Dort werden sie aufgeschnitten, mit Salz bestreut und zum Trocknen in der heißen Sonne auf Bambusgestelle gelegt. Wenn das in den Tomaten enthaltene Wasser verdunstet ist, werden sie schrumpelig und das Aroma wird konzentriert. Dann sind sie bereit zum Verkauf, entweder pur oder eingelegt in Olivenöl. Sie verleihen jedem Tomatengericht und jeder Sauce oder Suppe einen sehr intensiven und köstlichen Geschmack.

Heutzutage sind sie im Glas oder getrocknet bei italienischen Feinkosthändlern sowie in vielen Supermärkten erhältlich. Ich empfehle Ihnen, die getrockneten Tomaten zu kaufen, sie mit einer Mischung aus kochendem Wasser und Essig (zu gleichen Teilen) zu bedecken und 1 Stunde stehen zu lassen. Anschließend umrühren und weitere 1½ Stunden durchziehen lassen. Nun sind sie gebrauchsfertig. Abseihen und zum Trocknen auf ein Geschirrtuch legen. Danach vorsichtig mit Küchenpapier trocken tupfen. Die Tomaten nach Belieben mit Oregano, gehacktem Knoblauch, Sardellenfiletstückchen und getrockneten Chilis in ein Schraubglas schichten. Mit nativem Olivenöl extra bedecken. Für 450 g getrocknete Tomaten benötigt man 300–350 ml Olivenöl. Das Öl sollte die oberste Schicht Tomaten komplett bedecken. Luftbläschen zwischen den einzelnen Schichten entfernen, indem man ein Palettmesser am Rand des Glases einschiebt.

Diese Tomaten können als schnelles und äußerst köstliches kleines *antipasto* zusammen mit gegrillten Paprikaschoten serviert werden. Wenn Sie ein klein wenig Appetit haben, ergeben diese eingelegten Tomaten ein wunderbares Häppchen!

Auberginen

Die *melanzana* genannte Aubergine ist eine Cousine der Tomate, mit der sie oft erfolgreich kombiniert wird. Allerdings wuchs die Aubergine schon lange vor der Ankunft ihrer amerikanischen Cousine in Italien. Sie kam wahrscheinlich im 13. Jahrhundert aus dem Osten nach Sizilien, wo sie offenbar wild wuchs. Doch die Sizilianer aßen sie zunächst nicht, da sie die Aubergine für giftig hielten. Erst während einer Hungersnot waren sie gezwungen, sie zu probieren. Es heißt, dass sie die Auberginen zuerst an ihre Ziegen verfütterten, die sie fraßen und tatsächlich überlebten. Aber es blieben Zweifel, und Auberginen hatten den Ruf, wahnsinnig zu machen. Im 16. Jahrhundert glaubte man, dass das italienische Wort *melanzana* vom lateinischen Ausdruck *malum insanum* kam, was so viel wie »ungesunder Apfel« bedeutete.

Die Aubergine trug noch weitere Namen: Messisbugo schrieb im 16. Jahrhundert erstmals in seinem *Libro novo* über dieses Gemüse, das er *mollegnane* oder *pome disdegno* (wörtlich »verschmähter Apfel«) nannte. Ein Jahrhundert später verfasste Bartolomeo Stefani das Werk *L'arte di ben cucinare*, in dem er über die Auberginen Folgendes sagte: »Sie sind perfekt, wenn sie eine violette Farbe haben und die Haut glatt wie Elfenbein ist.« Stefani nannte sie *aventani*, während der große Kochbuchautor Pellegrino Artusi (19. Jahrhundert) sie als *petonciani* bezeichnete. Der Verzehr von Auberginen sollte angeblich bestimmte Nachwirkungen haben, die auch diese beiden Namen erklären würden, da *aventani* sich vielleicht von *vento*, also Wind, ableitet, wohingegen *petonciani* vielleicht mit dem Wort *peto* (Furz/Pups) verwandt ist.

Als Artusi sein berühmtes Buch *La scienza in cucina e l'arte di mangiar bene* verfasste, das inzwischen über hundert Mal neu aufgelegt wurde, begann gerade erst der Aufstieg der Auberginen. »Auberginen und Fenchel gab es vor 40 Jahren kaum auf den Märkten von Florenz.« Heutzutage sind sie überall beliebt, obwohl die meisten Rezepte aus Süditalien stammen. Die Auberginen wachsen im Süden am besten, da es dort wenig regnet und im Sommer sehr heiß ist. Unter diesen Umweltkonditionen entwickeln Auberginen ebenso wie Tomaten ein sehr aromatisches Fruchtfleisch.

Die Zubereitung von Auberginen

Auberginen können lang und knollenförmig, lang und dünn oder klein und rund sein. Ihre Farbpalette reicht von einem tiefen Violett bis zu einem cremefarbenen Elfenbeinton. Sie schmecken alle gleich und sind aromatischer, wenn man sie vor dem Garen einsalzt. Dadurch entzieht man ihnen den Großteil der bitteren Flüssigkeit, sodass sie süßer schmecken, sich schneller braten lassen, weniger Öl aufnehmen und knackiger bleiben. Man salzt die Auberginenwürfel oder -scheiben, die man dann in ein Sieb gibt und mit einer Schüssel oder einem Topf beschwert. Oder man legt sie zum Entwässern auf ein schräg aufgestelltes Holzbrett. Ich schäle Auberginen gerne, außer wenn sie gefüllt werden sollen. Allerdings möchte ich darauf hinweisen, dass die meisten Ballaststoffe direkt unter der Schale sitzen. Beim Kauf von Auberginen sollte man darauf achten, dass sie fest und nicht fleckig sind und eine glatte, glänzende Schale haben.

Die hier ausgewählten Rezepte belegen die Vielseitigkeit dieser Gemüseart. Kreativen Köchinnen und Köchen fallen sicher noch mehr Varianten ein. Gegrillte Auberginenscheiben sind die gesündere Version der altmodischen, aber unfassbar köstlichen *melanzane fritte* (frittierte Auberginen). Ich verfeinere meine in Olivenöl und Butter sautierten Auberginenwürfel gerne noch mit einer schlichten Béchamelsauce und Parmesan und überbacke das Gericht dann 10 Minuten. Ein simples und dennoch köstliches Rezept, das den Eigengeschmack der Aubergine hervorhebt. Auberginen lassen sich außerdem wunderbar füllen und backen. Die Füllung basiert auf dem in Öl sautierten Fruchtfleisch der Aubergine, das durch weitere Zutaten ergänzt wird.

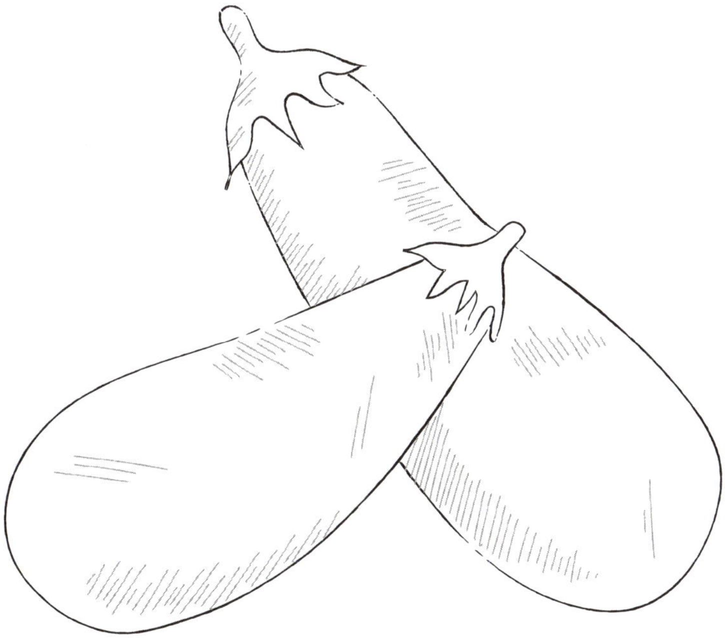

Melanzane al limone

Aubergine mit Zitronennote

Ich kenne kein anderes Auberginengericht, das so leicht und frisch daherkommt. Bereiten Sie die Gemüsebrühe (siehe S. 319) im Voraus zu, falls Sie keine im Tiefkühler vorrätig haben.

Für 4 Personen als Beilage

450 g Auberginen
Salz
ca. 150 ml hausgemachte Gemüsebrühe (siehe S. 319)
Zesten und 1 EL Saft von ½ unbehandelten Zitrone
2 Knoblauchzehen
2 TL frisch geschnittener Majoran oder Oregano
2 EL natives Olivenöl extra
schwarzer Pfeffer aus der Mühle

1. Die Auberginen waschen (nicht schälen!) und fein würfeln. (Die Würfel mit Schale geben später ein angenehmes Mundgefühl und behalten beim Braten ihre Form.) Die Würfel in ein Sieb legen, mit Salz bestreuen und maximal 1 Stunde ziehen lassen, da sie sonst zu weich werden. Den Saft ausdrücken und die Würfel mit Küchenpapier trocken tupfen.
2. Etwa 100 ml Brühe, Zitronenzesten und -saft, Knoblauch sowie Majoran in einer mittelgroßen Pfanne erhitzen. Zum Kochen bringen und 5 Minuten leise köcheln lassen. Die Auberginenwürfel zufügen und bei mittlerer Hitze unter gelegentlichem Wenden 10 Minuten garen. Falls nötig, während des Garens mehr Brühe zugießen. Wenn die Aubergine fertig ist, sollte kaum noch Flüssigkeit übrig sein.
3. Knoblauch und Zitronenzesten entfernen und wegwerfen.
4. Die Aubergine samt Garflüssigkeit in eine Schüssel füllen. Mit Öl beträufeln und alles gut vermengen. Mit Salz und Pfeffer abschmecken. Warm oder zimmerwarm servieren.

Dieses Gericht passt hervorragend zu gebratenem oder gegrilltem Fleisch oder Fisch. Man kann es auch als eigenständigen ersten Gang servieren oder als Gemüsegericht nach einem kräftigen *primo* wie *Spaghetti coi calamari* (S. 95) oder *Riso e luganeghin* (S. 114). Eine lustige Idee wäre auch ein Abendessen *au citron*. Beginnen Sie mit *Risotto al limone* (S. 44), reichen Sie anschließend diese Auberginen und zum Abschluss *Sorbetto al limone* (S. 264).

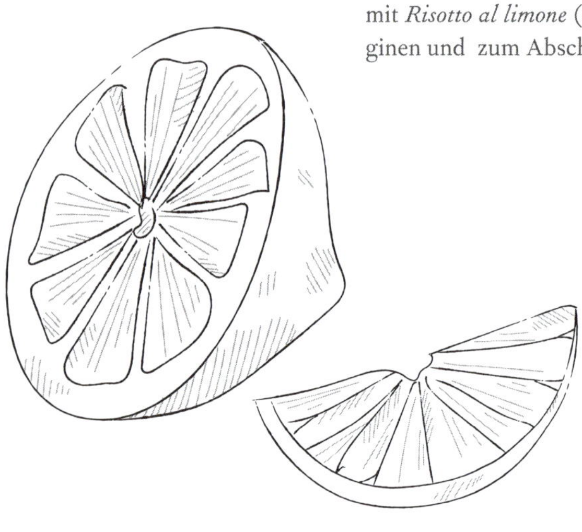

Sugo di melanzane

Auberginensauce

Als ich diese Sauce im *La Meridiana* in der Fulham Road in London zum ersten Mal probierte, war ich völlig verwirrt. Sie schien Spuren verschiedenster Aromen und vielerlei Zutaten zu enthalten. Aber das war nicht der Fall: Die Sauce besteht lediglich aus Aubergine und Olivenöl. Sie ist die perfekte Ergänzung zu Fleisch-*ravioli* (so wurde sie auch im *La Meridiana* serviert) oder zu einem schönen Teller hausgemachter *tagliatelle*.

Für 4 Personen benötigt man 1 große Aubergine und 4 EL natives Olivenöl extra. Die Aubergine an mehreren Stellen mit einer Gabel einstechen und auf dem Holzkohlegrill grillen. Oder über offener Flamme auf einem Wärmeverteiler bzw. im Backofen bei eingeschalteter Grillfunktion. Mehrfach wenden, bis die Schale rundherum angebrannt ist. Die Aubergine schälen, sobald sie kühl genug zum Anfassen ist, und möglichst viel bitteren Saft ausdrücken.

Die Aubergine im Mixer pürieren, dann das Öl bei laufendem Gerät sehr langsam zugießen (wie bei der Zubereitung von Mayonnaise). Mit Salz und reichlich Pfeffer würzen. Wenn die Pasta fertig ist, einige EL Kochwasser entnehmen und in die Sauce einrühren, bevor die Sauce auf den *tagliatelle* verteilt wird.

Pizzette di melanzane
Gegrillte Aubergine mit Pizzabelag

Hier ersetzen gegrillte Auberginenscheiben die teigige Pizzagrundlage – ein witziger und köstlicher erster Gang oder eine gelungene Beilage. Ich bestreiche die Auberginenscheiben gerne mit Tomatensauce aus meinem Vorrat im Kühlschrank. Falls Sie keine Sauce zur Hand haben und auch keine Zeit, sie zuzubereiten, können Sie 1 kleinen EL stückige Tomaten aus der Dose, etwas Salz sowie einen Hauch Knoblauch auf jede Scheibe geben und diese mit 1 TL nativem Olivenöl extra beträufeln.

FÜR 4 PERSONEN
2 Auberginen (à ca. 350–400 g)
Salz
Olivenöl
2 Kugeln italienischer *mozzarella*
250 ml Einfache Tomatensauce (siehe S. 130)
ein paar Oreganoblättchen
schwarzer Pfeffer aus der Mühle

1. Die Auberginen längs in mindestens 12 mm dicke Scheiben schneiden. Mit Salz bestreuen und auf einem schräg aufgestellten Brett 1 Stunde Wasser ziehen lassen.
2. Den Grill anheizen.
3. Die Auberginenscheiben vorsichtig mit Küchenpapier trocken tupfen. Falls die Scheiben zu lang sind, jede Scheibe halbieren, sodass zwei rechteckige Scheiben entstehen. Jede Scheibe auf beiden Seiten mit Olivenöl bestreichen und dicht nebeneinander in eine mit eingeölter Alufolie ausgelegte Grillschale legen. Etwa 3 Minuten von jeder Seite goldbraun grillen. Bei Bedarf die Temperatur reduzieren, damit die Aubergine nicht zu schnell gart.
4. Inzwischen den *mozzarella* in 8 mm dicke Scheiben schneiden.
5. Den Backofen auf 200 °C vorheizen.
6. Die Alufolie mit den Auberginenscheiben auf ein Backblech legen. Jedes Stück mit einer Scheibe *mozzarella* sowie einem Klecks Tomatensauce krönen. Mit etwas zwischen den Händen zerriebenem Oregano bestreuen. Mit Pfeffer würzen und dann 5 Minuten im Ofen backen, bis der *mozzarella* geschmolzen ist. Heiß oder zimmerwarm servieren.

Melanzane ripiene alla pugliese

Mit luganega, Pinienkernen und Sultaninen gefüllte Auberginen

Eine ungewöhnliche Füllung mit Wurst und Sultaninen, bei der die pikante Würze der *luganega* von der Süße der Sultaninen abgemildert wird. Dieses Gericht ist unter den unzähligen Rezepten für gefüllte Auberginen durch die *luganega* einzigartig.

Für 4 Personen
2 Auberginen (à ca. 450 g)
Salz
30 g Sultaninen
4 EL natives Olivenöl extra
1 große Knoblauchzehe, fein gehackt
½ kleine Zwiebel oder 1 Schalotte, sehr fein gehackt
½ Stange Staudensellerie mit Blättern, sehr fein gehackt
100 g pikante *luganega* oder andere grobe Schweinsbratwurst, gehäutet und zerbröckelt
30 g frische helle Semmelbrösel
30 g Pinienkerne
30 g Kapern, abgespült und trocken getupft
1 Bio-Ei
1 EL Oregano
2 EL frisch geriebener *pecorino* oder Parmesan
schwarzer Pfeffer aus der Mühle
1 große reife Tomate, gehäutet

1. Die Auberginen längs halbieren. Das Fruchtfleisch mit einem kleinen scharfen Messer lösen und mit einem Teelöffel herausschaben. Dabei einen Rand mit 1 cm Fruchtfleisch rundum stehen lassen. Die Schale nicht beschädigen.
2. Das Fruchtfleisch grob hacken und in ein Sieb geben. Mit Salz bestreuen, gut vermengen und 2 Stunden abtropfen lassen.
3. Das Innere der Auberginenhüllen leicht salzen, die Hüllen umgedreht auf ein Brett legen und ebenfalls abtropfen lassen.
4. Die Sultaninen in einer Schüssel mit warmem Wasser bedecken und 20 Minuten einweichen. Dann abseihen und trocken tupfen.
5. In einer Pfanne 2 EL Öl, Knoblauch, Zwiebel und Sellerie bei schwacher Hitze unter häufigem Rühren sautieren, bis das Gemüse weich ist. Die Wurst zufügen und 20 Minuten sanft braten.
6. Inzwischen das Auberginenfruchtfleisch ausdrücken und mit Küchenpapier gut trocken tupfen. In die Pfanne geben und unter häufigem Rühren einige Minuten sanft garen.
7. Den Backofen auf 190 °C vorheizen.
8. Die Semmelbrösel über die Mischung in der Pfanne streuen und 2–3 Minuten erhitzen. Die Pinienkerne unterrühren, 30 Sekunden erhitzen, dann alles in eine Schüssel füllen.
9. Kapern, Ei, Oregano, Käse, Pfeffer und Sultaninen zur Mischung in die Schüssel geben und gründlich vermengen. Mit Salz abschmecken.
10. Die Auberginenhüllen trocken tupfen und nebeneinander in eine mit 1 EL Öl gefettete feuerfeste Form legen. Mit der Mischung füllen.
11. Die Tomate in Streifen schneiden und je zwei oder drei Streifen auf die Auberginenhälften legen. Das restliche Öl darüberträufeln. Die Form mit Alufolie abdecken und die Auberginen 20 Minuten im Ofen garen. Dann die Alufolie abnehmen und das Gericht weitere 20 Minuten backen.

Diese Auberginen schmecken am besten warm, ca. 1 Stunde nach dem Backen. Sie können sie als ersten Gang servieren oder als leichten zweiten Gang. Zusammen mit anderen gefüllten Gemüsegerichten ergeben sie eine wunderbare mediterrane Mahlzeit. Ich serviere sie gerne als *secondo* mit *Scodelle di cipolle ripiene* (S. 120) und *Lattuga imbottita alla napoletana* (S. 119). Als *primo* reiche ich dann *Gli ziti con la besciamella all'aglio* (S. 272) oder eines der *risotto*-Gerichte aus diesem Buch (außer dem *Riso e luganeghin*).

Parmigiana di melanzane

Gebackene Auberginen mit mozzarella und Tomatensauce

Falls Sie Frittiertes nicht mögen, können Sie die Auberginenscheiben auch grillen. Doch wenn Sie die Scheiben salzen, mindestens 2 Stunden durchziehen lassen (siehe Hinweise auf S. 137) und das Öl während des Frittierens heiß bleibt, nehmen die Auberginenscheiben dabei kaum Öl auf.
Weichen Sie den *mozzarella* in Öl ein (dies ist ein Tipp von Marcella Hazan) – so verbessert sich die Konsistenz des heutzutage industriell hergestellten *mozzarella*.

Für 5 Personen
1 kg Auberginen
Salz
1 italienischer *mozzarella*, fein gehackt
75 ml Olivenöl
400 g italienische Eiertomaten (aus der Dose), abgetropft, grob gehackt
1 Knoblauchzehe, zerdrückt
einige Basilikumblätter, gezupft, oder 1 TL Oregano
schwarzer Pfeffer aus der Mühle
Pflanzenöl zum Frittieren
60 g Parmesan, frisch gerieben
2 hart gekochte Eier, gepellt und in Scheiben geschnitten

1. Die Auberginen schälen und längs in 5 mm dicke Scheiben schneiden. Mit reichlich Salz bestreuen, in ein Sieb legen und mindestens 2 Stunden abtropfen lassen. Dann unter fließendem Wasser kalt abspülen und mit Küchenpapier gut trocken tupfen.
2. Den *mozzarella* grob raspeln oder in sehr kleine Stücke schneiden. In einer Schüssel mit 1 EL Olivenöl vermengen und mindestens 30 Minuten stehen lassen.
3. Den Backofen auf 200 °C vorheizen.
4. In einem kleinen Topf 1 EL Olivenöl erhitzen und Tomaten, Knoblauch und Basilikum zufügen. Mit Oregano, Salz und Pfeffer würzen und 5 Minuten kräftig köcheln lassen. Die Sauce durch ein Sieb oder die Flotte Lotte streichen.
5. Pflanzenöl 2,5 cm hoch in eine Pfanne gießen, erhitzen und einige Auberginenscheiben nebeneinander hineinlegen, sobald das Öl heiß ist (zum Testen den Rand einer Scheibe hineinhalten – das Öl sollte zischen). Etwa 5 Minuten frittieren, bis sie goldbraun sind. Dann mit einem Schaumlöffel herausheben und auf Küchenpapier entfetten. Weiter so verfahren, bis alle Auberginenscheiben frittiert sind.
6. Den Boden einer flachen feuerfesten Form mit 1 EL Olivenöl fetten und mit einer Schicht Auberginenscheiben bedecken. Darauf ein wenig Tomatensauce und *mozzarella* verteilen. Mit reichlich Pfeffer und etwas Parmesan bestreuen. Einige Scheiben hart gekochtes Ei darauflegen und mit einer weiteren Schicht Auberginen abdecken. Weiter so verfahren, bis alle Zutaten aufgebraucht sind. Dabei mit einer Schicht Auberginenscheiben abschließen. Das restliche Öl darüberträufeln und im Ofen 30 Minuten backen.

Parmigiana di melanzane kann wie viele andere Gemüsegerichte als *primo* oder *secondo* serviert werden. Oder Sie reichen die Auberginen als Beilage zu Steak oder Brathähnchen, obwohl mir das fast ein wenig zu üppig erscheint. Falls Sie das Gericht als ersten Gang servieren möchten, wären *Arrosto di maiale all'acqua* (S. 270) oder *Spezzatino di agnello in agrodolce* (S. 299) ein dazu passender *secondo*. Ich reiche es gerne als *secondo* zum Familienessen oder nach *Pancotto* (S. 69) oder *Risotto alla marinara* (S. 45) zu einer entspannten Abendeinladung.

Rotoli di melanzana ripieni

Gegrillte Aubergine mit Thunfisch-Sardellenfilet-Füllung

Dieses Gericht, eine höchst interessante Kombination unterschiedlichster Aromen und Konsistenzen, ergibt einen köstlichen ersten Gang. Die leichte hausgemachte Zitronenmayonnaise sorgt für das gewisse Etwas – eine herzhafte, säuerliche Sauce würde den typischen Auberginengeschmack überdecken.

Für 4 Personen

2 Auberginen (à ca. 350 g)
Salz
4 EL natives Olivenöl extra
2 Knoblauchzehen, zerdrückt
schwarzer Pfeffer aus der Mühle
200 g Thunfisch (aus der Dose, von guter Qualität, im eigenen Saft)
2 Sardellenfilets
1 EL Kapern, abgespült und trocken getupft
3 EL Zitronenmayonnaise, vorzugsweise hausgemacht
Tabascosauce

1. Die Auberginen längs in mindestens 8 mm dicke Scheiben schneiden (dünnere Scheiben brechen leicht und brennen beim Grillen womöglich an). Auf ein Brett legen und mit Salz bestreuen. Mindestens 1 Stunde durchziehen lassen. Danach die Scheiben abspülen und trocken tupfen.
2. Das Olivenöl in einen Suppenteller gießen und Knoblauchzehen sowie 1 gute Prise Pfeffer zufügen. Die Auberginenscheiben mit dem Öl bestreichen und auf ein Gitter legen.
3. Die Grillfunktion des Backofens anheizen und das Gitter in den Backofen schieben, sobald er heiß ist. Die Auberginenscheiben von beiden Seiten grillen, bis sie weich sind. Nicht anbrennen lassen. Gut im Auge behalten und, falls nötig, die Temperatur reduzieren. Die Scheiben danach abkühlen lassen.
4. Inzwischen die Füllung zubereiten. Thunfisch, Sardellenfilets und Kapern glatt pürieren. In eine Schüssel füllen und nach und nach die Mayonnaise zufügen sowie einige Tropfen Tabascosauce. Es muss vielleicht nicht die ganze Mayonnaise zugefügt werden – sobald die Füllung die Konsistenz von dicker Mousse hat, ist sie fertig. Mit Salz und Pfeffer abschmecken.
5. Jede Auberginenscheibe mit etwas Thunfischmischung bedecken und wie eine Biskuitrolle aufrollen.

Sie können das Gericht bis einschließlich Arbeitsschritt Nr. 4 im Voraus zubereiten und die Auberginen erst kurz vor dem Verzehr füllen. Zur Dekoration rund um die Röllchen einige Scheiben reife Tomaten arrangieren, angemacht mit etwas Olivenöl und Salz.
Als zweiten Gang können Sie fast alle Fleisch- oder Fischgerichte servieren. Ich rate Ihnen zu Fisch, weil ich gerne und aus Gewohnheit dem italienischen Brauch folge, eine Mahlzeit nicht aus gegensätzlichen Komponenten, sondern aus sich ergänzenden Gerichten zusammenzustellen. *Coda di rospo e cozze in salsa gialla* (S. 84) oder *Polpo in umido* (S. 97) wären meine Favoriten.

Artischocken

Diese Distel (*Cynara scolymus*) symbolisiert die gehobene Küche der Renaissance. In dieser Epoche spielten neue und interessant aussehende Speisen eine wichtige Rolle. Mit ihrer eigenartigen Form und ihren leuchtenden Farben galt die Artischocke als ideales Gemüse und wurde bei einem stilvollen Mahl oft in den Mittelpunkt gestellt.

Die aus Italien stammende Artischocke wurde jenseits der Alpen erst bekannt, als Katharina von Medici nach Frankreich ging. Die Artischocke ist eines der wenigen Nahrungsmittel, das bekanntermaßen auf ihr Geheiß hin eingeführt wurde, wogegen die meisten anderen Speisen ganz allmählich im Zuge der Ausbreitung der italienischen Kultur nach Norden wanderten. Katharina war eine wahre Schlemmerin und hatte eine besondere Schwäche für Artischockenherzen. Bei einem Bankett im Jahre 1575 aß sie so viele davon, dass sie krank wurde. Der französische Hof blieb von ihrer Leidenschaft für diese aristokratische Distel nicht unbeeindruckt. Vielmehr erklärte der Leibarzt von Ludwig XIII., dass eine Mahlzeit ohne ein Artischockengericht nicht vollständig sei.

In Paris probierte das englische Königspaar Karl I. und Henrietta Maria zum ersten Mal Artischocken. Die Königin hatte die Leidenschaft für diese Disteln wohl von ihrer Mutter geerbt, die ebenfalls eine Medici war. Jedenfalls ließ sie im Garten ihres Landhauses in Wimbledon Artischocken anbauen. Sicher hatte sie dabei mehr Erfolg als ich – mein Anbauversuch fand in Barnes statt, also ganz in der Nähe von Wimbledon. Durch mangelnde Sonneneinstrahlung verholzten meine Artischocken jedoch, bevor sie sich richtig entwickeln konnten. Zum Ausgleich aß ich die Stängel der Seitentriebe in cremigen *risotti*.

In Italien gibt es Artischocken mit und ohne Dornen. Dornige Artischocken stammen aus Ligurien und werden roh gegessen. Man muss sich nicht mit den Härchen in der Mitte, dem sogenannten »Heu«, abgeben, sondern einfach die zarten jungen Blätter in etwas Öl tunken. Oder man schneidet sie in dünne Spalten und serviert sie zusammen mit *radicchio* als Salat, eine harmonische Kombination aus Aromen und Farbkontrasten. Die andere Sorte wären die römischen Artischocken, die den charmanten Namen *mammola* tragen, da ihre violette Farbe an das Veilchen erinnert (*viola mammola*). In Venedig heißen die kleinen Artischocken wegen ihrer hellgelb-grünen Farbe manchmal *canarini* (kleine Kanarienvögel).

In letzter Zeit habe ich immer mal wieder sehr kleine Artischocken aus Ägypten gekauft, die im Winter erhältlich sind. Halten Sie Ausschau nach dieser Sorte – sie eignet sich wunderbar zum Braten, Frittieren und als Zugabe zu *frittata* oder *risotto*. Perfekt für fast alle Zubereitungsarten, abgesehen vom Füllen oder Kochen, wofür man besser große Artischocken nimmt.

Der Kauf von Artischocken

Hier gibt es einen einfachen Tipp: Sie sollten grün sein und keine braunen Flecken oder Spitzen haben. Idealerweise sollten die festen, silbrig-grünen Blätter noch am Stängel haften.

Die Zubereitung von Artischocken

Artischocken können die Hände schwarz verfärben, weshalb man vor der Zubereitung die Hände immer gründlich mit einer halben Zitrone einreiben und den Saft einziehen lassen sollte.
Die Artischocke in einer Hand halten und mit der anderen die zähen äußeren Blätter abbrechen. Es lässt sich unmöglich sagen, wie viele Schichten entfernt werden müssen, da dies von der Qualität, dem Alter und der Frische der Artischocke abhängt. Dann den grünen Teil eines jeden Blatts schnell abknicken, sodass der obere Teil abbricht. Auf diese Weise bleibt der zarte Blattabschnitt mit dem Herz verbunden. Der zähe, obere Teil wird weggeworfen. Die Blattspitzen nacheinander abbrechen, bis man bei den hellen Blättern in der Mitte ankommt, die nur oben an der Spitze violettgrün sind. 1 ½–2 cm von der Spitze des Kegels abschneiden. Die Schnittstellen sofort mit Zitronensaft einreiben, damit sie sich nicht verfärben. Dann die Artischocken bis zur Zubereitung in eine Schüssel mit Wasser und Zitronensaft legen.
Die geschälten Stängel können als köstliche Einlage für Suppen oder für ein *risotto* verwendet oder zusammen mit den Artischocken gekocht und verzehrt werden.

Carciofi alla romana

Artischocken mit Minze-Petersilien-Füllung

Dieses klassisch-römische Rezept unterscheidet sich von anderen Zubereitungen für gefüllte Artischocken durch die Zugabe von Minze. Die römische Minze (*mentuccia romana*) besitzt sehr kleine Blätter und schmeckt wesentlich süßer als »normale« Minze. Das süße Aroma entwickelt sich natürlich zum Teil aufgrund der starken Sonneneinstrahlung, wobei die römische Sorte grundsätzlich ein feineres Aroma aufweist. Ich habe *mentuccia romana* in meinem Garten in London angepflanzt und festgestellt, dass sie viel süßer als Apfelminze und Grüne Minze schmeckt, die direkt daneben wachsen.

Für die *Carciofi alla romana* können Sie die größeren und festeren bretonischen Artischocken verwenden. Sie können sie mit den Fingern essen, wie Sie es von Artischocken mit Vinaigrette gewohnt sind. Aber vergessen Sie nicht, ihren Gästen Fingerschalen zu reichen und ein paar Lagen Küchenpapier bereitzulegen.

Je nach Grösse für 2–4 Personen

4 junge Artischocken

Zum Kochen

1 unbehandelte Zitrone
1 Knoblauchzehe
2–3 Stängel Petersilie
2 Stängel Minze
4 EL Olivenöl
Salz und schwarzer Pfeffer aus der Mühle

Für die Füllung

2 EL Semmelbrösel
1–2 Knoblauchzehen
1 große Handvoll Petersilienblätter
1 Handvoll Minzeblätter
1 Msp. frisch geriebene Muskatnuss
Salz und schwarzer Pfeffer aus der Mühle

Für die Sauce

2 TL frisch gepresster Zitronensaft
15 g Butter

1. Die Artischocken vorbereiten (siehe Hinweise auf S. 145).
2. Die Stängel gleichmäßig an der Basis abschneiden. Die dicke Außenschicht entfernen und nur das weiche Mark aufbewahren.
3. Die Zitrone vierteln. Eine Pfanne oder einen Topf wählen, in der/dem die Artischocken dicht nebeneinander aufrecht Platz haben, sodass sie nicht umfallen können. Die Artischocken hineinstellen, Stängel sowie alle Zutaten zum Kochen zufügen und reichlich Wasser einfüllen, sodass die Artischocken zu zwei Dritteln bedeckt sind. Langsam zum Kochen bringen, mit Alufolie abdecken und einen Deckel auflegen. Bei sehr schwacher Hitze köcheln lassen, bis die Artischocken halb gar sind. Es ist schwierig, eine genaue Kochzeit anzugeben: Bretonische Artischocken brauchen 10–15 Minuten, während die kleine ägyptische Sorte maximal 5 Minuten benötigt. Anschließend abkühlen lassen.
4. Inzwischen alle Zutaten für die Füllung gründlich im Mixer zerkleinern. Mit reichlich Salz und Pfeffer würzen, da das Gericht sonst recht fade schmeckt.
5. Wenn die Artischocken kühl genug zum Anfassen sind, das Gemüse vorsichtig wie eine Rose öffnen und die stachligen violetten Blätter in der Mitte herausziehen. Das »Heu« mit einem Teelöffel vorsichtig herausschaben, ohne dabei das Herz zu beschädigen – dies ist bei halb garen Artischocken einfacher als bei rohen Exemplaren. Die Artischocken ein wenig salzen und pfeffern.
6. Die Artischocken wieder in die Pfanne bzw. den Topf setzen und die Mitte füllen. Erneut mit Alufolie abdecken, den Deckel auflegen und weiter garen, bis die Artischocken weich sind.
7. Die Artischocken auf Teller verteilen. Nicht zum Warmhalten in den Backofen stellen, da man sie am besten zimmerwarm isst.
8. Die Kochflüssigkeit in einen sauberen Topf abseihen und die Sauce zubereiten. Falls sie sehr dünnflüssig ist, bei starker Hitze

reduzieren, bis sie ein intensives Aroma hat. Dann die Temperatur verringern. Zitronensaft und Butter unter Schwenken nach und nach zufügen. Die Sauce nicht noch einmal aufkochen lassen. Sobald die Butter geschmolzen ist, ein wenig Sauce über die Artischocken träufeln. Die restliche Sauce in eine Sauciere füllen und extra reichen.

Dies ist ein appetitlicher erster Gang, nach dem Sie verschiedenste Gerichte reichen können. Besonders gut passt ein Braten. Für ein Abendessen mit der Familie können Sie die Artischocken auch als köstlichen Hauptgang servieren.

Risotto coi carciofi

Risotto mit Artischocken

Dieses Rezept stammt aus dem *ricettario* (Rezeptbuch) meiner Mutter. Es eignet sich auch für die älteren und etwas zäheren Artischocken, die man außerhalb Italiens oft bekommt. Denn hier werden die zähen, holzigeren Teile separat gekocht und dann püriert. Vor der Zubereitung unbedingt die Hände gründlich mit einer Zitronenhälfte einreiben, da sie sich sonst schwarz verfärben, wenn sie in Kontakt mit den Artischocken kommen.

FÜR 4–5 PERSONEN

3 Artischocken
1 unbehandelte Zitrone, in 4 Scheiben geschnitten
Salz
2 EL Olivenöl
1 Knoblauchzehe, gehackt
2 EL frisch geschnittene Petersilie
schwarzer Pfeffer aus der Mühle
850 ml leichte hausgemachte Fleischbrühe (siehe S. 318)
2 Schalotten oder 1 kleine Zwiebel, gehackt
60 g Butter
300 g italienischer Reis (z. B. Arborio)
4 EL Crème double
60 g Parmesan, frisch gerieben

1. Die Artischocken vorbereiten (siehe Hinweise auf S. 145). Die harten Außenblätter unbedingt entfernen, da sie auch bei sehr langer Garzeit holzig bleiben und damit das Gericht verderben würden.
2. Die äußere Hülle der Stängel entfernen, bis das Mark freiliegt. Nicht essbare, zähe grüne Blätter und Hülle des Stängels in eine Schale mit Wasser und zwei Zitronenscheiben legen.
3. Die geputzten Artischocken halbieren, das »Heu« herauskratzen und jede Hälfte senkrecht in sehr dünne Scheiben schneiden. Diese Scheiben sowie das in Scheiben geschnittene Mark der Stängel in eine weitere Schale mit Wasser und zwei Zitronenscheiben legen.
4. Zähe Außenblätter und Stängelhülle der Artischocken abseihen und in einem Topf mit Wasser bedecken. Etwas Salz zufügen, zum Kochen bringen und 50 Minuten köcheln lassen, dann durch eine Flotte Lotte in eine Schüssel streichen (ein ziemlich anstrengender Job). Es kann dafür kein Mixer verwendet werden, da die holzigen, faserigen Teile nicht weiterverarbeitet werden dürfen. Das Püree beiseitestellen.

5. Öl mit Knoblauch und Petersilie in einer Pfanne erhitzen. Artischocken- und Stängelmarkscheiben zufügen und bei mittlerer Hitze unter ständigem Rühren 10 Minuten sautieren. 100 ml kochendes Wasser zugießen und mit Salz und Pfeffer würzen. Die Temperatur reduzieren, einen Deckel fest auflegen und 20 Minuten garen, bis die Artischocken weich sind.
6. Inzwischen mit der Zubereitung des *risotto* beginnen. Die Brühe in einem Topf zum Köcheln bringen.
7. Die Schalotten in der Butter garen, bis sie weich sind. Den Reis einrühren und 2 Minuten erhitzen, bis der Reis durchsichtig wird. Einen Schöpflöffel heiße Brühe zugießen und köcheln lassen, bis die Flüssigkeit vom Reis aufgesogen wurde. Einen weiteren Schöpflöffel Brühe zugeben und weiter so verfahren, bis der Reis gar ist. Falls nötig, heißes Wasser zugießen, wenn die Brühe aufgebraucht ist. Den Reis häufig, aber nicht ständig umrühren, da das *risotto* am Topfboden eine dünne Kruste bilden soll (dies ist der beste Teil des *risotto*).
8. Nach der Hälfte der Kochzeit des *risotto* das Artischockenpüree zufügen. Die Artischocken- und Stängelscheiben samt Garflüssigkeit gründlich einrühren, wenn der Reis fast gar ist.
9. Den Herd ausschalten, sobald der Reis fertig ist, und Crème double sowie 4 EL Käse untermischen. Mit Salz und Pfeffer abschmecken. Das *risotto* in eine vorgewärmte tiefe Schale füllen und zu einem schönen grünlichen Berg aufhäufen. Sofort servieren und den verbliebenen Parmesan in einer Schüssel dazureichen.

Falls die Zeit knapp ist, können Sie das Püree auch weglassen. Dann die zähen Artischockenblätter und die Stängelhülle kochen und die abgeseihte Flüssigkeit zur Fleischbrühe geben.
Risotto muss man auf die letzte Minute zubereiten. Deshalb sollten Sie als zweiten Gang ein Fleisch- oder Fischgericht servieren, das sich im Voraus zubereiten lässt. *Arrosto freddo alle erbe* (S. 283) oder *Spezzatino di agnello in agrodolce* (S. 299) sind dafür bestens geeignet. Wenn Sie lieber Fisch reichen möchten, der übrigens hervorragend zu Artischocken passt, empfehle ich Ihnen ein einfaches und unkompliziertes Rezept – *Fragolino in cartoccio* (S. 82).

Sogliole ai carciofi

Seezunge mit Artischockenpüree

Dieses Rezept verdanke ich Rita Stancescu, einer Freundin aus Venedig, die eine hervorragende Köchin ist. Als wir noch eine Wohnung in Venedig hatten, waren wir oft bei ihr eingeladen und bekamen dort bemerkenswerte Speisen serviert. Unsere Wohnung lag nahe der Ca' d'Oro: Wann immer ich Zeit dafür hatte, begann ich den Tag mit einem Besuch meiner beiden Lieblingsorte: Zuerst ging ich zur Kirche San Crisostomo im Rialto-Viertel, um mich an der perfekten Harmonie ihrer Architektur und der Schönheit der Gemälde von Sebastiano del Piombo zu erfreuen. Dann ging ich ein Stück zurück und nahm die Gondelfähre von Santa Sofia über den Canal Grande, um auf dem Rialto-Markt einzukaufen. Während ich auf die Fähre wartete oder etwas wacklig daraufstand, hielt ich mit den Venezianern, die als die größten Plaudertaschen Italiens gelten, ein Schwätzchen.

Meine erste Station auf dem Markt war der Käseladen Sprizza, wo ich *ricotta*, *mozzarella* sowie den allerbesten *crescenza* kaufte. Dann schritt ich staunend an den unglaublichen, mit zahlreichen schimmernden Fischen beladenen Ständen vorbei. Manchmal stellte ich den Fischhändlern ein paar Fragen und verglich dabei die Preise. Meine Expedition endete bei den Gemüseständen auf der offenen Fläche entlang des Kanals. Wir verbrachten meist die Ostertage in Venedig, waren also genau zur richtigen Zeit für die *primizie* da (das erste junge Gemüse), wobei die regionalen Artischocken besonders ins Auge stachen. Die Venezianer nennen sie *canarini* (kleine Kanarienvögel), da ihre feinen Blätter eine gelbliche Farbe haben. *Canarini* sind so jung und zart, dass man sie sogar komplett roh essen kann.

Die Kombination aus Artischocke und Fisch hat eine lange Tradition und schmeckt einfach hervorragend. In Ritas Rezept werden die Artischocken, im Gegensatz zur üblichen Zubereitungsweise, püriert. Deshalb lassen sich dafür auch größere und zähere Artischocken verwenden. Im Originalrezept wird Petersfisch verwendet. Da ich außerhalb Italiens allerdings nur selten wirklich frischen Petersfisch entdeckt habe, habe ich mich stattdessen für See- oder Rotzunge entschieden, die beide perfekt dazu passen.

Lassen Sie lieber den ganzen Fisch frisch vom Fischhändler filetieren, anstatt fertige Filets zu kaufen. Fischfilets sind oft die Fische vom Vortag (mindestens), sodass Sie die Teile des Fischs, die sein Alter verraten, gar nicht zu Gesicht bekommen.

Für 4 Personen

- 3 Artischocken
- frisch gepresster Zitronensaft
- 3 EL Olivenöl
- ½ Knoblauchzehe, fein gehackt
- 1 Bund Petersilie, frisch geschnitten
- 1 kleines Bund Kerbel
- 1 Prise frisch geriebene Muskatnuss
- Salz und schwarzer Pfeffer
- 30 g Butter
- 3 See- oder Rotzungen, filetiert
- 150 g Crème double
- 4 EL frisch geriebener Parmesan

1. Die Artischocken vorbereiten (siehe Hinweise auf S. 145).
2. Die Artischocken halbieren, das »Heu« herauskratzen und wegwerfen. Das Fruchtfleisch senkrecht in dünne Scheiben schneiden. Die Scheiben in eine Schüssel mit Wasser und Zitronensaft legen. Die äußere Hülle der Stängel entfernen. Das Mark in Scheiben schneiden und ebenfalls in die Schüssel geben.
3. Das Öl mit Knoblauch und Kräutern in einer Pfanne 1 Minute erhitzen. Artischocken- und Markscheiben sowie 100 ml heißes Wasser zufügen und mit Muskatnuss, Salz und Pfeffer würzen. Einen Deckel fest auflegen und die Mischung bei schwacher Hitze 45 Minuten leise köcheln lassen. (Ich verwende dafür einen Wärmeverteiler.) Gelegentlich umrühren und einige EL heißes Wasser zugießen, falls die Artischocken zu trocken wirken.

4. Den Backofen auf 200 °C vorheizen.
5. Artischocken samt Garflüssigkeit durch die Flotte Lotte streichen (ein anstrengender, aber nötiger Arbeitsschritt). Der Mixer ist dafür leider nicht geeignet, da sonst die holzigen Teile der Artischocken ebenfalls püriert würden. Pfanne kurz ausspülen und das Püree wieder hineingeben.
6. Eine flache feuerfeste Form auswählen, in der die Fischfilets in einer Schicht Platz haben. Die Form mit der Hälfte der Butter fetten. Den Fisch von beiden Seiten salzen und pfeffern, nebeneinander in die Form legen und die restliche Butter in Flocken darauf verteilen. Mit Alufolie gut abdecken und im Ofen 10 Minuten backen.
7. Inzwischen das Artischockenpüree erhitzen und Crème double und Parmesan einrühren. Mit Salz und Pfeffer abschmecken.
8. Die Form aus dem Ofen nehmen, das Püree auf den Fischfilets verteilen, wieder mit Alufolie abdecken und weitere 5–10 Minuten backen. Vor dem Servieren das Gericht einige Minuten abkühlen lassen.

Das Artischockenpüree lässt sich gut im Voraus zubereiten und 3 Tage im Kühlschrank aufbewahren – oder länger, wenn Sie es tiefkühlen.
Ein zweites Gemüse als Beilage ist nicht unbedingt notwendig, aber Sie können natürlich gedämpfte oder gekochte Kartoffeln dazuservieren, die bestens dazu passen.
Dieses elegante Gericht verlangt förmlich nach einem ebenso edlen ersten Gang. Ich empfehle Ihnen *Zuppetta di pesce* (S. 83). Falls Sie nicht zwei Fischgerichte hintereinander essen möchten, können Sie als ersten Gang *Tagliatelle al mascarpone* (S. 205) oder eine gute Quiche servieren.

Fenchel

»Es heißt, dass Schlangen den Fenchel lieben. Nachdem sie diese Pflanze gefressen haben, sollen sie angeblich nicht mehr älter werden.« Diese Vermutung äußerte Bartolomeo Sacchi, genannt Platina, im 15. Jahrhundert. Er zählte die vielen heilsamen Eigenschaften des Fenchels auf und fügte dann an: »Deshalb ist es empfehlenswert, Fenchel zu essen, ob roh oder gekocht.« Ich liebe Fenchelgrün und Fenchelknolle gleichermaßen und klammere mich beim Essen an die Hoffnung, dass ich wie Platinas Schlangen vielleicht das Geheimnis des ewigen Lebens entdecke! In meinem Garten wächst das Fenchelgrün völlig problemlos. Wenn ich beim Einkaufen schöne frische Knollen entdecke, nehme ich immer welche mit. Der außerhalb Italiens erhältliche Fenchel ist leider nicht so aromatisch wie die italienischen Exemplare. Ich denke, Jane Grigson hatte recht, als sie in ihrem *Vegetable Book* anmerkte, dass die in Italien für den Export angebaute Sorte an den Sellerie erinnert, den wir importieren – beide sind »hübsch anzusehen, aber fad«.

Früher aß man Fenchel, teils leicht gesalzen, zum Ende der Mahlzeit, denn er galt als sehr gesundes Nahrungsmittel, besonders nach einem schweren Essen. Heutzutage ist dies nicht mehr üblich. Nur in einigen Orten der Toskana serviert man noch Teller mit Fenchelspalten, Äpfeln und Mandarinen. Dennoch isst man in Italien viel Fenchel, und zwar als Gemüse oder Salat. Aufgrund seiner Vielseitigkeit zählt er zu den beliebtesten Wintergemüsearten.

Fenchel ist eine der besten Zutaten für die Piemonteser *bagna caôda* (Gemüsesticks mit Knoblauchdip) oder für römisches *pinzimonio* (siehe S. 165). Auch gegart schmeckt er hervorragend. Schmoren Sie ihn doch einfach einmal in Milch und Butter oder in einer dünnflüssigen Tomatensauce. Eines meiner winterlichen Lieblingsgerichte ist mit Béchamelsauce, Parmesan und Muskatnuss überbackener Fenchel. Auch *tagliatelle* mit einer cremigen Sauce und geschmortem Fenchel esse ich im Winter mit Begeisterung.

Fenchel schmeckt in den Herbst- und Wintermonaten am besten. Kaufen Sie ihn lieber lose und nicht in Plastikschalen verpackt, denn unter der Frischhaltefolie lässt sich nicht erkennen, ob er wirklich frisch ist. Wenn Sie Fenchel roh essen möchten, sollten Sie besser die runden, dicken Knollen nehmen und nicht die flachen, länglichen. Die runden Exemplare sind knackiger und süßer. Zum Garen sind beide Sorten geeignet. Die Knollen sollten keine braunen oder welken Stellen haben und die Unterseite sollte weiß sein.

Wenn Sie den Fenchel dann zubereiten, sollten Sie braune und welke Stellen entfernen. Danach schneiden Sie die Knolle so auf, wie im Rezept angeführt, und waschen sie gründlich in kaltem Wasser. Bei gegartem Fenchel benötigen Sie drei große Knollen für 4 Personen, bei rohem Fenchel reichen dagegen zwei.

Sformato di finocchio

Fenchel-Flan

»*Sformato*, eine Mischung aus Soufflé und einer Art Flan, ist ein Gericht, das typischerweise zu Hause zubereitet und niemals in Restaurants angeboten wird.« Dies schreibt Elisabeth David in ihrem Buch *Italian Food* aus dem Jahre 1954. Und damit hatte sie damals völlig recht. Zu der Zeit wusste niemand außerhalb Italiens, ja nicht einmal jemand, der nicht einer norditalienischen Familie einer bestimmten Gesellschaftsschicht angehörte, was ein *sformato* war. Bei uns daheim waren *sformati* aus unterschiedlichen Gemüsearten, die oft nebeneinander in einer Form angeordnet wurden, der übliche Zwischengang bei einer Essenseinladung. An den *giorni di magro* (Fastentage) ersetzten sie den *primo*: Der *sformato* wurde dann direkt vor einem Loup de Mer oder einer Dorade serviert – was für eine perfekte Speisenfolge!

Ich habe den Eindruck, dass *sformati* heutzutage kaum noch zu Hause zubereitet werden, während sie leicht abgewandelt zum hochmodernen Restaurantgericht avanciert sind, wo sie als Einzelportionen serviert werden und als *sformatini* oder *timballini* (Timbalen) auf der Speisekarte stehen. Einer der Gründe, warum ein *sformato* daheim selten auf den Tisch kommt, liegt darin, dass eine normale Speisenfolge inzwischen nur noch aus drei Gängen besteht und die Italiener als *primo* gerne eine *minestra* essen und Fleisch oder Fisch als *secondo*. Der Zwischengang existiert so gut wie nicht mehr – an welcher Stelle sollte ein *sformato* also serviert werden?

Ich bin der Ansicht, dass ein *sformato* ein wunderbares Abendessen *en famille* ergibt oder sich perfekt als erster Gang einer Abendeinladung macht. Beim Servieren bietet er wirklich einen beeindruckenden Anblick. Außerdem beansprucht er die Nerven der Gastgeber nicht so sehr wie ein Soufflé, da er nicht zusammenfallen kann. Wenn Sie die Form sorgfältig einfetten und gut mit Semmelbröseln ausstreuen, lässt sich der *sformato* zudem ohne Probleme aus der Form lösen.

Ein *sformato* kann aus grünen Bohnen, frischen oder gekochten getrockneten Erbsen, Karotten, Artischocken, Spinat oder Auberginen, ja, im Grunde aus den meisten Gemüsearten, die man erst kocht und dann hackt oder püriert, zubereitet werden. Früher verwendete man als Bindemittel Eier und Béchamelsauce, aber dies ist etwas aus der Mode gekommen – stattdessen nimmt man nun oft Sahne. Mir schmeckt allerdings die alte Version besser. Zu *sformato* kann man verschiedene Saucen servieren: Am beliebtesten sind die Tomatensauce, die perfekt zu einem *sformato* aus grünen Bohnen oder Auberginen passt, und die *Fonduta* (siehe S.193), meine Lieblingssauce zu Spinat oder dem Fenchel-Flan (siehe Folgeseite). Dieses Gericht kann auch mit einer üppigen *finanziera* serviert werden, einer Samtsauce aus dem Piemont, die Hühnerklein, *prosciutto* und Pilze enthält.

Wenn Sie Dariol- oder Souffléförmchen verwenden, können Sie kleine *sformatini* zubereiten. Stürzen Sie die *sformatini* auf einzelne Teller und gießen Sie rundherum ein wenig Sauce. Das folgende Rezept ist für einen großen *sformato* gedacht.

Für 6 Personen
700 g Fenchelknollen mit Grün
60 g Butter, plus mehr zum Fetten
Salz
300 ml Milch
30 g Weizenmehl
1 gute Prise frisch geriebene Muskatnuss
3 Bio-Eier
4 EL frisch geriebener Parmesan
weißer Pfeffer aus der Mühle
Semmelbrösel zum Ausstreuen

1. Fenchelgrün, Stängel und zerdrückte oder braune Stellen an den Außenblättern der Fenchelknollen abschneiden. 1 Handvoll Fenchelgrün aufbewahren. (Das restliche Fenchelgrün nicht wegwerfen: Mit ein oder zwei Kartoffeln wird daraus eine gute Suppe für die Familie.)
2. Die Fenchelknollen vertikal in 6 mm dicke Scheiben schneiden. Mit dem beiseitegestellten Fenchelgrün in kaltem Wasser waschen und mit Küchenpapier trocken tupfen.
3. Die Hälfte der Butter in einer Pfanne zerlassen. Sobald die Butter zu schäumen beginnt, Knolle und Grün zufügen und 5 Minuten braten. Salz und die Hälfte der Milch zugeben. Einen Deckel auflegen und bei schwacher Hitze 20 Minuten garen, bis der Fenchel weich ist. Den Fenchel dabei im Auge behalten und etwas Wasser zugießen, falls er zu trocken wird.
4. Den gegarten Fenchel herausnehmen und von Hand fein hacken oder im Mixer grob pürieren. In eine Schüssel füllen.
5. Den Backofen auf 190 °C vorheizen.
6. Aus restlicher Butter und Milch sowie dem Mehl eine relativ dickflüssige Béchamelsauce (siehe Hinweise S. 321) zubereiten. Die Béchamelsauce mit Muskatnuss würzen und zum Fenchel in die Schüssel gießen.
7. Die Eier mit einer Gabel leicht verquirlen, dann mit Parmesan und weißem Pfeffer zur Fenchelmischung geben. Gründlich vermengen und mit Salz und weißem Pfeffer abschmecken.
8. Eine Ringform (850 ml Fassungsvermögen) gut mit Butter fetten. (Falls Sie Sorge haben, dass sich der *sformato* schlecht aus der Form lösen lässt, legen Sie den Ring zusätzlich mit eingefettetem Backpapier aus.) Die Form mit Semmelbröseln ausstreuen, überschüssige Brösel ausschütteln.
9. Die Fenchelmischung in die Form füllen. Die Form in eine Bratreine stellen und so viel heißes Wasser in die Reine gießen, bis die Form zu zwei Dritteln im Wasser steht. Die Bratreine in den Ofen schieben und den *sformato* etwa 45 Minuten backen, bis an einem in die Mitte gestochenen dünnen Holzspieß oder Zahnstocher keine Masse mehr haftet.
10. Etwa 5 Minuten ruhen lassen. Die Ränder des *sformato* mit einem metallenen Pfannenwender von der Form lösen und einen Teller obenauf legen. Die Form stürzen, leicht daran rütteln und dann abheben. Gegebenenfalls das Backpapier vorsichtig abziehen.
11. Etwas Sauce (siehe Rezepteinführung) in das Loch in der Mitte des *sformato* gießen und einige EL rundherum verteilen. Die restliche Sauce in einer vorgewärmten Sauciere servieren.

Der Fenchel lässt sich im Voraus kochen, sogar schon am Vortag. Nach diesem *sformato* können Sie Fisch servieren: Gut passt z. B. *Pesce in bianco con salsina alle erbe aromatiche* (S. 282). Wer ein Fleischgericht bevorzugt, kann *Ossobuco alla milanese* (S. 228) zubereiten. Falls Sie den *sformato* als zweiten Gang bei einem vegetarischen Menü servieren möchten, wählen Sie als Einstieg die hübschen *Reginette imbottite* (S. 34) oder das erfrischende *Risotto al limone* (S. 44).

Finocchi stufati

In Brühe geschmorter Fenchel

Gemüse wird in Italien traditionell geschmort. Dieses Rezept zeigt, wie das Aroma durch diese langsame Zubereitungsmethode intensiviert wird. Der Fenchel wird unglaublich schmackhaft, auch wenn die Liebhaber knackigen Gemüses von der Konsistenz vielleicht nicht begeistert sind.

Für 4 Personen
800 g Fenchelknollen
60 g Butter
ca. 200 ml hausgemachte Gemüse- oder Fleischbrühe (siehe S. 318/319)
Salz und schwarzer Pfeffer aus der Mühle

1. Die Fenchelknollen säubern und braune Stellen, Stängel und Fenchelgrün entfernen (Stängel und Fenchelgrün für die Zubereitung einer Suppe verwenden). Die Fenchelknollen längs vierteln und die Viertel dann in 12 mm dicke Spalten schneiden. In ein Sieb legen und unter fließendem Wasser kalt abspülen. Abseihen und mit Küchenpapier gründlich trocken tupfen.
2. Eine Pfanne auswählen, in der die rohen Fenchelspalten gut Platz haben. Die Butter darin zerlassen. Sobald sie goldgelb wird, den Fenchel hineinlegen und bei schwacher Hitze 10 Minuten braten. Dabei ständig wenden, sodass die Spalten rundum an Geschmack gewinnen – diesen Vorgang nennt man auf Italienisch *insaporire*.
3. Etwas Brühe zugießen, bis der Pfannenboden bedeckt ist. Einen Deckel auflegen und bei sehr schwacher Hitze mindestens 30 Minuten schmoren, bis der Fenchel sehr zart ist. Falls er zu trocken wird, mehr Brühe zugießen. Nach dem Ende der Garzeit sollte nur noch wenig Flüssigkeit in der Pfanne sein. Der inzwischen blassgoldene Fenchel sollte keinesfalls darin schwimmen. Mit Salz und Pfeffer abschmecken und servieren.

Finocchi del Corrado

In Wein geschmorter Fenchel mit einer Sauce aus Pistazien, Sardellen und Zitronensaft

Mir fehlen die Worte, um den Geschmack dieses großartigen Gerichts zu beschreiben. Ich habe dafür ein Rezept aus dem 18. Jahrhundert abgewandelt, das von Vincenzo Corrado, meinem liebsten Kochbuchautor, stammt. Corrado hatte ein besonderes Talent für die Zubereitung von Gemüse und widmete ihm mehr Texte als irgendein anderer Autor der vergangenen Jahrhunderte.
Nach dem Genuss dieser Speise ist man entzückt, aber zugleich verwundert: Denn wie entsteht aus einer so ungewöhnlichen Kombination von Aromen ein derart harmonisches Gericht? Zumindest ging es mir so, als ich das Rezept zum ersten Mal ausprobierte.

Für 4 Personen
700 g Fenchelknollen
300 ml trockener Weißwein
2 Lorbeerblätter
1 Zimtstange (ca. 5 cm Länge)
8 Pfefferkörner, zerdrückt
Salz

Für die Sauce
30 g Pistazienkerne
2 Sardellenfilets oder 1 gesalzene Sardelle, entgrätet und abgespült
1 TL Zucker
1 gute Prise frisch geriebene Muskatnuss
3 EL natives Olivenöl extra
2 TL Weißweinessig
Abrieb und frisch gepresster Saft von ½ unbehandelten Zitrone

1. Zerdrückte und braune Stellen des Fenchels abschneiden. Stängel und Fenchelgrün entfernen (aber für eine Suppe aufbewahren). Die Knollen vierteln, waschen und in sehr dünne Spalten schneiden.
2. Wein, Lorbeerblätter, Zimtstange, Pfefferkörner und etwas Salz in einen Topf geben. Fenchel zufügen und gerade mit Wasser bedecken. Einen Deckel auflegen, alles zum Kochen bringen und köcheln lassen, bis der Fenchel weich, aber noch *al dente* ist. Den Fenchel abseihen und in eine tiefe Servierschale füllen.
3. Für die Sauce die Pistazien in kochendem Wasser 20 Sekunden blanchieren, dann häuten. Zusammen mit den anderen Zutaten (außer Zitronensaft) in einem Mörser mit dem Stößel zu einer glatten Paste zerstoßen. Probieren und etwas Zitronensaft zugießen, bis die Sauce eine schön säuerliche Note hat. Die Sauce kann auch im Mixer zubereitet werden.
4. Die Sauce über den Fenchel löffeln, die Schale mit Frischhaltefolie abdecken und mindestens 24 Stunden im Kühlschrank aufbewahren. Das Gericht vor dem Servieren Zimmertemperatur annehmen lassen.

Dieses Fenchelgericht macht sich gut als Beilage zu gegrilltem oder gekochtem Fisch oder aber zu kaltem Roastbeef, Kalbfleisch oder Hähnchen. Ich finde, dass es auch gut für sich stehen kann und einen hervorragenden ersten Gang ergibt, da so die komplexen Aromen am besten zur Geltung kommen.

Salate

Salat

Alle Gemüsearten werden in Italien auch gerne als Salat zubereitet. Dabei verwendet man entweder rohes Gemüse, je nach Saison also z. B. Kopf- oder Endiviensalat, Tomaten, Gurken, Fenchel, Artischocken, oder aber gegartes Gemüse wie grüne Bohnen, Kartoffeln, Zucchini, Spinat oder Blumenkohl.
Das traditionelle Dressing aus Olivenöl und Weinessig (manchmal auch Zitronensaft), Salz und gelegentlich Pfeffer passt zu jedem Salat. Man gibt es direkt zu den Zutaten in die Schüssel. Grüner Salat wird oft am Tisch angemacht, da man das Dressing erst in letzter Minute zugeben darf – ansonsten würde der Salat durch die Säure »garen« und seine Knackigkeit verlieren. Das Dressing ist ein unverzichtbarer Bestandteil des italienischen Salats, nicht nur eine Beigabe.

Die exakte Öl- und Essigmenge, die von der Art des Salats, der Fruchtigkeit des Öls sowie der Säure und Stärke des Essigs abhängt, ist schwer zu beziffern. Grüne Bohnen benötigen beispielsweise weniger Öl als Kartoffeln oder Kopfsalat, während Gurken und Beten viel Essig oder Zitronensaft vertragen. Das Problem können Sie nur lösen, wenn Sie den Salat vor dem Servieren probieren und das Dressing anpassen. Eine grobe Regel besagt, dass man für einen Salat für 4 Personen 1 EL Essig, 4 EL Olivenöl sowie Salz und schwarzen Pfeffer aus der Mühle nach Belieben benötigt.

Grüner Salat

Grüner Salat ist in Italien sehr beliebt – das zeigt allein schon die große Anzahl an verschiedenen Sorten, die in Geschäften und Supermärkten erhältlich ist. Zu jeder Jahreszeit sind mindestens zehn Sorten im Angebot, die alle frisch und appetitlich aussehen. Traditionell serviert man grünen Salat ohne Beigaben, auch wenn ich vor Kurzem einige interessante Kombinationen entdeckt habe, nämlich roten *radicchio* mit schmalen rohen Artischockenspalten, Feldsalat mit gegrillter Paprika sowie fein aufgeschnittenen *cicorino* (Rosettenzichorie) mit Tomaten- und Gurkenwürfeln.

Grünen Salat muss man gründlich waschen und gut trocken tupfen. Es gibt unterschiedlichste Methoden zum Anmachen des Salats: Ich träufle den Essig auf den Salatlöffel, gebe Salz zu und verteile beides auf dem Salat, indem ich Essig und Salz auf dem Löffel sehr schnell mit der Salatgabel verquirle. Das Öl füge ich erst zum Schluss zu, da es am Anfang die Salatblätter überziehen würde und der Essig dann nicht mehr eindringen könnte. 1 Prise schwarzen Pfeffer aus der Mühle und *ecco fatto* – schon ist es erledigt und der Salat kann vermengt werden.

Unabhängig davon, wie Sie das Dressing zum Salat geben, müssen Sie ihn danach gut unterheben. Manche Leute schwören, dass man einen Salat mit dem Salatbesteck 36 Mal hochheben muss, damit er gelingt! Außerdem heißt es, man bräuchte vier Personen, um einen Salat anzumachen: einen großzügigen Mann, der das Öl zugießt, einen weisen Mann, der das Salz darüberstreut, einen geizigen Mann für den Essig und eine geduldige Seele, die den Salat zum Schluss vermengt.

Roter radicchio

Ich finde es verblüffend, dass der *radicchio* in den vergangenen Jahrzehnten so an Beliebtheit zugelegt hat. In Italien spricht man ihn »radikio« aus. Dieser hübsche Salat ist fast rund ums Jahr erhältlich und peppt unsere Salatschüsseln mit seiner schönen weinroten Farbe auf. Der industriell angebaute *radicchio* ist zwar hübsch anzusehen, aber ihm fehlt die feine Bitternote der ursprünglichen Sorten. Dafür bleibt er tagelang knackig und frisch und ist deshalb meist gut erhältlich.

Der hierzulande erhältliche *radicchio* ist eine moderne Sorte namens *radicchio di Chioggia*; sie wurde nach dem zweiten Weltkrieg nahe der Stadt Chioggia am Südende der Lagune von Venedig gezüchtet. Drei andere Sorten heißen *radicchio di Verona*, *radicchio di Treviso* und *radicchio di Castelfranco* und werden in Italien nur während der Wintermonate verkauft. Der *radicchio di Verona* hat speerspitzenförmige Blätter, die wie Salatherzen als kompakter Kopf wachsen. Sein Geschmack ist fein und süßlich. *Radicchio di Treviso* stammt aus einem Städtchen nördlich von Venedig und wächst in Büscheln. Er hat lanzettförmige Blätter und schmeckt meiner Meinung nach am besten.

Die dritte *radicchio*-Sorte kommt ursprünglich aus Castelfranco, einem hübschen Ort, der ebenfalls in Venetien liegt und viele Kunstliebhaber anzieht, die dort die herrliche Madonna von Giorgione bewundern. Dieser *radicchio* hat rundliche Blätter und einen etwas bittereren Geschmack als die anderen beiden Sorten. Er erinnert in seiner Erscheinung an eine offene Rosenblüte. Seine Blätter sind blassgelb oder -grün und haben rote Tupfen.

Diese *radicchio*-Sorten kommen in der traditionellen Küche Venetiens gegart zum Einsatz, während der *radicchio di Chioggia* meist roh als Salat verzehrt wird. *Radicchio di Treviso* wird gegart, da er keine Bitterstoffe enthält, die sich beim Garen entfalten und das Gericht beeinträchtigen könnten. Er wird für das köstliche *risotto al radicchio* verwendet: Der manchmal zuerst blanchierte *radicchio* wird zu Beginn mit einem buttrigen *soffritto* vermengt.

Die moderne Küche Italiens und auch anderer Länder hat eine ganze Reihe von Rezepten für *radicchio* kreiert: Der *radicchio* wird zu *gnocchi* und *lasagne* gereicht, zu Saucen und sogar Süßigkeiten (kein Kommentar!) verarbeitet. 1985 erschien ein Buch mit dem Titel *Il radicchio in cucina*. Der Autor und Koch Armando Zanotto sammelte und erstellte ganze 617 Rezepte rund um dieses supermoderne Gemüse!

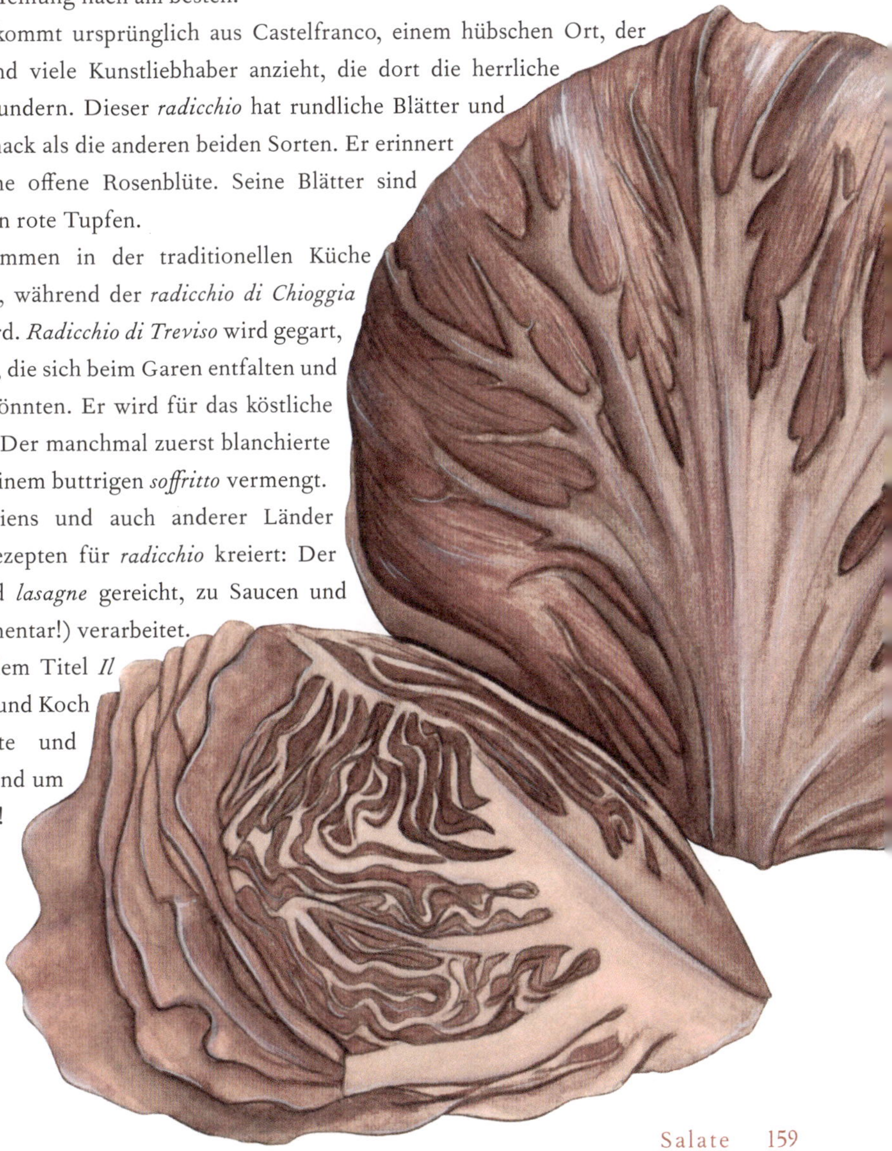

Radicchio alla griglia col parmigiano

Gegrillter radicchio mit Parmesan

Dieses schlichte kleine Rezept kombiniert gekonnt ein traditionelles Gericht mit einem modernen Topping und lässt sich wunderbar auf dem Grill zubereiten.

Am besten wäre ein *radicchio di Treviso*, aber Sie können auch *radicchio di Chioggia* verwenden. Für 4 Personen benötigen Sie 1 kg *radicchio*, 75 ml natives Olivenöl extra und 100 g *Parmigiano Reggiano* von bester Qualität.

Die *radicchio*-Köpfe vierteln und in eine Grillpfanne legen. Mit etwas Olivenöl beträufeln und mit Salz und reichlich schwarzem Pfeffer aus der Mühle würzen. Auf dem Holzkohlegrill oder im vorgeheizten Backofen bei eingeschalteter Grillfunktion 10 Minuten grillen, dann in eine Schale füllen und mit gehobeltem Parmesan bestreuen. Noch etwas Olivenöl darüberträufeln. Der Käse sollte dort, wo er den heißen *radicchio* berührt, schön zerlaufen. Ein perfektes *antipasto*.

Gegrillter *radicchio* ohne Parmesan ergibt eine hervorragende Beilage zu gegrilltem Fleisch.

Trevisana coi borlotti

Roter radicchio mit borlotti-Bohnen

Obwohl die Konsistenz der beiden Zutaten recht unterschiedlich ist, harmonieren sie geschmacklich ganz wunderbar. Die Bohnen werden zuerst erhitzt, damit sie das Öl besser aufnehmen. Die angegebene Menge reicht für 4 Personen.

2 Dosen (à 400 g) *borlotti*-Bohnen abseihen und abspülen. Mit einigen EL Wasser langsam in einem Topf durcherhitzen. Die Bohnen in eine Schüssel füllen und mit 2 EL nativem Olivenöl extra anmachen. Abkühlen lassen. Inzwischen 450 g roten *radicchio* waschen und gründlich trocken tupfen. Die *radicchio*-Blätter in einer runden Schale kreisrund anordnen.

1 Knoblauchzehe hacken und in eine kleine Schüssel geben. Einige EL natives Olivenöl extra zufügen und mit Salz und Pfeffer würzen. Nach Belieben 1 EL Zitronensaft oder Weinessig zuträufeln. Ich verwende jedoch lieber nur Öl, Salz und schwarzen Pfeffer aus der Mühle.

Die *borlotti*-Bohnen mittig auf den *radicchio*-Blättern anrichten und den gesamten Salat mit dem Knoblauchdressing beträufeln.

Insalata di fagiolini al vino

Tomatensalat mit grünen Bohnen und Weindressing

Dieses Rezept entdeckte ich in dem Buch *Dieta e fornelli* von Romana Bosco, einer bekannten italienischen Köchin, und dem Ernährungswissenschaftler Giorgio Calabrese. Die Bohnen und Tomaten werden mit Wein angemacht, der zum Teil über die noch heißen Bohnen gegossen wird. So werden die Bohnen aromatischer, und der Geschmack des Weins wird etwas abgemildert.

Für 4 Personen
450 g grüne Bohnen
Salz
2 EL trockener Weißwein
3 Tomaten, gehäutet
6 Schnittlauchstängel

Für die Sauce
½ TL Dijonsenf
1 EL trockener Weißwein
1 EL frisch gepresster Zitronensaft
3 EL natives Olivenöl extra
Salz
einige Tropfen Tabascosauce

1. Die Bohnen an beiden Enden abschneiden. Gründlich waschen und dabei aneinanderreiben. In reichlich kochendem Wasser mit Salz garen. Abseihen, sobald sie gar sind – sie sollten noch knackig sein. Man kann es sogar riechen, wenn sie fertig sind, da sich genau in diesem Moment der Duft von gekochten Bohnen zu entfalten beginnt. Sofort mit dem Wein beträufeln.
2. Für die Sauce den Senf in einer kleinen Schüssel mit Wein und Zitronensaft verdünnen. Das Öl nach und nach zuträufeln und mit einer Gabel kräftig verquirlen, sodass eine Emulsion entsteht. Mit Salz und Tabasco abschmecken.
3. Die Tomaten in Scheiben schneiden und in die Mitte einer Schale legen. Die Bohnen rundherum verteilen. Die Sauce 30 Minuten vor dem Servieren über das Gemüse löffeln. Den Schnittlauch in Röllchen schneiden und über die Tomaten streuen. Zimmerwarm servieren.

Romana Bosco schlägt vor, diesen Salat als ersten Gang zu servieren, was ich für eine sehr gute Idee halte. Als *secondo* empfehle ich *Fagottini di peperoni e coda di rospo* (S. 124) oder mein üppiges *Ossobuco alla milanese* (S. 228).

Insalata di finocchio ed arancie

Fenchelsalat mit Orange, Chicorée und Oliven

In Sizilien gibt es zwei verschiedene Arten von Salat mit Orangen. Der eine Salat enthält Zwiebeln, und der andere wird hier vorgestellt. Dieses Rezept verriet mir mein sizilianischer Reisebüroleiter, der ein wahrer *buongustaio* (Bonvivant) ist und dem ich sowohl für die günstigen Italientickets wie auch die echt sizilianischen Rezepte dankbar bin. Für diesen Salat verwendet man in Sizilien das Herz eines zarten Romana- oder Bataviasalats. Ich nehme auch Chicorée, da er zur gleichen Zeit wie Fenchel Saison hat.

Für 4 Personen
2 mittelgroße runde Fenchelknollen (schmecken süßer als längliche)
2 große Orangen
1 großer Chicorée oder die weißen Blätter eines Bataviasalats
frisch gepresster Saft von 1 kleinen Zitrone
3 EL natives Olivenöl extra
Salz
12 schwarze Oliven

1. Stängel, Fenchelgrün und zerdrückte oder braune Stellen der Fenchelknollen entfernen (Stängel und Fenchelgrün für die Zubereitung einer Suppe aufheben). Die Knollen längs halbieren und dann quer in dünne Scheiben schneiden. Die Scheiben waschen, abtropfen lassen und gut trocken tupfen. In eine Schüssel füllen.
2. Die Orangen bis zum Fruchtfleisch schälen und auf einem Teller quer in Scheiben schneiden, sodass kein Saft verloren geht. Kleinere Scheiben halbieren, größere vierteln. Zusammen mit dem ausgetretenen Saft zum Fenchel geben.
3. Den Chicorée in Ringe (oder die Bataviablätter in kurze Stücke) schneiden. Waschen und gründlich trocken tupfen. Dann in der Schüssel mit Fenchel und Orange vermischen.
4. Zitronensaft und Olivenöl verquirlen, etwas Salz zufügen und das Dressing über den Salat träufeln. Gut vermengen und mit Salz abschmecken (diese Art von Salat wird nie mit Pfeffer gewürzt, da sich seine Schärfe nicht mit der Süße von Fenchel und Orange verträgt).
5. Den Salat in eine tiefe Schale füllen und mit Oliven bestreuen. Oder gleich aus der Schüssel servieren.

Portulak

Die einjährige Pflanze *portulaca oleracea* weist kleine fleischige Blätter auf, die büschelweise wachsen. Optisch ähnelt sie Meerfenchel, hat dabei aber ein ganz anderes, wesentlich angenehmeres Aroma. Portulak ist milder und schmeckt wie junger Spinat ein klein wenig säuerlich. Die hübschen kleinen grünen Blätter sind saftig und angenehm im Biss. Man kann sie wie in Süditalien mit Tomatensalat vermengen oder mit gegrillten und gehäuteten Paprikaschoten, wie es Jane Grigson in ihrem *Vegetable Book* vorschlägt.

In den vergangenen Jahrhunderten war Portulak nicht nur in Italien ein beliebtes Gemüse. Und nicht nur dort isst man ihn roh am liebsten, denn so lässt sich das zarte Aroma einfach am besten genießen.

Portulak ist in asiatischen Supermärkten auch unter der Bezeichnung Yin Choy erhältlich.

L'insalata del Bronzino

Salat mit Portulak, Frühlingszwiebel und Gurke

Dieser Salat schmeckt so fantastisch, dass ihm Bronzino, ein Maler aus dem 16. Jahrhundert, sogar ein kleines Gedicht gewidmet hat:

Un' insalata di cipolla trita
Colla porcellanetta e citrioli
Vince ogni altro piacer di questa vita.
(Ein Salat aus gehackter Zwiebel
Portulak und Gurke
Übertrifft jedes andere Vergnügen unseres Lebens.)

Für 4 Personen
1 Bund Portulak
4 Frühlingszwiebeln
½ Gurke
4 EL natives Olivenöl extra
Salz und schwarzer Pfeffer aus der Mühle
frisch gepresster Zitronensaft (nach Belieben)

1. Die Blättchen von den Portulakstängeln zupfen und die Stängel wegwerfen. Die Blättchen waschen (das Wasser zwei- oder dreimal wechseln), dann abseihen und gut trocken tupfen. In eine Salatschüssel füllen.
2. Die weißen Abschnitte der Frühlingszwiebeln in dünne Ringe schneiden und mit in die Schüssel geben. Die grünen Abschnitte für ein anderes Gericht aufbewahren.
3. Die Gurke in feine Scheiben schneiden und ebenfalls zugeben.
4. Den Salat mit Öl, Salz und Pfeffer anmachen und nach Belieben mit Zitronensaft abschmecken. Gründlich vermengen und sofort servieren.

La panzanella a modo mio

Röstbrot mit buntem Salat

Panzanella gilt traditionell als Brotsalat der armen Leute. Als wir ein Landhaus im Chianti hatten, war dies oft unser Mittagsmahl: Auf den geschrubbten Tisch unter dem Feigenbaum, wo es nach Feigenblättern und wilder Minze duftete, wurde ein großer Tontopf voll *panzanella* gestellt. Der Feigenbaum stand neben dem Brunnen, der uns jahrelang als Kühlschrank diente, bis das Haus ans Stromnetz angeschlossen wurde. Im kühlen Wasser baumelte am Ende eines Seils eine Korbflasche mit Chianti, während ein Kübel mit einer Wassermelone zum Vorschein kam, wenn man an einem anderen Seil zog. *Panzanella, anguria e vino* – das ideale Trio für ein perfektes Mittagessen.

Bei meinem Rezept wird das mit Olivenöl angefeuchtete Brot geröstet und nicht gebraten. Diese *panzanella* ist hübsch anzusehen, besonders in einer weißen Schale oder auf weißen Tellern, die einen Kontrast zum lebhaften Grün und Rot des Gemüses bilden. Der Anblick erinnert an die Farbpalette des Malers Matisse.

Für 6 Personen

- ½ rote Zwiebel
- Salz
- 100 ml natives Olivenöl extra
- 2 Knoblauchzehen, zerdrückt
- 1 Chili
- 6 Scheiben gutes Bauernbrot, Kruste entfernt
- ½ große gelbe Paprikaschote
- 2 feste reife Tomaten
- ½ Gurke, geschält
- 2 Handvoll Basilikumblätter, gezupft
- 1 EL Kapern, abgespült
- 2 Sardellenfilets, abgespült
- 2 EL Weinessig
- schwarzer Pfeffer aus der Mühle

1. Die Zwiebel mindestens 1 Stunde vor dem Servieren in sehr dünne Ringe schneiden. Die Ringe in einer Schüssel mit kaltem Wasser bedecken. Etwas Salz zufügen und durchziehen lassen (wenn einem der intensive Geschmack von roher Zwiebel nichts ausmacht, kann man diesen Schritt auch auslassen). Das Olivenöl in eine Schüssel gießen, Knoblauch und Chili zugeben und ebenso lange durchziehen lassen.
2. Den Backofen auf 200 °C vorheizen.
3. Die Brotscheiben auf ein Backblech legen und mit etwas Knoblauch-Chili-Öl bestreichen. Im Ofen 8 Minuten rösten. Dann das Backblech herausnehmen und das Brot abkühlen lassen.
4. Die Paprikaschote waschen, Samen und weiße Rippen entfernen und Fruchtfleisch in 12 mm große Würfel schneiden. Die Tomaten halbieren, Samen entfernen und das Fruchtfleisch ebenfalls in 12 mm große Würfel schneiden. Ebenso die Gurke. Alle Würfel in eine Schüssel füllen und das Basilikum zufügen.
5. Die Zwiebelringe abseihen, trocken tupfen und ebenfalls in die Schüssel geben.
6. Knoblauch und Chili aus dem Öl nehmen und wegwerfen.
7. Kapern und Sardellenfilets hacken und mit Essig, Pfeffer und etwas Salz ins Knoblauch-Chili-Öl geben. Gut verrühren, dann über den Salat gießen. Gründlich vermengen und mit Salz und Pfeffer abschmecken.
8. Je eine Scheibe Brot auf einen Teller legen und mit der bunten Salatmischung krönen. Sofort servieren.

Sie können bis Arbeitsschritt Nr. 6 alles im Voraus zubereiten. *Panzanella* ergibt bei einem sommerlichen Mittagessen einen herrlich erfrischenden ersten Gang. Danach empfehle ich ein kräftiges Fisch- oder Fleischgericht wie *Arrosto freddo alle erbe* (S. 283) oder *Tonno alla calabrese* (S. 88). Auch als Beilage für ein Büfett oder als Salat für ein Barbecue macht sich dieses Gericht gut – da können Sie das mit Olivenöl beträufelte Brot direkt über der heißen Glut rösten.

Pinzimonio

Rohes Gemüse serviert man am besten als *pinzimonio*, so wie in den Achtzigerjahren auf jeder italienischen Frühlings- oder Sommerparty. Als rohes Gemüse nimmt man Paprikaschoten, junge Artischocken, Staudensellerie, Fenchel und Zucchini, also alle knackigen Gemüsearten, die gerade Saison haben. Man stellt einfach eine hübsche Schale mit diesen Gemüsescheiben oder -sticks mitten auf den Tisch und reicht jedem Gast eine kleine Schüssel, die nur einige EL allerbestes Olivenöl, Meersalzflocken sowie schwarzen Pfeffer aus der Mühle enthält. Die Gäste bedienen sich dann selbst beim Gemüse, tunken es in ihr Ölschälchen und lassen sich ihr *pinzimonio* schmecken.

Rezept und Name stammen ursprünglich aus Rom: Die Bezeichnung leitet sich einerseits von *pinzare* (zwicken, kneifen) ab und bezieht sich darauf, dass man die Gemüsesticks zwischen Daumen und Zeigefinger wie in einer Zange hält. Und andererseits von *monio* bzw. *matrimonio* (Hochzeit), also der Vereinigung mit dem Öl.

Wildkräuter

Wildkräuter

Die Felder und Wiesen (*prati*) rund um Mailand waren in meiner Kindheit nur 30 Minuten mit dem Fahrrad von unserem Haus mitten in der Stadt entfernt. Ich verbrachte dort viele wunderbare Sonntage mit einer Gruppe von Freundinnen und pflückte mit ihnen Brennnesseln, Löwenzahn, wilde Beten, Gänseblümchen und Mohnblumen. Wir eilten mit gefüllten Körben nach Hause und verarbeiteten ihren Inhalt schnell zu verlockenden Salaten und hübschen Tischsträußchen. Inzwischen pflücke ich Löwenzahn, Brennnesseln und Sauerampfer rund um Richmond und Putney oder auf dem Land, wenn ich einen Ausflug mache. Hier stelle ich Ihnen einige Rezepte vor, um Ihnen zu zeigen, was man aus diesen Kräutern alles zaubern kann.

Rucola

Rucola wächst in Süditalien überall wild und wurde in der regionalen Küche schon immer eingesetzt. Bereits im alten Rom kam er bei Gourmands und Gourmets auf den Tisch, und daran hat sich bis heute nicht viel geändert. Damals verarbeitete man Rucola zusammen mit anderen Kräutern zu Saucen oder einer Füllung für eine *moretum* genannte Gemüsepaste, die wohl so beliebt war, dass sie Septimius Serenus, ein Zeitgenosse Vergils, in einem Gedicht verewigte.

Erst in den vergangenen Jahrzehnten fand Rucola bei den Foodies dieser Welt Anklang. Seltsamerweise tauchte in italienischen Kochbüchern bis vor etwa zehn Jahren kein einziges Rezept mit Rucola auf. In Mailand und Turin wurde das Kraut erst mit der Zuwanderung der Südländer bekannt, die in den 1960er-Jahren auf der Suche nach Arbeit in den Norden strömten. Wenn es ums Essen geht, sind diese Leute sehr chauvinistisch. So wie der *provolone*, den sie mit nach Norden brachten, später bei Mailand hergestellt wurde, da die Nachfrage der »Zuzügler« immens war, wurde auch Rucola angebaut, um die Sehnsucht der Süditaliener nach ihren geliebten Blättern zu stillen.

Die gezüchteten Rucolasorten schmecken nicht so scharf und intensiv wie die wilden Varianten. Geschmacklich erinnert Zuchtrucola deutlich an Kohl, denn genau aus dieser Pflanzenfamilie stammt das Kraut. Bei älteren Blättern tritt das Kohlaroma recht stark in den Vordergrund.

Salsa di rucola e pomodoro

Rucola-Tomaten-Sauce

Gegen Ende des letzten Herbstes merkte ich, dass immer noch eine Menge Rucola in meinem kleinen Londoner Garten wuchs. Anstatt diesen köstlichen, vielseitigen Salat dem Frost zu überlassen, pflückte ich alle Blätter und verwendete sie für diese Sauce (die sich auch gut einfrieren lässt) sowie für die Suppe und das Pastagericht auf den folgenden Seiten.

Diese Rucola-Tomaten-Sauce probierte ich zum ersten Mal vor ein paar Jahren in der *Locanda dell'Angelo* bei Sarzana in Ligurien. Angelo Paracucchi, der Besitzer und Koch des Restaurants, wurde 1983 von Gault & Millau gebeten, ein Restaurant namens *Carpaccio* in Paris zu eröffnen – zweifellos die größte Ehre, die einem Ausländer von den Franzosen zuteilwerden kann. In seinem Buch *Cucina creativa all'italiana* schlägt Angelo Paracucchi diese Sauce als Beilage zu gegartem Fisch oder Fleisch vor. Mir schmeckt sie auch gut zu hart gekochten Eiern, aber vielleicht liegt das einfach daran, dass ich Eier liebe, ob pur oder wie hier mit einer fantastischen Sauce!

Die Schärfe der Rucolablätter wird in dieser Sauce von den rohen Tomaten etwas abgemildert. Obwohl die Sauce keine hübsche Farbe hat, schmeckt sie doch sehr süß-aromatisch und besticht durch eine feine Kräuternote.

Ergibt genügend Sauce für 4 Portionen

30 g Rucola
200 g sehr feste, noch nicht ganz reife Tomaten
1 Scheibchen Knoblauch
1 kleine Chili, Samen entfernt
1 EL *aceto balsamico*
Salz und schwarzer Pfeffer aus der Mühle
75 ml natives Olivenöl extra

1. Den Rucola waschen und in einem Geschirrtuch vorsichtig trocken tupfen. Harte Stängel der älteren Blätter entfernen und wegwerfen. Den Rucola in den Mixer füllen.
2. Die Tomaten blanchieren, häuten und vierteln. Samen und wässrigen Saft herausdrücken. Mit Knoblauch, Chili, *aceto balsamico* sowie etwas Salz und Pfeffer zum Rucola in den Mixer geben und 15 Sekunden pürieren. Am Rand der Mixerschüssel haftende Stücke nach unten schaben und die Sauce pürieren, bis sie glatt und dickflüssig ist. Dabei wie bei der Mayonnaisezubereitung nach und nach das Öl zugießen.

Pasta con la rucola

Pasta mit Rucola

Die Calabresi lieben die Kombination dieser beiden Zutaten und bereiten sie folgendermaßen zu: Die auch *ziti* genannten langen *maccheroni* werden in 4 cm lange Stücke gebrochen. In Salzwasser *al dente* kochen. Währenddessen den Rucola waschen und trocken tupfen – für 4 Personen benötigt man 200 g. Dann in 75 ml allerbestem nativen Olivenöl extra mit 2 leicht angedrückten Knoblauchzehen und 1–2 Chilis unter Rühren braten. Einige EL Pastawasser zum Rucola geben. Die fertige Pasta abseihen, in die Pfanne zum Rucola geben und 1–2 Minuten erhitzen. Beim Servieren eine Schüssel mit geriebenem *pecorino* zur Pasta reichen. Davor Knoblauch und Chili entfernen.
Falls Ihnen der Rucola zu scharf ist, können Sie ihn vor dem Braten kurz blanchieren.

Minestra di rucola e patate

Rucola-Kartoffel-Suppe

Für diese Suppe sollten Sie frisch geriebenen *pecorino* verwenden, dessen pikante Note sehr gut zu Rucola passt. Falls Sie keinen *pecorino* bekommen, nehmen Sie einfach guten frisch geriebenen Parmesan.

Für 4 Personen
100 g Rucola
1 Handvoll Petersilienblätter
1 kleine getrocknete Chili (mehr nach Belieben)
2 Knoblauchzehen (mehr nach Belieben)
3 EL natives Olivenöl extra
225 g Kartoffeln
1 ½ l hausgemachte Gemüsebrühe (siehe S. 319) oder Wasser
Salz und schwarzer Pfeffer aus der Mühle
leicht altbackenes Weißbrot, in Scheiben geschnitten
pecorino oder guter Parmesan, frisch gerieben, zum Servieren

1. Den Rucola waschen und trocken tupfen. Dicke Stängel entfernen. Die Blätter grob in Streifen schneiden.
2. Petersilie, Chili und Knoblauch hacken und mit 2 EL Öl in einem Topf mit schwerem Boden (ich verwende einen Tontopf, in dem der Knoblauch nicht anbrennt) bei schwacher Hitze sautieren, bis der Knoblauch aromatisch duftet.
3. Die Kartoffeln schälen, in 1 cm große Würfel schneiden und in den Topf geben. Mit dem *soffritto* vermengen, bis sie glänzend und leicht durchsichtig sind. Dann den Rucola zufügen. Umrühren und 2–3 Minuten braten.
4. Inzwischen die Brühe erhitzen. (Flüssigkeit sollte immer erhitzt werden, bevor sie über Kartoffeln gegossen wird, da diese sonst hart werden.) In den Suppentopf gießen und umrühren. Falls nötig, mit Salz würzen. Die Temperatur reduzieren und die Suppe 40 Minuten köcheln lassen. Mit Salz und Pfeffer abschmecken.
5. Ein oder zwei Scheiben Weißbrot auf jede Servierschüssel verteilen und mit Suppe auffüllen. Das restliche Öl darüberträufeln und den geriebenen Käse extra dazureichen.

Wer will, kann statt Brot auch Pasta verwenden: Dazu 100 g *ditalini* 10 Minuten vor Ende der Garzeit zur Suppe geben.

Brennnesseln

Dieses vielseitige Wildkraut wird in England und Deutschland, wo es so üppig wächst, leider kaum gegessen – was für eine Verschwendung! Der einzige mir bekannte Engländer, der gerne reichlich Brennnesseln verzehrt, ist mein Cousin Daniel Waley. Wir kamen auf das Thema, als wir bei ihm und seiner Frau in Sussex zu Besuch waren und ich beim Spaziergang Handschuhe trug, obwohl es ein warmer Frühlingstag war. Ich hatte nämlich vor, Brennnesseln zu pflücken. Er erzählte mir, dass es an seiner Schule im Frühling immer Brennnesselpüree gab, das den winterlichen Kohl ablöste. Das war vor dem Krieg, und er fragte sich, ob es ausschließlich aus übertriebener Sorge um die Gesundheit der Kinder so gehandhabt worden war oder ob er einfach einen sehr sparsamen Schuldirektor gehabt hatte. Was auch immer der Grund war – die Jungen aßen das Brennnesselpüree eher, um damit angeben zu können, und weniger aus kulinarischem Vergnügen.

Während meiner Kindheit in Mailand wurden Brennnesseln auf vielerlei Weise zubereitet, meist jedoch in einer Suppe mit Reis, *riso e ortiche* genannt. *Pasta con le ortiche* aus Apulien ähnelt diesem Gericht.

Brennnesseln schmecken nur gut, wenn sie jung und hellgrün sind. Pflücken Sie nur die jungen Triebe, die noch nicht so brennen, und nehmen Sie reichlich davon, da sie wie Spinat beim Garen stark zusammenfallen. Die Pflanzen sind mit Brennhaaren bedeckt, die nach dem Kochen jedoch nicht mehr brennen. Tragen Sie zum Pflücken und Waschen Handschuhe. Sie werden beim Pflücken verblüfft den sich verbreitenden Duft wahrnehmen. Das Aroma junger Brennnesseln erinnert mich an den milchig-süßen, mediterranen Duft von Feigenblättern.

Risotto alle ortiche

Brennnessel-risotto

In diesem saftigen, cremigen *risotto* tritt der süße, feine Geschmack der Brennnesseln ein wenig in den Hintergrund. Pflücken Sie im April oder Anfang Mai einen großen Beutel voll zarter Brennnesselspitzen. Sie fallen beim Garen wie Spinat zusammen. Denken Sie daran, beim Pflücken und Säubern Handschuhe zu tragen. Nach dem Garen brennen sie nicht mehr. Sie können für dieses Rezept auch sehr jungen Spinat oder italienischen Spinat verwenden, aber nehmen Sie keine Mangoldblätter, da ihre Konsistenz zu grob ist.

Für 4 Personen

500 g junge Brennnesselspitzen
Salz
2 Schalotten oder 1 kleine Zwiebel, sehr fein gehackt
60 g Butter
1 l hausgemachte Gemüsebrühe oder leichte Fleischbrühe (siehe S. 318/319)
300 g italienischer Reis (z. B. Arborio)
4 EL Kochsahne (ca. 18 % Fett), alternativ normale Sahne, mit etwas Wasser verdünnt
60 g Parmesan, frisch gerieben

1. Blätter und Triebe der Brennnesseln abpflücken, die Stängel wegwerfen. Waschen und das Wasser dabei zwei- oder dreimal wechseln. Die Brennnesseln mit 1 TL Salz in einen Topf geben und bei starker Hitze garen, bis sie weich sind. Es muss kein Wasser zugegeben werden, da wie beim Spinat genügend Wasser aus den Blättern austritt. Danach abseihen und die Flüssigkeit aufbewahren. Die Brennnesseln im Sieb über der Schüssel mit der Kochflüssigkeit abtropfen lassen.
2. Die Schalotten in der Hälfte der Butter sanft sautieren, bis sie weich sind.
3. Die Brühe in einem Topf zum Kochen bringen.
4. Die Brennnesseln über der Schüssel ausdrücken, grob hacken und zu den Schalotten geben. Etwa 1 Minute unter ständigem Rühren sautieren, dann den Reis einrühren und garen, bis die Außenseite der Körner glasig wird.
5. Die Kochflüssigkeit der Brennnesseln zur köchelnden Brühe gießen. Nun etwa 150 ml der Flüssigkeit zum Reis geben und gut vermengen, bis der Reis die Brühe aufgenommen hat. Einen weiteren Schöpflöffel Flüssigkeit zufügen und weiter so verfahren, bis der Reis fertig ist. Häufig, aber nicht ständig umrühren. Je besser der Reis, desto länger die Kochzeit: *Arborio superfino* benötigt ab Zugabe zum Topf etwa 20 Minuten.
6. Den Topf vom Herd nehmen, Kochsahne, restliche Butter sowie die Hälfte des Käses zugeben. Einen Deckel auflegen und einige Minuten durchziehen lassen, dann kräftig umrühren, damit sich diese letzten Zutaten gut mit dem Risotto verbinden: Dadurch wird das Gericht *mantecato*, also schön cremig, so wie ein richtiges *risotto* sein sollte. In eine vorgewärmte Schale füllen und sofort servieren. Den restlichen Käse extra dazureichen.

Die Gerichte, die als zweiter Gang nach dem *Risotto con gli asparagi* (S. 47) genannt werden, eignen sich auch als *secondo* für dieses *risotto* – mit einer Ausnahme: *Arrosto freddo alle erbe* passt eigentlich nur dazu, wenn Ihre Esseneinladung unter dem Motto »Alles in Grün« steht.

Crespelle col ripieno di ortiche e ricotta

Pfannkuchen mit Brennnessel-ricotta-Füllung

Durch die Verwendung von Brennnesseln statt dem üblichen Spinat schmecken die *crespelle* süßer und feiner. Falls Sie nicht genügend Brennnesseln gesammelt haben, können Sie auch mit Spinat auffüllen. Sie können natürlich auch nur Spinat verwenden, erhalten dann aber ein Gericht mit anderer Note. Wer will, kann für die Pfannkuchen auch ein eigenes Rezept verwenden. Hier ist mein italienisches Rezept, für das ein dickerer Teig verwendet wird, sodass die *crespelle* etwas fester sind.

FÜR 6 PERSONEN

Für die crespelle
200 g Weizenmehl
1 Prise Salz
3 Bio-Eier
300 ml Milch
40 g Butter, plus mehr zum Fetten
45 g Parmesan, frisch gerieben

Für die Füllung
750 g junge Brennnesselspitzen
Salz
4 Frühlingszwiebeln
30 g Butter
225 g *ricotta*
45 g Parmesan, frisch gerieben
Muskatnuss, frisch gerieben
schwarzer Pfeffer aus der Mühle

Für die Béchamelsauce
750 ml Milch
70 g Butter
60 g Weizenmehl
Salz

Für die Tomatensauce
400 g stückige italienische Tomaten (aus der Dose)
1 TL Zucker
4 EL Crème double

Die Pfannkuchen:

1. Für die *crespelle* Mehl und Salz in eine Schüssel sieben. Die Eier aufschlagen und zufügen. Gründlich vermengen und dabei die Milch in dünnem Strahl zugießen, bis sich an der Teigoberfläche Blasen bilden. Alternativ die Zutaten im Mixer zu einem glatten Teig vermengen. Den Teig 30 Minuten oder bei Bedarf auch länger ruhen lassen.
2. Kurz vor dem Ausbacken die Hälfte der Butter zerlassen und in den Teig einrühren.
3. Eine Pfanne (ich verwende eine gusseiserne Pfanne mit 15 cm ø um hübsche kleine Pfannkuchen zu erhalten) mit einem kleinen Stück Butter einfetten und auf den Herd stellen.
4. Den Teig gut umrühren, da das Mehl beim Ruhen auf den Boden der Schüssel sinkt. Sobald die Pfanne heiß ist, etwas Teig hineingießen, sodass der Pfannenboden dünn bedeckt ist. Dabei die Pfanne in alle Richtungen schwenken. Den Pfannkuchen backen, bis er fest und goldbraun ist. Dann wenden und auch die andere Seite kurz backen. Den fertigen Pfannkuchen auf ein Brett oder einen Teller gleiten lassen. Vor dem nächsten Pfannkuchen die Pfanne zum Abkühlen kurz vom Herd nehmen. Sonst stockt der Teig, bevor man ihn verteilen kann. Nicht bei zu starker Hitze backen: Nach den ersten zwei oder drei Pfannkuchen auf niedrige Temperatur reduzieren. Den Teig immer wieder umrühren und die weiteren Pfannkuchen wie beschrieben backen, bis der Teig aufgebraucht ist. Immer wenn die Pfanne zu trocken wird, ein winziges Stück Butter zufügen. Der Teig sollte bei einer kleinen Pfanne für etwa 18 Pfannkuchen reichen. Bei einer Pfanne mit 20 cm ø ergibt er etwa 12 Pfannkuchen.

Füllung und Saucen:

1. Für die Füllung die Brennnesselspitzen säubern und gründlich waschen. Dabei das Wasser zwei- oder dreimal wechseln. Einen großen Topf zur Hälfte mit Wasser füllen, 1 EL Salz zufügen, erhitzen und die Brennnesselspitzen zugeben, sobald das Wasser kocht. Die Kochzeit beträgt 7 Minuten. Abseihen, unter fließendem Wasser kalt abschrecken und abtropfen. Die Flüssigkeit herausdrücken, mit Küchenpapier trocken tupfen und grob hacken.

2. Die Frühlingszwiebeln putzen und waschen. Die weißen Abschnitte jeweils in kleine Ringe schneiden, die grünen Abschnitte für ein anderes Gericht aufbewahren. Die Frühlingszwiebeln in der Butter in einer großen Pfanne unter Rühren 10 Minuten braten. Dabei mehrfach zusammendrücken, damit der Saft austritt. Die Brennnesseln zufügen und mehrfach wenden, bis sie *insaporite* sind (Butter- und Zwiebelaroma angenommen haben). In eine Schüssel füllen und mit *ricotta*, Parmesan sowie etwas Muskatnuss vermengen. Mit Salz und Pfeffer abschmecken. Beiseitestellen.
3. Die Béchamelsauce zubereiten (siehe Hinweise auf S. 321) und im Wasserbad unter gelegentlichem Umrühren warm halten, während die Tomatensauce zubereitet wird.
4. Für die Tomatensauce die stückigen Tomaten in einem Sieb 5 Minuten abtropfen lassen. Dann mit dem Zucker in einem kleinen Topf erhitzen und 5 Minuten köcheln lassen. Durch die Flotte Lotte oder ein Sieb streichen und die Crème double untermischen.
5. Eine feuerfeste Form wählen, in der später die zusammengerollten *crespelle* in einer Schicht Platz haben. Boden und Seitenwände mit reichlich Butter fetten und 2–3 EL Béchamelsauce auf dem Boden der Form verteilen.
6. Den Backofen auf 230 °C vorheizen.
7. Je 1 gehäuften EL Brennnesselfüllung auf einem *crespella* verteilen. Den Pfannkuchen locker zusammenrollen. Mit dem Saum nach unten in die Form legen. Die restlichen *crespelle* ebenso füllen und dicht nebeneinander in die Form legen.
8. Die Tomatensauce zur Béchamelsauce gießen, aber nur kurz umrühren, sodass die weiße Sauce hübsche rosa Streifen bekommt.
9. Den restlichen Parmesan über die *crespelle* streuen und etwas Sauce zwischen den Pfannkuchen verteilen. Die restliche Sauce darüberträufeln. Etwa 15 Minuten im Ofen backen, bis sich eine goldbraune Kruste bildet. Vor dem Servieren 5 Minuten abkühlen lassen, damit sich die Aromen verbinden.

Dieses Gericht hat den Vorteil, dass man es im Voraus zubereiten kann, auch wenn es insgesamt etwas länger dauert. Die *crespelle* kann man 1 oder 2 Tage im Voraus backen und im Kühlschrank aufbewahren oder tiefkühlen (mit Butterbrotpapier zwischen den einzelnen Pfannkuchen). Vor der Verwendung auftauen lassen. Auch die Brennnesselfüllung kann vorab zubereitet werden, allerdings am besten am gleichen Tag, da der *ricotta* leicht verderblich ist. Die Tomatensauce ist in 5 Minuten fertig. Die Béchamelsauce muss kurz vor dem Füllen und Backen zubereitet werden.
Servieren Sie dieses Gericht als *primo* und reichen Sie anschließend *Filetto di maiale alla Cavalcanti* (S. 303) oder *Tonno alla calabrese* (S. 88). Sie können es auch als Hauptgericht anbieten und davor *Melanzane al limone* (S. 138) oder das schön erfrischende *Trevisana coi borlotti* (S. 160) servieren.

Löwenzahn

Zeitig im Frühjahr macht man in Italien einen schönen Ausflug aufs Land, um Löwenzahn zu sammeln. Löwenzahn wird häufig als Salat zubereitet oder aber gegart. Ich war daher überrascht, als ich nach meiner Ankunft in England feststellte, dass hier niemand Löwenzahnblätter sammelte – obwohl sich die Briten doch im Allgemeinen so gut mit Blumen und anderen Pflanzen auskennen und größeres Interesse am Landleben haben als die Italiener.

Irgendwann entdeckte ich, dass dies nicht immer so war: In Eliza Actons Buch *Modern Cookery for Private Families* (1845) findet sich ein Abschnitt mit der Überschrift »Löwenzahn wie Spinat oder Salat anmachen (sehr gesund)«. Die ersten Zeilen lauten:

> *Dieses auf Feldern, Wiesen und an Straßenrändern häufig vorkommende Unkraut ergibt ein hervorragendes Gemüse. Die jungen Blätter sind eine exzellente Salatzugabe und erinnern gekocht und entsprechend angemacht an Endiviensalat oder Spinat. Die leicht bittere Note empfinden viele Leute als sehr angenehm. Oft wird Löwenzahn auch an gehobenen Tafeln serviert. Er hat unserer Meinung nach auch wertvolle medizinische Eigenschaften.*

Eliza Acton serviert ihre blanchierten Löwenzahnblätter mit zerlassener Butter. Ich mag sie lieber *strascinati* (wörtlich: durchgezogen) in einer Pfanne mit 2–3 EL nativem Olivenöl extra, 1 Knoblauchzehe und vielleicht ein wenig Chili. Knoblauch und Chili müssen vor dem Servieren entfernt werden. Für 2–3 Personen benötigt man 450 g Löwenzahnblätter. Oder man macht die Blätter mit nativem Olivenöl extra, frisch gepresstem Zitronensaft, Salz und schwarzem Pfeffer aus der Mühle an und serviert sie zimmerwarm.

Wer Löwenzahn lieber garen möchte, sollte am besten ganz junge Blätter pflücken, denn wie bei allem grünen Blattgemüse entfaltet sich das Aroma beim Erhitzen. Bei Löwenzahn wird also beim Garen der leichte Bittergeschmack stärker in den Vordergrund treten, als wenn man die Blätter roh als Salat verzehrt.

Löwenzahn schmeckt jedoch roh ganz wunderbar. Ich empfehle Ihnen die folgende Zubereitungsweise: Die Blätter waschen, 1 Handvoll in feine Streifen schneiden – je schmaler die Streifen, desto schöner der Salat. In eine Schüssel füllen, mit kaltem Wasser bedecken, etwas Salz zufügen und 1 Stunde einweichen. Das leicht bittere Aroma des Löwenzahns wird so etwas abgemildert. 30 Minuten vor dem Servieren abseihen und trocken tupfen. In einer Salatschüssel mit 2 EL Rotweinessig, 3 EL nativem Olivenöl extra, Salz, schwarzem Pfeffer aus der Mühle sowie nach Belieben 1 TL Dijonsenf (passt gut zu Löwenzahn) anmachen. Gut vermengen (die magische Zahl lautet 36! Siehe S. 158) und 20 Minuten *pour fatiguer* (wie der Franzose sagt) durchziehen lassen, was meiner Ansicht nach das Aroma verbessert. Mit roten Zwiebelringen krönen.

Eliza Acton nennt viele wertvolle Tipps und so manchen Trick. Zum Abschluss verrate ich Ihnen noch einen davon: »Für ein Gericht benötigen Sie eine große Portion Blätter, da sie beim Erhitzen stark zusammenfallen.« Ich würde noch ergänzen, dass sie auch im Salat durch die Zugabe von Dressing zusammenfallen.

Wildpilze & Trüffel

Wildpilze und Trüffel

In die Pilze geht man meist alleine, denn von den geheimen Stellen sollen nur der Wind und die Bäume erfahren. Ich habe einige Freunde aus Mailand, die uns vor nicht allzu langer Zeit eine Postkarte aus Schottland schickten, wo sie zum Sightseeing waren. Eine Woche später kam eine zweite Karte vom gleichen Ort. Sie hatten die Schätze der schottischen Wälder entdeckt: Überall wuchsen Unmengen an Wildpilzen. Völlig verblüfft stellten sie fest, dass weit und breit niemand zu sehen war, niemand, der Pilze sammelte oder sie davon abhielt, so viele zu sammeln, wie sie gerne wollten.

Als wir ein Haus im Chianti hatten, begann die *caccia* (Jagd) nach *funghi* kurz nach der verwerflichen *caccia* auf Vögel, die von ständigen Gewehrsalven, auffliegenden Vögeln und davonrasenden Hasen begleitet wurde. Ich wanderte mit Remo, der aus der Gegend stammte und wie ich die stille Jagd auf Pilze bevorzugte, immer hinauf in die Berge des Apennin. Er kannte alle dort wachsenden Arten, aber wir sammelten überwiegend *porcini* (Steinpilze) und Pfifferlinge, die mit Abstand am besten schmecken. Ersatzweise lassen sich aber auch Boviste (schmecken köstlich roh mit Öl und Zitronensaft), Grauer Scheidenstreifling, Grüngefelderter Täubling, Violetter Rötelritterling, Parasole, Schopftintling und alle Arten von Dickröhrlingen sammeln – es gibt einfach nicht genügend Steinpilze und Pfifferlinge.

Es gibt nur wenige tödliche Arten, die Sie erkennen und stehen lassen müssen. Ansonsten ist das Schlimmste, was Ihnen passieren kann, ein verdorbener Magen. Im Zweifel und sicherheitshalber können Sie Ihren Fund aber auch zu einer örtlichen Pilzberatungsstelle bringen und sie dort bestimmen lassen. Und auf jeden Fall sollten Sie sich ein Buch über all die wunderbaren Pilze kaufen, die in Ihrer Region wachsen.

Die Zubereitung von Pilzen

Pilze sollte man nicht schälen und möglichst wenig waschen (es stimmt nicht, dass Champignons nur gut sind, wenn sie sich leicht schälen lassen). Ich wische Pilze mit feuchtem Küchenpapier ab und schneide den Anschnitt am Stiel sowie beschädigte Stellen ab. Die schwammige Unterseite der Hüte von Steinpilzen schmeckt gut und sollte nur entfernt werden, wenn sie vollgesogen und matschig ist. Man sollte alle Pilze schnell in Öl und/oder Butter sautieren, bis sie das Fett ganz aufgenommen haben. Dann die Temperatur reduzieren, sodass die Flüssigkeit der Pilze austritt. Die meisten Wildpilze geben mehr Flüssigkeit ab als Zuchtpilze. Diese Flüssigkeit verdampft, wenn man die Pilze kurz bei starker Hitze erwärmt. Dabei jedoch darauf achten, dass die Pilze nicht zu lange garen. Einige Pilze, wie z. B. die unvergleichlichen Pfifferlinge, werden dadurch ungenießbar, während andere, wie die Steinpilze, eine Mindestgarzeit von 15–20 Minuten benötigen, damit sich ihr Aroma entfaltet.

Getrocknete Steinpilze (*porcini*)

Porcini sind in Großbritannien und Deutschland in vielen Supermärkten sowie italienischen Feinkostgeschäften erhältlich. Werfen Sie vor dem Kauf nach Möglichkeit einen Blick in die Packung: Die getrockneten Steinpilzstückchen sollten groß und schön geformt sein, nicht klein und krümelig. Getrocknete *porcini* sind teuer, aber bereits 20 g verleihen einem Gericht mehr Aroma als die fünffache Menge an Zuchtpilzen. Vor der Verwendung müssen die Pilze etwa 20 Minuten in heißem Wasser eingeweicht werden. Ich gieße kochendes Wasser darüber und lasse sie 15 Minuten einweichen. Die durch Küchenpapier gefilterte Flüssigkeit gebe ich meist auch zu dem Gericht, da sie für extra Aroma sorgt. Falls Sie Zuchtpilze durch die Zugabe von ein paar getrockneten *porcini* aromatisieren möchten, sollten Sie die *porcini* erst 5 Minuten sautieren und dann die Zuchtpilze zugeben.

Mir ist es hier noch nie wirklich gelungen, Steinpilze selbst zu trocknen. In der Toskana war das ganz einfach: Wir breiteten sie in der Sonne oder bei Regen unter einem Dach aus. Sie wurden nie schimmlig. Nach einiger Zeit konnten wir sie einsammeln und in Plastikbeutel füllen. Das Trocknen im Freien ist die bei Weitem beste Methode.

Auf natürliche Weise getrocknete *porcini* sind in einigen Spezialitätengeschäften in Italien erhältlich; der höhere Preis ist gerechtfertigt, da sie um einiges aromatischer schmecken.

Coniglio alle erbe e funghi secchi

Kaninchen mit Kräutern und getrockneten porcini

Kaninchen galt in Ligurien schon immer als beliebtes Fleisch. Auf dem Dorf gab es hinter jedem Haus eine Reihe von Kaninchenställen, deren Bewohner alle früher oder später im Topf landeten. Die während des kurzen Kaninchenlebens rundherum wachsenden Kräuter leisteten ihnen schließlich im Topf Gesellschaft. In meiner Kindheit verbrachten wir die Sommermonate oft an der Riviera. Ich erinnere mich noch, dass mir die einheimischen Kinder sehr leidtaten, wenn ihr Lieblingskaninchen eines Tages plötzlich verschwunden war. Sie wussten genau, dass es am nächsten Tag in anderer Gestalt auf dem Mittagstisch auftauchen würde. Ohne jegliche Sentimentalität würden sie es dann essen, so wie es auf dem Land selbstverständlich war, und sich darüber auslassen, ob sie die Zubereitungsart gut oder eher schlecht fanden, während sie über die Vergangenheit der Zutaten kein Wort verloren.

Die zweite Hauptzutat dieses Rezepts sind die *porcini*, die in Ligurien ebenfalls sehr beliebt sind und das weitverbreitete Gericht »Kaninchen mit Kräutern« in etwas Besonderes verwandeln. Ich nehme getrocknete Steinpilze, da frische nicht überall erhältlich sind. Sie können Wild- oder Stallkaninchen verwenden. Stallkaninchen schmeckt weniger aromatisch, ist dafür aber zarter und muss nicht so lange gegart werden. Lassen Sie sich vom Metzger außerdem die Leber und das Herz des Kaninchens mitgeben.

Für 4 Personen

1,8 kg Kaninchen, küchenfertig (mit Leber und Herz)
30 g getrocknete Steinpilze (*porcini*)
1 Knoblauchzehe
2 Schalotten
1–2 Handvoll gemischte Kräuter (z. B. Petersilie, Majoran, Thymian, Basilikum, Salbei, Rosmarin, Selleriegrün)
3 EL Olivenöl
100 ml hausgemachte Hühnerbrühe (siehe S. 318)
1 EL Weizenmehl
Salz und schwarzer Pfeffer aus der Mühle

Für die Marinade

300 ml Weißwein
5 Wacholderbeeren, zerdrückt
1 Lorbeerblatt
2–3 Stängel Petersilie
4 Pfefferkörner, zerdrückt
1 Stange Staudensellerie, in Stücke geschnitten

1. Vom Kaninchen Rücken und Keulen verwenden. Rippen, Kopf und Schulter können für eine Brühe oder ein anderes Gericht aufbewahrt werden.
2. Die Kaninchenteile nebeneinander in eine (Ton-)Schale legen, mit der Marinade bedecken und mindestens 6 Stunden oder, falls möglich, über Nacht durchziehen lassen. Die Schüssel dafür nicht in den Kühlschrank stellen, außer bei sehr heißem Wetter. Der in der Marinade enthaltene Wein verhindert, dass das Fleisch verdirbt.
3. Die Kaninchenteile aus der Marinade nehmen und mit Küchenpapier gründlich trocken tupfen. Marinade durch ein Sieb passieren.
4. Die *porcini* mindestens 30 Minuten in heißem Wasser einweichen (bei kochendem Wasser benötigen sie nur 15 Minuten). Herausnehmen, abspülen, falls noch Erde daran haftet, und trocken tupfen.
5. Knoblauch, Schalotten, Kräuter und *porcini* zusammen hacken oder einige Sekunden im Mixer zerkleinern. Das Öl in einem großen Schmortopf erhitzen und die Mischung bei schwacher Hitze darin 10 Minuten sautieren. Die Kaninchenteile zufügen und unter gelegentlichem Wenden 10 Minuten braten.
6. Von der Marinade 200 ml abmessen, zugießen und bei starker Hitze reduzieren. Die Brühe in einem separaten Topf erhitzen, das Mehl einrühren und die Brühe zum Kaninchen gießen. Mit Salz und Pfeffer würzen. Einen Deckel auflegen und je nach Beschaffenheit des Tiers 45–90 Minuten bei schwacher Hitze schmoren, bis die Kaninchenteile gar sind. Die Teile aus dem Topf nehmen und im Backofen bei schwacher Hitze warm halten.

½ Karotte, in Stücke geschnitten
½ Zwiebel
2 Knoblauchzehen, zerdrückt

7. Kaninchenleber und -herz säubern, hacken und in den Topf geben. Bei mittlerer bis starker Hitze 2 Minuten kochen. Zum Servieren die Sauce über die Kaninchenteile löffeln.

Ich serviere zu diesem Gericht gerne *polenta*, aber nicht alle lieben *polenta* so sehr wie ich! Reis ist eine gute Alternative. Als ersten Gang empfehle ich *Peperoni alla siciliana* (S. 128) oder *Pancotto* (S. 69).

Funghi al forno

Mit Sardellen, Kapern und Semmelbröseln überbackene Pilze

Inzwischen gibt es in vielen Supermärkten verschiedene Zuchtpilzarten. Für dieses Gericht benötigen Sie mindestens drei unterschiedliche Arten, plus getrocknete Steinpilze (*porcini*). Ich nehme Champignons, ein paar Egerlinge, die eine festere Konsistenz sowie ein intensiveres Aroma haben, und meine Lieblingszuchtpilze – Austernpilze (*Pleurotus ostreatus*) –, deren feiner Geschmack ein wenig an weiße Trüffel erinnert. Sie können auch Shiitakepilze dazugeben, auch wenn ich sie für etwas überteuert halte. Oder Sie verwenden ausschließlich Zuchtchampignons, womit das Gericht allerdings wenig aromatisch schmeckt. Getrocknete Steinpilze (*porcini*) sind zwar teuer, aber jeden Cent wert. Sie benötigen nur 30 g oder sogar weniger, um einen Effekt zu erzielen. Sie verströmen ein deutliches Pilzaroma, haben jedoch nicht den erdig-intensiven Geschmack mancher Wildpilzarten.
Verwenden Sie helle Semmel- oder dunkle Brotbrösel von guter Qualität.

Für 4 Personen
30 g getrocknete Steinpilze (*porcini*)
700 g gemischte Pilze
1 Bund glatte Petersilie
2 Knoblauchzehen
4 Sardellenfilets oder 2 gesalzene Sardellen, entgrätet und abgespült
1 getrocknete Chili, Samen entfernt
2 EL Kapern, abgespült und trocken getupft
100 ml Olivenöl
Salz und schwarzer Pfeffer aus der Mühle
60 g frische Semmelbrösel

1. Die getrockneten *porcini* in einer Tasse kochendem Wasser 15 Minuten einweichen. Vorsichtig herausheben, abspülen, falls noch Erde daran haftet, und trocken tupfen. Große Stücke zerkleinern. Die Flüssigkeit durch ein mit feuchtem Küchenpapier ausgelegtes Sieb in einen kleinen Topf abseihen. Die *porcini* zufügen und bei schwacher Hitze 10 Minuten köcheln lassen, damit sie weich werden. In eine große Schüssel füllen.
2. Den Backofen auf 190 °C vorheizen.
3. Die gemischten Pilze mit Küchenpapier abreiben und in Scheiben schneiden. In die Schüssel zu den *porcini* geben.
4. Petersilie, Knoblauch, Sardellen, Chili und Kapern hacken und in einer kleinen Schüssel mit 5 EL Öl vermengen. Mit Salz und Pfeffer abschmecken und die Mischung über die Pilze löffeln. Gründlich unterheben, am besten mit den Händen.
5. Eine flache feuerfeste Form mit einem Teil des restlichen Öls

fetten. Die Pilzmischung in die Form füllen. Mit Semmelbröseln bestreuen und mit dem restlichen Öl beträufeln.
6. Etwa 30 Minuten im Ofen backen, bis sich an der Oberseite eine Kruste gebildet hat. Die Pilze sind nun weich, aber nicht zerfallen. Das Gericht kalt oder lauwarm servieren: Es schmeckt noch besser, wenn sich die Aromen durch das Abkühlen verbunden haben.

Reichen Sie dieses Gericht als ersten Gang oder kalt oder warm mit Roastbeef oder Hähnchen.

Funghi in umido

Geschmorte Pilze

Dieses Gericht bereitet man in Italien mit einer Wildpilzmischung zu, die zu einem Großteil aus den unglaublich köstlichen Steinpilzen besteht. Für dieses Rezept nehme ich allerdings verschiedene Pilze, die Sie auch im Supermarkt bekommen – Egerlinge, große flache Champignons und Austernpilze –, und ergänze sie durch 1 Handvoll getrockneter *porcini*.

Für 3–4 Personen als Beilage

30 g getrocknete Steinpilze (*porcini*)
450 g gemischte Pilze
2 Schalotten oder 1 kleine Zwiebel
4 EL Olivenöl
15 g Butter
1 Knoblauchzehe
2 EL Tomatenmark
2 EL frisch geschnittene Petersilie
Salz und schwarzer Pfeffer aus der Mühle

1. Die *porcini* in einer Schüssel mit 150 ml kochendem Wasser übergießen und 15 Minuten ziehen lassen, bis sie weich sind.
2. Die gemischten Pilze putzen: Nur mit feuchtem Küchenpapier abwischen, falls sie nicht zu schmutzig sind. Stielanschnitt abschneiden. Dann Pilze in dicke Scheiben schneiden.
3. Die getrockneten *porcini* vorsichtig aus dem Wasser heben. Unter fließendem Wasser abwaschen, falls noch Erde daran haftet. In Stücke schneiden, die der Größe der anderen Pilzscheiben entsprechen.
4. Die Einweichflüssigkeit durch ein mit feuchtem Küchenpapier ausgelegtes Sieb abseihen.
5. Die Schalotten hacken und mit Öl und Butter in einer großen Sauteuse (hohen Pfanne) weich schmoren. Einen Zahnstocher in die Knoblauchzehe stechen (so finden Sie die Knoblauchzehe später besser, wenn sie wieder herausgenommen werden muss) und mit Tomatenmark zur Schalotte geben. Unter ständigem Rühren 1 Minute garen. Dann Pilze sowie *porcini* zufügen. Bei starker Hitze 5 Minuten braten, dabei mehrfach wenden, sodass sie rundum von der Garflüssigkeit überzogen sind.
6. Petersilie und etwas Salz sowie die Einweichflüssigkeit zugeben. Sobald die Flüssigkeit zu kochen beginnt, die Temperatur

reduzieren und unter häufigem Rühren 20 Minuten garen, bis die Pilze weich und gerade noch bissfest sind. Mit Salz und Pfeffer abschmecken.

Diese Pilze schmecken heiß, warm und sogar zimmerwarm. Die perfekte Beilage zu geschmortem Fleisch oder zu Wildgerichten, obwohl ich diese Pilze auch gerne als eigenständiges warmes Gericht mit weicher *polenta* oder kalt als *antipasto* mit knusprigem Brot serviere.

Trüffel

Trüffel (auf Italienisch *tartufi*) gehören zu den Symbiotischen Pilzen. In Nord- und Mittelitalien wachsen vielerlei Sorten. Kulinarisch interessant sind nur drei Sorten: *Tuber magnatum* (weißer Trüffel bzw. *tartufo d'Alba*), *Tuber melanosporum* (schwarzer Trüffel bzw. *tartufo di Norcia*), der auch als Périgordtrüffel bekannt ist, und *Tuber aestivum* oder *scorzone*, der Sommertrüffel, der auch als *tartufo d'estate* oder *maggengo* bezeichnet wird. Das Aroma dieses im Sommer reifenden Pilzes lässt sich nicht mit dem des weißen oder schwarzen Trüffels vergleichen. Sein Geschmack ist fein und angenehm, aber etwas fad und nicht allzu aufregend. Man verwendet ihn meist in Pasteten, Würsten, Terrinen, Trüffelpasten etc. In diesem Buch habe ich mich auf den weißen Trüffel konzentriert, der nur in Italien wächst.

Die Trüffel sind in Italien schon seit der Antike bekannt. Die Römer waren ganz verrückt danach und beschäftigten sich ausgiebig damit. Plinius, Martial und Juvenal schrieben Abhandlungen über Trüffel, während Apicius Rezepte sammelte. Nero aß Unmengen an Trüffeln und nannte sie *cibus deorum* (Speise der Götter). Nach dem Untergang des Römischen Reichs wurden Trüffel sogar von den Mönchen ignoriert, die viele andere Elemente der römischen Zivilisation bewahrten. Dies soll durchaus mit Absicht geschehen sein, da man Trüffeln eine aphrodisierende Wirkung nachsagte, was bei einer keuschen Lebensweise nicht gerade empfehlenswert war.

Während der Renaissance wurde der Trüffel jedoch wieder zum König der Tafel erhoben. Kaiser Karl V. ließ sich bei dem zu seinen Ehren von Kardinal Campeggi ausgerichteten Festmahl die von Bartolomeo Scappi zubereiteten Trüffel schmecken, die in Bitterorangensaft geschmort, aber auch roh in einem Salat aufgetragen wurden. Im 18. Jahrhundert organisierte man regelrechte Jagdgesellschaften, die sich der Trüffelsuche verschrieben. Im Piemont verwendete man dafür eher Hunde als Schweine. Damals fand man *tartufi* noch in ungeheuren Mengen. Zu jener Zeit baten alle europäischen Königshäuser das Haus Savoyen um erfahrene Männer und ausgebildete Hunde für die Trüffelsuche. 1751 schickte Karl Emanuel III. zwei *trifolai* und acht Hunde an Georg II., die in Windsor Park nach Trüffeln suchen sollten: Man fand nur wenige Trüffel der Sorte *tartufi d'Alba* (1986 entdeckte man einen Trüffel von respektabler Größe in einem Garten in Dover!).

Auch schwarze Trüffel gab es früher wesentlich mehr als heute. William Whetmore Story, ein Amerikaner, der in den 1860er-Jahren in Rom lebte, beschreibt den Markt auf der Piazza Navona sehr anschaulich. Es gab »hervorragende Trüffel. Sie wachsen rund um Rom in großen Mengen auf dem Land, besonders in Spoleto, und waren früher sehr günstig, bevor die Franzosen Unmengen davon für die Pariser Märkte aufkauften«.

Ich bin alt genug, dass es in meiner Kindheit Trüffel von bester Qualität noch in Hülle und Fülle gab. Vor der Sonntagsmesse kauften wir Trüffel an den Ständen unter den Arkaden der Piazza del Duomo. Ich durfte das Päckchen tragen und hielt es mir während der Messe unter die Nase: Das pikante Aroma der Trüffel vermengte sich auf verlockende Weise mit dem schweren Weihrauchduft. Zu Mittagseinladungen kam bei uns zu Hause manchmal folgender Salat auf den Tisch: Eine Schale wurde zu einem Drittel mit aufgeschnittenen *ovuli* (äußerst köstliche Wildpilze) bedeckt, ein weiteres Drittel mit Parmesanspänen und der restliche Platz mit aufgeschnittenen *tartufi d'Alba*. Die drei Teile wurden dann mit Olivenöl, Zitronensaft, Salz und Pfeffer angemacht.

Trüffel lassen sich nicht wie andere Pilze züchten. Plinius der Ältere schrieb *»nascuntur et seri non possunt«* – sie wachsen, können aber nicht angebaut werden. Und dies ist trotz endloser Forschungsbemühungen zu diesem Thema heute noch so. Weiße Trüffel wachsen in Symbiose mit Pappeln, Weiden, Linden, Haselsträuchern, Eichen und Hainbuchen, ungefähr auf einer Höhe von 300 m, wo der Regen im August und September die Erde feucht hält. Sie wachsen meist nur ca. 10 cm unter der Erdoberfläche, sind mehr oder weniger kugelförmig und können einen Durchmesser von 30 cm erreichen. Sie sind echte Kostbarkeiten, deren Preis pro Gramm direkt proportional mit ihrer Größe ansteigt. Die Saison zum Trüffelsammeln ist streng begrenzt: Sie beginnt an einem bestimmten Tag im Oktober und endet im Dezember. Anfang November schmecken Trüffel am besten: Dann sind sie ausgereift und haben ihr Aroma optimal entfaltet. Sie sind nur kurze Zeit genießbar, können aber durch Sterilisierung haltbar gemacht oder zu einer Paste zerstoßen und mit anderen Zutaten vermischt werden.

Ich rate allen, die sich für Essen interessieren, mindestens einmal in ihrem Leben einen Trüffel zu kaufen, den Pilz in die Hand zu nehmen und sein Aroma einzuatmen. Für die Zubereitung muss man den Trüffel mit einer weichen Bürste vorsichtig, aber gründlich putzen. Dann kurz abspülen und gut trocken tupfen. Da Trüffel so teuer sind, sollte man sie auf bestmögliche Weise zubereiten – weiße Trüffel roh, schwarze Trüffel gegart. Weiße Trüffel gibt man zu *tagliatelle*, die lediglich mit Butter und Parmesan angemacht wurden. Oder zu cremigem *risotto*, zu einer üppigen *fonduta piemontese* oder zu einem frischen *carpaccio*. Schwarze Trüffel kombiniert man mit Sardellenfilets und Knoblauch zu einer göttlichen *spaghetti*-Sauce – *spaghetti alla norcina*. Und wenn man eine ganz gewöhnliche Forelle mit schwarzem Trüffel füllt, wird daraus ein Gericht der Haute Cuisine.

Trüffel sind inzwischen schon lange fast unerschwinglich – ich erinnere mich, als ein kleiner frischer Trüffel mit 30 g während einer Knappheit umgerechnet fast 100 Euro kostete! Es gibt jedoch zum Glück eine Reihe von teils hervorragenden Trüffelpasten, die nur Trüffel und Olivenöl enthalten, während andere, nicht ganz so teure Pasten auch *porcini* enthalten.

Pollo ripieno

Mit Leber, Bries und prosciutto gefülltes und mit weißem Trüffel aromatisiertes Hähnchen

Lange Zeit konnte ich dieses Rezept aus dem *ricettario* (Rezeptsammlung) meiner Mutter nicht zubereiten, weil die dafür unverzichtbaren weißen Trüffel schlicht zu teuer waren. Inzwischen kann man Trüffel in Form der erschwinglichen Trüffelpaste erstehen, die in Feinkostläden erhältlich ist. Meine Mutter verwendete für dieses Rezept einen Kapaun. Das Gericht schmeckt allerdings auch mit einem großen Hähnchen ganz fantastisch.

Die Zubereitung dieses Gerichts ist eine Herausforderung und dauert einige Stunden. Karkasse und Keulenknochen werden entfernt, Oberkeulenknochen und Flügel dagegen nicht. Dies ist nicht weiter kompliziert, auch wenn es etwas aufwendig ist. Das entbeinte Hähnchen wird danach gefüllt und erhält so wieder seine ursprüngliche Form – wunderbar weich und prall. Zudem lässt es sich so später leichter zerlegen. Aus der Karkasse können Sie eine schöne Brühe kochen. Die Füllung bereiten Sie am besten 1 Tag im Voraus zu, sodass sich die Aromen entfalten können.

Das Hähnchen entbeinen

Den Vogel zuerst absengen, dann die Flügelspitzen abschneiden und den Körper innen und außen gründlich mit Küchenpapier trocken tupfen. Das Hähnchen mit der Brust nach unten auf ein Brett legen und von innen entlang des Rückens mit einem Ausbeinmesser oder einem anderen Messer mit scharfer Klinge tief vom Hals bis zum Bürzel einschneiden. Dabei das Fleisch am Hals beginnend vom Knochen lösen. Ruhig die Finger zur Hilfe nehmen. Messerspitze und -schneide in Richtung Knochen und weg von der Haut des Hähnchens führen, da die Haut keinesfalls durchstochen werden darf. Das Fleisch an der Schulter lockern und das Gelenk durchschneiden. Das Gabelbein abtrennen und entfernen. Das Fleisch mit den Fingern vom Brustkorb lösen, bis der Grat des Brustbeins erreicht ist. Weiter geht es den Rücken hinab bis zum schalenförmigen Hüftgelenk. Das Fleisch rund um die Oberkeule einschneiden und das Gelenk zwischen Ober- und Unterkeule durchschneiden. Haut und Fleisch mit Flügeln und Unterkeulen sollten jetzt nur noch durch den Grat des Brustbeins mit der Karkasse verbunden sein. Nun den Grat wegschneiden und dabei sehr vorsichtig vorgehen, da die Haut dort recht dünn ist. An der Karkasse haftendes Fleisch ablösen und in das entbeinte Hähnchen legen. Das Hähnchen kann nun gefüllt werden.

Für 8 Personen
1 frisches Hähnchen (à ca. 2 kg), küchenfertig
90 g Butter
Salz und schwarzer Pfeffer aus der Mühle
100 ml trockener Weißwein

Für die Füllung
200 g Kalbs- oder Lammbries
Salz
1 Scheibe einer unbehandelten Zitrone
150 g Kalbsleber
15 g Butter
2 EL gehackte Schalotte oder Zwiebel
1–2 dicke Scheiben *prosciutto* (ca. 10 g)
60 g *pancetta* oder ungeräucherte Baconstreifen
1 EL weiße Trüffelpaste
1 Bund frisch geschnittene gemischte Kräuter (Petersilie, Rosmarin, Salbei und Thymian)
75 ml Marsala oder Sherry Medium
1 Bio-Ei
1 Prise Zimtpulver
1 gute Prise frisch geriebene Muskatnuss
1 Prise gemahlene Gewürznelke
schwarzer Pfeffer aus der Mühle
100 g Weißbrot, Kruste entfernt

1. Nach dem Entbeinen des Hähnchens (siehe Rezepteinführung) die Füllung vorbereiten.
2. Das Bries in einer Schüssel mit kaltem Wasser, 1 EL Salz und der Zitronenscheibe 1 Stunde einweichen. Dadurch lösen sich Blutreste. Abseihen, abspülen und gut mit Küchenpapier trocken tupfen.
3. Die Leber säubern, waschen und trocken tupfen.
4. Butter und Schalotte in einer kleinen Pfanne bei schwacher Hitze 2–3 Minuten sautieren. Die Leber zugeben, einige Minuten braten und »fest« werden lassen. Die Leber herausnehmen und auf ein Brett legen. Das Bries in die Pfanne geben, 2 Minuten sautieren und dann ebenfalls auf das Brett legen. Beides sehr fein hacken und in eine Schüssel füllen. Den Bratensaft zugießen.
5. *Prosciutto* und *pancetta* in kleine Stücke oder Streifen schneiden und ebenfalls in die Schüssel füllen. Trüffelpaste, Kräuter, Marsala, Ei, Gewürze, etwas Salz und Pfeffer zufügen und alles gut vermengen.
6. Das Brot im Mixer zu Krümeln zerkleinern und anschließend in die Schüssel streuen. Mit den Händen alles gründlich zu einer homogenen Masse vermengen. Die Mischung duftet intensiv nach dem Aroma aller Zutaten.
7. Den Backofen auf 200 °C vorheizen.
8. Das Hähnchen mit der Hautseite nach unten auf ein Brett legen und die Füllung an die Stelle der entfernten Karkasse setzen. Zu einem Oval formen und die Haut leicht überlappend zusammenklappen.
9. Die Haut am Hals beginnend bis zum Bürzel mit einer Dressiernadel und einem kräftigen Faden zusammennähen. Durch die Kniegelenke zum Verschließen einen Spieß stecken und einen weiteren entlang der Naht des Bürzels, damit das Hähnchen zusammenhält. Am Halsende mit dem Dressieren anfangen und den Faden um den weichen Körper wickeln, damit er in Form bleibt. Den Faden an den Spießen befestigen.
10. Die Butter in einem kleinen Topf zerlassen.
11. Den Vogel mit Salz und Pfeffer einreiben und zum Befeuchten rundum mit einem Pinsel mit etwas geschmolzener Butter bestreichen. Das Hähnchen auf einen Gitterrost über eine Bratreine legen und beides in den Ofen schieben. Braten, bis die Brust hellgelb ist.
12. Den Wein erhitzen und über das Hähnchen gießen.
13. Ein Stück Mulltuch zurechtschneiden, das die Hähnchenbrust abdeckt, und in die restliche zerlassene Butter tauchen. Dann die Hähnchenbrust damit bedecken und das Hähnchen weitere 1 ½ Stunden im Ofen braten, bis es gar ist. Dabei nach ca.

1 Stunde die Temperatur auf 180 °C reduzieren. Das Hähnchen alle 15–20 Minuten mit der Bratflüssigkeit übergießen.
14. Den fertig gegarten Vogel in eine vorgewärmte Servierschale legen. Das klare Fett abschöpfen, das an der Oberfläche der Bratflüssigkeit schwimmt, und die Flüssigkeit mit einigen EL Wasser ablöschen. Kräftig aufkochen lassen und am Boden der Reine haftende Fleischreste abschaben. Mit Salz und Pfeffer abschmecken und in eine vorgewärmte Schüssel oder eine Sauciere füllen.
15. Zum Servieren zuerst die Schale mit dem Hähnchen zum Bewundern an den Tisch bringen. Dann Keulen und Flügel entfernen und den gefüllten Körper mit einem sehr scharfen Messer am Hals beginnend aufschneiden. Die Keulen in Tranchen schneiden und jedem Gast ein gefülltes Stück sowie ein Stück Keulenfleisch reichen. Mit der Sauce servieren.

Zu diesem Hähnchen passt jede Gemüsebeilage, die Sie auch sonst zu Brathähnchen servieren. Falls Sie das Trüffelaroma noch intensivieren möchten, lassen Sie eine Schüssel mit *Funghi in umido* (S. 182) herumgehen. Und wer es typisch mailändisch mag, kann zum Hähnchen Timbalen aus einfachem *risotto* (S. 43) servieren. Auch der erste Gang sollte ein elegantes Gericht sein – ideal ist eine aus der Karkasse gekochte Brühe. Ich empfehle eine *stracciatella* (Einlaufsuppe) oder *Passatelli* (S. 75), die beide schnell und einfach zubereitet sind. Noch leichter haben Sie es mit *prosciutto e melone* oder mit Ihrem liebsten *salade tiède* (lauwarmer Salat), der allerdings nicht zu viel Knoblauch enthalten oder zu pikant sein darf.
Sie können das Hähnchen auch kalt ohne Sauce servieren. Oder verzichten Sie auf das Entbeinen: Füllen Sie das Hähnchen in dem Fall einfach mit einer geringeren Menge. Das Ergebnis ist nicht ganz so beeindruckend, hat dafür aber weniger Arbeit gemacht.
Falls Reste von Füllung und Hähnchen übrig bleiben, können Sie sie fein hacken und mit etwas gehacktem gedünsteten Spinat oder mit Brennnesseln sowie etwas *ricotta* oder Béchamelsauce vermengen. Oder Sie füllen damit *crespelle* oder *cannelloni.*
Für 10–12 *cannelloni* (für 4 Personen) benötigt man etwa 600 g Füllung. Mit Béchamelsauce bedecken und im heißen Ofen auf die übliche Weise 20 Minuten backen.

Käse

Käse

Ein 1977 veröffentlichter Katalog führt 451 verschiedene italienische Käsesorten auf. Landauf, landab gibt es in Italien unzählige Methoden der Käsezubereitung, die alle zu der enormen Menge an regionalen Gerichten mit diesen verschiedenen Käsesorten beitragen.

Die Ursprünge der italienischen Käseherstellung reichen zurück in uralte, legendenumwobene Zeiten. In der *Odyssee* beschreibt Homer, der zwischen dem 7. und 6. Jahrhundert v. Chr. gelebt haben soll, die Ankunft von Odysseus in Polyphems Höhle in Sizilien. Demnach sollen sich dort zahlreiche Körbe befunden haben und »alle Körbe strotzten von Käse«. Nachdem der Zyklop mit seiner Ziegen- und Schafherde zurückgekehrt war,

»... saß er, und melkte die Schaf' und meckernden Ziegen
Nach der Ordnung, und legte den Müttern die Säugling' ans Euter;
Ließ von der weißen Milch die Hälfte gerinnen, und setzte
Sie zum Trocknen hinweg in dichtgeflochtenen Körben.«

Zur Zeit der Römer hatte sich die Kunst der Käseherstellung in Sizilien fest etabliert. Sizilianischer Käse war im ganzen Römischen Reich bald ein Begriff. Die Römer entdeckten, dass sich das natürliche Gerinnen der Milch durch tierisches Lab auslösen lässt. Die Sizilianer wurden zu Experten, was die Dosierung des Labs anging. Selbst als die Völkerwanderung begann, blieb die Käseherstellung von Bedeutung. Zur Jahrtausendwende (um 1000 n. Chr.) entstanden dann die ersten Exemplare der heute als traditionell geltenden Käsesorten.

Der erste Bauernhof, der sich bereits im 13. Jahrhundert überwiegend der Käseproduktion widmete, befand sich in der Nähe von Parma. Im Cinquecento waren italienische Käsesorten bereits auf den Tafeln der europäischen Adelshäuser vertreten. In den meisten Menüs und Gerichten der großen Köche spielt Käse eine wichtige Rolle. Auch das einfache Volk verfeinerte mit Käse die schlichten Suppen, aromatisierte damit seine Frikadellen und würzte seine

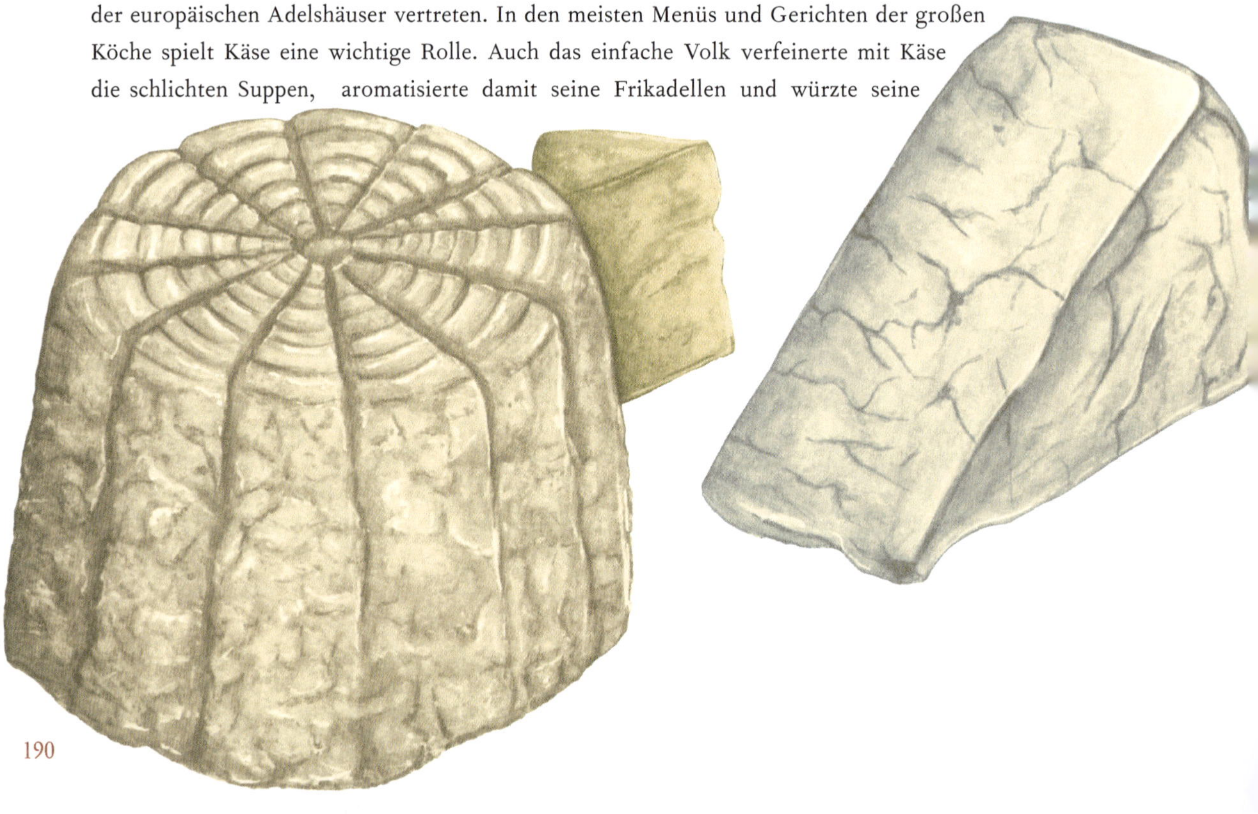

Buchweizen-*polenta*. Gegen Ende des 19. Jahrhunderts wurde die Käseherstellung zu einem bedeutenden Industriezweig. Manche Käsesorten verschwanden, andere wandelten sich zu den Sorten, die wir heute kennen.

Der Großteil der heute gut bekannten Käsesorten wird in Norditalien produziert. Die meisten davon kommen als Tafelkäse auf den Tisch und werden in regionalen Gerichten verwertet, je nach ihren Eigenschaften als *formaggi da grattugia* (Käse zum Reiben) oder als *formaggi da cucina* (Käse zum Kochen). Bel Paese ist z. B. ein guter Schmelzkäse und kann anstelle von *mozzarella* verwendet werden. Manche regionalen *tome* (Weichkäse) schmecken ganz wunderbar als Sauce zu *polenta* und *gnocchi*. In Sizilien vermengt man für Pasta *ricotta salata* (gesalzenen *ricotta*) mit Tomatensauce.

Im Folgenden stelle ich nur die bekanntesten Käsesorten vor, die zum Kochen verwendet werden und auch außerhalb Italiens erhältlich sind: *gorgonzola*, *fontina*, *mozzarella*, Parmesan, *mascarpone* und *ricotta*.

Gorgonzola

Gorgonzola ist ein norditalienischer Käse *par excellence* und eine der ältesten Käsesorten. Er soll schon zur Zeit der Römer bekannt gewesen sein. Seine offizielle Verbindung mit der Stadt Gorgonzola besteht seit 1251. Gorgonzola war ein Landstädtchen östlich von Mailand, ist heute aber ein Teil der Vorstadt. Einst war das Städtchen eine Art Raststation für das Vieh, das im Herbst nach Hause getrieben wurde, nachdem es die Sommermonate auf den Bergweiden von Valsassina verbracht hatte. Die Kühe waren von der langen Reise *stracche* (mailändisch für müde). Zu diesem Zeitpunkt wurden dann die verschiedenen *Stracchini*-Käsesorten hergestellt – darunter ist außerhalb Italiens der *gorgonzola* am beliebtesten.

Der Hauptproduktionsstandort liegt inzwischen in Novara, einer Provinz der Region Piemont. Dort befindet sich auch das *Consorzio per la Tutela del Formaggio Gorgonzola*. Alle *gorgonzola*-Produzenten müssen diesem Konsortium angehören, das die Verwendung der Bezeichnung schützt. Jeder einzelne Käse wird mit einer Identifikationsnummer gestempelt, die Aufschluss über den produzierenden Bauernhof oder die Herstellungsstätte gibt.

Gorgonzola wird aus heißer und kalter dickgelegter Kuhmilch zweier Melkgänge gewonnen. Die Milch wird in runde Formen mit einem Durchmesser von 25–30 cm gefüllt. Dann werden sehr dünne Metallnadeln in den Käse eingeführt und wieder herausgezogen. Durch die winzigen Löcher wird der Käse belüftet, was die Entstehung von Schimmelpilzen fördert. Die etwa 50 Tage dauernde Reifezeit verbrachten die Käselaibe früher in Höhlen in Valsassina und Val Brembana, zwei Alpentälern nordöstlich von Mailand. Heutzutage reift nur noch der auf Bauernhöfen produzierte *gorgonzola* auf diese Weise. Die industriell hergestellten Käselaibe, die außerhalb Italiens erzeugt werden, reifen in Lagerräumen, in denen ähnliche Umgebungsbedingungen reproduziert werden.

Ein richtig guter *gorgonzola* ist cremefarben und hat blaugrüne Adern, die in der Mitte des Laibs stärker ausgeprägt sind. Er hat einen Fettgehalt von 45 Prozent. Sein angenehm aromatischer Geschmack reicht vom milden *gorgonzola dolce*, wie z. B. dem *dolcelatte*, bis zum pikanten *gorgonzola piccante*, einer älteren Sorte, die nur in den besten italienischen Feinkostläden erhältlich ist. Alle Experten sind sich einig, dass dies der Spitzenreiter aller Sorten ist. Er ist zwar zugegebenermaßen teuer, aber wirklich hervorragend. James Aldridge, der Fachmann auf diesem Gebiet, findet ihn sogar besser als Roquefort oder Stilton.

Gorgonzola wird überwiegend als Tafelkäse verzehrt, in letzter Zeit aber auch zum Kochen verwendet, vor allem als Hauptzutat für viele Pasta- oder Kartoffel-*gnocchi*-Saucen.

Salsa al *gorgonzola*

Gorgonzola-Sauce für gnocchi oder hausgemachte Pasta

Ich nehme diese Sauce gerne für die *gnocchi* aus Brandteig (siehe S. 202) her.

Für 4 Portionen gnocchi oder Pasta
60 g *gorgonzola*
30 g Butter
4 Salbeiblätter
1 Knoblauchzehe
100 g Crème double
Salz und schwarzer Pfeffer aus der Mühle

1. Den *gorgonzola* in kleine Stücke schneiden.
2. Butter, Salbei und Knoblauch in einem kleinen Topf erhitzen. Sobald die Butter geschmolzen ist, Käse, Crème double sowie 1 gute Prise Pfeffer zufügen. Unter ständigem Rühren erhitzen, bis der Käse geschmolzen ist. 1 Minute köcheln lassen. Falls nötig, mit Salz abschmecken: Da der Käse bereits salzig ist, muss man vielleicht gar nicht nachwürzen. Vor der Verwendung der Sauce Salbeiblätter und Knoblauch entfernen und wegwerfen.

Fontina

Fontina ist ein halbfester Schnittkäse aus Kuhmilch. Die großen runden Laibe haben ein unverwechselbares Aroma und duften nach den Wildkräutern und Blumen der Almwiesen des Valle d'Aosta, wo sie auf den Höfen produziert werden. Es gibt auch einen industriell hergestellten *fontina*. Beide Käsevarianten tragen auf der Rinde den Stempel FONTINA VALDOSTANA. Hierzulande ist *fontina* oft nur in gut bestückten Supermärkten, Käsegeschäften und italienischen Feinkostläden erhältlich.

Der *fontina* kann auf eine lange Geschichte zurückblicken. Er soll bereits im 15. Jahrhundert produziert worden sein (der Name *fontina* ist Teil einer Liste von Käsesorten, die damals im Valle d'Aosta hergestellt wurden) und vermutlich sogar schon zur Zeit der Römer. Ab dem 18. Jahrhundert galt der *fontina* als so wichtig, dass er in verschiedenen regionalen Dokumenten und Verzeichnissen auftaucht. Zu der Zeit wurde er zudem oft unter dem Namen *fontine* aufgeführt.

Über den Ursprung des Namens existieren zahlreiche Theorien. Einige Autoren sind überzeugt, dass er von dem Berg Fonti bei Aosta abgeleitet wurde, während andere glauben, dass die Bezeichnung auf das Wort *fondere* (schmelzen) zurückgeht. Denn dies ist die wichtigste Eigenschaft des *fontina* – er schmilzt ganz wunderbar. Deshalb sind Experten der Ansicht, dass der *fontina* kein Tafelkäse ist, sondern nur als würzende Zutat verwendet werden sollte, traditionell für *polenta* und Kartoffel-*gnocchi*, oder für *fonduta* (siehe folgendes Rezept).

Fonduta piemontese

Piemonteser Fondue

Die Hauptzutat dieser verführerischen Sauce, den *fontina*, können Sie in italienischen Feinkostläden und Käsegeschäften kaufen. Die zweite typische Zutat ist der weiße Trüffel. Ich verwende die günstigere Trüffelpaste, aber die Sauce schmeckt auch ohne Trüffel sehr gut. Falls Sie das Glück haben, einen weißen Trüffel zur Hand zu haben, sollten Sie ihn unbedingt kurz vor dem Servieren in feine Scheiben geschnitten der Sauce zufügen.

Die Sauce muss auf die letzte Minute zubereitet werden, da der Käse sonst dickflüssig und klebrig wird. Die Zubereitung dauert nur 10 Minuten, wenn Sie kochendes Wasser in den unteren Teil eines zweiteiligen Wasserbadtopfs oder in einen Topf gießen, in den man eine Metallschüssel für das Wasserbad einhängen kann. Ich gebe zur Stabilisierung ein wenig Mehl zur Emulsion, da die Zubereitung dieser Sauce etwas knifflig ist.

Fonduta piemontese serviert man traditionell mit *crostini* (Croûtons) oder Brot. Mir schmeckt sie auch zu einer festen *polenta* oder mit *riso in bianco*, also gekochtem Reis (siehe Ende des Rezepts).

Für 4 Personen

300 g *fontina*
ca. 250 ml Milch
60 g Butter
1 EL Weizenmehl
3 Bio-Eigelb
1 ½ EL weiße Trüffelpaste (nach Belieben)
schwarzer Pfeffer aus der Mühle

1. Den *fontina* etwa 6 Stunden vor dem Servieren der *fonduta* würfeln und in einer Schüssel mit der Milch bedecken.
2. Die Butter in den oberen Teil eines zweiteiligen Wasserbadtopfs (oder eine Metallschüssel) geben, die *fontina*-Milch-Mischung zufügen und den Topf auf den mit köchelndem Wasser gefüllten unteren Teil (oder Topf) stellen. Das Wasser darf mit dem Schüsselboden nicht in Berührung kommen.
3. Mehl und Eigelbe verquirlen und die Mischung unter ständigem Quirlen mit dem Schneebesen zur Käse-Milch-Mischung gießen. Unter ständigem Quirlen weiter erhitzen, bis der *fontina* geschmolzen und die Sauce sehr glatt, cremig und glänzend ist. Nach Belieben Trüffelpaste und Pfeffer zufügen und vermengen. Salz muss nicht zugegeben werden, da der Käse salzig genug ist. Nicht länger erhitzen, da der Käse sonst Fäden zieht.
4. In einer vorgewärmten Schüssel aus Ton servieren, da eine solche die Wärme besser speichert und der Käse dadurch flüssig bleibt.

Reis in der Form

350 g Langkornreis *al dente* kochen. Abseihen und mit einem ordentlichen Stück Butter verfeinern. Eine Ringform gut fetten und mit Semmelbröseln ausstreuen. Überschüssige Brösel ausschütteln. Den Reis in die Form löffeln und andrücken, damit sich keine Löcher bilden. Die Form auf eine runde Schale stürzen, die Sauce in das Loch sowie rund um den Reis gießen. Wer keine Ringform hat, formt den Reis einfach mit einem Löffel.

Mozzarella

Seinen weltweiten Bekanntheitsgrad verdankt dieser Käse der Beliebtheit von Pizza. Nur wenige Menschen kennen jedoch das kulinarische Erlebnis von echtem *mozzarella* aus Büffelmilch. Er wurde erstmals in Kampanien und Latium aus der Milch indischer Wasserbüffel hergestellt, die im 16. Jahrhundert nach Italien eingeführt worden waren. In diesen Regionen bekommt man auch heute noch den echten Käse. Die Gegend rund um Battipaglia und Paestum ist von Käsefabriken mit dem Werbespruch *Qui la Vera Mozzarella di Bufala* (hier gibt es den echten Büffel-*mozzarella*) übersät. Ich möchte nicht schwören, dass all die Fabriken, die ich bei meinem letzten Besuch von Paestum und der Cilento-Halbinsel gesehen habe, ihren *mozzarella* aus Büffelmilch herstellen. Doch die kleine *caseificio* (Käserei), die ich besucht habe, tat dies auf jeden Fall.

Die *caseificio* befand sich nahe der Ruinen der griechischen Stadt Velia, die im 5. Jahrhundert v. Chr. ihre Blütezeit hatte, genau wie Paestum weiter nördlich. Auch Velia war ein wichtiger Hafen, von dem die Waren, die auf dem Landweg vom legendären Sybaris an der ionischen Küste gekommen waren, per Schiff weiter ins westliche Mittelmeer transportiert wurden. Im Gegensatz zu Paestum ist Velia heute jedoch zum Großteil verschüttet. Die Ruinen stehen am Fuße des Hügels und blicken hinab auf die friedliche und fruchtbare Landschaft Kampaniens, das die Römer später »das glückliche Land« nannten. Denn dieses Land hält noch viel mehr Schätze bereit als nur den echten *mozzarella*, den ich hier suchte.

Meine *caseificio* widmete sich ausschließlich der Produktion von *mozzarella*, obwohl ich in dem kleinen angeschlossenen Laden auch guten *provolone* und *caciocavallo* kaufen konnte, die in der Nähe produziert wurden. Der *casaro* (Käser) stand neben einem großen Behälter mit einer mechanischen Käseharfe, die sich ohne Unterlass drehte. Das Lab war bereits zugegeben worden, und gerade wurde die sogenannte *pasta filata* (zu Fäden gezogene Bruchmasse) produziert. Dazu übergießt man die Bruchmasse mit kochendem Wasser, wonach die Molke durch die rotierende Bewegung der Käseharfe abgetrennt wird. Der *casaro* muss den Bruch gut im Auge behalten und gelegentlich kochendes Wasser zugießen. Wenn sich ein Faden bildet, wird der Käse *mozzato* (vom ursprünglichen Klumpen abgeschnitten – so entstand der Käsename) und durch einen Extruder geleitet. In der Käserei brachen drei Mädchen Stücke dieser *pasta filata* ab und formten sie schnell zu glatten, glänzenden Bällen, die sie in ein Becken neben sich warfen. Dies waren die köstlichen *bufaline*.

Mozzarella aus Büffelmilch schmeckt frischer und duftet intensiver und feiner als Kuhmilch-*mozzarella*. Auch seine Konsistenz ist fester; beim Aufschneiden quietscht er, und milchige Molke tritt aus. Falls Sie diesen *mozzarella* kaufen, sollten Sie ihn nicht zum Kochen verwenden – das wäre Verschwendung. Essen Sie ihn lieber pur! Der in Großbritannien und Deutschland in Supermärkten erhältliche *mozzarella* in Form zerdrückter Bälle wird aus Kuhmilch hergestellt und kann vor Ort oder in Italien produziert worden sein. Der italienische *mozzarella* ist teurer als anderswo hergestellter, schmeckt dafür aber besser und behält beim Kochen mehr oder weniger seine Form. In Italien gibt es (Kuhmilch-)*mozzarella* auch in anderen Formen: *trecce* (Zöpfe), *ovolini* (kleine Eier), *ciliege* (Kirschen) und *bocconcini* (Häppchen, die nach den »zerquetschten Bällen« beliebteste Sorte).

Mozzarella kann man roh pur oder zu Gemüse essen, am besten zu Tomaten. In Italien nennt man diese Kombination *insalata caprese*. Doch wegen seiner Bindungsqualitäten verwendet man *mozzarella* hauptsächlich zum Kochen, wobei ich Ihnen dazu ein paar Geheimnisse verraten kann: Der hierzulande produzierte *mozzarella* aus dem Plastikbeutel verliert beim Erhitzen stark an Aroma und wird zu einer faserigen weißen Gummimasse. Deshalb befolge ich einen nützlichen Rat von Marcella Hazan, die *mozzarella* 1–2 Stunden vor der Verwendung raspelt und mit einigen EL Olivenöl mischt. Falls Ihr Gericht kein Olivenöl enthält, können Sie den Käse auch mit Milch vermengen. Das andere Geheimnis besteht darin, nur eine geringe Menge *mozzarella* zu verwenden und den gewünschten Käsegeschmack durch die Zugabe von etwas Cheddarkäse zu erreichen, sodass man nicht allzu viel weiße Gummimasse im Gericht findet. Legen Sie keine dicken *mozzarella*-Scheiben auf ein Gericht wie Pizza, das noch gebacken wird. Raspeln Sie den Käse lieber (siehe oben) oder schneiden Sie ihn in kleine Stücke oder schmale Streifen und verteilen Sie diese auf der Pizza. Oder legen Sie dünne *mozzarella*-Scheiben unter die Tomaten oder eine andere Zutat.

Polpettine alla pizzaiola

Mit mozzarella gefüllte Frikadellen in Pizzasauce

Diese Frikadellen mit mediterraner Note enthalten *mozzarella* und werden in einer Tomatensauce gegart. Der *mozzarella* schmilzt in den Frikadellen und fließt gelegentlich heraus und vermischt sich mit der Tomatensauce. In Italien nennt man eine Sauce, die nur Tomaten und Oregano enthält, *alla pizzaiola*. Der *mozzarella* gehört hier eindeutig zum Fleisch und nicht zur Sauce.
Kaufen Sie nur Hackfleisch von bester Qualität oder gleich ein mageres Stück Schmorfleisch, das Sie vom Metzger frisch durchdrehen lassen.

Für 4 Personen
60 g Weißbrot
Milch
1 Bio-Ei
Salz und schwarzer Pfeffer aus der Mühle
450 g mageres Rinderhackfleisch
1 Kugel *mozzarella* (à ca. 225 g)
3 EL Olivenöl

Für die Tomatensauce
1 Zwiebel oder 2 Schalotten, fein gehackt

1. Für die Tomatensauce die Zwiebel im Öl in einer Pfanne (20 cm ø) mit schwerem Boden anbraten. (In einer größeren Pfanne verdampft die Tomatenflüssigkeit schneller und intensiviert das Aroma der Sauce.) Etwas Salz zufügen, damit die Zwiebel ihre Flüssigkeit ausscheidet und nicht anbräunt. Die Zwiebel unter häufigem Rühren garen, bis sie weich ist.
2. Knoblauch und Sellerie zusammen hacken und zur Zwiebel geben. Etwa 1 Minute mitbraten, dann das Tomatenmark zufügen. Unter ständigem Rühren 1 Minute karamellisieren. Tomaten, Zucker und reichlich Pfeffer zugeben. Gut 45 Minuten köcheln lassen, bis die Sauce dickflüssig wird und sich das Öl von den Tomaten abgesetzt hat.
3. Während die Sauce kocht, die Brotkruste abschneiden und das

2 EL Olivenöl
Salz
1 Knoblauchzehe
1 Stange Staudensellerie mit Blättern
2 TL Tomatenmark
400 g Eiertomaten (aus der Dose), alternativ 550 g frische reife Tomaten, gehäutet und Samen entfernt
1 TL Zucker
schwarzer Pfeffer aus der Mühle
2 EL Oregano

Brot 5 Minuten in etwas Milch einweichen. Ausdrücken und in eine Schüssel füllen.
4. Das Ei mit Salz und Pfeffer würzen und leicht verquirlen. Das Fleisch in die Schüssel mit dem eingeweichten Brot geben und das Ei zugießen. Gründlich vermengen – am besten mit den Händen.
5. Das Fleisch in acht Portionen aufteilen, zu rundlichen, flachen Frikadellen formen und fest daraufklopfen, um Lufteinschlüsse zu entfernen.
6. Den *mozzarella* in Scheiben schneiden und vier Frikadellen mit den Scheiben belegen, sodass rundum ein Rand frei bleibt. Die anderen vier Frikadellen jeweils obenauf legen und entlang des Rands zusammenpressen.
7. Das Öl in einer Pfanne mit Antihaftbeschichtung erhitzen und die Frikadellen darin braten, bis sie eine schöne dunkle Kruste haben. Wenden und von der anderen Seite braten. Dann in die Pfanne zur Sauce geben. Einige EL heißes Wasser in die Pfanne gießen, in der die Frikadellen gebraten wurden. Kurz aufkochen lassen, dann diesen Bratensaft unter die Tomatensauce rühren. Oregano hineinstreuen. Einen Deckel auflegen und alles 20 Minuten garen, sodass sich die Aromen von Fleisch, *mozzarella* und Tomate verbinden können.

Mir schmecken zu diesen *polpette* gedämpfte oder gekochte Kartoffeln oder *tagliatelle* mit einem Stück Butter. Falls Sie dazu noch grünes Gemüse reichen möchten, empfehle ich gedämpfte oder sautierte Zucchini. So wird daraus eine sehr sättigende *piatto unico* (Ein-Gang-Mahlzeit).

La mia mozzarella in carrozza

Frittierte Sandwiches mit mozzarella und Salami

Mozzarella in carrozza ist eine der fantastischsten Kreationen der erfindungsreichen Neapolitaner. Sie schneiden ihren Büffel-*mozzarella* auf, stecken ihn zwischen zwei Scheiben Weißbrot und frittieren sie. Da der hierzulande produzierte *mozzarella* zwar ebenso schön schmilzt wie sein Kollege aus Neapel, aber wesentlich weniger Aroma hat, lege ich noch eine Scheibe gute italienische Salami in das Sandwich. Ich kaufe *salame felino*, die man in Scheiben geschnitten und vakuumverpackt in sehr guten Supermärkten oder italienischen Feinkostläden bekommt. Sie schmeckt hervorragend und hat genau die richtige Größe für dieses Gericht. Sie können auch eine andere gute Salami nehmen, doch sie sollte nicht zu scharf sein, da sonst der milde Geschmack des Käses überdeckt wird.

Die hier angegebenen Mengen reichen für 4 Personen als *primo*. Wenn Sie *Mozzarella in carrozza* als *secondo* servieren, reicht die Menge für 2–3 Personen, je nachdem, wie hungrig sie sind.

Für 2–4 Personen

200 g frischer *mozzarella*
ca. 100 ml Milch
100 g Weizenmehl
2 Bio-Eier
8 Scheiben Weißbrot (à ca. 1 cm Dicke)
4–8 nicht zu dünne Scheiben italienische Salami (je nach Größe)
Salz und schwarzer Pfeffer aus der Mühle
Pflanzenöl zum Braten

1. Den *mozzarella* horizontal in Scheiben schneiden (so dick wie die Brotscheiben).
2. Die Milch in einen Suppenteller gießen, das Mehl auf einen weiteren Suppenteller streuen.
3. Die Eier in einen dritten Suppenteller aufschlagen. Salzen, pfeffern und leicht verquirlen.
4. Eine Seite jeder Brotscheibe sehr kurz in die Milch tauchen. Den *mozzarella* mit Pfeffer würzen. Je eine Scheibe *mozzarella* und ein oder zwei Scheiben Salami zwischen die trockenen Seiten zweier Brotscheiben legen. Jedes Sandwich an beiden Enden mit zwei Zahnstochern zusammenstecken.
5. Reichlich Öl zum Frittieren in einem Wok oder einer tiefen Pfanne auf hohe Temperatur erhitzen, aber nicht bis zum Rauchpunkt.
6. Inzwischen jedes Sandwich leicht bemehlen und dann in die verquirlten Eier tauchen, bis es rundum überzogen ist. Überschüssiges Ei wieder zurück auf den Teller tropfen lassen.
7. Die Sandwiches von beiden Seiten braten, bis sie goldbraun und knusprig sind. Der *mozzarella* sollte gerade anfangen zu schmelzen. Auf Küchenpapier entfetten, dann sofort servieren.

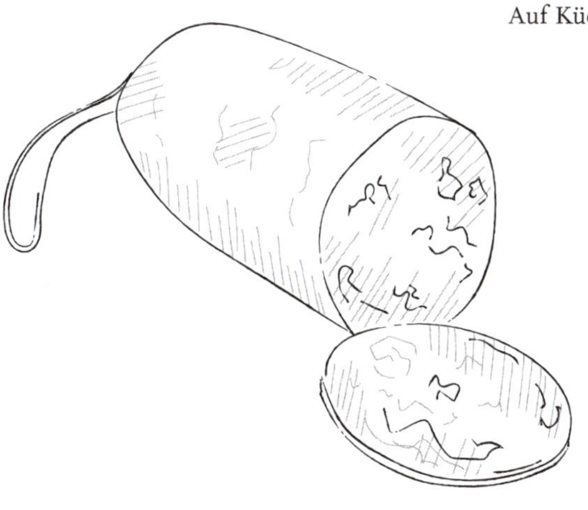

Parmesan

In Italien sind die Käsesorten, die in anderen Ländern ganz allgemein als Parmesan bezeichnet werden, wesentlich genauer unterteilt. Es gibt nämlich vier sich klar unterscheidende Käsesorten, deren Oberbezeichnung nicht Parmesan, sondern *grana* lautet. Diese sehr harten Käselaibe mit körniger Struktur (*grano* bedeutet »Korn«) werden im Ausland gerne als Parmesan bezeichnet. In Italien trägt dagegen jeder einzelne von ihnen einen eigenen Namen, der den jeweiligen *grana* nach seinem Herkunftsort bezeichnet: Der Käse aus Lodi heißt folglich *grana lodigiano*, der aus Piacenza *grana piacentino*, und der aus dem Po-Tal *grana padano* (abgeleitet von Padus, der lateinischen Bezeichnung des Flusses Po). Die einzige Ausnahme bildet der echte Parmesan, dessen korrekter Name *parmigiano reggiano* lautet. Diese vier Käsesorten werden alle auf die gleiche Weise hergestellt. Sie unterscheiden sich lediglich darin, dass die Kühe des jeweiligen Herkunftsortes, aus deren Milch der Käse produziert wird, unterschiedliches Futter bekommen. Parmesanlaibe sind riesig und auf der Rinde des *grana* prangt deutlich ein Stempel mit dem Namen des Herkunftsortes.

Ich kaufe meinen *grana padano* immer in Pavia, einem der Produktionszentren, und zwar wenn ich meinen Sohn besuche, der das Glück hat, in dieser bezaubernden Stadt zu wohnen. Dieser hervorragende Käse wird jung als Tafelkäse serviert und gereift zum Kochen verwendet. In Pavia bekomme ich auch den sehr seltenen *grana lodigiano*, den ich gerne als Tafelkäse esse. Er ist weicher und milder als die anderen *grana*-Sorten. Giacomo Casanova, dem gutes Essen wichtig war, auch wenn er eher bekannt für seinen Appetit auf andere Dinge ist, hielt in seinen berühmten Tagebüchern fest, dass »Lodi berühmt für seinen Käse war, der in ganz Europa als Parmesan bekannt ist«.

Grana piacentino ist eine sehr alte Käsesorte, die man einst ebenfalls in ganz Europa kannte. Sie stritt mit ihrem Rivalen, dem *parmigiano reggiano*, um die Vormachtstellung. Im Laufe der Jahrhunderte zollten viele Menschen diesem Käse ihre Anerkennung: Einer der ersten soll Hannibal gewesen sein. Der Käse war, so besagt die Legende, der Grund für seine Niederlage in der Zweiten Schlacht von Capua. Als er durch Piacenza kam, erwarb Hannibal eine gute Menge an *grana piacentino* und verbrachte die folgenden Tage damit, sich den Bauch damit vollzuschlagen anstatt sich gegen die Römer zu wappnen. Eine hübsche Geschichte, auch wenn sie vielleicht ein klein wenig unglaubwürdig wirkt. Fest steht auf jeden Fall, dass der *grana piacentino* ein exzellenter Käse ist.

Der wahre Geburtsort des Parmesans liegt in einem Gebiet zwischen Reggio Emilia und Parma, das einst zum Herzogtum Parma gehörte. Aus diesem Grund nannte man den Parmesan ursprünglich nur *parmigiano*. Als dann Reggio ganz zu Recht seinen Anteil an dieser Herkunftsgeschichte beanspruchte, änderte man die Bezeichnung zu *parmigiano reggiano* ab. Der *parmigiano reggiano* wird lediglich in genau festgelegten Gebieten der Provinzen Reggio Emilia, Parma, Modena, Bologna und Mantua hergestellt.

Wie die anderen *grana*-Käsesorten wird auch der Parmesan noch in kleinen, *caselli* genannten Fabriken hergestellt, wo maximal 16 Laibe pro Tag produziert werden. Als ich vor Kurzem in Parma war, nahm mich Avvocato Giorgio Bernardini, der Geschäftsführer des Consorzio Parma Alimentare, zu einem Besuch eines dieser *caselli* mit. Wir fuhren zu einem *casello* außerhalb von Parma, wo mich Signor Mariani, der Käser, herumführte. Die am Vorabend und an diesem Morgen gemolkene Milch wird etwas teilentrahmt und dann mit Kalbslab zum Gerinnen gebracht. Danach wird der Bruch herausgeholt und zu 25–30 kg schweren Laiben geformt. Für jeden dieser Laibe werden 450 l Milch verarbeitet – eine beeindruckende Menge!

Nun folgt die schwierigste Aufgabe des Käsers – das Salzen. Es muss genügend Salz zugeführt werden, damit der Käse nicht verdirbt, aber nicht zu viel, da sonst das Aroma leidet. Die gesalzenen Laibe reifen anschließend in großen, kühlen Lagerräumen, wo sie in langen Reihen auf bis zur Decke reichenden Regalen gelagert werden.

Als ich gerade in einem dieser Lagerräume war, vollzog ein beeindruckender Roboter ein Ritual, das zweimal wöchentlich durchgeführt wird: Er wischte von jedem Käse die durch das Salz austretende Flüssigkeit ab. Die Maschine erinnerte an einen riesigen Dalek, der sich von Dr. Who abgewandt zu haben schien, um sich, montiert auf zwei Führungsschienen, diesen Käselaiben zu widmen. Er hielt an, fuhr zwei lange Arme aus, holte einen Käse hervor und legte ihn auf eine Plattform, wo er ihn auf einer Seite abwischte, umdrehte und danach auf der anderen Seite abwischte. Schließlich wurde der Käse wieder ins Regal gelegt, und das Monster fuhr weiter.

Parmesan wird in drei Grade unterteilt, deren Bezeichnung ihrer Reifezeit entspricht. Der jüngste Parmesan namens *nuovo* schmeckt gut als Tafelkäse und hat ein Alter bis zu 1 Jahr. *Parmigiano vecchio* reift 1–1 ½ Jahre, während der beste Parmesan, *stravecchio* genannt, eine Reifezeit von mindestens 2 Jahren benötigt.

Guter Parmesan hat eine blasse gelbbraune Farbe, eine krümelige Konsistenz und einen intensiven und zugleich milden Geschmack. Wenn Sie einen derart perfekten Parmesan entdecken, sollten Sie gleich ein großes Stück kaufen und dieses in 200 g schwere Stücke zerteilen. Schneiden Sie ihn nicht durch, sondern stecken Sie die Spitze eines Messers hinein: So bricht der Käse entlang seiner natürlichen Bruchstellen auseinander. Wickeln Sie die Stücke bis auf dasjenige, das Sie sofort verwenden, in Frischhaltefolie ein, und legen Sie sie in den Tiefkühler. Parmesan verliert sein Aroma beim Tiefkühlen kaum. Nach dem Auftauen ist er lediglich etwas bröckeliger. Das zur sofortigen Verwendung bestimmte Stück wickeln Sie in ein doppelt gelegtes Mulltuch ein und geben es ins Gemüsefach des Kühlschranks. Durch das Mulltuch kann der Käse atmen, sodass sich für ca. 1 Monat kein Schimmel bildet.

Parmesan ist sehr nahrhaft: 100 g haben den gleichen Proteingehalt wie 200 g Rindfleisch und 300 g Fisch. Außerdem ist sein Gehalt an Cholesterin und gesättigten Fetten niedriger als bei den meisten anderen Hartkäsesorten.

Der Ursprung des Parmesans verliert sich im Dunkel der Geschichte. Wir wissen, dass er im 14. Jahrhundert bereits als vorzüglicher Käse galt. Boccaccio schrieb im Dekameron, wo er die Vergnügungen im *Paese di Bengodi* (dem Schlaraffenland) schildert: »*Et eravi una montagna di formaggio grattugiato sopra la quale stan genti, che niuna altra cosa facevan che fare maccheroni et ravioli.*« (»Und auf einem Berg aus geriebenem Käse standen Leute, die nichts anderes taten, als Makkaroni und Ravioli zu machen.«) Es gibt wohl kaum Zweifel, dass es sich bei diesem Käse um Parmesan handelte. Dies belegt, dass die erfolgreiche Kombination von Pasta und Parmesan damals schon recht beliebt war. Auch während der Hochrenaissance verwendete man reichlich Parmesan: Meist wurde er zum Ende der Mahlzeit mit Trüffeln, Fenchel, Artischocken, Trauben und Birnen serviert.

In Emilia, wo Parmesan stets als Tafelkäse auf den Tisch kommt, isst man noch heute gerne Parmesan mit Birnen als Abschluss einer Mahlzeit. Auch in anderen Gegenden ist es seit Kurzem wieder angesagt, Parmesan mit verschiedenen frischen Früchten oder Gemüsesorten zu servieren. Vor nicht allzu langer Zeit wurden mir saftige geschälte Birnenspalten gereicht, die in geriebenem Parmesan gewälzt worden waren.

Eine sensationelle neue Erfahrung, und ich ärgere mich, nicht selbst auf diese Idee gekommen zu sein. Auf einer Hochzeit in Reggio Emilia begegnete mir eine höchst noble Präsentationsweise für Parmesan: Am unteren Ende der Schautreppe des *palazzo* der Familie stand ein riesiger halber Parmesanlaib von perfektem Aussehen. Rundherum hatte man einige spezielle Parmesanmesser gelegt. Und während wir uns dem Käse widmeten, reichten uns die Kellner ein Glas Champagner.

Der Brauch, ein Stück besten Parmesans zusammen mit einem Drink zu servieren, hat sich von der Emilia-Romagna auch in andere Regionen ausgebreitet. Und kürzlich hatte ich den Eindruck, dass ein großer *scheggia* (Splitter) golden schimmernden Parmesans neben der Champagnerflasche als edler Snack vor dem Gastmahl inzwischen *de rigueur* ist. So lässt sich auch ein gutes Glas Chianti, wie z. B. ein Cepparello oder Chianti Rufina, am schönsten genießen. Parmesan wird aber nicht nur wegen seines Geschmacks geschätzt: So manch ein Fan, darunter Squire Trelawney von der Schatzinsel, liebt auch seinen Duft. In seiner Hosentasche trug dieser stets eine Schnupftabakdose mit geriebenem Parmesan bei sich, die er sich ab und zu voll Genuss unter die Nase hielt.

Trotz seiner teilweisen Verwendung als Tafelkäse wird Parmesan doch überwiegend als Reibekäse betrachtet und wegen seiner guten Schmelzfähigkeit als Kochkäse. Die italienische Küche wäre ohne ihn nicht echt italienisch. Er wird sehr häufig, wenn auch nicht wahllos, für Pasta, Suppen und *risotti* verwendet. In Emilia und Romagna existieren einige wenige Fleischgerichte, für die man Parmesan benötigt, ja sogar ein Gericht Seezunge. In der Lombardei dagegen reicht man den Parmesan zu in Butter sautiertem Gemüse, zu Spargel (siehe Rezept auf S. 201) und Lauch. Für die meisten Gratins benötigt man Parmesan. Doch dazu ein paar warnende Worte: Wenn man Parmesan pur auf ein Gratin streut, wird er beim Erhitzen bitter. Mein Geheimnis besteht darin, nur ein paar EL Parmesan zu verwenden und diese mit trockenen Semmelbröseln zu vermengen. Geben Sie den restlichen Parmesan in die Sauce oder zwischen die verschiedenen Schichten aus wechselnden Zutaten. Werfen Sie die Parmesanrinde nicht weg, sondern reiben Sie sie kräftig und geben Sie den geriebenen Käse in eine *minestrone*, zu Pasta und Bohnensuppe oder einer anderen Gemüsesuppe, die lange gekocht wird.

Die Auswahl der Rezepte für diesen Abschnitt war nicht einfach, da der Parmesan in so vielen köstlichen Gerichten verwendet wird. Ich habe mich deshalb auf die Rezepte konzentriert, bei denen er eine der Hauptzutaten ist.

Asparagi alla milanese

Spargel mit Spiegeleiern und Parmesan

Ab Mitte April, wenn der erste Spargel auf dem Markt erhältlich ist, ist dies mein Lieblingsabendessen. Man könnte es auch »Spargel mit schneller Sauce hollandaise« nennen.

Italiener essen am liebsten dicke weiße Spargelstangen. Manche behaupten, dass die aus Bassano del Grappa oder Greve del Piave in Venetien am besten schmecken. Die Piemonteser sind dagegen der Ansicht, dass ihr Spargel aus Santena noch köstlicher ist. Ich kann nur für den Spargel aus Bassano sprechen, da ich die besten Stangen, warm mit Öl und Zitrone angemacht, im Restaurant *Al Sole* jener Stadt verzehrt habe. Aber ob weiß, grün, dick oder dünn – der Spargel muss frisch und knackig sein. Und Sie benötigen einen guten Parmesan, da das Käsearoma sonst den Geschmack des Spargels überdeckt, anstatt sich mit ihm zu verbinden.

FÜR 4 PERSONEN
1,5 kg weißer Spargel
Salz
60 g Butter
4 EL frisch geriebener Parmesan
6–8 Bio-Eier
schwarzer Pfeffer aus der Mühle

1. Die Spargelstangen rundum schälen und die holzigen Enden großzügig abschneiden. Die Stangen an zwei Stellen (oben nahe der Spitzen und unten oberhalb der Enden) zu kleinen Bündeln zusammenbinden.
2. Einen Spargeltopf oder einen hohen schmalen Topf zur Hälfte mit Wasser füllen, diesem etwas Salz zufügen und es zum Kochen bringen. Die Spargelbündel mit den Spitzen nach oben ins Wasser stellen. Falls nötig einige Kartoffeln mit in den Topf geben, damit die Bündel aufrecht stehen bleiben. (Ich verwende die Kartoffeln am nächsten Tag für einen Salat oder mache *Teglia di patate e pomodoro* (S. 132) daraus, die ich vor dem Spargel serviere.) Falls der Topf nicht hoch genug ist, um den Deckel noch auflegen zu können, ohne die längsten Spargelstangen zu beschädigen, eine Haube aus Alufolie basteln und unter dem Topfrand befestigen.
3. Sobald der Spargel gar ist (etwa 8 Minuten bei sehr frischem Spargel, ansonsten bis zu 20 Minuten), die Bündel herausheben und auf Küchenpapier gründlich abtropfen lassen, dann auf vier einzelne Teller verteilen.
4. Die Butter in einer Pfanne mit Antihaftbeschichtung zerlassen und über die Spargelstangen gießen. Mit Käse bestreuen und warm halten.
5. Die Eier in der gleichen Pfanne braten und ein oder zwei Eier auf jeden Teller gleiten lassen. Mit etwas Pfeffer bestreuen und sofort servieren.

Das Eigelb einstechen und den Spargel mit den Fingern essen, so wie es sich gehört – und dabei durchs Eigelb ziehen. Sie können dieses Gericht auch mit Lauch zubereiten, den die Franzosen schließlich *les asperges des pauvres* (den Spargel der Armen) nennen.

Gnocchi alla parigina

Gnocchi aus Brandteig

Obwohl diese *gnocchi* dem Namen nach eigentlich aus Paris stammen, sind sie in den Küchen Norditaliens äußerst beliebt und dort wahrscheinlich besser bekannt als in Paris.

Gnocchi alla parigina lassen sich leichter zubereiten als Kartoffel-*gnocchi*. Sie können sie mit Parmesan und zerlassener Butter verfeinern, die mit Knoblauch und Salbei aromatisiert wurde, oder aber mit *gorgonzola*-Sauce (siehe S. 192). Köstlich schmecken sie auch mit einer sehr dünnen Béchamelsauce, die zum Schluss mit 3 EL geriebenem Parmesan und Gruyère abgerundet wird.

FÜR 4 PERSONEN

250 ml Milch
90 g Butter, plus mehr zum Fetten
Salz
150 g Weizenmehl, gesiebt
1/4 TL frisch geriebene Muskatnuss
2 EL frisch geriebener Parmesan
4 Bio-Eier (Größe M)

1. Die Milch in einem Topf mit Butter und 1 TL Salz vermengen und zum Kochen bringen.
2. Den Topf vom Herd nehmen und das Mehl komplett zugeben. Kräftig mit einem Holzkochlöffel schlagen, bis es gut vermengt ist. Dann den Topf erneut auf den Herd stellen und bei schwacher Hitze unter ständigem Rühren garen. So wird das Mehl gebraten und verliert den unangenehmen Geschmack rohen Mehls. Etwa 3 Minuten verrühren, bis die Masse ein zischendes Geräusch von sich gibt. Vom Herd nehmen. (Wenn man Mehl in zu stark kochende Flüssigkeit einrührt, können sich Klümpchen bilden, die sich nur schwer auflösen lassen. Geben Sie die Mischung in dem Fall in den Mixer und mixen Sie die Masse vorsichtig, bis die Klümpchen verschwunden sind.)
3. Muskatnuss und Käse untermischen. Unter häufigem Rühren 5 Minuten abkühlen lassen.
4. 1 Ei aufschlagen, zur Masse geben und gründlich unterrühren. Dann die restlichen Eier einzeln aufschlagen, zufügen und jeweils kräftig untermengen. Der Teig muss kräftig gerührt werden, damit er schön luftig wird. Ich verwende dafür ein elektrisches Handrührgerät und rühre etwa 10 Minuten. Danach sollte die Masse glatt und glänzend sein.
5. Reichlich Wasser in einem großen, breiten Topf (mindestens 3 l Fassungsvermögen) zum Kochen bringen. 1 EL Salz zugeben.
6. Den Backofen auf 180 °C vorheizen.
7. Die Temperatur reduzieren, bis das Wasser im Topf nur noch köchelt. Mit einem Teelöffel etwas Teig aufnehmen und mit der Rückseite eines anderen Teelöffels in das köchelnde Wasser schieben. Alternativ die Masse durch eine Spritztüte (Tülle 1 cm) drücken und jeweils in 2,5 cm große Stücke schneiden. Die *gnocchi* in zwei Portionen kochen. Sie steigen schnell an die Oberfläche. Dann noch 1 Minute garen, mit einem Schaumlöffel herausheben und auf einem sauberen Geschirrtuch abtropfen lassen. In eine gut gebutterte feuerfeste Form füllen, in der einige EL der gewünschten Sauce (siehe Rezepteinführung) verteilt wurden. Eine große flache Form wählen, in der alle *gnocchi* nebeneinander in einer Schicht Platz haben.

8. Die *gnocchi* mit einer Schicht Sauce bedecken und 15 Minuten im Ofen backen. Dann herausnehmen und vor dem Servieren 3–4 Minuten durchziehen lassen.

Dieses Gericht lässt sich wunderbar im Voraus vorbereiten. Vor dem Servieren dann 25 Minuten backen, sodass die *gnocchi* gut durcherhitzt werden.
Auch mit einer Sahnesauce schmecken die *gnocchi* ganz hervorragend: Die *gnocchi* zuerst mit einigen EL Parmesan bestreuen. Dann etwas Butter in einem kleinen Topf zerlassen und 200 g Kochsahne (ca. 18 % Fett) zugießen. Die Sahnemischung erhitzen und über die *gnocchi* löffeln. Anschließend 15 Minuten im vorgeheizten Ofen backen und mit extra Parmesan servieren.
Nach diesem feinen ersten Gang können Sie *Sogliole ai carciofi* (S. 149) oder *Scaloppine alla pesca* (S. 220) reichen. Die *gnocchi* machen sich auch wunderbar als Fleischbeilage. Probieren Sie sie, nur mit etwas Butter verfeinert, zu *Quaglie all'aceto balsamico* (S. 302) oder *Pollo ripieno* (S. 185).

Mascarpone

Während meiner Kindheit in Mailand kam jeden Dienstag eine Frau zu unserem Haus, die *ricotta piemontese* und *mascarpone* verkaufte. Ich sehe sie heute noch vor mir: Sie war schwarz gekleidet und trug einen schwarz-weißen Schal um den Kopf. An einem Arm trug sie einen flachen Korb voller in Mulltücher gewickelter Käse, den *ricotta* auf einer Seite und den *mascarpone* auf der anderen. Von ihrer Schulter hing eine Balkenwaage zum Abwiegen des Käses, der auf die großen Messingschalen gelegt wurde. Ich freute mich immer sehr auf ihre Besuche am Dienstag, denn ich liebte den Duft und das glänzende Weiß der Käse. Und besonders natürlich ihren Geschmack! Ich aß die beiden Käsesorten, wie es sich gehört – mit ein wenig Zucker.

Luigi Cherubini, der Autor eines Wörterbuchs zum Mailänder Dialekt aus dem Jahr 1839, pflichtet mir da bei. In dem Eintrag zu *mascarpone* schrieb er:

»Eine Art Milchprodukt aus Sahne, die zum Kochen gebracht wird und dann am Siedepunkt mit einer kleinen Menge Essig oder Essigsäure behandelt wird. Es hat die gleiche Konsistenz wie Butter und ist sehr weiß … Meist isst man es ganz schlicht mit Zucker gesüßt; Feinschmecker vermengen es jedoch sogar mit *rosolio* oder Rum oder verfeinern es auf vielerlei Art. Das Wort *mascarpone* geht auf den spanischen Ausdruck *Mas cher bueno* zurück.«

Auf Cherubini ist meist Verlass, was die Etymologie lombardischer Wörter angeht. Doch hier, glaube ich, irrt er sich. Ich denke, dass der von meinem Zeitgenossen, dem Food-Historiker Massimo Alberini vorgeschlagene Ursprung des Wortes richtig ist. Demnach kommt das Wort von der Bezeichnung *mascarpa*, einer Art *ricotta*, die in der Provinz Corno hergestellt wurde und bereits in einem Dokument aus dem Jahre 1168 erwähnt wird.

Lange waren *mascarpone* und *ricotta piemontese* außerhalb der Lombardei und des Piemonts kaum bekannt. *Mascarpone*, ein äußerst sahniger Käse, konnte nur in den kalten Monaten von November bis Februar produziert werden und musste innerhalb weniger Tage verbraucht werden. Dies änderte sich mit der modernen Lebensmitteltechnologie: Mittels des Prozesses der Ultrahocherhitzung (UHT) wurde aus dem *mascarpone* ein Produkt mit »langer Haltbarkeit«. *Mascarpone* wird nun rund ums Jahr hergestellt und ist mehrere Wochen haltbar, sodass er nun nicht nur in ganz Italien beliebt ist, sondern auch in Großbritannien, Deutschland und den Vereinigten Staaten erhältlich ist.

Der *mascarpone* in der Plastikdose ist geschmacklich nicht mit dem frischen und schnell verderblichen *mascarpone* zu vergleichen, den man noch immer in den besten Mailänder Feinkostläden bekommt. Aber ein haltbarer *mascarpone* ist besser als gar kein *mascarpone*, und ich bin begeistert, dass ich ihn nun in meinem Supermarkt um die Ecke kaufen kann.

Mascarpone wird aus allerbester Milch von Kühen hergestellt, die frisches oder natürlich getrocknetes Futter gefressen haben, sodass die Aromen und der Geschmack der Kräuter und Blumen erhalten geblieben sind. Die sterilisierte Milch wird in Tanks gepumpt und verbleibt dort, bis sich die Sahne an der Oberfläche absetzt. Die Sahne wird ins Innere eines doppelwandigen Tanks umgefüllt, wo sie durch Dampf, der durch den Zwischenraum gepumpt wird, auf 85 °C erhitzt wird. Anschließend werden unter ständigem Rühren Zitronen- und Weinsäure zugefügt, sodass die Sahne bald dickflüssig wird. Der so entstandene *mascarpone* wird nun noch für 12 Stunden in Kühlkammern gepumpt. Erst dann ist er verzehrfertig.

Im Folgenden stelle ich Ihnen meine Lieblingsrezepte vor. Sie können *mascarpone* auch mit anderen Käsesorten vermengen: Probieren Sie ihn zusammen mit Roquefort oder *gorgonzola* oder geben Sie etwas geriebenen Parmesan oder *pecorino* hinzu – so erhalten Sie einen köstlichen Dip, den Sie vor der eigentlichen Mahlzeit servieren können. *Mascarpone* ergibt bei jeglicher Art von Buttercreme eine hervorragende Alternative zu Butter: zu Räucherlachs, Thunfisch, Kaviar oder Trüffeln oder zu grünen Oliven, wie in dem Rezept auf S. 309. Oder Sie vermengen ihn mit einigen TL Kakaopulver, etwas löslichem Kaffeepulver sowie nach Belieben etwas Honig oder Zucker. Am einfachsten und vielleicht auch am besten schmeckt *mascarpone* vielleicht so, wie ich ihn als Kind aß – lediglich mit etwas Zucker.

Tagliatelle al mascarpone

Tagliatelle mit mascarpone und Eigelb

Dieses alte Rezept stammt aus Pavia, einer Universitätsstadt in der südlichen Lombardei. Pavia ist der Geburtsort einiger exzellenter traditioneller Rezepte, die auf regionalen Produkten, wie z. B. dem *mascarpone*, basieren. Seltsamerweise gibt es dort nicht so viele gute Restaurants, wie man erwarten möchte. Ich fahre öfter nach Pavia, um meinen Sohn zu besuchen, der dort an der Universität lehrt. Dort gehe ich immer auf den Markt, um Zutaten zu besorgen, mit denen ich in seiner Wohnung eine Mahlzeit zubereiten möchte. An dem Stand, wo Käse und *salumi* verkauft werden, kennt mich die Dame bereits als *la mamma del professore*, da ich dort *prosciutto*, *salame* und *luganega* kaufe, die ich mit nach England nehme, aber auch den frischen *mascarpone*, aus dem ich ein Gericht fürs Mittagessen zaubere. Es schmeckt himmlisch, besonders, wenn Sie sich die Zeit nehmen, die *tagliatelle* selbst zuzubereiten. Die Sauce ist schon fertig, wenn die *tagliatelle* noch kochen.

FÜR 3–4 PERSONEN

tagliatelle aus 2 Bio-Eiern und 200 g Weizenmehl, alternativ 350 g frische *tagliatelle* oder 250 g getrocknete *tagliatelle*
200 g *mascarpone*
15 g Butter
frisch geriebene Muskatnuss
schwarzer Pfeffer aus der Mühle
2 Bio-Eigelb
60 g Parmesan, frisch gerieben
Salz

1. Für hausgemachte *tagliatelle* den Anweisungen auf S. 21 folgen. Den Teig dabei bis zur vorletzten Stufe durch die Pastamaschine drehen.
2. *Mascarpone*, Butter, etwas Muskatnuss und Pfeffer in eine Servierschüssel geben. Die Schüssel bei sehr schwacher Hitze in den Backofen stellen.
3. Die Eigelbe in einer anderen Schüssel mit der Hälfte des Parmesans verquirlen.
4. Die Pasta in kochendes Wasser mit Salz geben und auf die übliche Weise garen. Daran denken, dass hausgemachte *tagliatelle*, die noch weich sind, nur 1½ Minuten benötigen.
5. Etwa 60 ml Pastakochwasser zum *mascarpone* gießen und vermengen.
6. Die fertig gegarten *tagliatelle* sofort abseihen. Dabei etwas Kochwasser aufbewahren und in einen kleinen Krug füllen.
7. Die *tagliatelle* in die Schüssel zum *mascarpone* geben, alles gründlich mischen, und dann die Eigelbmischung zufügen. Erneut vermengen und mit Pfeffer abschmecken. Salz wird wahrscheinlich keines benötigt, da die Mischung genügend salzigen Parmesan enthält. Etwas Muskatnuss darüberreiben und zusammen mit dem beiseitegestellten Kochwasser sofort servieren. Den restlichen Parmesan in einer Schüssel dazureichen.

Der Krug mit Pastakochwasser ist ein neapolitanischer Brauch, an den mich letztens ein Freund erinnerte. Er erzählte mir, dass im Haus seiner neapolitanischen Großmutter das Kochwasser immer in einem kleinen Tonkrug gereicht wurde, in dem das Wasser gut warm blieb. Das heiße Wasser ist für die Menschen, die ihre Pasta gerne ein wenig glitschig mögen. Diese Sauce sowie *Crema di mascarpone e olive verdi* (S. 309) sollten, genau wie andere derartige Saucen, z. B. *carbonara*, stets mit ein wenig Wasser verdünnt werden.

Mascarpone all'aceto balsamico

Mascarpone mit aceto-balsamico-Dressing

Diese neue Mischung verbindet zwei der ältesten Zutaten der italienischen Küche – *mascarpone* und *aceto balsamico*.

Pro Person benötigt man 100 g *mascarpone*, nach Belieben etwas Zucker (ich nehme 1 ¼–1 ½ TL) und 2 TL *aceto balsamico*. Versuchen Sie es zuerst mit 1 TL *aceto balsamico*, probieren Sie und geben Sie dann noch ein wenig mehr zu, bis Sie die richtige Balance zwischen Zucker und Essig gefunden haben. Das ist schon alles – einfach, aber köstlich.

Tiramisu

Mascarpone-Kaffee-Dessert

Diese vor nicht allzu langer Zeit erst kreierte Nachspeise wurde innerhalb kürzester Zeit sehr beliebt, im Ausland vielleicht sogar noch mehr als in Italien. Ich bereite *tiramisu* oft lieber ohne Kaffee und Schokolade zu und nehme statt Brandy weißen Rum oder Grand Marnier, da es dann leichter und angenehmer schmeckt. Aber vielleicht liegt das auch daran, dass ich nicht gerade verrückt nach Schokolade bin. Natürlich ist es dann kein echtes *tiramisu* mehr, da die beiden Zutaten Kaffee und Brandy für seinen Namen verantwortlich sind – *tiramisu* bedeutet so viel wie »zieh mich hoch«. Für *tiramisu* nimmt man meist italienische Löffelbiskuits (*savoiardi*), die recht weich sind und die Kaffeemischung gut aufsaugen. Leider sind sie außerhalb Italiens kaum erhältlich, weshalb ich für mein *tiramisu* normale Löffelbiskuits verwende.

Für 6–8 Personen

100 ml starker Espresso oder
1 ½ TL Kaffeepulver, aufgelöst in
100 ml Wasser
3 EL Brandy
100 g Zartbitterschokolade
3 Bio-Eier, getrennt
4 EL Zucker
250 g *mascarpone*
Löffelbiskuits (Menge je nach verwendeter Form; alternativ *savoiardi* aus dem italienischen Feinkostladen)
Kaffeebohnen zum Garnieren

1. Espresso und Brandy vermengen.
2. Ein Viertel der Schokolade raspeln, den Rest in kleine Stücke hacken.
3. Eigelbe und Zucker schaumig schlagen und den *mascarpone* löffelweise unterheben.
4. Das Eiweiß zu festem Eischnee schlagen und unter die *mascarpone*-Eigelb-Mischung heben.
5. Eine Schicht Löffelbiskuits in eine hübsche ovale Schale legen. Einen Teigpinsel in die Kaffee-Brandy-Mischung tauchen und den Biskuit damit beträufeln.
6. Etwa 4 EL *mascarpone*-Creme auf dem Biskuit verteilen und mit Schokoladenstückchen bestreuen. Mit einer Schicht Biskuit bedecken, mit Kaffee-Brandy-Mischung beträufeln und weiter so verfahren, bis alle Zutaten aufgebraucht sind. Mit einer Schicht *mascarpone*-Creme abschließen. Das *tiramisu* abgedeckt mindestens 6 Stunden kalt stellen.
7. Vor dem Servieren mit der geraspelten Schokolade bestreuen und mit Kaffeebohnen garnieren.

Tiramisu können Sie auch in einer Glasschüssel zubereiten. Die abwechselnd dunklen und hellen Schichten sowie die mit geriebener Schokolade dunkelbraun gesprenkelte Oberfläche bieten darin einen großartigen Anblick.

Bavarese di mascarpone

Mascarpone bavaroise

Sie können diese feine Creme ganz nach Lust und Laune auch mit anderen Zutaten aromatisieren, je nachdem, was sich gerade in Ihrem Barschrank befindet. Versuchen Sie es z. B. einmal mit Grand Marnier statt *amaretto* oder ersetzen Sie *amaretto* und Orangensaft durch Rum und Kaffee.
Ich bevorzuge Gelatineblätter, die sich besser auflösen lassen und keinen Eigengeschmack besitzen. Weichen Sie sie in kaltem Wasser ein, drücken Sie sie aus und geben Sie die Blätter einzeln zum erhitzten Orangensaft. Verquirlen Sie die Flüssigkeit bei schwacher Hitze, bis sich die Gelatine aufgelöst hat.

Für 6 Personen
1½ TL Gelatinepulver oder
3 Blatt Gelatine
4 EL frisch gepresster Orangensaft
2 Bio-Eier, getrennt
60 g Zucker
150 g *mascarpone*
3 EL *amaretto* oder eine andere Aromazutat (siehe Rezepteinführung)
Salz

1. Das Gelatinepulver in den Orangensaft streuen. Etwa 1 Minute einweichen, dann über dem warmen Wasserbad auflösen, bis die Flüssigkeit ganz klar ist. Das Wasser muss vielleicht ein wenig mehr erhitzt werden. (Bei Gelatineblättern wie in der Rezepteinführung angegeben vorgehen.)
2. Eigelbe und Zucker mit dem elektrischen Handrührgerät schaumig rühren. Den *mascarpone* esslöffelweise unterheben, anschließend den *amaretto* zugießen.
3. Etwa 4–5 EL *mascarpone*-Mischung zur Gelatine geben und vermengen. Diese Gelatinemischung zur restlichen *mascarpone*-Mischung geben und unterheben.
4. Das Eiweiß mit etwas Salz zu Eischnee schlagen: Durch das Salz erhält der Eischnee mehr Volumen und wird luftiger. Den Eischnee mit einem Metalllöffel und hoch ausholenden Bewegungen unter die *mascarpone*-Creme heben. So wird die Creme luftiger und lockerer.
5. Sechs (Dariol-)Förmchen (à 100 ml Fassungsvermögen) mit kaltem Wasser ausspülen und die *mascarpone*-Creme hineinlöffeln. In den Kühlschrank stellen, bis die Creme fest geworden ist.
6. Zum Lösen der Creme mit einem Palettmesser am Rand entlangfahren und die Förmchen 10 Sekunden in eine Schale mit etwas heißem Wasser stellen. Nun sollte sich die Bavaroise leicht herauslösen und auf einzelne Teller stürzen lassen.

Ein dünner Streifen Orangenschale macht sich wunderbar als Dekoration für diese Bavaroise: Dafür 2 unbehandelte Orangen abwaschen. Die Schale ohne die weiße Schicht hauchdünn abschälen, dann in 3 mm dicke und 4 cm lange Juliennestreifen schneiden. Damit sie nicht zu bitter schmecken, die Streifen mit reichlich Wasser in einem Topf kochen, bis sie gerade weich sind, und abseihen. Die Streifen in einem Sirup aus 150 g Zucker und 150 ml Wasser einlegen und weitere 5 Minuten kochen.

Ricotta

Genau genommen ist *ricotta* kein Käse, sondern ein Nebenprodukt der Käseherstellung: Er wird aus der Molke hergestellt, die durch Erhitzen vom Käsebruch abgeschieden wurde. Anschließend wird die Molke erneut erhitzt (*ricotta* heißt »nochmals gekocht«), bis sich an der Oberfläche der *ricotta* bildet. Der Bruch wiederum wird für andere Käsesorten verwendet.

Ricotta ist ein gesundes Nahrungsmittel mit einem niedrigen Fettgehalt von 15–20 Prozent. Er kann aus der Molke von Kuh-, Schafs- oder Ziegenmilch hergestellt werden. Die zwei traditionellen *ricotta*-Sorten sind der *ricotta piemontese* aus Kuhmilch und der *romana* aus Schafsmilch. *Ricotta piemontese* ist sehr sahnig und wird vor allem frisch gegessen, verfeinert mit ein wenig Zucker und vielleicht 1 Prise gemahlenem Kaffee oder Zimt. Heutzutage bekommt man diese Spezialität nur noch in den besten Delikatessenläden Norditaliens. Falls Sie einen solchen einmal besuchen sollten, kaufen Sie außer einem Töpfchen *ricotta piemontese* auch einen Becher frischen *mascarpone*. Essen Sie beide ohne Zugaben und genießen Sie das pure Aroma.

Ricotta romana wird traditionell aus Schafsmilch zubereitet. Als ich in Canino war, einer kleinen Marktstadt bei Viterbo, konnte ich dabei zusehen, wie *ricotta* in einer sehr kleinen *caseificio* (Käserei) hergestellt wurde. Es war der Frühling nach Tschernobyl und die Produktion hatte erst in der Vorwoche gestartet. Die gesamte Käseherstellung war in Italien mehrere Wochen lang unterbrochen worden, und die Besitzer der Cooperative, also die dort arbeitenden sechs Männer, hatten schwere Verluste erlitten. Da sie ihre Arbeit gerade erst wieder hatten aufnehmen dürfen, war die Atmosphäre beinahe feierlich. Der *casaro* (Käser) zeigte mir deshalb voller Freude den Herstellungsprozess.

Zuerst führte er mir die Produktion von *pecorino* vor: Er wird in zylindrische Formen mit durchlöcherten Wänden gefüllt und zum Abtropfen auf lange Edelstahltheken gestellt. Nach 2–3 Monaten ist der frische *pecorino* reif. Einige Käse reifen länger, sodass man nach 6–7 Monaten den festen *pecorino* zum Reiben erhält. Anschließend gingen wir zur *ricotta*-Zubereitung: Die Molke wird dafür auf 80 °C erhitzt. Bei dieser Temperatur bilden sich an der Oberfläche kleine Kügelchen, die herausgefischt und in einen *cestello* (traditioneller Weidenkorb) zum Abtropfen und Trocknen gelegt werden.

Nachdem ich die Herstellung dieser köstlichen Käsesorten mit eigenen Augen gesehen hatte, konnte ich keinesfalls mit leeren Händen nach Hause fahren. Aber mir war auch klar, dass ich nicht einfach wie im Laden nur eine kleine Menge kaufen konnte. So war ich schon bald die stolze Besitzerin von einem 15-kg-Laib *pecorino* sowie von 2 kg frischem *ricotta*. Ich machte mir so meine Gedanken, wie ich all diesen *ricotta* aufessen sollte, bevor er verdarb. Die Alternative, meinen Urlaub mit der Zubereitung von *ricotta*-Füllungen und -Nachspeisen zu verbringen, fand ich auch nicht allzu reizvoll. Doch meine Sorgen waren unbegründet, da der superfrische *ricotta* problemlos 5 Tage haltbar war – und in dieser Zeit hatten wir ihn ohne jede Schwierigkeit verputzt. Wir aßen ihn pur, manchmal mit etwas Öl, Salz und Pfeffer, ein andermal als Nachspeise mit einer Prise Zucker bestreut. Sein Aroma war intensiver als das des üblichen *ricotta*, und er besaß auch nicht die leicht bittere Note, die der hierzulande gekaufte *ricotta* manchmal aufweist.

Ricotta wird bei uns aus Kuhmilch hergestellt und eignet sich frisch bestens zum Kochen. Es gibt auch einen *ricotta* mit langem Haltbarkeitsdatum, der in Bechern verkauft wird, doch ich mag ihn einfach nicht. Daher mache ich, wenn ich dringend *ricotta* brauche und keinen frischen bekomme, ihn lieber selbst (siehe folgendes Rezept). *Ricotta* sollten Sie vor dem Kauf immer probieren. Kaufen Sie nicht mehr, als Sie innerhalb von 48 Stunden aufbrauchen können. *Ricotta* lässt sich nicht einfrieren.

In guten Supermärkten oder in italienischen Feinkostgeschäften bekommen Sie auch *ricotta salata* oder *stagionata*. Dieser *ricotta* wurde zum Abtropfen in kleine Förmchen abgefüllt, gesalzen und in der Sonne getrocknet. *Ricotta salata* ist eine typische Spezialität aus Sizilien und Süditalien, wo man den Käse grob gerieben über *spaghetti* oder *maccheroni* mit Tomatensauce streut. Er verleiht einem Teller *spaghetti al pomodoro* ein mildes, milchiges Aroma und ist eine schöne Alternative zu Parmesan. Aber nicht vergessen: die Tomatensauce sollte bei der Zubereitung nicht gesalzen werden, sondern erst nachdem der (salzige) *ricotta* eingerührt wurde.

Ricotta kommt in der italienischen Küche sehr häufig zum Einsatz. Er ist eine sehr beliebte Zutat für pikante Füllungen und Gemüse, aber auch in Desserts und Kuchen. Vermischt mit einem kräftigen Käse wie *gorgonzola* oder Stilton ergibt er einen wunderbaren Aufstrich.

Hausgemachter ricotta

Dies ist kein echter authentischer *ricotta*. Er kann aber gut statt *ricotta* für die meisten Füllungen und Desserts verwendet werden. Jedenfalls schmeckt er garantiert besser als ein gekaufter *ricotta*, der nicht mehr ganz frisch ist.

Ergibt ca. 225 g

1 l Milch
2 EL frisch gepresster Zitronensaft
½ TL Salz

1. Die Milch in einem Topf zum Köcheln bringen und Zitronensaft sowie Salz einrühren. Unter ständigem Rühren 10 Minuten köcheln lassen.
2. Ein Sieb mit einem Mulltuch auslegen und die Flüssigkeit in ein Gefäß abseihen. Abtropfen lassen. Das Mulltuch, in dem sich nun der hausgemachte *ricotta* befindet, aufnehmen und gut ausdrücken. Den *ricotta* in eine Schüssel füllen.

Falls der *ricotta* etwas üppiger sein soll, 2 EL Crème double unterheben, nachdem der *ricotta* abgetropft ist. Oder den *ricotta* mit der gleichen Menge Griechischem Joghurt vermengen – so erhält er eine milde Säure, ohne den zusätzlichen Anteil von Fett und Kalorien aus der Sahne.

Torta salata di ricotta

Tarte mit ricotta, Basilikum und Oliven

Wenn es ein Gericht gibt, das den Gipfel der italienischen Küche verkörpert, dann ist es diese Tarte. Umso bemerkenswerter ist es, dass ich erst wieder daran erinnert wurde, als ich sie vor Kurzem in London serviert bekam, und zwar aufs Beste von einer Engländerin zubereitet. Dies war in Hammersmith im entzückenden *River Café*, wo Ruthie Rogers Speisen auf den Tisch bringt, die so italienisch sind wie in Mailand. Dies ist ihr Rezept.

Für 6–8 Personen

75 g Basilikum
40 g glatte Petersilie
550 g frischer *ricotta*
30 g Parmesan, frisch gerieben
3 EL natives Olivenöl extra
1 Bio-Ei, plus 1 Bio-Eigelb
40 g schwarze Oliven, entsteint
Salz und schwarzer Pfeffer aus der Mühle

Für den Teig

75 g Weizenmehl
1 TL Salz
150 g kalte Butter
1 ½ EL Mineralwasser mit Kohlensäure

1. Für den Teig alle Zutaten im Mixer vermengen. Die in kleine Stücke geschnittene Butter sollte dabei sehr kalt sein. Den Teig in Frischhaltefolie wickeln und mindestens 30 Minuten in den Kühlschrank stellen.
2. Den Backofen auf 200 °C vorheizen.
3. Den Teig aus dem Kühlschrank nehmen und eine Tarteform (25 cm ø) damit auslegen. An mehreren Stellen mit der Gabel einstechen. Den Teig mit einem Stück Backpapier bedecken, mit trockenen Bohnen oder Backkugeln beschweren und 20 Minuten im Ofen backen.
4. Inzwischen Basilikum und Petersilie grob schneiden und mit allen anderen Zutaten außer den Oliven im Mixer gründlich vermengen. In eine Schüssel füllen.
5. Die Oliven in kleine Stücke schneiden und zu den Zutaten in der Schüssel geben. Mit Salz und Pfeffer abschmecken. Behutsam salzen, da der *ricotta* bereits etwas salzig und der Parmesan wesentlich salzig ist – womöglich enthält die Mischung bereits genügend Salz und muss nicht mehr nachgewürzt werden.
6. Den Tarteboden aus dem Backofen nehmen, Bohnen und Backpapier entfernen. Die Temperatur auf 180 °C reduzieren. Die *ricotta*-Mischung auf dem Tarteboden verteilen und die Tarte 30 Minuten im Ofen backen, bis der Belag fest ist.

Im *River Café* wird diese Tarte ganz korrekt zimmerwarm serviert.

Zucchine ripiene alla mantovana

Zucchini mit einer Füllung aus ricotta, amaretti und Parmesan

Diese Zucchini sind ein typisches Beispiel der Küche Mantuas, wo einige Elemente der *grande cucina* der Gonzagas Teil der regionalen Kochkunst wurden, woraus sich eine unverwechselbare Esskultur entwickelte.

Die Füllung mit süßen Bestandteilen und *ricotta* harmoniert wunderbar mit der feinen Zucchini und intensiviert deren Aroma. Es existieren unzählige Rezepte für gefüllte Zucchini, aber ich finde dieses hier am köstlichsten. Kaufen Sie nach Möglichkeit *amaretti di Saronno*, die nicht so süß wie die anderer Marken sind.

Für 4 Personen
4 mittelgroße Zucchini
(à ca. 15 cm lang)
Salz
30 g Butter
2 EL Olivenöl
1 Schalotte, sehr fein gehackt
3 *amaretti*, fein zerbröselt
150 g sehr frischer *ricotta*
2 TL frisch geschnittener Thymian
oder 1 TL gerebelter Thymian
1 Prise frisch geriebene Muskatnuss
1 Bio-Ei
schwarzer Pfeffer aus der Mühle
Semmelbrösel

1. Die Zucchini gründlich putzen und waschen. In kochendes Wasser mit Salz legen und nach dem Wiederaufwallen 2–3 Minuten kochen. Mit einem dünnen Spieß einstechen und prüfen, ob sie gerade gar sind. Abseihen und trocken tupfen. Beide Enden abschneiden und die Zucchini längs halbieren.
2. Das Fruchtfleisch der Zucchini mit einem Kartoffelschäler oder einem Gemüseentkerner ausschaben, ohne dabei die Schale zu verletzen. Rundherum gut 1 cm Fruchtfleisch stehen lassen. Die Innenseite der Schale leicht salzen und die Zucchinihälften zum Abtropfen umgedreht auf ein Holzbrett legen.
3. Inzwischen für die Füllung die Hälfte der Butter und 1 EL Öl in einer Pfanne erhitzen. Schalotte und etwas Salz zufügen und bei schwacher Hitze sautieren, bis sie weich, aber noch nicht angebräunt ist. Das Salz verhindert schnelles Anbräunen, da dadurch die Flüssigkeit der Schalotte austritt.
4. Das herausgelöste Zucchinifruchtfleisch fein hacken, zur Schalotte geben und 10 Minuten unter ständigem Rühren braten. Die Mischung dabei mit einem Holzkochlöffel zerdrücken.
5. Den Backofen auf 190 °C vorheizen.
6. Zerbröselte *amaretti*, *ricotta*, Thymian, Muskatnuss und Ei in einer Schüssel mischen. Zucchinifruchtfleischmischung samt ausgetretenem Garsaft zugeben und alles gründlich vermengen. Pfeffern und, falls nötig, salzen.
7. Zucchinihälften innen und außen mit Küchenpapier trocken tupfen.
8. Den Boden einer rechteckigen feuerfesten (Metall-)Schale mit dem restlichen Öl einfetten und die Zucchinihälften mit der offenen Seite nach oben hineinlegen.
9. Die Zucchinihälften mit der *ricotta*-Mischung füllen, mit Semmelbröseln bestreuen und mit der restlichen Butter in Flocken krönen.
10. Etwa 35 Minuten im Ofen backen, bis die Zucchinihälften weich sind und sich oben eine hellgoldene Kruste gebildet hat. Falls die Oberseite noch zu hell ist, 1 Minute bei eingeschalteter Grillfunktion anbräunen. (Zimmer-)Warm servieren.

Das ganze Gericht kann im Voraus zubereitet und dann einfach bei mittlerer Backofentemperatur 5 Minuten wieder leicht erhitzt werden.

Wenn ich Zeit habe, bereite ich gerne ein Gericht aus mehreren gefüllten Gemüsesorten zu, das diese Zucchini, die *Melanzane ripiene alla pugliese* (S. 141) und *Scodelle di cipolle ripiene* (S. 120) umfasst. Diese Kombination ergibt einen ansprechenden und köstlichen *secondo*, vor dem Sie *Gli ziti con la besciamella all'aglio* (S. 272) oder *Gnocchi alla parigina* (S. 202) servieren können.

Rotolo di salsa di pomodoro con acciughe e ricotta

— *Roulade mit einer Füllung aus Tomatensauce, Sardellen und ricotta*

Bei diesem Gericht bildet die aromatische Frische des *ricotta* ein Gegengewicht zur mit Sardellenfilets verfeinerten Tomatensauce. Das Rezept bekam ich von Betsy Newell, die in Kensington eine Kochschule betreibt. Betsy ist eine sehr kreative Köchin und besitzt das spezielle Talent, Elemente unterschiedlicher Kochstile miteinander zu kombinieren. Da sie immer wieder Zeit in ihrem schönen Landhaus im Chianti verbringt, kennt sie sich bestens mit italienischen Zutaten aus. Hier in diesem Rezept wird eine französische Omelett-Roulade mit einer klassisch-italienischen Tomatensauce gefüllt – da läuft einem das Wasser im Munde zusammen.

Für 6–8 Personen

Für die Roulade

30 g Butter, plus mehr zum Fetten
30 g Weizenmehl
300 ml Milch oder 150 ml Milch und 150 g Sahne
75 g Parmesan, frisch gerieben
5 Bio-Eier (Größe L), getrennt
1 Prise frisch geriebene Muskatnuss
Salz und schwarzer Pfeffer aus der Mühle
5 EL Semmelbrösel

Für die Füllung

1 mittelgroße Zwiebel, fein gehackt
4 EL Olivenöl
1–2 Knoblauchzehen, sehr fein gehackt

1. Eine Backform (30 cm x 35 cm) oder ein Backblech einfetten und mit Backpapier belegen.
2. Für die Béchamelsauce aus Butter und Mehl eine Mehlschwitze zubereiten. Milch in einem kleinen Topf erhitzen, bis sie fast kocht, dann die Mehlschwitze mit dem Schneebesen schnell einrühren. Zum Kochen bringen und den Topf in einen größeren Topf stellen, der zu einem Drittel mit heißem Wasser gefüllt ist. Das Wasser sollte nicht mit dem Boden des kleineren Topfs in Berührung kommen. Unter gelegentlichem Rühren 20 Minuten erhitzen. Das Wasser sollte dabei nur köcheln. Gut im Auge behalten und, falls nötig, kochendes Wasser nachfüllen.
3. Inzwischen für die Füllung die Tomatensauce zubereiten. Die Zwiebel langsam im Olivenöl sautieren, bis sie sehr weich und leicht angebräunt ist. Knoblauch zufügen und 1 weitere Minute sautieren. Anschließend die Tomaten einrühren und mindestens 30 Minuten sanft schmoren, bis die Tomaten eingedickt sind und sich etwas vom Öl getrennt haben.

400 g stückige italienische Tomaten (aus der Dose)
3 Sardellenfilets, 30 Minuten in Milch eingeweicht
Salz und schwarzer Pfeffer aus der Mühle
100 g frischer *ricotta*
5 EL frisch geschnittene Petersilie
4–5 Frühlingszwiebeln, nur die grünen Abschnitte, sehr fein gehackt

4. Die Sardellenfilets aus der Milch nehmen, hacken und zur Tomatensauce geben. Mit Salz sowie 1 guten Prise Pfeffer würzen.
5. Den Backofen auf 180 °C vorheizen.
6. Die fertige Béchamelsauce vom Herd nehmen und 40 g Parmesan einrühren. Eigelbe sowie etwas Muskatnuss zufügen und vermengen. Mit Salz und Pfeffer abschmecken.
7. Die Eiweiße wie für Baiser zu Eischnee schlagen (fest, aber nicht trocken) und unter die Béchamel-Eigelb-Mischung heben. Die Mischung vorsichtig in die vorbereitete Form füllen und gleichmäßig verstreichen. Etwa 10–12 Minuten im Ofen backen, bis das Omelett gerade fest ist.
8. Inzwischen ein sauberes Geschirrtuch auf den Tisch legen und mit dem restlichen Parmesan sowie Semmelbröseln bestreuen.
9. Das fertige Omelett sofort auf das Geschirrtuch stürzen, das Backpapier abziehen und das Omelett abkühlen lassen.
10. Den *ricotta* auf dem Omelett verstreichen. Mit Tomatensauce bedecken, dabei einen 2,5 cm breiten Rand rundherum frei lassen. Gleichmäßig mit Petersilie und Frühlingszwiebeln bestreuen. Das Omelett vorsichtig zusammenrollen und nochmals 10 Minuten in der Backform in den Ofen stellen, bis es durcherhitzt ist. Sofort auf vorgewärmten Tellern servieren.

Bis einschließlich Arbeitsschritt Nr. 9 lassen sich Roulade und Sauce gut vorbereiten. Dann müssen Sie das Omelett später nur noch zusammenrollen und aufwärmen.

Ricotta alla mentuccia

Ricotta mit Minze

Dem Food-Historiker Massimo Alberini bin ich dankbar dafür, dass er mir diese unglaublich köstliche Zubereitungsvariante für guten frischen *ricotta* verraten hat. Falls Sie irgendwo Schafsmilch-*ricotta* ausfindig machen, sollten Sie unbedingt dieses Rezept ausprobieren. Verwenden Sie eine süß schmeckende Minzesorte, z. B. Apfel- oder Bowles-Minze.

Für 4 Personen werden 250–300 g *ricotta* von bester Qualität benötigt. Den *ricotta* im kältesten Fach des Kühlschranks 2 Stunden ruhen lassen. Dann in 2,5 cm dicke Scheiben schneiden. Die Scheiben nebeneinander in eine Schale legen, mit 2 EL Demerarazucker bestreuen und 1 weitere Stunde kalt stellen. Danach hat sich der Zucker zum Teil aufgelöst und ist in den *ricotta* eingesickert.

Inzwischen einige Handvoll Minzeblätter hacken. Die *ricotta*-Scheiben vor dem Servieren damit bestreuen. Reichen Sie etwas Zucker extra dazu, der hier meiner Meinung nach durchaus nötig ist. Außerdem sorgt er für einen angenehmen Kontrast der Konsistenzen.

Cassata siciliana nuda

Ricotta-Kuchen (oder nackte sizilianische cassata!)

Die traditionelle sizilianische *cassata* wird von einer Schicht aus Madeirakuchen umhüllt, die wiederum von Marzipan oder Puderzuckerglasur bedeckt wird. Als ich einmal eine *cassata* zubereitete, hatte ich keine Zeit mehr für den Madeirakuchen. Ich servierte meine Version einer Freundin aus Norditalien, die mit einem waschechten Sizilianer verheiratet ist, woraufhin sie zu meiner Freude sagte: »*Che bellezza* (wie wunderbar) – eine *cassata*, bei der ich mich nicht zuerst durch die langweiligen äußeren Schichten kämpfen muss, bevor ich ans köstliche Innere gelange.« Also eigentlich *una cassata nuda* – eine nackte *cassata*.
Ich hatte das normale Rezept für *cassata siciliana* zudem etwas abgeändert, um den Kuchen stürzen zu können. Daraus war nun eine Hybridversion geworden, teils *cassata siciliana*, teils russische *Pas'cha*. Aber ein sehr erfolgreicher Hybrid!
Kaufen Sie Zitronat und Orangeat am Stück, nicht gewürfelt. Gut verpackt können Sie sie im Tiefkühler aufbewahren. Das beste Rosen- und Orangenwasser bekommt man in arabischen Feinkostgeschäften. Sie sind für diesen Kuchen nicht unverzichtbar, verleihen ihm aber ein exotisches Aroma. Die arabische Küche hat Sizilien schließlich deutlich beeinflusst. Wenn Sie wie ich Gelatineblätter verwenden, sollten Sie sie in kaltem Wasser einweichen und dann im heißen Wasser auflösen (wie das Gelatinepulver).

FÜR 8 PERSONEN

4 hart gekochte Eier
450 g frischer *ricotta*
125 g Zucker
1 TL Zimtpulver
1 EL Rosenwasser
1 EL Orangenwasser
40 g Engelwurz (Angelikawurzel, aus dem Reformhaus oder der Apotheke), gehackt
100 g Zitronat und Orangeat, gehackt
3 kandierte Kirschen, gehackt
2 EL gehackte Pistazienkerne
Abrieb von 1 unbehandelten Orange
Abrieb von 1 ½ unbehandelten Zitronen
2 EL Maraschino (Kirschlikör) oder Grand Marnier
10 g Gelatinepulver oder 4 Blatt Gelatine
Butter zum Fetten
200 g Sahne

1. Die Eier pellen und halbieren. Das Eigelb jeweils herausheben. (Das Eiweiß für ein anderes Gericht verwenden, z. B. für einen Salat aus gekochtem Gemüse.) Die Eigelbe im Mixer pürieren oder durch ein Sieb streichen und in eine große Schüssel geben.
2. Den *ricotta* ebenfalls durch ein Sieb in die Schüssel streichen.
3. Zucker, Zimt, Rosen- und Orangenwasser zufügen und vermischen. Dann Engelwurz, kandierte Früchte, Pistazien, Orangen- und Zitronenabrieb sowie Likör zugeben und alles gründlich vermengen.
4. Das Gelatinepulver in 3 EL heißes Wasser in einem kleinen Topf streuen. Bei sehr schwacher Hitze auflösen. Die Flüssigkeit darf dabei nicht kochen. (Bei Gelatineblättern wie in der Rezepteinführung angegeben vorgehen.) Abkühlen lassen.
5. Eine Springform (20 cm ø) fetten und mit Backpapier auslegen.
6. Einige EL der *ricotta*-Mischung in die Gelatine einrühren und gründlich vermengen. Dann diese Mischung in die Schüssel mit der restlichen *ricotta*-Mischung geben (so verteilt sich die Gelatine besser). Gründlich und langsam unterheben.
7. Die Sahne nicht ganz fest schlagen (sehr weiche Spitzen), dann die *ricotta*-Mischung esslöffelweise unterheben. Die schön vermengte Mischung anschließend in die vorbereitete Form füllen. Mit Frischhaltefolie abdecken und mindestens 2 Stunden kalt stellen.
8. Springformrand und Backpapier von der Seite der *cassata* abnehmen. Einen großen runden Teller auf die *cassata* legen und

stürzen, sodass das Dessert herausrutscht. Den Springformboden abnehmen und das Backpapier entfernen. Gekühlt servieren.

Der weiße Kuchen mit roten, orangen und grünen Tupfen ist so hübsch, dass er nicht noch zusätzlich dekoriert werden muss. Er sollte allerdings innerhalb von 2 Tagen verzehrt werden.

Obst

Obst

Heutzutage macht es richtig Spaß, durch die Region Romagna zu fahren, die sich fast vollständig dem Obstanbau verschrieben hat. Über viele Monate des Jahres blüht jeweils ein Teil der Bäume oder trägt Früchte. Kirschen, Aprikosen, Pfirsiche, Pflaumen, Äpfel und Birnen hängen schwer und üppig an den Ästen und warten darauf, geerntet, in Schachteln verpackt und in alle Ecken Europas versandt zu werden. Obwohl in diesem Obstgarten Europas so viele verschiedene Früchte wachsen, gedeihen manche Früchte, von denen einige relativ neu sind, nur in ganz bestimmten Gegenden. Ziemlich überrascht entdeckte ich vor Kurzem in der Nähe von Nocera südlich von Neapel Plantagen mit Kakifrüchten. Diese Obstsorte war vor dem Krieg hier selten anzutreffen. Das plötzliche Aufkommen der Modefrucht Kiwi führte dazu, dass Anbauflächen in Julisch Venetien und Apulien hektarweise für diese Frucht reserviert wurden – was in Italien bis vor einigen Jahrzehnten unvorstellbar war. Zitrusfrüchte und Mandeln gedeihen am besten im Süden, während der Anbau von Himbeeren, Korinthen und anderen weichen Früchten hauptsächlich im Norden stattfindet. Trauben werden natürlich überall angebaut. »Sogar die Felsen sind von Weinreben überzogen«, lautete eine der ersten Beobachtungen von William Beckford, nachdem er in Bozen angekommen war. Als er später in Venedig war, sah er liebend gerne im Morgengrauen aus seinem Fenster auf den Canal Grande, wo die Lastkähne voll beladen mit Trauben, Pfirsichen und Melonen zum Rialto-Markt fuhren – ein Anblick, den man auch heute noch genießen kann, wenn man früh genug aufsteht.

Beckford merkte vor zwei Jahrhunderten an, dass in Italien »alle Mahlzeiten mit mehreren Tellern voll Obst beendet werden« – auch einer dieser Bräuche, die sich bis heute erhalten haben. Am Ende einer Mahlzeit steht fast immer eine Schüssel mit Früchten der Saison auf dem Tisch. Nur zu besonderen Gelegenheiten wird das Obst verarbeitet, meist als Aromazutat für Eiscreme oder Sorbet oder manchmal für herzhafte Gerichte. So war es früher üblich. Heute wird diese Praxis von den Köchen der *Nuova Cucina* wiederbelebt, die sich von der Vergangenheit inspirieren lassen.

In diesem Kapitel konzentriere ich mich auf die Früchte, die ich speziell mit Italien verbinde, deren Geschmack und Aussehen ich liebe und die eindeutig ans Mittelmeer erinnern. Eine Frucht jedoch habe ich ausgelassen, obwohl sie zu meinen Lieblingsfrüchten zählt – die Feige. Ich bin nämlich der Ansicht, dass man Feigen nur dort verzehren sollte, wo sie angebaut werden, also noch sonnenwarm direkt vom Baum gepflückt und sofort in den Mund gesteckt. So schmecken sie jedenfalls am besten, ganz ohne Sahne oder andere Zutaten. Akzeptabel wäre nur noch eine andere Verwendungsart: Servieren Sie Feigen mit Salami, *prosciutto* oder *coppa*, oder einer Mischung aus allen dreien.

Pfirsiche

Der Pfirsich stammt ursprünglich aus China, wo Frucht und Blüten als heilig galten. Über Persien gelangte er ins alte Rom; so erklärt sich die botanische Bezeichnung *Prunus persica*. Die Römer ließen überall in ihrem Reich Pfirsichbäume pflanzen, weshalb auch in Großbritannien und Deutschland seit der Antike Pfirsichbäume gedeihen. Während der Renaissance wurden Pfirsiche (wie auch alle anderen Früchte) oft in herzhaften Gerichten verwendet. Und man schätzte sie für ihre Schönheit ebenso wie für ihr Aroma. Oft waren sie Teil ausgefallener Tischdekorationen, die typisch für ein Festessen zur Zeit der Renaissance waren. Francesco Berni, ein toskanischer Dichter des 16. Jahrhunderts, widmete dem Pfirsich ein Gedicht.

O frutta sopra l'altre egregia, eletta,
Utile dalla scorza infino all'osso,
L'alma e la carne tua sia benedetta!

(Oh edle Frucht, auserwählt vor allen anderen,
Von der Haut bis zum Kern zu genießen,
Gesegnet seien deine Seele und dein Fleisch!)

Da bin ich ganz seiner Meinung: Pfirsiche (die guten zumindest) sind die schönsten und köstlichsten aller Früchte. Am allerherrlichsten sind die kleinen *pesche da vigna*, die ihren Namen der Tatsache verdanken, dass sie vor der Zeit der Betonstützen auf jenen Bäumen wuchsen, die die Weinstöcke stützten. Diese kleinen weißen Pfirsiche werden erst spät reif, zur gleichen Zeit wie die Trauben. Ihr Aroma ist nach einem heißen, langen Sommer äußerst intensiv. Sie sind von einem graugrünen Flaum bedeckt, und ihr Fruchtfleisch hat bis hin zum Stein eine blass-zinnoberrote Farbe. Heutzutage gibt es sie nur noch selten; die einzigen Exemplare, die ich in letzter Zeit bekommen habe, stammten von einem Baum in einem kleinen Obstgarten in Emilia. Ebenso selten geworden ist der normale weiße Pfirsich, der wesentlich saftiger als der normale gelbe Pfirsich ist.

Die festen gelben Pfirsiche sind so beliebt, weil wir das, was uns die Obstbauern und Großhändler vorsetzen, essen müssen. Aber man kann sie nur selten so genießen, wie es einem guten Pfirsich gebührt – pur mit Haut. Manche gelben Pfirsichsorten schmecken besser gedünstet oder in Wein bzw. in Zitronen- und Orangensaft sowie Zucker mazeriert, manchmal zusammen mit den letzten Erdbeeren der Saison. Die Pfirsiche reifen noch ein wenig nach, wenn Sie sie 1 oder 2 Tage auf ein sonniges Fensterbrett legen. Es gibt Leute, die reife Pfirsiche im Kühlschrank aufbewahren. Das sollten Sie jedoch nicht tun, da das Aroma verschwindet, anstatt sich zu entfalten. Gekühlte Früchte sind zudem nicht jedermanns Sache.

Die Nektarine ist eine Pfirsichsorte mit glatter Haut anstelle der flaumigen anderer Pfirsiche. In Italien heißt sie, vielleicht aufgrund ihrer Form, *pesca noce* (Walnusspfirsich). Nektarinen wurden in den letzten Jahren immer beliebter, doch sie lassen sich meiner Ansicht nach keinesfalls mit einem aromatischen Pfirsich vergleichen.

Gute, reife Pfirsiche lassen sich leicht häuten. Noch nicht ganz reife Pfirsiche und Nektarinen kann man einfacher ihrer Haut entledigen, wenn man sie zuerst 20 Sekunden in kochendes Wasser taucht und sie dann sofort in kaltem Wasser abschreckt.

Scaloppine alla pesca

Sautierte Kalbsschnitzel mit Pfirsichen

Während der Recherche für mein Buch *Gastronomy of Italy* stieß ich auf viele alte Rezepte, in denen Fleisch oder Fisch mit Obst kombiniert wurden. Im Laufe der letzten beiden Jahrhunderte verschwand diese Kombination völlig und galt fälschlicherweise sogar als fremdländisch. In unserer Zeit gibt es nun ein langsames Comeback.

Ich ließ mich von einigen dieser alten Rezepte inspirieren und kreierte u. a. folgendes Gericht, das nicht nur optisch besticht, sondern auch hervorragend schmeckt. Meine Gerichte serviere ich gerne auf die altmodische Weise und bringe sie im Ganzen zum Tisch, anstatt sie wie im Restaurant dekorativ auf einzelnen Tellern anzurichten. Meine Gäste dürfen sich ruhig selbst bedienen. Ich arrangiere die Pfirsiche hübsch in der Mitte einer runden Schale und ordne das Fleisch rundherum an. Falls Sie eine schöne ovale Schale haben, können Sie die Pfirsiche auch entlang einer Seite fächerartig ausbreiten und das Fleisch danebenlegen.

Dieses Gericht muss direkt vor dem Servieren zubereitet werden. Hinweise zur Zubereitung und zum Braten von Schnitzeln finden Sie in der Einführung zum Rezept *Scaloppine al basilico e limone* auf S. 279.

Für 4 Personen
60 g Butter, plus mehr bei Bedarf
1 EL Olivenöl
2 Salbeiblätter
500 g dünne Kalbsschnitzel, in ordentliche kleine Rechtecke geschnitten
Weizenmehl zum Wenden
Salz und schwarzer Pfeffer aus der Mühle
2 große gelbe Pfirsiche, gehäutet
1 TL Zucker
4 EL trockener Weißwein

1. Die Hälfte der Butter sowie das Öl mit dem Salbei in einer großen Pfanne erhitzen, in der später alle Schnitzel nebeneinander Platz haben.
2. Sobald die Butter schäumt, die Schnitzel in etwas Mehl wenden, überschüssiges Mehl abschütteln. Die Schnitzel in die Pfanne legen, ohne dass die Pfanne zu voll wird: Falls nötig, in zwei Pfannen parallel sautieren und in jede Pfanne ein kleines Stück Butter extra geben.
3. Die Schnitzel 1 Minute von jeder Seite anbräunen, dann die Pfanne vom Herd nehmen und beiseitestellen. Die Schnitzel mit Salz und Pfeffer würzen.
4. Die restliche Butter in einer weiteren Pfanne zerlassen.
5. Die Pfirsiche halbieren, entsteinen und das Fruchtfleisch in 1 cm dicke Spalten schneiden. In der heißen Butter 1 Minute sautieren, dabei sehr vorsichtig wenden.
6. Mit dem Zucker bestreuen, den Wein darübergießen und 1 Minute köcheln lassen. Dann die Pfirsiche herausnehmen und schön auf einer vorgewärmten Servierschale anrichten.

7. Den Garsaft der Pfirsiche aufkochen, bis nur noch 2 EL übrig sind. Den Saft über das Fleisch gießen, nochmals 1 Minute erhitzen und die Schnitzel dabei zweimal im Saft wenden.
8. Die Schnitzel erneut mit Salz und Pfeffer würzen und auf die Servierschale legen. Sofort servieren.

Zu diesem feinen Gericht passen als Gemüsebeilage ganz wunderbar grüne Bohnen, entweder gedämpft oder fast gar gekocht (aber nicht halb roh!). Eine hervorragende Alternative sind geriebene Karotten, die 5 Minuten in Butter sautiert und mit etwas gemahlenem Kardamom gewürzt werden. Die Idee, Pfirsiche und Karotten zu kombinieren, verdanke ich Frances Bissell, einer meiner liebsten Kochbuchautorinnen. In einem Rezept, das in einem ihrer ersten Artikel als Food-Redakteurin für *The Times* erschien, wurden 2 Pfirsiche mit Karotten und Frühlingszwiebeln püriert und mit Kardamom gewürzt – so entstand eine äußerst köstliche, erfrischende Suppe.
Vor den *scaloppine* können Sie *Tagliatelle al mascarpone* (S. 205) oder *Risotto al limone* (S. 44) servieren.

Orangen

Als ich vor einigen Jahren einen Orangenhain in Sizilien besuchte, kam mir plötzlich der Gedanke, dass die Gegend wohl um einiges weniger bezaubernd gewesen war, bevor die Sarazenen die Insel vor über 1000 Jahren besetzten. Kein Lufthauch regte sich, als ich zwischen den Bäumen umherschritt, und der Duft der weißen Blüten hing schwer in der Luft. Hie und da stand ein Baum, in dessen dunkelgrünem Laub schon Orangen leuchteten. Denn die Sarazenen brachten den Orangenbaum nach Sizilien, genauer gesagt die Bitterorange *Citrus aurantium*, die eher wegen ihrer aromatischen Eigenschaften und nicht als Obst zum Verzehr angebaut wurde.

Die Orange wurde bald zu einem Symbol des Reichtums, sodass die Medici sie sogar in ihr Wappen aufnahmen: Die fünf goldenen Kugeln sind nichts anderes als Orangen. John MacPhee beschreibt in seinem Buch *Oranges* ein Bankett, das der Erzbischof von Mailand im Jahre 1529 gab: »... sechzehn Gänge, Kaviar und in Zucker und Zimt gebratene Orangen, Glattbutt und Sardinen mit Orangen- und Zitronenscheiben, Austern mit Pfeffer und Orangen, Hummer mit Zitronen, Stör in Aspik, bedeckt von Orangensaft, gebratene Spatzen mit Orangen, verschiedene Salate mit Zitronen, in die das Wappen des jeweiligen Gastes geritzt worden war, ein Soufflé mit Pinienkernen und Rosinen, bedeckt von Orangensaft, sowie Zitronat und Orangeat.« Heutzutage wird die Bitterorange nicht mehr zu kulinarischen Zwecken angebaut, denn die Italiener kochen keine Orangenmarmelade ein (ein großer Fehler). Sie wird als Zierbaum gepflanzt oder zur Ölgewinnung. Sollten Sie einmal im Winter in Rom sein, besuchen Sie unbedingt den *Giardino degli Aranci*, den Orangenbaumgarten auf dem Aventin. Sie können dort eine Stunde voll Ruhe und Frieden genießen, während Sie den Ausblick auf Rom bewundern, das Ihnen zu Füßen liegt, und für Ihre Orangenmarmelade vom Baum gefallene Orangen aufsammeln.

Die Sorte *Citrus sinensis* (süße Orange) kam erst viel später: Sie wurde im 17. Jahrhundert über Indien von den Portugiesen nach Europa eingeführt. Im 18. Jahrhundert tauchte sie dann unter der Bezeichnung *arancia del Portogallo* allmählich in den Kochbüchern auf. Unter diesem Namen wurde sie bis ins 19. Jahrhundert beschrieben. Süße Orangen verwendete man anfangs nur zur Herstellung eines Getränks. Sie waren extrem teuer, weshalb nur wohlhabende Leute ihren Durst mit einem Glas Orangensaft stillen konnten. Zu Beginn des 19. Jahrhunderts wurden süße Orangen jedoch in vielen Gegenden Siziliens und Süditaliens angebaut, und so wurde die Orange jene beliebte Frucht, die wir heute alle kennen.

Der Kauf und die Zubereitung von Orangen

Heutzutage ist die Orange die weltweit im Anbau am meisten verbreitete Frucht. Es gibt eine Vielzahl von Sorten, wobei die sizilianische *tarocco* und *sanguinello* am meisten geschätzt werden. Dies sind eindeutig meine beiden Lieblingssorten; sie schmecken süß, besitzen aber gerade noch genügend Säure, sodass sie auf der Zunge prickeln. Gerne esse ich auch die späten spanischen Blutorangen, die klein und saftig sind, voller perfektem Orangenaroma. Vielleicht stammt Ihre Lieblingssorte aus Mexiko, Spanien oder Jaffa, wobei die aus Jaffa zu den größten und schönsten Orangen zählt, auch wenn mir ihr Geschmack etwas langweilig erscheint.

Achten Sie beim Orangenkauf auf leuchtende, glänzende Früchte ohne Flecken. Allerdings sollten sie nicht so sehr glänzen, dass sie ganz offensichtlich zur Haltbarmachung gewachst wurden. Die besten Orangen haben eine dünne, etwas weiche Schale, sind dabei aber prall und schwer – all diese Eigenschaften zeugen von ihrer Saftigkeit. Um einen höheren Saftertrag zu erzielen, können Sie Orangen mit kochendem Wasser übergießen. Es hilft auch, wenn Sie die Frucht auf einer harten Fläche hin- und herrollen.

Heutzutage kann man Orangenschalen leider nicht mehr einfach so verwenden, da die Früchte meist mit Pestiziden bespritzt und/oder zur längeren Haltbarkeit gewachst wurden. Kaufen Sie daher unbedingt unbehandelte Orangen, die Sie trotzdem auf jeden Fall gründlich waschen sollten.

Zitronat und Orangeat kann man ganz einfach selbst herstellen. Sie schmecken wesentlich besser als die gekauften Versionen. Für viele traditionelle italienische Süßspeisen sind sie unverzichtbar. *Cassata siciliana*, *zuccotto* aus Florenz, *panforte* aus Siena, Mailänder *panettone* … all diese Köstlichkeiten sind ohne in kleine Stücke geschnittene Schalen von Zitronatzitrone, Orange und Zitrone einfach unvorstellbar. Die weiße Schicht sollte nicht von der Schale entfernt werden, denn sie schmeckt herrlich bitter und enthält gesundes Riboflavin. Die Schale der Orangen (auch Zitronen und Grapefruits sind bestens geeignet) in schmalen Spalten ablösen und in kochendes Wasser geben, bis sie weich ist. Abseihen und kalt abschrecken. Dann in frischem Wasser weitere 15 Minuten kochen, um die Bitterstoffe herauszulösen. Einen Sirup aus Zucker und halb so viel Wasser in einem Topf zubereiten. Die Schale zufügen und köcheln lassen, bis der Sirup ganz aufgesogen ist. Die Schalenstücke auf geölten oder mit Backpapier belegten Backblechen ausbreiten und im Backofen bei sehr niedriger Temperatur trocknen. Dabei die Schalenstücke gelegentlich wenden. Sobald sie durchgetrocknet ist, die Schale mit Zucker bestreuen und in einem luftdichten Glas aufbewahren.

Petti di pollo all'arancia

Hähnchenbrust mit Orange

Obwohl ich mich nicht mehr daran erinnere, wie, wann oder wo dieses Gericht Eingang in mein Kochrepertoire fand, bin ich mir doch sicher, dass mein Wunsch, Geflügel und Orange öfter zusammen zu genießen, dahintersteckte. Und während Ente doch etwas für besondere Gelegenheiten ist, reißt ein Hähnchen kein großes Loch in die Geldbörse.

Orange und Sellerie ergänzen sich wunderbar, auch wenn sie recht unterschiedlich sind.

Für 4 Personen

4 Hähnchenbrüste ohne Haut und Knochen
4 zarte Selleriestangen mit Grün aus dem Herz eines Staudenselleries
4 Frühlingszwiebeln, nur die weißen Abschnitte
40 g Butter
Salz
hausgemachte Gemüsebrühe (siehe S. 319) bei Bedarf
frisch gepresster Saft von ½ Zitrone
Abrieb und frisch gepresster Saft von 1 unbehandelten Orange
100 g Crème double
schwarzer Pfeffer aus der Mühle

Für die Marinade

frisch gepresster Saft von 1 Orange
einige Blätter vom Staudensellerie (siehe oben)
4 Frühlingszwiebeln, nur die grünen Abschnitte, in Ringe geschnitten
Salz
4 Pfefferkörner, zerstoßen

1. Die Hähnchenbrüste mit Küchenpapier trocken tupfen und in eine Schale legen. Alle Zutaten für die Marinade vermengen, über das Hähnchenfleisch geben und mindestens 1 Stunde durchziehen lassen. Die Hähnchenbrüste zwischendurch ein- oder zweimal wenden.
2. Selleriestangen und Frühlingszwiebeln hacken und mit der Butter in einer Pfanne mit Antihaftbeschichtung langsam erhitzen. 1 Prise Salz zufügen, sobald die Butter geschmolzen ist. Gut untermischen, das Gemüse mit einem gebutterten Stück Backpapier abdecken und einen Deckel auflegen. Bei schwacher Hitze unter gelegentlichem Rühren 10 Minuten garen. Das Gemüse stets im Auge behalten: falls es sich goldgelb verfärbt (was es bei diesem Gericht nicht tun sollte), sofort einige EL Gemüsebrühe oder Wasser zugießen.
3. Die Hähnchenbrüste aus der Marinade nehmen, abtropfen und in die Pfanne legen. Von beiden Seiten vorsichtig 5 Minuten garen.
4. Die Marinade abseihen und über das Hähnchenfleisch gießen. Einen Deckel auflegen und bei schwacher Hitze 10 Minuten schmoren, bis das Fleisch gar ist. Herausnehmen, auf einen Teller legen und warm halten.
5. Zitronen- und Orangensaft sowie Orangenabrieb in die Pfanne geben und 1 Minute aufkochen. Unter ständigem Rühren Crème double und einige Prisen Pfeffer zufügen. Den aus dem Hähnchenfleisch inzwischen ausgetretenen Garsaft in die Pfanne gießen und alles gut vermengen, dann die Hähnchenbrüste erneut in die Pfanne geben und abschließend 2–3 Minuten erhitzen, damit sich die Aromen verbinden. Die Sauce mit Salz und Pfeffer abschmecken. Das Hähnchenfleisch in eine vorgewärmte Schale legen und die Sauce darüberlöffeln.

Das Gericht lässt sich bis einschließlich Arbeitsschritt Nr. 4 im Voraus zubereiten. Lassen Sie das Hähnchenfleisch aber in der Pfanne und erhitzen Sie es nochmals, bevor Sie es herausnehmen und dem letzten Schritt folgen.

Als Beilage empfehle ich in Butter sautierten Spinat, der herrlich zum Orangenaroma der Sauce passt, oder *Finocchi stufati* (S. 154). Dieses feine und wohlschmeckende Gericht können Sie nach *Reginette imbottite* (S. 34), *Polenta pasticciata alla piemontese* (S. 56) oder einem cremigen *risotto* (siehe S. 43 und 47) servieren.

Fragole all'arancia

Erdbeeren mit Orange

Der Duft der Erdbeeren wird hier durch die Säure der Zitrusfrüchte und des Weins intensiviert. Mit seinem klaren, frischen Geschmack ist dieses Dessert das perfekte Finale für eine Mahlzeit, wenn Erdbeeren Saison haben.

Für 6 Personen

2 große Orangen
450 g Erdbeeren
60 g Zucker
frisch gepresster Saft von 1 Zitrone
75 ml süßer Weißwein (z. B. Moscato)
einige Stängel Minze oder Zitronenmelisse

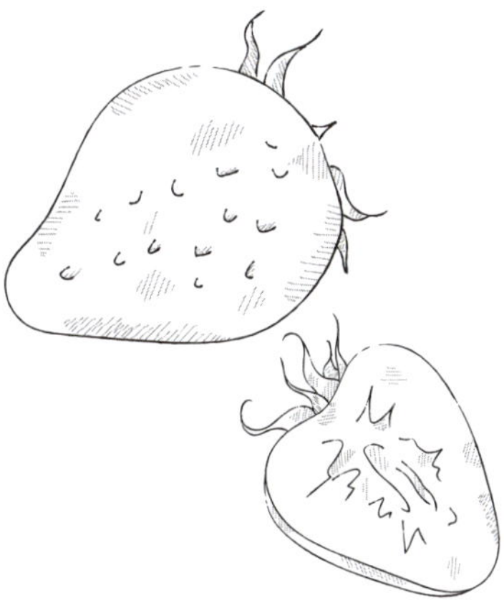

1. Die Orangen samt weißer Haut bis zum Fruchtfleisch schälen, dann in dünne Scheiben schneiden. Einige schöne Scheiben zur Garnierung beiseitelegen, die restlichen Scheiben halbieren oder vierteln, falls sie recht groß sind. Die zerteilten Scheiben in eine Glasschale legen.
2. Die Erdbeeren kurz unter fließendem Wasser kalt abspülen, dann Stielansatz entfernen. Große Exemplare halbieren oder vierteln und zu den Orangenstücken füllen.
3. Zucker und 100 ml Wasser in einem kleinen Topf langsam erhitzen, bis sich der Zucker aufgelöst hat. Die Temperatur erhöhen und den Sirup 5 Minuten kochen. Vom Herd nehmen und abkühlen lassen.
4. Zitronensaft und Wein zum Sirup geben. Gut vermengen und über die Früchte gießen. Mit Frischhaltefolie abdecken und 1 Stunde kalt stellen. Nicht länger im Kühlschrank lassen, da die Erdbeeren sonst zu stark aufquellen. Die Früchte vor dem Servieren mit den beiseitegestellten Orangenscheiben sowie ein paar Stängeln Minze garnieren.

Zitronen

Ich fühle mich völlig verloren, wenn ich merke, dass in meinem Vorratsschrank keine einzige Zitrone mehr liegt. Wie Zwiebeln und Knoblauch sind auch Zitronen ein unverzichtbarer Bestandteil meiner Kochkünste, was ebenso auf alle anderen Italienerinnen und Italiener zutrifft. Zitronen spielen in der italienischen Küche eine bedeutende Rolle und sind wichtiger als alle anderen Früchte. Zitronenabrieb wird vielen Gerichten zugegeben, z. B. Geflügel und Gemüsefüllungen, Kuchen und Keksen, Obstkompott, Vanille- und anderen Saucen. Der Saft kommt in Salatdressings und in süßen sowie herzhaften Saucen zum Einsatz und ist eine wichtige Zutat für Fisch- und Fleischgerichte. Bei einer der köstlichsten Zubereitungsarten für Hähnchen reibt man den Vogel kräftig mit Zitrone ein und steckt eine halbierte Zitrone sowie vielleicht noch ein paar Knoblauchzehen in die Bauchhöhle. Auch Kaninchen reibe ich vor dem Garen mit einer halben Zitrone ein. Wenn ich Mies- oder Venusmuscheln erhitze, um sie aus der Schale zu lösen, lege ich Zitronenspalten mit in den Topf: Die Zitrone aromatisiert die Schalentiere und tötet Bakterien ab. In letzter Zeit gewannen zwei Rezepte mit Zitrone für *tagliatelle* und *risotto* schnell an Beliebtheit. Das wunderbar erfrischende Rezept für *risotto* finden Sie auf S. 44. Die Zubereitung der *tagliatelle* ist ganz einfach: Sie werden nur mit etwas Sauce aus Butter, Sahne und Zitronensaft serviert.

Zu Himbeeren, Erdbeeren und allen anderen weichen Früchten gebe ich immer einen Spritzer Zitronensaft, um ihr Aroma zu intensivieren (außer wenn ich einen extravaganten Tag habe – dann nehme ich *aceto balsamico*). Auch Fruchtpüree oder -saft für Eiscreme oder Wassereis profitieren von 1 oder 2 EL Zitronensaft. Der Zitronensaft verbessert nicht nur den Geschmack, sondern verhindert auch die Bildung von Eiskristallen. Verfeinern Sie Ihren Obstsalat 1 Stunde vor dem Servieren mit etwas Zitronensaft – besonders wichtig ist dies bei tropischen Früchten und Granatapfelkernen, und vor allem bei denjenigen, die man hierzulande kauft: Der Zitronensaft gleicht das mangelnde Aroma aus.

Wenn Sie Äpfel oder Birnen aufschneiden, Artischocken oder Topinambur zubereiten, Cardy oder Karotten schälen, sollten Sie die Schnittflächen jeweils mit Zitronensaft einreiben, um Verfärbungen zu verhindern. Reiben Sie sich auch die Hände damit ein, damit sie nicht schwarz werden, wenn Sie so manches Gemüse zubereiten. Werfen Sie ausgedrückte Zitronenhälften nicht gleich weg, sondern legen Sie sie ans Spülbecken, um sich die Hände damit zu säubern, die Fingernägel zu kräftigen und unangenehme Gerüche wegzurubbeln.

Die Saftausbeute wird größer, wenn Sie Zitronen vor dem Durchschneiden mit kochendem Wasser übergießen und sie einige Minuten darin liegen lassen. Auch das Hin- und Herrollen auf der Arbeitsfläche macht sie weicher. Falls Sie nur ein paar Tropfen benötigen, sollten Sie die Zitrone nicht aufschneiden, sondern lediglich mit einem Zahnstocher an zwei oder drei Stellen einstechen und dann zusammendrücken.

Die Liste der Vorzüge der Zitrone als Haushaltsmittel (abgesehen von ihren kulinarischen Fähigkeiten) scheint endlos. In Italien verwenden wir sie, um Gegenstände aus Silber oder Marmor zu reinigen, um Lederschuhe zu putzen und um Bronze und Kupfer zu polieren. Mädchen machen sich mit Zitronensaft getränkte Packungen für ihre von Pickeln geplagten Gesichter, während sich Frauen mittleren Alters Zitronenscheiben aufs Gesicht legen, um ihre Haut zu verjüngen. Ich erinnere mich noch daran, wie eine Freundin und ich uns vor einer Party einen Tropfen Zitronensaft ins Auge träufelten, in der falschen Annahme, dass die Augen dadurch glänzen würden! Leider führte es nur dazu, dass wir zu spät zur Party kamen, da wir uns hatten hinlegen müssen – mit in Borsäure getränkten Pads auf unseren brennenden Augen.

Noch wesentlich länger ist die Liste der gesundheitlichen Vorteile der Zitrone – von der Entfernung von Hühneraugen bis zur Linderung der Schmerzen nach einem Wespenstich. Wenn wir als Kinder Schluckauf hatten, bekamen wir einen kleinen Schluck Zitronensaft zum Trinken, was schlimmer als der Schluckauf war. Aber der Schock erzielte meist die gewünschte Wirkung.

Achten Sie beim Zitronenkauf darauf, die größten Exemplare zu wählen, die etwas weicher, dafür aber prall sind und eine glatte Schale haben.

Da auch Zitronen, wie andere Zitrusfrüchte, heutzutage jedoch mit Fungiziden und Pestiziden besprüht und die Früchte zur längeren Haltbarkeit gewachst werden, sollten Sie ihre Schale nicht verwenden. Kaufen Sie dafür unbedingt unbehandelte Zitronen, am besten aus biologischem Anbau, die Sie nach gründlichem Waschen bedenkenlos verzehren können.

Ossobuco alla milanese

Echtes ossobuco nach Mailänder Art

Das Mailänder *ossobuco* unterscheidet sich auf zweierlei Art von anderen Varianten dieses Gerichts: Es wird mit Zitronenabrieb in einer *gremolada* genannten Sauce aromatisiert und *in bianco* zubereitet, also ohne Tomaten. Das eine ergibt sich in gewissem Maße aus dem anderen, da das Aroma der *gremolada* von einer Tomatensauce komplett überdeckt würde. Ein weiterer Grund für das Fehlen der Tomaten liegt darin, dass *ossobuco alla milanese* mit *risotto alla milanese* gegessen wird: Dieses feine *risotto* mit Safranaroma könnte neben einem *ossobuco* mit kräftiger Tomatensauce nicht bestehen. Als wahre Mailänderin, die unsere äußerst kultivierte Cuisine gegen das Eindringen fremder Aromen verteidigen möchte, zitiere ich am besten den großartigen Autor Artusi (19. Jahrhundert): »Dieses Gericht sollte man den Mailändern überlassen, da es eine Spezialität der lombardischen Küche ist.«
Wenn Sie ein *ossobuco* essen, sollten Sie daran denken, das Knochenmark mit herauszulöffeln. Heutzutage gibt es leider nur noch in wenigen Haushalten dieses durch nichts zu ersetzende Werkzeug vergangener Zeiten – den Marklöffel. Ebenso effektiv, wenn auch weniger stilvoll, ist es, das Mark mit dem Griff eines Kaffeelöffels herauszuschaben. In Restaurants fällt mir oft auf, dass die Leute das Mark nicht herauslöffeln; in meinen Augen eine furchtbare Verschwendung dieser kleinen Köstlichkeit.
Ossobuchi sollten aus der Mitte der Kalbshachse geschnitten werden, wo der Knochen rundum von Fleisch umgeben ist. Jedes Stück sollte 3–4 cm dick sein.

Für 4 Personen
4 *ossobuchi*
2 EL Olivenöl
Weizenmehl zum Bestäuben
Salz
40 g Butter
1 kleine Zwiebel, fein gehackt
½ Stange Staudensellerie, fein gehackt
150 ml trockener Weißwein
300 ml hausgemachte Fleischbrühe (siehe S. 318)
schwarzer Pfeffer aus der Mühle

Für die gremolada
1 TL Abrieb von 1 unbehandelten Zitrone
½ Knoblauchzehe, sehr fein gehackt
1 EL frisch geschnittene glatte Petersilie

1. Die einzelnen *ossobuchi* wie ein Päckchen über Kreuz mit Küchengarn umwickeln. Eine Pfanne mit schwerem Boden und einem gut sitzenden Deckel wählen, die so groß ist, dass die *ossobuchi* nebeneinander Platz haben. Das Öl erhitzen. Die *ossobuchi* inzwischen leicht in Mehl, vermischt mit 1 TL Salz, wenden.
2. Die *ossobuchi* von beiden Seiten anbräunen, dann herausnehmen und in eine Schale legen.
3. Drei Viertel der Butter in der Pfanne zerlassen, Zwiebel und Sellerie zufügen. Mit etwas Salz bestreuen, damit die Zwiebel Feuchtigkeit ausscheidet und weich wird, ohne anzubräunen.
4. Sobald das Gemüse weich ist, das Fleisch samt ausgetretenem Bratensaft wieder in die Pfanne geben.
5. Wein in einem kleinen Topf erhitzen und über das Fleisch gießen. Die Temperatur erhöhen und die Flüssigkeit um die Hälfte reduzieren. Dabei den Pfannenboden immer wieder mit einem Metalllöffel abschaben.
6. Die Brühe in dem Topf erwärmen, in dem der Wein erhitzt wurde, und drei Viertel davon über die *ossobuchi* gießen. Die Tem-

peratur stark reduzieren und einen Deckel auflegen. 1 ½–2 Stunden bei sehr niedriger Hitze schmoren, bis sich das Fleisch allmählich vom Knochen löst. Die *ossobuchi* dabei alle 20 Minuten vorsichtig wenden, ohne das Knochenmark zu beschädigen. Falls nötig, während des Kochens mehr Brühe zugießen. Falls die Sauce am Ende der Garzeit noch zu dünnflüssig ist, das Fleisch aus der Pfanne nehmen und die Garflüssigkeit durch starkes Aufkochen reduzieren.
7. Die *ossobuchi* auf einen vorgewärmten Servierteller legen und das Küchengarn entfernen. Im kalten Backofen kurz ruhen lassen.
8. Die restliche Butter in Flocken nach und nach in die Sauce einrühren. Sobald die Butter geschmolzen ist, die Pfanne vom Herd nehmen, da die Sauce nicht mehr kochen soll. Durch die Zugabe der Butter wird die Sauce schön glänzend und erhält ein feines Aroma.
9. Alle Zutaten für die *gremolada* vermengen und in die Sauce einrühren. Die Sauce über die *ossobuchi* löffeln und sofort servieren.

Sie können das Gericht bis einschließlich Arbeitsschritt Nr. 6 im Voraus zubereiten und dann erneut erhitzen.
Wie bereits erwähnt, ist die traditionelle Beilage *Risotto alla milanese*, das in Mailand oft auch als *Risotto giallo* (gelbes *risotto*) bezeichnet wird. *Ossobuco* benötigt keine weitere Beilage. Danach passt ein Salat gut. Falls Sie einen ersten Gang servieren möchten, würde ich ein Gemüsegericht wie *Sformato di finocchio* (S. 152) oder *Tortino di zucchine* (S. 72) wählen.

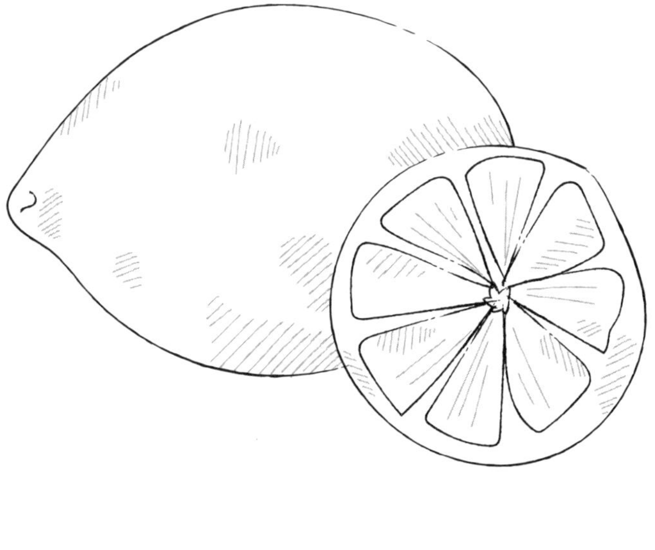

Faraona arrosto al limone

Gebratenes Perlhuhn mit Zitronensaft und Knoblauch

Der sizilianische Ursprung dieses Rezepts lässt sich unschwer am großzügigen Einsatz der Zitrone erkennen, welche auf der Insel allgegenwärtig ist. Dies ist jedenfalls eine der köstlichsten Zubereitungsarten für Perlhuhn.

Das Perlhuhn wird in Alufolie gegart, anschließend zerlegt und leicht in Olivenöl, Zitronensaft und reichlich Knoblauch sautiert. Gehaltvolles Öl und pikanter Knoblauch bilden ein Gegengewicht zum intensiven Geschmack der Zitrone, sodass man ein wunderbar klares und duftendes Aroma erhält.

Für 6–8 Personen

2 Perlhühner (à ca. 700 g), küchenfertig
30 g Butter, plus mehr zum Fetten
Salz (am besten Steinsalz)
75 ml Olivenöl
8 Knoblauchzehen, zerdrückt
150 ml frisch gepresster Zitronensaft
Abrieb von 1 unbehandelten Zitrone
schwarzer Pfeffer aus der Mühle

1. Den Backofen auf 200 °C vorheizen.
2. Die Haut der Vögel absengen und innen und außen gründlich in kaltem Wasser waschen. Zum Abtropfen 10 Minuten auf ein schräges Brett legen. Mit Küchenpapier innen und außen gut trocken tupfen.
3. Die Haut vorsichtig lösen und ein wenig Butter zwischen Haut und Fleisch von Brust und Unterkeulen schieben. Kleine Einschnitte an den Oberkeulen anbringen und die restliche Butter in Stücken hineindrücken. Die Perlhühner kräftig innen und außen mit einer ordentlichen Menge Salz einreiben.
4. Die Perlhühner einzeln in gebutterte Alufolie wickeln. In eine Bratreine legen und 1 Stunde im Ofen garen.
5. Die Bratreine aus dem Backofen nehmen und die Alufolie aufschneiden. Kurz abkühlen lassen, dann die Perlhühner zerlegen und dabei den Bratensaft in einer Schüssel auffangen.
6. Das Öl mit dem Knoblauch erhitzen, die Perlhuhnteile zufügen und 5 Minuten von beiden Seiten braten. Den Zitronensaft darüberträufeln und den Zitronenabrieb zugeben. Mit Salz und reichlich Pfeffer würzen und das Fleisch weitere 3 Minuten braten. Die Teile dabei ein- oder zweimal wenden.
7. Das Fleisch in eine Servierschale legen und in den noch warmen Ofen stellen. Den Knoblauch herausnehmen und wegwerfen.
8. Den Bratensaft aus der Reine in die Pfanne gießen und alles zum Kochen bringen. Gut 1 Minute kräftig köcheln, dann mit Salz und Pfeffer abschmecken. Die Sauce zum Servieren über die Perlhuhnteile gießen.

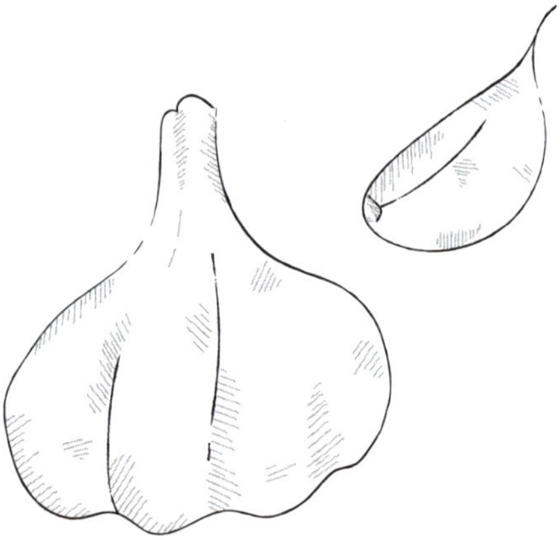

Besonders hübsch sieht dieses Gericht aus, wenn Sie in der Mitte der Servierschale einen Berg *tagliolini* platzieren, die mit zerlassener Butter und reichlich schwarzem Pfeffer aus der Mühle verfeinert wurden, und die Perlhuhnteile rundherum anordnen.
Zu Beginn dieser Mahlzeit können Sie wunderbar *Lattuga imbottita alla napoletana* (S. 119) oder, ganz wie moderne Italiener, *Risotto al limone* (S. 44) servieren.

La fugascina

Italienisches Buttergebäck

Fugascina ist eine aus der Provinz Novara stammende Dialektbezeichnung für kleine *focaccia*. Meine Freundin Grazia Lucchese gab mir dieses Rezept. Sie backt zum Heiligenfest ihres Dorfes Germagno, das hoch oben über dem Orta-See liegt, gerne *fugascina* und *torta di mele* (Apfelkuchen). Als ich sie nach dem genauen Datum des Heiligenfests fragte, antwortete sie: »*Oh, c'èn'è uno al mese. Se non c'è, lo si inventa.*« (»Es gibt einen pro Monat. Und falls nicht, erfinden wir ihn einfach.«) Die Kinder tragen die zu segnenden Speisen in einer Prozession in die Kirche, wo sie nach dem Gottesdienst für wohltätige Zwecke versteigert werden.

Fugascina wird, wie zahlreiche Kuchen in ganz Italien, traditionell mit Zitronenabrieb verfeinert. Ich nehme stattdessen manchmal auch 1 EL Vin Santo oder Marsala, besonders, wenn ich diese Kekse zu *Spuma di castagne* (Maronenmousse) von S. 249 serviere.

Ergibt ca. 40 Kekse
300 g Weizenmehl
150 g Butter, in Stücken
1 Prise Salz
150 g Zucker
2 Bio-Eigelb
Abrieb von 1 unbehandelten Zitrone
Erdnussöl zum Fetten

1. Mehl, Butter, Salz, Zucker, Eigelbe und Zitronenabrieb entweder von Hand oder in der Küchenmaschine kneten. Anschließend zu einer Kugel formen.
2. Ein großes Backblech umdrehen und die Unterseite leicht mit Öl bestreichen. (Ich verwende Erdnussöl, da es einen hohen Rauchpunkt hat. Der Grund für das Einölen der Unterseite wird klar, wenn Sie das restliche Rezept lesen.)
3. Die Teigkugel auf die eingeölte Unterseite des Backblechs legen und mit dem Handballen flach drücken. Mit einer mit heißem Wasser gefüllten kleinen Flasche auf eine Dicke von 3 mm ausrollen. Mit einem Messerrücken die Umrisse der Kekse einritzen: Meist werden sie als 5 cm große Quadrate zubereitet. Das Backblech in den Kühlschrank schieben und 30 Minuten kühlen.
4. Den Backofen auf 190 °C vorheizen.
5. Die *fugascina* im vorgeheizten Ofen 15 Minuten backen, bis sie dunkelgold sind.
6. Nun der Grund, warum die Unterseite des Backblechs verwendet wurde: Einen dicken Baumwollfaden quer über das Backblech spannen, zwischen Backblech und *fugascina* einführen und gespannt über das Backblech ziehen, wodurch sich die *fugascina* vom Backblech löst. Auf der Oberseite des Backblechs wäre dieser Schritt aufgrund des hohen Rands nicht möglich gewesen.
7. An den eingedrückten Linien vorsichtig durchschneiden. Die Kekse nach kurzem Abkühlen auf ein Kuchengitter legen.

In Italien isst man diese Kekse, wann immer man ein klein wenig Appetit verspürt. Oft taucht man sie in Vin Santo, Tee oder *caffè latte*. Mit ihrem buttrigen Aroma passen sie meiner Ansicht nach auch wunderbar zu Mousse.

Melone

»Drei Dinge im Leben sind wirklich schwierig: eine gute Ehefrau zu finden, ein gutes Pferd auszuwählen und eine gute Melone zu kaufen.« Dies schrieb Francesco Sforza, der Herzog von Mailand, im 15. Jahrhundert. Und auch im 21. Jahrhundert ist die Auswahl einer guten Melone nicht leichter geworden. Ihr Aussehen verrät nichts über ihre Qualität. Wenn sie duftet, ist das zumindest schon einmal ein gutes Zeichen, obwohl es auch einige köstliche Melonen gibt, die keinerlei Duft verströmen, bis sie geöffnet werden. Eine gute Melone sollte schwer sein. Nehmen Sie beim Melonenkauf zwei gleich große Exemplare in beide Hände und wählen Sie dann das schwerere aus.

Eine der italienischen Melonensorten heißt *napoletano* – eine gelblich-grüne Melone mit ovalem Längsschnitt und leuchtend orangefarbenem Fruchtfleisch. Die andere ist die wohlbekannte Cantaloupe. In Italien isst man Melonen meist mit *prosciutto* oder mit einem schönen Teller *affettato misto* (siehe S. 104). Dies ist wahrscheinlich die beste Kombination für eine gute Melone und außerdem die gesündeste. Melonen sind schwer verdaulich und »sollten immer zu Beginn einer Mahlzeit verzehrt werden, gefolgt von einem Glas gutem Wein«, schrieb Platina im 15. Jahrhundert. Ich finde, dass eine schöne süße Melone auch gut ans Ende einer Mahlzeit passt, wie das folgende Rezept zeigt.

Melone al sugo di mela

Melone in Apfelsirup

Dieses Gericht gab es zum Abendessen bei meiner Freundin Mary Trevelyan. Mary ist beim Kochen ein Naturtalent und mit ihren Töpfen und Pfannen fast so kreativ wie mit ihren Pinseln. Sie hatte diesen »Melonensalat« kurz vor unserer Ankunft erfunden und servierte ihn in einer ihrer herrlichen Tonschalen. Das Rezept hat kaum Italienisches an sich, außer dass die hoch aromatischen Melonen bei mir wunderbare Erinnerungen an blauen Himmel, heiße Sonne und intensive mediterrane Düfte wecken. Aber dieses Rezept ist nicht nur dazu da, meine Nostalgie zu lindern, sondern stellt auch eines der besten Gerichte zum Abschluss einer Mahlzeit dar.

Für 4 Personen benötigen Sie 1 große duftende reife Melone oder 2 kleinere Exemplare. Schale und Kerne entfernen und das Fruchtfleisch würfeln. Aus 300 ml ungesüßtem Apfelsaft und etwas Zucker einen Sirup zubereiten. Die Zuckermenge hängt von der Süße der Melone, der Säure des Apfelsafts und natürlich Ihrem persönlichen Geschmack ab. Den Sirup erhitzen, bis sich der Zucker aufgelöst hat. Ich gebe noch etwas Zitronensaft zu, um dem Salat eine besondere Note zu verleihen.

Den Sirup höchstens 1 Stunde vor dem Servieren über die Melone gießen und bis zum Servieren kühl stellen. Sie werden sie lieben.

Fagiano all'uva

Fasan mit Trauben

Jahrelang bereitete ich Fasan *à la Milanaise* zu, also in einer Bratreine und mit gewürzter Sahnesauce. Ein hervorragendes Rezept, wodurch der Fasan allerdings üppiger wird, als er von Natur aus ist. Vor einiger Zeit lernte ich jedoch eine neue interessante Zubereitungsmethode für Fasan kennen. Für mich neu, muss ich wohl sagen, da ich diesen köstlichen Fasan im Haus meiner Cousine in Mailand aß und sie mir verriet, dass das Rezept aus dem *ricettario* (Familienkochbuch) stammte, das schon ihre Großmutter geführt hatte, die während des Kriegs im Alter von beinahe 85 Jahren verstorben war. Es ist also ein altes lombardisches Rezept.
Die Verbindung von Fasan und Trauben ist ganz natürlich, denn Fasane lieben Trauben. Ich weiß noch, dass die Bauern im Chianti, wo wir viele Jahre ein Haus hatten, die Fasane immer wieder aus den Weinbergen ins Buschwerk scheuchten. Aber die Fasane waren so zahm, dass sie nach ein paar Minuten wieder zwischen den Weinreben standen und Trauben pickten.
Die Kombination ist in der Tat so natürlich, dass Bartolomeo Stefani, der Koch der Gonzagas in der zweiten Hälfte des 17. Jahrhunderts, ein fantastisches Gericht für ein Bankett zubereitete, das Ottavio Gonzaga zu Ehren Königin Christinas von Schweden veranstaltete. Der gebratene Fasan war mit Marzipan bedeckt und lag mit dem Kopf auf dem Rand der Platte, wo zwei aus Butter geformte *putti* (kindliche Engelsfiguren) saßen. Einer hielt den Kopf des Fasans, während der andere Trauben in den Fasanenschnabel steckte. Aber zurück zu meinem Rezept aus dem 19. Jahrhundert.
Typisch für dieses Gericht ist der intensive Traubengeschmack, der durch die Cognacmarinade noch verstärkt wird. Der Fasan, der zum Schluss zerteilt und in der Sauce gegart wird, nimmt das Traubenaroma an.
Ich verwende lieber eine dicke Fasanenhenne als einen Fasanenhahn, da sie besser schmeckt und zarteres Fleisch hat. Hennen sind jedoch relativ klein, sodass ein Exemplar kaum für 4 Personen reicht. Zwei Hennen ergeben aber einen perfekten Gang für 6 Personen.

Für 3–4 Personen
225 g Muskattrauben
3 EL Cognac oder Brandy
1 Fasan mit Innereien, küchenfertig
60 g Butter
Salz
100 ml hausgemachte Fleischbrühe (siehe S. 318)
schwarzer Pfeffer aus der Mühle

1. Die Trauben waschen, trocken tupfen und häuten. (Diese ziemlich langweilige Aufgabe wird etwas leichter, wenn Sie reife goldene Muskattrauben kaufen.) Die Kerne entfernen. (Ich habe festgestellt, dass jede Köchin und jeder Koch eine eigene Methode dafür hat. Eine der vollendetsten Gastgeberinnen, die ich kenne, schwört darauf, dass das beste Werkzeug, das auch am wenigsten Schaden anrichte, eine Haarnadel sei. »Natürlich gewaschen«, hatte sie schnell hinzugefügt. Aber ich bevorzuge trotzdem die Spitze eines kleinen Messers.) Die Trauben in einer Schüssel mit 1 EL Cognac beträufeln und 2 Stunden marinieren.
2. Den Backofen auf 200 °C vorheizen.
3. Die Flügelspitzen des Fasans abschneiden. Den Vogel innen und außen gut mit Küchenpapier trocken tupfen, störrische Federschäfte absengen. Leber, Herz und Muskelmagen mit einem Stück Butter und 1 guten Prise Salz in die Bauchhöhle geben. Den Vogel mit Küchengarn zubinden. Die Hälfte der restlichen Butter beiseitestellen, mit der anderen Hälfte den Vogel rundum gut einreiben. Mit Salz bestreuen.

4. Eine Bratreine mit schwerem Boden auswählen, die man auch direkt auf den Herd stellen kann. Den Vogel mit der Brustseite nach unten hineinlegen. So wird die Brust nicht zu trocken, da der Bratensaft nach unten fließt. Etwa 10 Minuten im Ofen garen, dann den Vogel wenden und weitere 10–15 Minuten braten, bis die Brust angebräunt ist.
5. Inzwischen die restliche Butter in einem kleinen Topf zerlassen. Während des Bratens gelegentlich etwas geschmolzene Butter sowie ein wenig Cognac über den Fasan gießen.
6. Den Fasan aus dem Backofen nehmen und zerlegen. Es macht nichts, falls der Fasan noch blutig ist, da er ein zweites Mal gegart wird. Leber, Herz und Muskelmagen herausnehmen und wegwerfen.
7. Die Fleischstücke in der Reine weitere 10 Minuten bei 180 °C im Ofen braten, bis der Fasan den gewünschten Gargrad erreicht hat. Dabei einmal wenden. Das Fleisch herausnehmen, beiseitestellen und abdecken.
8. Die Trauben abseihen, Marinade dabei auffangen. Die heiße Bratreine auf den Herd stellen und den Bratensaft mit Brühe sowie Marinadenflüssigkeit ablöschen. Bei starker Hitze reduzieren und dabei den Boden der Reine mit einem Metalllöffel abschaben, bis die Sauce gehaltvoll schmeckt und eine sirupartige Konsistenz hat. Mit Salz und Pfeffer abschmecken.
9. Den Herd auf niedrige Temperatur einstellen und die Fasanenstücke zurück in die Bratreine legen.
10. Den restlichen Cognac in einem Schöpflöffel erhitzen. Anzünden und noch brennend über den Fasan gießen.
11. Sobald die Flammen erlöschen, die Fleischstücke in eine warme Servierschale legen und in Fasanenform anordnen. Die Trauben darauf verteilen und das Gericht servieren. Die Sauce separat reichen.

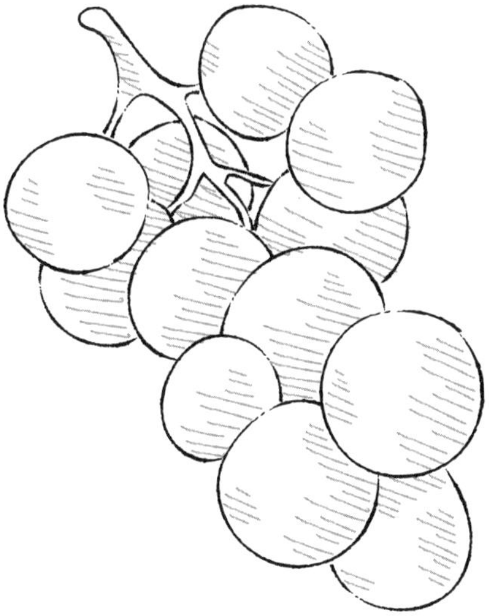

Dieses Gericht kann bis einschließlich Arbeitsschritt Nr. 6 im Voraus zubereitet werden.
Ich serviere Wildfleisch immer mit *polenta*. Zu diesem Gericht wie zu dem *Tacchino arrosto al sugo di melagrana* (siehe folgendes Rezept) passt eine gebratene oder gegrillte *polenta* besser als eine frisch zubereitete, da der Bratensaft fruchtig und leicht ist. Wer keine *polenta* mag, kann große Croûtons rund um den Fasan anordnen. Als Gemüsebeilage empfehle ich entweder ein Knollenselleriepüree, geschmorten Chicorée oder geschmorten Staudensellerie. Ich mag auch geriebene Karotten, die ich in Butter und Brühe gare und mit etwas Sahne sowie 1 Prise frisch geriebener Muskatnuss oder Koriander verfeinere.
Vor diesem Gericht können Sie als gute Suppe *Passato di castagne* (S. 248) servieren. Die Maronen haben Saison, wenn es auch reichlich Fasane gibt. Wer eine festere Einführung wünscht, kann die *Tagliatelle al sugo di zucca* (S. 23) oder *Tagliatelle al mascarpone* (S. 205) ausprobieren.

Tacchino arrosto al sugo di melagrana

Gebratene Truthenne mit Granatapfelsauce

Obwohl Granatäpfel in der italienischen Küche selten zum Einsatz kommen, kennt man sie doch aus einigen venezianischen Gerichten, da die Stadt früher mit dem Nahen Osten Handel trieb. Dies ist eines dieser Rezepte: Die Äpfel und die Zitrone im Inneren der Pute verleihen dem Fleisch ein köstlich säuerliches Aroma, das vom Granatapfelsaft und der Lebersauce noch verstärkt wird.

Für 10–12 Personen

1 kleine Pute mit Herz und Leber (ca. 3 ½–4 kg), küchenfertig
2 unbehandelte Zitronen
3 Gewürznelken
4 Tafeläpfel, geschält und in kleine Stücke geschnitten
110 g Butter
Salz und schwarzer Pfeffer aus der Mühle
150 g *pancetta* oder ungeräucherte Baconstreifen
100 ml hausgemachte Fleischbrühe (siehe S. 318)
3 große oder 4 kleine Granatäpfel
2 EL Brandy

1. Den Backofen auf 190 °C vorheizen.
2. Die Pute innen und außen waschen und gut trocken tupfen.
3. Eine der Zitronen mit einem Spieß rundherum einstechen, mit den Gewürznelken spicken und die Zitrone in die Bauchhöhle des Vogels stecken. Die Äpfel und 40 g Butter ebenfalls hineinschieben. Innen und außen mit reichlich Salz und Pfeffer würzen.
4. Die Pute mit 30 g der restlichen Butter einreiben. Die Brust mit *pancetta* belegen, festhalten und die Pute mit Küchengarn zusammenbinden. Mit der Brustseite nach unten in eine Bratreine legen, die Brühe zugießen und 2 ½ Stunden im Ofen braten. Dabei alle 20 Minuten mit dem Bratensaft übergießen.
5. Inzwischen die Sauce zubereiten. Die Granatäpfel halbieren und den Saft in eine Schüssel auspressen. Durch ein Metallsieb abseihen und ganze Kerne mit einem Metalllöffel zerdrücken, damit der Saft austritt. Die zweite Zitrone auspressen und den Saft durch das Sieb zum Granatapfelsaft gießen.
6. Nach der Hälfte der Garzeit die Hälfte des Fruchtsafts über die Pute gießen.
7. Putenleber und -herz säubern, waschen und gut trocken tupfen. In kleine Stücke hacken oder schneiden.
8. Etwa 15 Minuten vor Ende der Garzeit Küchengarn und *pancetta* abnehmen und die Brust anbräunen lassen.
9. Den Vogel auf eine vorgewärmte Platte legen, sobald er fertig ist, und dann in den ausgeschalteten Backofen stellen. Die Ofentür dabei einen Spalt offen lassen. Die Pute muss ein wenig abkühlen, sodass die Bratensäfte noch in das Fleisch dringen können.
10. In einem kleinen Topf 30 g Butter zerlassen und Leber und Herz darin unter ständigem Rühren 1 Minute sanft sautieren. Den Brandy in einem Schöpflöffel erhitzen, bis er fast kocht. Dann in den Topf gießen und anzünden. Den Brandy abbrennen lassen und den restlichen Fruchtsaft zugießen, sobald die Flamme erloschen ist.

11. Das Fett vom Bratensaft der Pute abschöpfen und den Saft zur Lebersauce geben. Das Aroma durch Aufkochen konzentrieren, bis die Sauce üppig schmeckt und eine sirupartige Konsistenz annimmt. Die restliche Butter in Flocken zufügen und den Topf schwenken, bis sie geschmolzen ist. Mit Salz und Pfeffer abschmecken. Die Sauce in eine vorgewärmte Sauciere gießen und extra servieren (falls Sie keine Stückchen in der Sauce mögen, können Sie sie noch abseihen).

Beim Servieren der Pute daran denken, eine kleine Portion der Apfelfüllung mit auf jeden Teller zu geben. Sie ist die perfekte Beilage zur Pute und die ideale Ergänzung zur Sauce.
Ich serviere gerne gegrillte oder geröstete *polenta* zu dieser Truthenne. Die Gemüsebeilage sollte fein und unaufdringlich sein: gedämpfte Zuckerschoten oder geschmorte Karotten sind ideal. Oder reichen Sie dazu oder danach einen schönen grünen Salat.
Eine leichte Suppe wie *Passatelli* (S. 75) ergibt einen perfekten *primo*. Oder Sie wählen ein feines Zucchinigericht wie z. B. *Zucchine ripiene alla mantovana* (S. 211), das Sie im Voraus zubereiten und zimmerwarm servieren können.

Timballini di ciliegia

Kirsch-Timbalen

Diese *timballini* lassen sich auch mit dem Püree aus anderen Früchten zubereiten, z. B. aus Aprikosen, verfeinert mit *amaretto*. Zu Pflaumen verwende ich Kirschwasser. Zu Maronen passt am besten dunkler Rum, wobei ich die *timballini* in diesem Fall in einem Ring aus Schokoladensauce serviere. Auch Himbeerpüree mit Orangen- und Zitronensaft schmeckt fein. Dazu mache ich folgende Sauce: 2 Kiwis im Mixer mit 150 ml ungesüßtem Apfelsaft, 1 ½ EL Kirschwasser und 3 EL Puderzucker pürieren.

Dieses Rezept ist ganz einfach, besonders, wenn Sie das Püree bereits fertig zubereitet im Tiefkühler haben. Wenn die jeweilige Frucht Saison hat, dünste ich einige Pfund davon in Rotwein (siehe das Rezept für Pflaumen, *Prugne sciroppate al rosmarino*, von S. 285) und friere sie ein.

ERGIBT 6 *TIMBALLINI*

300 ml Mandelmilch (siehe S. 246)
450 g gesüßtes grobes Kirschpüree
10 g Gelatinepulver oder 4 Blatt Gelatine
20 ml *amaretto*
150 g Kochsahne (18 % Fett), alternativ normale Sahne, mit etwas Wasser verdünnt
6 schöne Kirschen oder blanchierte Mandeln zum Garnieren

1. Die Mandelmilch wie auf S. 246 beschrieben zubereiten und beiseitestellen.
2. Das Kirschpüree in eine Schüssel geben und testen, wie süß es ist. Dabei berücksichtigen, dass später ungesüßte Kochsahne zugegeben wird. Falls das Püree noch nicht süß genug ist, einen Zuckersirup zubereiten (siehe S. 225) und zufügen.
3. In einem Topf 100 ml Wasser erhitzen, das Gelatinepulver einstreuen und zum Auflösen beiseitestellen. (Oder Gelatineblätter in kaltem Wasser einweichen, ausdrücken und dann im heißen Wasser auflösen.) Mit einem kleinen Schneebesen aus Metall verquirlen und die Mischung, falls nötig, nochmals etwas erhitzen, bis das Wasser klar ist. Nicht aufkochen. Danach abkühlen lassen.
4. Etwa 2–3 EL Kirschpüree zur Gelatine geben und gut vermischen. Diese Mischung zum restlichen Püree geben und gründlich vermengen. *Amaretto* einrühren und das Püree kalt stellen, bis es allmählich fest wird.
5. Aus dem Kühlschrank nehmen und die Kochsahne einrühren. Sechs Förmchen (à 100 ml Fassungsvermögen) mit kaltem Wasser ausspülen und die Mischung hineinfüllen. Mit Frischhaltefolie abdecken und in den Kühlschrank stellen, bis die Masse fest geworden ist.
6. Die *timballini* auf einzelne Dessertteller stürzen: Dazu mit einem Palettmesser am Rand entlangfahren und auf den Boden der Form klopfen. Jeweils 2–3 EL Mandelmilch rund um jedes *timballino* verteilen. Mit einer Kirsche garnieren, falls diese gerade Saison haben, ansonsten mit einer blanchierten Mandel.

Zu diesem sehr hübschen Dessert können Sie Mandelkekse oder *amaretti* reichen.

Garden

Nüsse

Nüsse

Esskastanien des Valle d'Aosta, Haselnüsse aus Avellino, Walnüsse Sorrentos, Pinienkerne von Versilia und die Mandeln Siziliens zählen zu den besten Nüssen der Welt. Italienerinnen und Italiener verwenden sie häufig und essen reichlich davon, entweder pur oder kombiniert mit Fleisch, Fisch und Gemüse. Sie sind zudem eine beliebte Zutat für Desserts, Kuchen und Kekse. Ich war immer der Ansicht, dass sich Nüsse in eine Werteskala einteilen lassen: Mandeln zum Beispiel gehören aufgrund ihres exotischen Aromas auf die edle Tafel; Marzipan bot sich schon immer für künstlerische Dekorationen und feines Konfekt an und dient als Aromazutat für üppige Desserts arabischen Ursprungs. Esskastanien oder Maronen passen eher in eine schlichtere Umgebung, sie wurden nach dem Rösten rund ums Küchenfeuer verzehrt oder auf der Straße direkt aus dem heißen Kohlenbecken.

Mandeln

Mandeln sind die Früchte der Bäume, die uns im Februar mit den ersten Frühlingsblüten begeistern. Die in Großbritannien und Deutschland wachsenden Mandeln spielen kulinarisch jedoch keine große Rolle. Süße Mandeln wachsen nur dort, wo keine Frostgefahr droht, also in den gleichen Gegenden wie Orangen und Zitronen. Sie lassen sich in der Küche vielseitig einsetzen, da ihr Aroma zu süßen sowie herzhaften Gerichten passt. Gemahlen kommen sie auch als Verdickungsmittel zum Einsatz. Mandeln schmecken pur ganz köstlich, aber auch gesalzen als Knabberei zu Getränken oder mit Zucker überzogen als süße Nascherei.

Mandeln sind nur ein Jahr haltbar. Wenn die neue Ernte gegen Sommerende in die Geschäfte kommt, sollte man die alten Mandeln wegwerfen, denn ihr Aroma ist dann verflogen und ihr enthaltenes Öl wird vielleicht schon ranzig. Mandeln werden zu Weihnachten mit Schale verkauft, sodass man sie am Tisch knacken und essen kann. Geschält, gehackt, in Scheiben oder gemahlen sind sie als Kochzutat das ganze Jahr über erhältlich. Ich kaufe immer Mandeln mit Haut, da man anhand dieser Haut gut erkennen kann, wie frisch sie sind: Ist die Haut faltig, sind die Mandeln alt. Wenn Sie Mandeln häuten möchten, legen Sie sie einfach 30 Sekunden in einen Topf mit kochendem Wasser und seihen sie dann ab. Sobald sie kühl genug zum Anfassen sind, drücken Sie sie zwischen Daumen und Zeigefinger, sodass sie aus der Haut herausflutschen. Im Mixer lassen sich Mandeln gut zerkleinern. Mahlen Sie sie einfach so lange, bis der gewünschte Grad erreicht ist – grob gehackt, fein gehackt oder gemahlen.

Biancomangiare

Hähnchen-Mandel-Suppe

Von dem Wort *biancomangiare* leiten sich das französische *blancmanger* sowie das englische *blancmange* ab: Es bedeutet »weiße Speise«. In seiner ursprünglichen Form, die bis ins 13. Jahrhundert zurückreicht, war sie tatsächlich weiß. Und auch heute noch ist das moderne Dessert aus gemahlenen blanchierten Mandeln, Sahne und Zucker eine weiße Nachspeise. In der Renaissance basierten alle weißen Desserts auf Mandeln. Aber auch Suppen mit Mandeln und Hähnchenfleisch nannte man *biancomangiare*. Da sie sehr beliebt waren, finden sich in den Kochbüchern jener Zeit viele Rezepte für *biancomangiare*. Es war z. B. eines der zahllosen Gerichte, die zur Hochzeit von Isabella di Aragona und Gian Galeazzo Sforza gereicht wurden, die am 23. Januar 1489 auf der Burg von Branduzzo nahe Tortona in der südlichen Lombardei gefeiert wurde. Das Menü für diese Festlichkeit hat Leonardo da Vinci in Versen festgehalten.
Hier stelle ich Ihnen meine Version dieses Rezepts aus dem 15. Jahrhundert vor. Ich muss sagen, dass sie eine der köstlichsten Suppen ist, die ich jemals probiert habe. Die Brühe sollte unbedingt hausgemacht sein und den feinen üppigen Geschmack haben, den man am besten mit einem Suppenhuhn, nicht mit einem Brathähnchen erzielt. Einfach grandios sieht die Suppe aus, wenn sie wie zu Leonardos Zeiten mit ein paar Granatapfelkernen dekoriert wird. Falls Granatäpfel gerade keine Saison haben, können Sie auch etwas Fenchelgrün abschneiden bzw. wilden Fenchel oder Dill verwenden und vor dem Servieren in jede Schüssel streuen.

Für 4 Personen

2 Hähnchenbrüste
1,5 l hausgemachte Hühnerbrühe (siehe S. 318)
90 g Mandeln
1 EL Reismehl
1 Prise frisch geriebene Muskatnuss
150 g Crème double
Salz und schwarzer Pfeffer aus der Mühle
Granatapfelkerne, Fenchelgrün oder Dill zum Garnieren
frisch geriebener Parmesan zum Servieren

1. Die Hähnchenbrüste 15 Minuten in etwas Brühe pochieren.
2. Die restliche Brühe erhitzen.
3. Die Mandeln blanchieren und häuten. Trocken tupfen und anschließend im Mixer zermahlen. Zwei Drittel der Hähnchenbrüste sowie einige EL Brühe zufügen und alles zu einer feinen Paste pürieren. Diese Mischung in die Brühe löffeln.
4. Die Temperatur reduzieren, sobald die Suppe kocht. Das Reismehl hineinstreuen, dabei mit einem Schneebesen aus Metall oder einer Gabel verquirlen. Etwa 10 Minuten köcheln lassen, dann Muskatnuss sowie Crème double zufügen. Weitere 5 Minuten simmern lassen. Mit Salz und Pfeffer abschmecken.
5. Das restliche Hähnchenfleisch in schmale Streifen schneiden.
6. Die Suppe in einzelne Schüsseln füllen und mit Hähnchenstreifen und Granatapfelkernen servieren. Eine Schüssel mit Parmesan dazureichen.

Für ein Renaissance-Abendessen servieren Sie nach dieser Suppe einen *secondo* mit Wild, z. B. *Fagiano all'uva* (S. 234) oder *Quaglie all'aceto balsamico* (S. 302). Wer lieber Fisch möchte, wählt *Sogliole ai carciofi* (S. 149) oder den feinen *Pesce in bianco con salsina alla erbe aromatiche* (S. 282).

Torta di mandorle all'arancia

Mandel-Orangen-Kuchen

Dieser Kuchen vereint zwei der typischsten Früchte Italiens: Orangen und Mandeln. Das Rezept stammt aus *La scienza in cucina e l'arte di mangiar bene* (*Von der Wissenschaft des Kochens und der Kunst des Genießens*) von Pellegrino Artusi, dem großartigsten Kochbuch des 19. Jahrhunderts. Es erscheint heute noch und hat inzwischen weit über 100 Auflagen erreicht. Durch die Verwendung von Kartoffelmehl (*fécule*) statt Weizenmehl wird der Teig weicher. Zudem eignet sich der Kuchen so auch für alle, die auf eine glutenfreie Ernährung achten. Die Backform wird kräftig eingefettet, wodurch der Kuchen eine weiche, gehaltvolle Oberfläche erhält. Wenn Sie weniger Butter verwenden, wird der Kuchen nicht ganz so üppig, schmeckt aber dennoch fantastisch. Pur wunderbar, aber genauso köstlich als Beilage zu Obstsalat, weichen Früchten oder einem Kompott.

Für 8 Personen

150 g Mandeln
3 Bio-Eier, getrennt
150 g Zucker
60 g Kartoffelmehl
1 ½ unbehandelte Orangen
Salz
30 g Butter zum Fetten

1. Den Backofen auf 170 °C vorheizen.
2. Die Mandeln blanchieren und häuten. Trocken tupfen und sehr fein von Hand hacken oder im Mixer zerkleinern, aber nicht zu einer glatten Paste verarbeiten. Die Mischung sollte noch körnig sein.
3. Eigelbe und Zucker schaumig schlagen. Mandeln und Kartoffelmehl zufügen und gründlich untermengen.
4. Die Schale von 1 Orange abreiben und mit dem abgeseihten Saft beider Orangen zur Mischung geben. Die Masse wird sehr weich und formlos.
5. Nun die Eiweiße mit etwas Salz zu Eischnee schlagen und mit einem Metalllöfffel unter die Mischung heben. Dabei den Löffel jedes Mal vorsichtig hochheben.
6. Eine runde Backform (20 cm ø) mit der gesamten Butter gut fetten. Die Mischung in die Form gießen.
7. Im Ofen 50 Minuten backen, bis sich der Kuchen vom Rand löst und sich bei Berührung schwammartig anfühlt. Den Kuchen aus der Form lösen und auf einem Gitter abkühlen lassen.

Besonders hübsch sieht der Kuchen aus, wenn Sie ihn noch mit Puderzucker bestäuben oder mit einer weichen Glasur überziehen, die mit 1 TL Orangenwasser aromatisiert wird.

Meringhine alle mandorle

Mandelbaisers

Im Kühlschrank oder Tiefkühler jeder Köchin findet sich meist reichlich übrig gebliebenes Eiweiß. Dies ist eine der besten Methoden zur Eiweißresteverwertung. Das Ergebnis sind unvorstellbar hübsche *friandises*: Mit ihrer glänzenden Perlmuttfarbe erinnern sie eindeutig an Austernschalen.

Falls die Zeit knapp ist, können Sie auch bereits gemahlene Mandeln verwenden. Aber ich würde es nicht empfehlen, denn gemahlene Mandeln haben meiner Ansicht nach einen Teil ihres Aromas eingebüßt – so wie fertig gemahlener Pfeffer oder geriebener Parmesan.

Ergibt ca. 25 Baisers

125 g Mandeln
2 Bio-Eiweiß
125 g Puderzucker
1 TL frisch gepresster Zitronensaft

1. Die Mandeln blanchieren und häuten. Gründlich trocken tupfen und im Mixer zermahlen. Nicht die Kaffeemühle verwenden, da sie durch das enthaltene Öl der Mandeln sonst verstopft.
2. Eiweiße und Puderzucker zu Eischnee schlagen. (Mit dem elektrischen Handrührgerät dauert es ca. 3–4 Minuten, bis das Eiweiß steif ist. Falls Sie es per Hand schlagen, dauert es deutlich länger.) Die gemahlenen Mandeln unterheben und den Zitronensaft einrühren, bis eine homogene Masse entstanden ist.
3. Den Backofen auf 150 °C vorheizen.
4. Zwei Backbleche mit Backpapier belegen. Im Abstand von 3,5 cm kleine Kleckse der Masse auf das Papier setzen. (Dafür können Sie einen Spritzbeutel verwenden oder wie ich einfach zwei Teelöffel.) Die Kleckse sollten klein sein, da die Masse noch zerläuft. Die gebackenen Kekse sehen am hübschesten aus, wenn sie nicht größer als 3,5 cm sind. Etwa 40 Minuten im Ofen backen, bis sie sich bei Berührung fest anfühlen und ein kleines bisschen Farbe bekommen haben. Auf dem Papier abkühlen lassen und dann in einer luftdichten Dose aufbewahren.

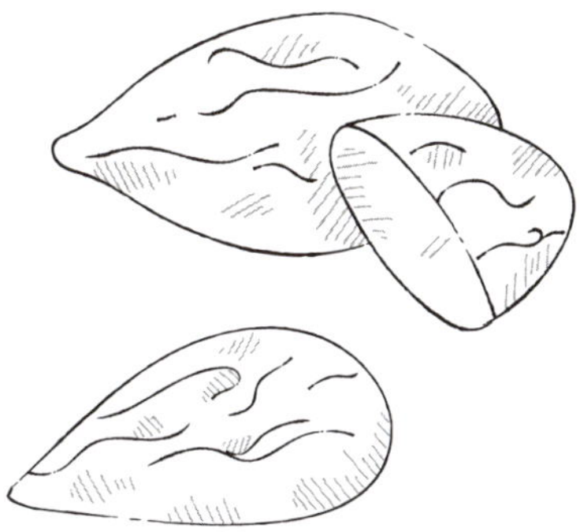

Latte di mandorle

Mandelmilch

Mandelmilch war im Mittelalter in Italien sehr beliebt. Damals wurde sie meist mit Wasser oder Brühe anstelle von Milch zubereitet und vor allem als Verdickungsmittel für Saucen verwendet. Während der Renaissance wurde sie bei Festmählern auch als mit weiteren Zutaten aromatisierte Suppe serviert. Ich habe mit einigen alten Rezepten herumexperimentiert und schließlich eine eigene Variante der Mandelmilch kreiert. Das Ergebnis ist eine dünne Sauce, die statt Sahne oder Crème anglaise wunderbar zu gedünstetem Obst passt.
Sie schmeckt auch herrlich zu einer Bavaroise wie den *Timballini di ciliegia* mit Kirschen (siehe S. 238) oder zu Aprikosen – beide Früchte harmonieren bestens mit dem Aroma der Mandeln.

Ergibt ca. 300 ml

120 g Mandeln, blanchiert und gehäutet
4 Bittermandeln, blanchiert und gehäutet, oder 3–4 Tropfen reines Mandelaroma
300 ml Milch
2 EL Puderzucker

1. Die Mandeln hacken oder im Mixer zu einer körnigen Masse zerkleinern. In eine Schüssel füllen.
2. Die Milch bis zum Siedepunkt erhitzen, Puderzucker einrühren und über die Mandeln gießen. Die Schüssel mit Frischhaltefolie abdecken und die Mischung mindestens 4 Stunden durchziehen lassen.
3. Ein Sieb auf einen Krug setzen und mit einem Mulltuch auslegen. Die Mandelmischung darin abseihen und gut ausdrücken.
4. Den Krug mit Frischhaltefolie abdecken und in den Kühlschrank stellen. Vor dem Servieren aus dem Kühlschrank holen und Zimmertemperatur annehmen lassen.

Die ausgedrückte Mandelmasse können Sie für Kuchen oder Kekse weiterverwenden. Sie schmeckt noch immer gut, auch wenn ein Teil des Aromas sich in der Milch gelöst hat.

Esskastanien

Esskastanien stammen ursprünglich aus der Gegend rund um die antike Stadt Castanis in Thessalien, der sie auch ihren botanischen Namen *Castanea sativa* und ihre italienische Bezeichnung *castagne* verdanken. In Italien gedeihen Maronen von den Alpen über den Apennin bis hinunter nach Kalabrien ganz im Süden. Ihre Saison reicht von Oktober bis Weihnachten, ist also relativ kurz. Danach werden sie runzelig und verlieren ihr Aroma.

Das Schälen von Esskastanien ist nicht allzu schwer, wenn auch langweilig. Noch leichter ist es, wenn Ihre Hände nicht allzu hitzeempfindlich sind. Je mehr Hitze Sie aushalten, desto schneller ist die Arbeit erledigt: Die Maronen zuerst waschen. Dann mit der Spitze eines kleinen Messers die Schale quer über die runde Seite einritzen, ohne die Kastanie innen zu beschädigen. Die Maronen in einen Topf legen, mit reichlich kaltem Wasser bedecken und zum Kochen bringen. Je nach Frischegrad 10–20 Minuten kochen, bis sie gar sind. Zur Probe eine Kastanie zwischen Daumen und Zeigefinger leicht zusammendrücken – sie sollte ein klein wenig weich sein. Jeweils nur ein paar Kastanien aus dem Wasser holen, die restlichen vorerst im heißen Wasser liegen lassen, damit sie sich leichter schälen lassen. Die äußere Schale und die innere Haut, die einen unangenehmen bitteren Geschmack hat, mithilfe eines kleinen Messers entfernen. Schlecht gewordene Kastanien erkennen Sie beim Schälen sofort am bitteren Geruch. Diese Maronen müssen komplett weggeworfen werden. Nach dem Schälen und Häuten können die Esskastanien je nach Rezept in Brühe oder Milch gekocht werden.

Geschälte Esskastanien lassen sich gut einfrieren. Sogar ungeschälte Maronen können Sie einfrieren, allerdings sind sie dann schwer zu schälen. Wenn die Saison der frischen Maronen vorbei ist, werden getrocknete Esskastanien verkauft. Sie müssen vor dem Kochen mindestens 8 Stunden in Wasser eingeweicht werden.

Passato di castagne

Maronensuppe

Ich habe in meinem Leben schon viele Maronensuppen gegessen, wobei die meisten fade, einige gut und nur wenige hervorragend waren. Obwohl diese Version lange Zeit eine der besten war, die ich kannte, wurde sie erst zum Nonplusultra, nachdem ich Eliza Actons *Modern Cookery for Private Families* gelesen hatte. Ihr Buch enthält ein Rezept, das dem, das ich kannte, sehr ähnelte, sich aber in einer Sache unterschied: Eliza Acton verfeinert ihre Suppe mit Crème double. So verwandelt sich eine schmackhafte, wenn auch etwas schlichte norditalienische Suppe in eine unfassbar köstliche Angelegenheit.

Für 4 Personen
450 g frische Maronen
1,2 l leichte hausgemachte Gemüse- oder Hühnerbrühe (siehe S. 318/319)
150 g Crème double
Salz und schwarzer Pfeffer aus der Mühle
1 gute Prise frisch geriebene Muskatnuss

1. Die Maronen waschen, kochen und schälen (siehe Hinweise auf S. 247).
2. Die Maronen zurück in den ausgespülten Topf legen und die Brühe zugießen. Etwa 30 Minuten kochen, dann die Suppe durch die Flotte Lotte streichen oder im Mixer pürieren. Das Püree wieder in den Topf geben und mit Crème double, Salz, Pfeffer sowie Muskatnuss würzen. Noch 5 Minuten erhitzen und dann servieren.

Spuma di castagne

Maronenmousse

Sie können dieses Dessert in kleinen weißen Schälchen servieren und mit geriebener Schokolade bestreuen. Oder Sie füllen es in eine schöne große Glasschale und reichen dazu Ihre heiße Lieblingsschokoladensauce. Als ich dieses Rezept perfektionierte, hatte ich glücklicherweise gerade einen 14 Jahre alten Rumlikör daheim, den ich für diese Mousse verwendete. Falls Sie keine Lust haben, schnell noch eine solche Flasche zu kaufen, können Sie auch einfach normalen dunklen Rum nehmen. Ich bin mir sicher, dass das Ergebnis Sie ziemlich glücklich machen wird!

Für 6–8 Personen

- 450 g frische Maronen
- Salz
- 1 Lorbeerblatt
- 1 Vanilleschote
- 1 Zimtstange (ca. 5 cm Länge)
- 200 g Zucker
- 300 ml Milch
- 3 Bio-Eigelb
- 4 EL dunkler Rum
- 150 g Crème double

1. Die Maronen waschen, kochen und schälen (siehe Hinweise auf S. 247).
2. Die Maronen in Stücke schneiden und mit Salz, Lorbeerblatt, Vanilleschote, Zimtstange sowie der Hälfte des Zuckers in einen sauberen Topf füllen. Mit Milch bedecken und langsam zum Kochen bringen. Einen Deckel auflegen und die Temperatur reduzieren, sodass die Milch nur noch leise köchelt. Etwa 40 Minuten köcheln lassen, bis die Milch aufgesogen wurde und die Maronen weich und zerfallen sind.
3. Vanilleschote und Zimtstange herausnehmen (die Schote abspülen und trocken tupfen – Sie können sie noch ein- oder zweimal verwenden) und die Maronen durch die Flotte Lotte streichen. (Falls Sie dieses – in meinen Augen – unverzichtbare Gerät nicht besitzen, verarbeiten Sie die Maronen im Mixer zu einem glatten Püree. Die am Rand haftenden Stückchen dabei nach unten schieben und nochmals pürieren.)
4. Eigelbe und restlichen Zucker schaumig schlagen. Nach und nach zusammen mit dem Rum in das Maronenpüree einarbeiten.
5. Crème double aufschlagen und das Maronenpüree unter die Crème heben. Das Püree lässt sich leichter und schneller unter die geschlagene Crème heben als andersherum.
6. Die Mischung in kleine Schälchen oder eine große Schüssel füllen und mit Frischhaltefolie abdecken. Bis zum Servieren kalt stellen.

Ich reiche zu dieser Mousse gerne schlichte Kekse. Probieren Sie doch einmal die *Fugascina* (S. 231), allerdings aromatisiert mit Marsala statt Zitrone.

Walnüsse

Es ist nicht ganz einfach, Walnüsse von guter Qualität zu finden, da sie reichlich Öl enthalten, das schnell ranzig wird. In der Weihnachtszeit werden sie in der Schale verkauft und zusammen mit anderen Nüssen und getrockneten Früchten auf den Tisch gestellt. Den Rest des Jahres bekommt man sie geschält, wobei manche davon schon zu alt sind und nicht mehr schmecken. Kaufen Sie Walnüsse bei einem Händler, der viel Umsatz damit macht. Werfen Sie einen Blick in die durchsichtige Packung: Die Walnusshälften sollten groß und nicht zerbrochen sein. Alte Nüsse brechen leicht und werden dadurch schneller ranzig. Vor der Verwendung dunkle, harte Stücke entfernen. Die Nusskerne sollten einen hellen Elfenbeinton haben und eine feste Konsistenz. Nur dann ist der süße Geschmack garantiert, der so typisch für Walnussgerichte ist. Alte Walnüsse entwickeln zuerst eine unangenehme, auf der Zunge prickelnde Note und werden bald darauf ranzig. Ein einziges ranzig schmeckendes Walnussstückchen kann Ihr ganzes Gericht ruinieren. Bewahren Sie die Nüsse in einem luftdichten Glas im Kühlschrank auf. Für manche Rezepte müssen die Walnüsse gehäutet werden, da ihre Haut bitter schmeckt. Dazu die Kerne 30 Sekunden in kochendem Wasser blanchieren und dann möglichst viel Haut mit einem scharfen kleinen Messer entfernen. Beim Schälen entdecken Sie auch leichter die Stücke, die weggeworfen werden müssen.

Torta di noce alla crema di mascarpone

Walnusskuchen mit mascarpone-Creme

Ich muss zugeben, dass ich keine große Kuchenbäckerin bin. Ich habe selten einen im Haus, und falls doch, vergesse ich meist, ihn zu essen. Aber ich mag süße Nachspeisen, weshalb sich unter meinen Lieblingsrezepten auch einige ausgewählte Desserts finden.

Dieser Walnusskuchen schmeckt immer köstlich, ob pur als vormittägliche Nascherei, zum Nachmittagskaffee, abends mit einem Schlummertrunk oder einfach zu irgendeiner Tageszeit mit einem Glas Champagner! Aber gefüllt mit *mascarpone*-Creme (dieselbe Creme, die ich auch für das wohlbekannte *tiramisu* zubereite) und als feine Nachspeise serviert, ist er unübertroffen.

Falls Sie genügend Zeit haben, können Sie die Walnüsse 30 Sekunden blanchieren und dann häuten. Obwohl man dabei ganz schön pfriemeln muss, ist diese Arbeit wichtig, da die Haut bitter schmeckt (siehe Hinweis auf der vorherigen Seite).

Für 8–10 Personen

6 Bio-Eier (Größe L), getrennt
250 g Zucker
3–4 Tropfen reines Vanillearoma
250 g Walnusskerne
Salz
Butter zum Fetten
Weizenmehl zum Ausstreuen
einige Walnusshälften zum Garnieren

Für die Füllung

2 Bio-Eier, getrennt
60 g Zucker
500 g *mascarpone*

1. Für den Kuchen Eigelbe und Zucker schaumig schlagen. Das Vanillearoma zufügen.
2. Die (blanchierten und gehäuteten, siehe Rezepteinführung) Walnüsse im Mixer grob zerkleinern. Gründlich unter die Ei-Zucker-Mischung mengen.
3. Den Backofen auf 180 °C vorheizen.
4. Die Eiweiße mit etwas Salz zu festem, aber nicht trockenem Eischnee schlagen. Nach und nach mit einem großen Metalllöffel und vorsichtigen, gleichmäßigen Bewegungen unter die Mischung heben.
5. Eine Springform (25 cm Durchmesser) fetten und mit Mehl ausstreuen. Die Form dabei rotieren, um alle Flächen zu bedecken. Überschüssiges Mehl ausschütteln.
6. Die Masse in die Form füllen und 50 Minuten im Ofen backen, bis der Kuchen fest und gar ist (Stäbchenprobe). Die Form auf ein Gitter stürzen und den Verschluss öffnen. Die Form abnehmen und den Kuchen abkühlen lassen.
7. Inzwischen die Füllung zubereiten: Eigelbe und Zucker schaumig schlagen. Den *mascarpone* esslöffelweise unterheben.
8. Die Eiweiße zu Eischnee schlagen und vorsichtig, aber gründlich unter die *mascarpone*-Mischung heben. Anschließend in den Kühlschrank stellen.
9. Den Kuchen 2 Stunden vor dem Verzehr horizontal halbieren und die untere Hälfte mit etwas *mascarpone*-Creme bestreichen. Die obere Hälfte auflegen und oben sowie die Seiten mit der restlichen *mascarpone*-Creme bestreichen. Dazu ein großes Palettmesser verwenden. Mit Walnusshälften dekorieren und den Kuchen kalt stellen. Erst direkt zum Verzehr aus dem Kühlschrank nehmen.

Haselnüsse

Auch wenn Haselnüsse besser haltbar als Walnüsse sind, gelten meine die Walnuss betreffenden Hinweise (siehe S. 250) auch für Haselnüsse. Die Haselnüsse zum Häuten entweder unter Schwenken in einer gusseisernen Pfanne einige Minuten rösten oder 5 Minuten auf einem Backblech in den vorgeheizten Backofen (200 °C) schieben. Sobald sie anschließend kühl genug zum Anfassen sind, gegeneinander reiben oder in einem groben Handtuch rubbeln und die papierdünne Haut wegpusten – am besten im Spülbecken oder im Freien arbeiten, da Sie sonst hinterher überall herumfliegende Nusshaut entdecken. Haselnüsse mit dunklen oder öligen Stellen sollte man wegwerfen.

Involtini di pollo ripieni di nocciole, prosciutto e formaggio

Hähnchenrouladen, gefüllt mit Haselnüssen, Schinken und Käse

Haselnüsse passen aufgrund ihres Aromas besser als andere Nüsse zu hellem Fleisch. Bei diesem Gericht wird der durch den Gruyère noch verstärkte Nussgeschmack vom Weißwein etwas gemildert. Nehmen Sie einen trockenen, aber vollmundig fruchtigen Wein wie Pinot Bianco oder Pinot Grigio.

Für 4 Personen
30 g Haselnusskerne
50 g Gruyère
50 g Kochschinken
1 Prise frisch geriebene Muskatnuss
Salz und schwarzer Pfeffer aus der Mühle
8 Hähnchenoberschenkel ohne Knochen
60 g Butter
1 EL Erdnussöl
75 ml trockener Weißwein
100 ml hausgemachte Fleischbrühe (siehe S. 318)

1. Den Backofen auf 200 °C vorheizen.
2. Die Haselnüsse auf einem Backblech verteilen und im Ofen 5 Minuten rösten. Etwas abkühlen lassen und dann zwischen den Händen oder in einem rauen Tuch reiben, um die papierartige Haut zu entfernen.
3. Den Käse in Stücke schneiden und mit Schinken und Haselnüssen im Mixer grob hacken (nicht zu einer Paste verarbeiten). Die Mischung in eine Schüssel füllen und mit Muskatnuss, sehr wenig Salz und etwas Pfeffer würzen. Gründlich vermengen.
4. Die Hähnchenschenkel flach auf ein Brett legen.
5. 1 EL Butter beiseitenehmen, den Rest in einer großen Pfanne oder Sauteuse zerlassen, in der die Hähnchenrouladen später nebeneinander Platz haben. Den Herd ausschalten, sobald die Butter zerlassen ist. Einen Küchenpinsel in die Butter tauchen und die Innenseite eines jeden Hähnchenteils damit bestreichen. Mit etwas Salz und Pfeffer bestreuen.
6. Mit den Händen je 1 EL Nussfüllung zu einer länglichen Form drücken. Auf die Fleischstücke legen, das Fleisch jeweils zusammenrollen und mit einem Zahnstocher fixieren.
7. Das Öl zur bereits flüssigen Butter gießen und erhitzen. Wenn die Mischung nicht mehr schäumt, die Rouladen in die Pfanne legen und von allen Seiten braten, bis sie schön goldbraun sind.
8. Mit Wein beträufeln und aufkochen, bis die Flüssigkeit fast verdampft ist. Die Brühe zugießen und zum Kochen bringen. Dann

auf niedrigste Temperatur reduzieren, einen Deckel auflegen und 15 Minuten leise köcheln lassen, bis die Hähnchenrouladen gar sind.
9. Die Rouladen in eine vorgewärmte Servierschale legen. Die beiseitegestellte Butter in Flocken in die Pfanne geben, bei schwacher Hitze zerlassen und einrühren. Mit Salz und Pfeffer abschmecken. Die Rouladen samt ausgetretenem Bratensaft wieder in die Pfanne geben. Rund 1–2 Minuten sanft köcheln lassen, damit sich die Aromen verbinden. Dann wieder in die Servierschale legen und mit der Sauce übergießen.

Wer will, kann auch ein wenig Sauce auf jeden Teller löffeln und je zwei Rouladen darauflegen, obwohl mich diese Nouvelle-Cuisine-Methode immer an etwas erinnert, das Peter Fleming in seinem wunderbaren Buch *Brasilianisches Abenteuer* schrieb: »Die Völker der Erde lassen sich vielleicht in zwei Arten aufteilen – die portionsorientierten und die nicht-portionsorientierten. Die Bewohner der Vereinigten Staaten von Amerika sind strenge Verfechter der portionsorientierten Küche … Wenn man Rosenkohl ordert, bekommt man Rosenkohl, und zwar sieben Stück in einer kleinen Schüssel. Und das Wissen, dass alle anderen, die Rosenkohl bestellen, ebenfalls sieben Stück in einem ebensolchen Schüsselchen bekommen, ist wirklich beklemmend. Die Freuden des Tafelns sollten nicht auf diese Weise standardisiert werden: Das ist beschämend.« Diese Zeilen wurden in den 1930er-Jahren geschrieben. Doch inzwischen hat sich dieser Brauch in der gesamten westlichen Welt durchgesetzt, sogar bei uns daheim, in unseren Wohnungen und Häusern. Und aus genau diesem Grund möchte ich, dass sich meine Freunde selbst bedienen können!
Das Gericht lässt sich bis einschließlich Arbeitsschritt Nr. 5 im Voraus zubereiten. Wärmen Sie die Hähnchenrouladen erst wieder auf, bevor Sie sie herausnehmen, um die Butter zuzufügen.
Zu diesem Gericht passen vielerlei Gemüsearten, besonders sautierte oder gedämpfte Zucchini oder gebutterter Spinat. Ich habe diese Rouladen ganz unitalienisch rund um einen Berg *tagliatelle* angeordnet, die ich mit Butter und Parmesan verfeinert habe. Ein sehr hübsches und hervorragend schmeckendes Gericht.
Falls Sie die Rouladen mit *tagliatelle* servieren, können Sie zuvor eine Suppe reichen, wie z. B. *Passatelli* (S. 75) oder *Biancomangiare* (S. 243). Wer lieber Gemüse zu den Rouladen anbieten möchte, kann das *Risotto con gli asparagi* (S. 47) als perfekten *primo* wählen.

Pinienkerne

Pinienkerne sind die Früchte der Steinkiefer (*Pineus sativa*). Sie sind ca. 5 mm lang, haben einen herrlichen Elfenbeinton und ein köstliches Aroma: eine Kombination aus Harz und Öl. Sie werden zum Andicken von Saucen verwendet, wie z. B. bei *pesto*, oder in süßsauren Saucen zum Verfeinern von Gemüse, Fisch oder gebratenem Fleisch. Auch in Kuchen und Keksen sind sie oft enthalten. Damit sich das Aroma der Pinienkerne entfaltet, sollte man sie im heißen Backofen oder in einer gusseisernen Pfanne einige Minuten rösten.

Salsa di miele, noci e pinoli

Honigsauce mit Walnüssen und Pinienkernen

Im Piemont gibt es eine altehrwürdige Sauce mit Honig und Walnüssen, die zu *Il gran bui* serviert wird, einem üppigen Gericht aus verschiedenen gekochten Fleischsorten. Mein Geheimnis besteht darin, ein paar Pinienkerne zuzufügen, die mit ihrem leicht harzigen Geschmack die Süße des Honigs ausgleichen.

FÜR 6 PERSONEN
15 g Pinienkerne
30 g Walnusskerne
3 EL klarer Honig
3 EL hausgemachte Fleischbrühe (siehe S. 318)
1 ½ EL englischer Senf (oder ein anderer scharfer Senf)

1. Die Pinienkerne in einer gusseisernen Pfanne rösten, bis sie aromatisch duften.
2. Die Walnüsse in kochendem Wasser 30 Sekunden blanchieren und dann möglichst viel Haut abziehen.
3. Honig und Brühe verrühren.
4. Pinienkerne und Walnüsse im Mörser mit dem Stößel zerdrücken und dabei 1 EL Honigbrühe zufügen. Sobald die Nüsse zu einer Paste verarbeitet sind, die restliche Honigmischung sowie den Senf zugeben und alles gründlich vermengen. (Alternativ können Sie Nüsse und Honigmischung auch im Mixer pürieren und dann den Senf zufügen.)

Zu gekochtem Hähnchen- oder Rindfleisch oder zu Schinken servieren.

Amaretto

In Italien gilt *amaretto* als Likör mit gewissem Ruf. Ich erinnere mich noch immer daran, wie mein Bruder Guido, als wir beide im späten Teenageralter waren, von einem Mädchen erzählte, das sehr hübsch sei, aber *ha una mamma che beve l'amaretto* (eine *amaretto* trinkende Mutter habe). Was konnte man da noch sagen? Ich muss gestehen, dass auch ich einen Rest von Snobismus überwinden musste, bevor ich eine Flasche *amaretto* kaufen konnte – natürlich nur zum Kochen.

Amaretto ist eigentlich von nobler Abstammung. Er wurde im 16. Jahrhundert für den Maler Bernardino Luini kreiert, der die schöne Ehefrau eines Gastwirts in Saronno darum bat, ihm für ein Bildnis der Madonna im Santuario von Santa Maria delle Grazie Modell zu sitzen. Sie fühlte sich so geehrt, dass sie diesen besonderen Likör für ihn zubereitete und dazu gemahlene Aprikosenkerne in Obstbrand mazerierte.

Amaretto wurde zu Beginn des 19. Jahrhunderts erstmals kommerziell produziert, und zwar von Domenico Reinas Firma, die das Originalprodukt heute noch herstellt. Doch auch viele andere Unternehmen produzieren inzwischen *amaretto*; der weltweite Verbrauch soll höher liegen als der irgendeines anderen Likörs. Allein in den Vereinigten Staaten, wo *amaretto* recht beliebt ist, werden jährlich zehn Millionen Flaschen verkauft.

Eiscreme & Sorbets

Eiscreme und Sorbets

Die Früchte, die ich in diesem Buch beschrieben habe, lassen sich nicht nur pur genießen. Am besten verwandeln Sie das Obst in Eiscremes oder Sorbets und folgen damit einer Zubereitungsart, in der es die Italienerinnen und Italiener zur Meisterschaft gebracht haben.

Offenbar wurden die allerersten Sorbets von den Sarazenen kreiert. Nach der Eroberung Siziliens im 9. Jahrhundert n. Chr. verbesserten die Sizilianer später die Techniken, die sie von den arabischen Meistern gelernt hatten. Wie sich diese frühen Sorbets in den ersten Jahrhunderten entwickelten, ist unbekannt. Erst 1595 taucht der nächste Meilenstein in der Geschichte der Eiscreme auf. In jenem Jahr soll der Architekt, Bildhauer, Maler, Dichter und Erfinder Bernardo Buontalenti eine Eiscreme für ein Festmahl kreiert haben, das Großherzog Ferdinand I. zur Einweihung der Festung Belvedere in Florenz gab.

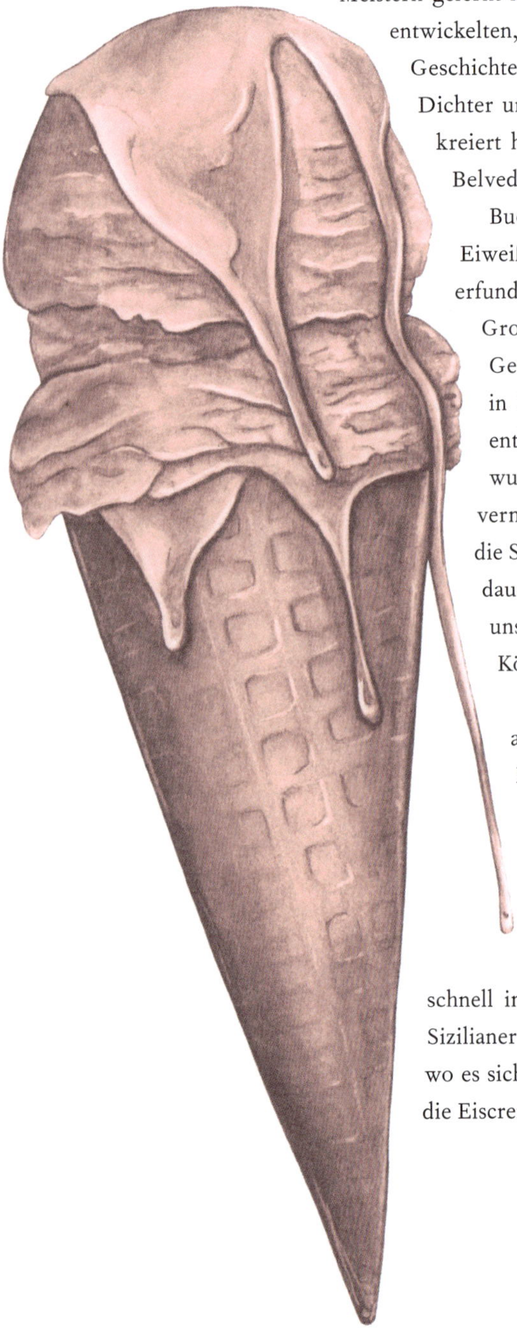

Buontalenti verfeinerte eventuell als erster Fruchteis mit Milch und Eiweiß und ließ die Mischung lange in einer Maschine schlagen, die er erfunden haben soll. Eine Maschine, die in den folgenden 200 Jahren im Großen und Ganzen nicht verändert wurde. Sie ähnelt stark jenem Gerät, das, soweit ich mich erinnere, in unserer Küche in der Via Gesu in Mailand stand – ein Holzeimer, der ein zylinderförmiges Gefäß enthielt, in das die Mischung gefüllt wurde. Rund um den Zylinder wurde der Eimer mit Schnee oder Eis gefüllt, das mit reichlich Salz vermengt war. Mein Bruder und ich drehten abwechselnd die Kurbel, die die Schaufel in der Eismischung antrieb. Die ziemlich langweilige Arbeit dauerte eine gefühlte Ewigkeit und war nur durch die Aussicht auf unsere Belohnung zu ertragen – eine langsam im Mund schmelzende Köstlichkeit.

Es gibt eine oft wiederholte, aber nie bewiesene Geschichte, die auch recht unwahrscheinlich klingt: Demnach soll die Eiscreme nach Frankreich gekommen sein, als die Köche Katharina von Medicis sie bei ihrem Hochzeitsmahl servierten. Besonders unglaubwürdig, wenn man berücksichtigt, dass Buontalenti, der die moderne Eiscreme erfunden haben soll, im Jahre 1533, als Katharina den zukünftigen Heinrich II. heiratete, erst drei Jahre alt war. Es gibt tatsächlich keine sicheren Belege dafür, dass sich die Eiscreme schnell im restlichen Europa ausbreitete. Erst im Jahre 1660 eröffnete der Sizilianer Francesco Procopio Coltelli nachweislich sein *Café Procope* in Paris, wo es sich bis heute befindet. Inzwischen hatte ein anderer italienischer Koch die Eiscreme nach London eingeführt, genauer gesagt an den Hof von Karl I.

Gegen Ende des 17. Jahrhunderts waren Eiscreme und Wassereis in allen adligen und wohlhabenden Häusern Europas gut bekannt. 1747 erschien das Buch *The Art of Cookery Made Plain and Easy* von Hannah Glasse, in dem das erste bekannte Rezept für Eiscreme in englischer Sprache enthalten war. Es handelte sich um eine Eiscreme, die mit Sahne hergestellt wurde, nicht mit einer Milch-Ei-Creme, wie es bei den italienischen Sorten der Fall war. Dieses Eis wurde in den Vereinigten Staaten schließlich so beliebt, dass die meisten Amerikaner glaubten, es sei dort erfunden worden.

Die Eiswaffel als unmittelbares und natürliches Werkzeug zum genussvollen Verzehr eines *gelato* wurde allerdings tatsächlich in Amerika erfunden. Der *gelataio* meiner Kindheit reichte Eis in der Waffel oder in der *parigina* (zwei flache Waffeln mit einer Scheibe Eis dazwischen): Er fuhr auf seinem großen Dreirad umher, dessen Vorderteil einem Schiffsbug mit einer Galionsfigur in Schwanenform glich. Ich erinnere mich noch heute an den Abend, an dem ich mit in *La Scala* durfte, um mir *Lohengrin* anzusehen. Zu meiner großen Überraschung erschien der Held in Gestalt des Eismanns. Denn er fuhr in einem Gefährt über die Bühne, das in meinen Augen dem *carettino dei gelati* glich – seinem wunderbaren weißen Schwan!

Gelati war und ist etwas, das man wie Pizza unterwegs auf der Straße genießt: Diese Speisen sind Teil des öffentlichen Lebens einer jeden italienischen Stadt. Ein großer Unterschied besteht jedoch darin, dass *gelati* und *sorbetti* oft auch zu Hause zubereitet werden, was bei Pizza nicht der Fall ist.

Gelato di crema alla vaniglia

Vanilleeiscreme

Italienisches Eis bereitet man meist nicht mit Sahne, sondern mit einer Milch-Ei-Creme zu, die durch verschiedene Aromazutaten verfeinert wird. Die Milch-Ei-Mischung sorgt für eine glattere, samtigere Konsistenz. Dies ist mein Grundrezept für Eiscreme. Sie können Obstpüree, Kaffee, Schokolade, Mandelkrokant oder zerstoßene Haselnüsse zur Milch-Ei-Mischung geben, aber auch *marrons glacés*, wodurch das Eis eine raffinierte Note erhält. Eine weitere typisch italienische *gelato di crema* wird mit Zitronenabrieb anstatt Vanilleschote aromatisiert. Zitroneneis ist die ideale Beilage zu frischem Obst. Probieren Sie es zu Pfirsich- oder Nektarinenspalten, Erdbeeren oder Ananas.

Für 4 Personen
425 ml Milch
1 Vanilleschote
4 Bio-Eigelb
100 g Zucker

1. Die Milch mit der Vanilleschote in einem Topf mit schwerem Boden erhitzen, bis sie gerade anfängt zu köcheln.
2. Eigelbe und Zucker schaumig schlagen (ich verwende ein elektrisches Handrührgerät). Die Vanillemilch nach und nach unter ständigem Rühren langsam zugießen. Zurück in den (gesäuberten) Topf füllen und diesen auf den Herd stellen. Ab jetzt verwendet man besser einen Holzlöffel oder einen Schneebesen und kein Rührgerät, da man so leichter die Temperatur der Mischung erkennt. Weiter rühren, bis die Mischung sehr heiß ist. Sie darf allerdings nicht kochen, da die Eier sonst gerinnen. Wenn die Mischung fertig ist, verändert sich das Geräusch des Löffels beim Umrühren: Der Klang wird tiefer und die Eiercreme fühlbar dickflüssiger. Dann sofort vom Herd nehmen.
3. Den Topf sofort in ein größeres Gefäß mit kaltem Wasser stellen und die Masse weitere 3 Minuten rühren. Ansonsten gerinnt die Mischung am Topfboden.
4. Abkühlen lassen, danach die Vanilleschote entfernen. Die Schote abspülen und trocken tupfen – Sie können sie noch ein- oder zweimal verwenden.
5. Die Mischung in einer Eismaschine nach Herstellerangaben gefrieren. Wer keine Maschine hat, kann die Masse auch einfach im Tiefkühler einfrieren. Diese brave Eiscreme bildet nämlich kaum Eiskristalle.

Gelato di crema all'aceto balsamico

Vanilleeiscreme mit aceto balsamico

Diese Kombination aus Vanilleeiscreme und süßem Balsamessig ist eine seltene Spezialität aus den beiden Städten Reggio Emilia und Modena in der Region Emilia-Romagna, dem Ursprungsort des *aceto balsamico*. Die intensive dunkle Geschmacksnote des Balsamessigs durchbricht die zarte Süße der Eiscreme und sorgt für die perfekte Balance beider Aromen.

Folgen Sie für die Zubereitung der Vanilleeiscreme den Anweisungen des vorherigen Rezepts. Verteilen Sie das Eis auf 4 Schüsseln und beträufeln Sie jede Portion mit 1 TL *aceto balsamico* von bester Qualität.

Tazzine di crema all'aceto balsamico

Mit aceto balsamico aromatisierte Vanillecreme im kleinen Becher

Die Zubereitung dieses Desserts ist noch leichter. Es verdankt seine Entstehung einem dieser glücklichen Zufälle, die manchmal zu einer wahren Entdeckung führen. Eines Abends hatten wir Freunde zu Besuch, und ich hatte die übliche Milch-Ei-Mischung für die Vanilleeiscreme vorbereitet im Kühlschrank stehen (siehe S. 260). Aber als ich die Gefrierschüssel der Eismaschine aus dem Tiefkühler holen wollte, war sie nicht zu finden! Ich hatte vergessen, sie nach dem Abspülen wieder hineinzustellen. Panik überkam mich … die Zeit reichte nicht mehr, um noch schnell ein anderes Dessert zuzubereiten.

Deshalb beschloss ich, gute Miene zum bösen Spiel zu machen und so zu tun, als ob nichts passiert wäre. Ich füllte die Vanillecreme in kleine Becher und ließ eine hübsche Flasche herumgehen, die meinen kostbarsten, 100 Jahre alten *aceto balsamico* enthielt. Mit 1 TL pro Becher verwandelte sich meine simple Vanillecreme in eine köstliche *crema all'aceto balsamico*, die ein großer Erfolg wurde!

Gelato di frutta
Fruchteis

Mit diesem Rezept erhält man das cremigste Eis, das ich kenne. Ich nehme dafür Pfirsiche, Aprikosen oder Pflaumen. Sie können das Fruchtpüree 2–3 Tage im Voraus zubereiten, sollten die Eiscreme aber, falls möglich, erst am Tag des Verzehrs anrühren, da bereits nach 24 Stunden das Aroma verfliegt und die Frische nachlässt. Außerdem bilden sich kleine Eiskristalle.

Für 6–8 Personen

Für das Fruchtpüree

1 kg Früchte (Nettogewicht, vor dem Wiegen gegebenenfalls entkernen bzw. entsteinen und schälen)
225 g Zucker

Für das Eis

60 g Zucker
2 Bio-Eigelb
900 g Fruchtpüree (siehe oben)
3 EL frisch gepresster Zitronensaft
150 g Crème double
Puderzucker bei Bedarf

Das Fruchtpüree

1. Das Obst in Stücke schneiden und in einen schweren Topf füllen. Den Zucker zufügen und die Mischung ganz langsam bei schwacher Hitze garen, bis das Obst weich ist. Das Obst herausheben und die Flüssigkeit sirupartig einkochen. Bei Verwendung von Pflaumen dauert das Einkochen der Flüssigkeit etwas länger als bei anderen Früchten.
2. Obst und Sirup im Mixer pürieren oder durch ein Sieb oder die Flotte Lotte streichen.

Das Eis

1. In einem Topf 100 ml Wasser mit dem Zucker kochen, bis der Zucker einen Faden bildet, wenn man ihn zwischen Daumen und Zeigefinger zieht.
2. Die Eigelbe schaumig schlagen.
3. Den fertigen Sirup unter ständigem Quirlen zum Eigelb gießen. Unter das Fruchtpüree heben und etwas Zitronensaft zugeben, um das Fruchtaroma zu intensivieren.
4. Crème double halbfest schlagen und vorsichtig, aber gründlich unter die Fruchtmasse heben. Probieren und, falls nötig, einige EL Puderzucker zugeben. Daran denken, dass gekühlte Speisen stärker aromatisiert werden müssen und Eiscreme durch Zucker erst die richtige Konsistenz erhält.
5. In der Eismaschine nach Herstellerangaben gefrieren.

Auch ohne Eismaschine wird dieses Eis wunderbar. Stellen Sie es einfach in den Tiefkühler und lassen Sie es gefrieren. Etwa 1 Stunde vor dem Servieren in den Kühlschrank stellen.
Sie können aus dem Fruchtpüree auch ein Sorbet machen. Geben Sie dazu den frisch gepressten Saft von 1 Zitrone und 3 EL Puderzucker zum gesüßten Püree. Achten Sie auf einen passenden Süßegrad, der von der Obstart sowie der Reife der Früchte abhängt. In der Eismaschine nach Herstellerangaben gefrieren. Falls Sie keine Eismaschine haben und das Sorbet einfach im Tiefkühler einfrieren möchten, sollten Sie das halbgefrorene Sorbet zwischendurch zweimal mit einem Schneebesen aus Metall oder besser noch mit einem elektrischen Handrührgerät durchrühren, um entstandene Kristalle zu zerkleinern.

Spumone

Spumone ist eine gefrorene Mischung neapolitanischen Ursprungs. Der Name *spumone* (sehr luftiger Schaum) beschreibt ein Eis aus Eiercreme mit Vanille, Crème double und weiteren Aromazutaten.

Spumone di zabaglione

Zabaglione-Eiscreme

Für 6 Personen

5 Bio-Eigelb
100 g Zucker
1 Prise Zimtpulver
100 ml Marsala
2 EL Rum
300 g Crème double
3 Bio-Eiweiß
Amarettini oder gehackte Haselnusskerne zum Garnieren

1. Die Eigelbe in eine Schüssel oder den oberen Topf eines Bain-Maries (beheizbares Wasserbecken) geben.
2. Zucker und Zimt zu den Eigelben streuen und schaumig schlagen. Marsala und Rum unter ständigem Rühren zugießen. Die Schüssel auf einen Topf stellen, der zu einem Drittel mit heißem Wasser gefüllt ist (der Schüsselboden darf das Wasser nicht berühren), oder auf die untere Hälfte des Bain-Maries. Das Wasser zum Kochen bringen, dabei die Masse am besten mit einem elektrischen Handrührgerät ständig verquirlen. Die Mischung wird schaumig und verdoppelt beinahe ihr Volumen. Die Schüssel in kaltes Wasser stellen und unter sehr häufigem Rühren abkühlen lassen.
3. Crème double schlagen, bis sich weiche Spitzen bilden, dann die Eiercreme unterheben.
4. Das Eiweiß zu festem Eischnee schlagen. Den Eischnee löffelweise zur Eiercrememischung geben und vorsichtig unterheben.
5. Bei Verwendung einer Eismaschine den Herstellerangaben folgen. Ansonsten die *zabaglione*-Mischung in eine große Glasschale füllen und in den Tiefkühler stellen. Nach 3 Stunden herausnehmen und die *zabaglione* mit einem Schneebesen aus Metall oder dem elektrischen Handrührgerät verquirlen. Die Eiskristalle, die sich vielleicht gebildet haben, werden dadurch zerstört, sodass die Mischung glatt und samtig wird. Wieder in den Tiefkühler stellen und mindestens 4 weitere Stunden einfrieren.
6. Die *spumone* mit *amarettini* (kleine *amaretti*) garnieren.

Spumone lässt sich maximal 1 Tag im Voraus zubereiten. Meiner Ansicht nach verfliegen Aroma und Frische der Eiscreme, wenn sie zu lange im Tiefkühler aufbewahrt wird. Mit *Meringhine alle mandorle* (S. 245) servieren.

Sorbet

Die Sorge um gesundheitliche Auswirkungen von Nahrungsmitteln ist nicht neu. 1784 schrieb der neapolitanische Arzt Filippo Baldini: »Zucker, Salz und Kälte des Sorbets wirken sich auf unterschiedlichste Weise wohltuend auf unsere Körper aus, indem sie ihn bei der Verdauung unterstützen.«

Noch mehr als Eiscreme steht das Wassereis sinnbildlich für die Liebe der Italiener zu schlichten Basisaromen, die oft durch den Hauch einer weiteren ergänzenden Geschmackszutat intensiviert werden: Das Orangensorbet können Sie mit 1–2 EL Grand Marnier verfeinern, das Erdbeersorbet mit dem frisch gepressten Saft von ½ Orange und das Pflaumensorbet mit einem Schuss Kirschwasser. Man sollte immer daran denken, dass der Fruchtsaft sehr aromatisch sein sollte. Bereiten Sie Sorbets mit reifen Früchten der Saison zu und geben Sie stets etwas Orangen- oder Zitronensaft zu, um das Grundaroma zu betonen.

Da Eismaschinen inzwischen in viele Küchen Einzug gehalten haben, muss man sich nicht mehr so viele Gedanken über die Entstehung von Eiskristallen machen. Ich bin wahrlich nicht verrückt nach immer neuen Küchengeräten, aber ich weiß nicht, wie ich jahrelang ohne Eismaschine auskommen konnte, die in glücklicher Harmonie mit meinem Mixer und der Pastamaschine mit Handkurbel existiert. Ich habe eine kleine Eismaschine, deren Behälter ich immer im Tiefkühler aufbewahre, sodass ich jederzeit Eis zubereiten kann. Denn im Sommer serviere ich als Nachspeise stets *gelati*. Ich bin überzeugt, dass Eiscreme oder Sorbet der perfekte Abschluss einer jeden Mahlzeit sind.

Sorbetto al limone

Zitronensorbet

Dieses Sorbet können Sie auch mit Orangen oder Mandarinen plus etwas Zitronensaft zubereiten. Aber verwenden Sie keine Satsumas, da deren Aroma nicht intensiv genug ist.

Für 4 Personen

250 g Zucker
4 unbehandelte Zitronen
1 Stängel Zitronenmelisse (nach Belieben)
1 Bio-Eiweiß

1. Zucker und 500 ml Wasser in einem Topf mit schwerem Boden vermengen. Die Schale (ohne weiße Innenhaut) von 2 Zitronen fein abreiben und mit der Zitronenmelisse (falls Sie bei Ihnen im Garten wächst) zugeben. Unter häufigem Rühren langsam zum Kochen bringen, damit sich der Zucker auflöst. Nach 5 Minuten Köcheln anschließend abkühlen lassen.
2. Alle Zitronen auspressen und den Saft zum Sirup gießen. Dann den Zitronensirup abseihen.
3. *Zubereitung in der Eismaschine*: Das Eiweiß zu leichtem Eischnee schlagen und unter den Sirup heben. Zum Gefrieren den Herstelleranweisungen folgen.
Zubereitung im Tiefkühler: Den Zitronensirup tiefkühlen, bis er an den Rändern fest wird. Das Eiweiß zu festem Eischnee schlagen und in den teils gefrorenen Sirup einrühren. Dafür am besten ein elektrisches Handrührgerät verwenden, aber die Schüssel in das

Spülbecken stellen und auf niedrigster Stufe beginnen, da das Sorbet sonst durch die ganze Küche geschleudert wird. Dann erneut tiefkühlen und nach 2 Stunden nochmals verquirlen. Die Schüssel zum Abschluss wieder in den Tiefkühler stellen, bis das Sorbet richtig fest ist.

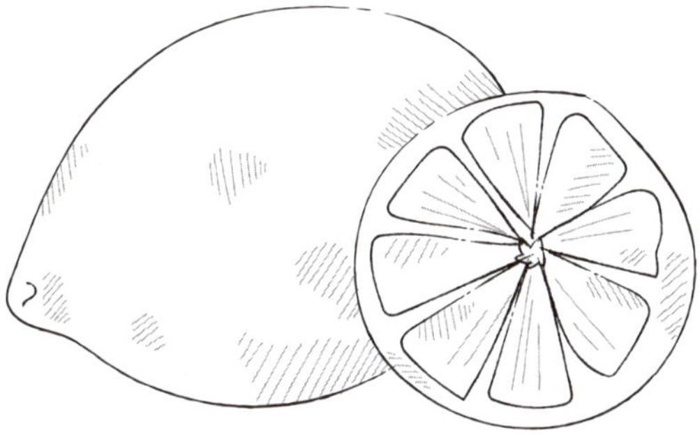

Gelato di fior di sambuco

Holunderblütenwassereis

Dieses blumige Wassereis finde ich einfach köstlich. Pflücken Sie die Holunderblüten, wenn sie in voller Blüte stehen, und zwar von sonnenbestrahlten Sträuchern, da deren Duft wesentlich intensiver ist. Legen Sie die Dolden etwa 1 Stunde vor der Zubereitung auf einem Tuch aus, damit sich kleine Tierchen entfernen können.

Für 4 Personen

2 große unbehandelte Zitronen
275 g Zucker
4 große Holunderblütendolden

1. Von einer Zitrone einen Streifen gelbe Schale (ohne weiße Innenhaut) dünn abschneiden und mit 850 ml Wasser, Zucker und Holunderblüten in einen Topf geben. Unter Rühren langsam zum Kochen bringen, damit sich der Zucker auflöst. Etwa 5 Minuten kochen, dann den Topf vom Herd nehmen. Beide Zitronen auspressen und den Saft zufügen. Abkühlen lassen.
2. Den Holunderblütensirup anschließend abseihen und nach Herstellerangaben in der Eismaschine gefrieren.

Wer keine Eismaschine hat, friert den Holunderblütensirup im Tiefkühler ein, bis das Sorbet am Rand fest wird. Dann das Sorbet mit einem Schneebesen aus Metall verquirlen (oder besser mit dem elektrischen Handrührgerät), bis die Mischung homogen ist. Erneut in den Tiefkühler stellen. Nach 2 Stunden nochmals verquirlen und anschließend tiefkühlen, bis das Sorbet fest geworden ist.

Knoblauch

Knoblauch

Knoblauch spielt in vielen Zivilisationen seit über 2000 Jahren eine bedeutende Rolle. Die Ägypter verehrten den Knoblauch wie einen Gott, vermutlich weil ihnen seine medizinischen Eigenschaften bekannt waren. Zur Zeit der Römer wurde Knoblauch meist in der Küche der Plebejer verwendet. Im Mittelalter hasste der kastilische König Alfons VIII., der die Mauren besiegt und die Tochter Heinrichs II. von England geheiratet hatte, Knoblauch so sehr, dass er jeden, der es wagte, nach Knoblauch stinkend an den Hof zu kommen, bestrafte.

Der Autor Platina (15. Jahrhundert) empfiehlt Knoblauch in seinem Werk *De honesta voluptate ac valetudine* als Gegenmittel bei Hundebissen. Knoblauch stand auch im Ruf, die Nerven von Hysterikern zu beruhigen, bei Epidemien und Infektionskrankheiten hilfreich zu sein und das Wasserlassen zu erleichtern. Seine wohl bekannteste Wirkung ist jedoch die vermeintliche Abwehr von Vampiren. Zu diesem wünschenswerten Zwecke sollten schöne Jungfrauen vor dem Schlafengehen alle Fenster und Türen verschließen, eine Bibel und ein Kruzifix neben ihr Bett legen und mindestens ein Dutzend Knoblauchzöpfe im Zimmer verteilen. Knoblauch gilt auch heute noch als gesundheitsfördernd – er soll das Blut reinigen, die Haut von Unreinheiten befreien und der Verdauung förderlich sein.

Ganz unabhängig von seinen echten oder eingebildeten therapeutischen Kräften wurde Knoblauch zu einem unverzichtbaren Bestandteil der italienischen Küche. Er sollte jedoch nicht willkürlich eingesetzt werden, sondern immer passend zum jeweiligen Stil des Gerichts. Einige Speisen vertragen nur einen Hauch seines Aromas, andere dagegen verlangen nach einem kräftigen Statement. Für eine zarte Knoblauchnote schälen Sie eine Zehe, erhitzen sie im Ganzen in Butter und Öl und nehmen sie wieder aus der Pfanne, sobald sie goldgelb wird. Zu diesem Zeitpunkt entwickelt sich erst das feine Aroma. Soll ein Gericht ein feines, aber durchdringendes Knoblaucharoma verströmen, kochen Sie den Knoblauch lange in Brühe, Wasser oder Milch, pürieren Sie ihn anschließend und fügen ihn zur Sauce oder zum Gericht hinzu. Einen deutlichen Knoblauchgeschmack erhalten Sie, wenn Sie den Knoblauch halbieren, in dicke Scheiben schneiden oder hacken, wobei gehackter Knoblauch am meisten Aroma verbreitet. Wer intensives Knoblaucharoma liebt, sautiert ihn in einem *soffritto*, bis er leicht angebräunt ist, und gibt dann das restliche Gemüse zu. Wenn Sie ein *soffritto* aus Zwiebel, Knoblauch und anderem Gemüse zubereiten möchten, sollten Sie zuerst die Zwiebel alleine glasig dünsten und dann den Knoblauch zugeben. Gibt man Knoblauch und Zwiebel gleichzeitig in die Pfanne, brennt der Knoblauch an, bevor die Zwiebel weich wird. Manche Köche stecken die Knoblauchzehe auf einen Zahnstocher, sodass sie sichtbar bleibt und leicht herausgenommen werden kann, sobald sich ihr Aroma entfaltet hat.

Junger Knoblauch schmeckt süß und zart. Die prallen Zehen kann man großzügig verwenden. Aber Knoblauch altert schnell und wird trocken und schrumpelig. Sein Aroma gewinnt dann an Schärfe, weshalb man ihn nur spärlich einsetzen sollte. Alte Zehen halbiert man besser und entfernt den grünen Trieb im Inneren, der am allerschärfsten schmeckt. Mit gehacktem rohem Knoblauch und durch die Knoblauchpresse gedrückten Zehen bin ich eher vorsichtig. Denn der Geschmack ist so durchdringend, dass er sämtliche anderen Aromen überdecken kann. Für nur einen Hauch von Knoblauch im Salat können Sie die Schüssel mit einer geschälten und leicht zerquetschten Zehe einreiben. Oder Sie zerdrücken eine Zehe in einem Löffel und gießen dann das Salatöl darüber. Danach entfernen Sie die Zehe und machen den Salat wie gewohnt an. Ich gebe oft zwei oder drei Knoblauchzehen in ein Schraubglas, das ich mit Essig auffülle. So nimmt der Essig ein zartes Knoblaucharoma an. Sie dürfen nur nicht vergessen, die Zehen zu entfernen und neue hineinzulegen, wenn Sie das Glas wieder mit Essig auffüllen.

Broccoli stufati

Geschmorter Brokkoli

Dieses Gericht bekam ich erst kürzlich im Haus einer Freundin in Mailand serviert. Es würde mich sehr wundern, wenn Pierina, ihre exzellente Köchin aus den Marken, jemals von Nouvelle Cuisine gehört hätte. Falls doch, dann hat sie es nur irgendwo gelesen. Ihr Brokkoli beschwor nostalgische Erinnerungen an das Gemüse herauf, wie es früher in Italien zubereitet wurde. Heute gilt Schnellgebratenes ohne Dressing oft als gesünder. Brokkoli nach Pierinas Art entwickelt sein volles Aroma und unterscheidet sich folglich optisch und geschmacklich von den langen Brokkolistängeln, die wir heute gewohnt sind. Lassen Sie sich von der Knoblauchmenge nicht abschrecken. Sein Aroma verfliegt größtenteils aufgrund der langen Garzeit, und die Zehen werden am Ende entfernt.

FÜR 4 PERSONEN
450 g Brokkoli
Salz
5 Knoblauchzehen
3 EL Olivenöl
1 getrocknete Chili

Röschen von den Stängeln lösen und in kleine Stücke teilen. Die äußere Schicht der zähen Stängel entfernen und nur das süße Mark verwenden. Die feineren Stängel und das Mark in kurze Stücke schneiden. Den Brokkoli waschen und in kochendem Wasser mit Salz 3 Minuten blanchieren. Dann gründlich abseihen.
5 Knoblauchzehen auf jeweils einen Zahnstocher stecken (so lässt sich der Knoblauch am Ende der Garzeit leichter entfernen). In einer Pfanne das Olivenöl mit Knoblauch und Chili erhitzen. Die Chili herausnehmen und wegwerfen, den Brokkoli zufügen. Einige Minuten unter häufigem Wenden braten. Dann einen Deckel auflegen und unter gelegentlichem Rühren 40 Minuten schmoren. Zum Ende der Garzeit ist der Brokkoli fast breiartig, schmeckt aber einfach himmlisch. Die Knoblauchzehen herausfischen und wegwerfen.

Dieser Brokkoli passt perfekt zu *La cotoletta a la lavandera* (S. 295). Und er ist eine hervorragende Beilage zu Omelett oder italienischer *frittata*.

Arrosto di maiale all'acqua

Mit Kräutern und Knoblauch gekochte Schweineschulter

Diese Zubereitungsart eines Schweinebratens erscheint vielleicht etwas langweilig, ich kann sie jedoch aus ganzem Herzen empfehlen. Sie benötigen dafür prallen jungen Knoblauch, ein schönes Bund frische Kräuter und ein Stück Schweinefleisch von bester Qualität – plus etwas Geduld zum Ende hin, wenn nach und nach die Brühe zugegossen und das Fleisch ganz langsam angebräunt wird. Bitten Sie Ihren Metzger, Ihnen Knochen und Schwarte mitzugeben.

Für 6 Personen
1,3–1,5 kg Schweineschulter, Knochen und Schwarte separiert
2 Salbeiblätter
3 Zweige Rosmarin (à ca. 12 cm lang)
10 Knoblauchzehen
5–6 Pfefferkörner, leicht zerdrückt
Salz
100 ml trockener Weißwein
30 g Butter
schwarzer Pfeffer aus der Mühle

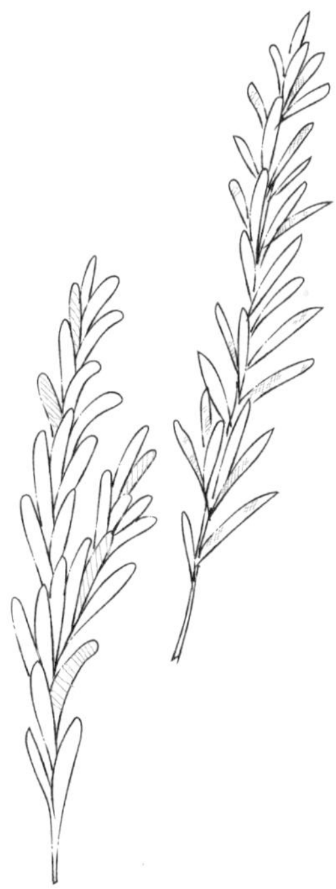

1. Das Fleisch 1 Stunde vor dem Zubereiten aus dem Kühlschrank nehmen. (Fleisch sollte grundsätzlich nicht kühlschrankkalt verarbeitet werden, darf wegen möglicher Keimbildung aber auch nicht zu lange draußen stehen.)
2. Sehnen und einen Teil des Fetts entfernen. Das Schweinefleisch zu einer festen Rolle zusammenbinden.
3. Den Backofen auf 170 °C vorheizen.
4. Fleisch, Knochen, Salbei, Rosmarin, Knoblauch, Pfefferkörner und etwas Salz in einen ovalen Bräter geben. Ein Stück Schwarte mit hineinlegen (der Rest kann eingefroren und später mit Gemüse oder Bohnensuppe zubereitet werden). Knapp mit Wasser bedecken. Den Deckel fest auflegen und das Wasser auf dem Herd langsam zum Kochen bringen. Sobald es kocht, ein Stück Alufolie über das Fleisch legen, den Deckel wieder auflegen und den Bräter in den Backofen schieben. Etwa 2½–3 Stunden schmoren, bis das Fleisch beim Einstechen mit einer Gabel sehr zart ist. Das Fleisch während der Garzeit drei- oder viermal wenden. Den fertigen Braten auf einen großen Teller legen und die Bratflüssigkeit in eine Schüssel abseihen.
5. Etwa 100 ml der Bratflüssigkeit zurück in den (ausgespülten) Bräter gießen, auf dem Herd zum Kochen bringen und das Fleisch zufügen. Die Brühe bei starker Hitze verdampfen lassen und das Fleisch dabei stetig wenden. Sobald kaum mehr Flüssigkeit übrig ist, erneut 100 ml Bratflüssigkeit zugießen, kräftig kochend verdampfen lassen und das Fleisch stetig wenden. Weiter so verfahren, bis nur noch 200 ml Brühe übrig sind.
6. Das inzwischen rundum angebräunte Fleisch auf ein Schneidebrett legen. Den Bratensaft im Bräter mit dem Wein ablöschen. Rund 2 Minuten kochen, dann die restliche Bratflüssigkeit zugießen und bei immer noch starker Hitze einkochen lassen. Sobald die Flüssigkeit um die Hälfte reduziert ist, nach und nach unter vorsichtigem Rühren die Butter in Flocken zufügen. Mit Salz und Pfeffer abschmecken.
7. Das Fleisch in 1 cm dicke Scheiben schneiden und auf einen vorgewärmten Servierteller legen. Etwas Sauce darüberlöffeln und die restliche Sauce in einer Sauciere servieren.

Das Anbräunen des Fleischs dauert länger, als Sie vielleicht vermuten – ganze 20 Minuten. Sie können das Gericht bis zu 30 Minuten im Voraus zubereiten und das Fleisch in Alufolie gewickelt im Backofen bei schwacher Hitze warm halten. Das Fleisch 10 Minuten vor dem Aufschneiden herausnehmen: So entspannt es sich und die Bratensäfte bleiben im Inneren.
Ich serviere zu diesem Gericht gerne *Peperoni e patate in padella* (S. 127) oder *Patate ubriache* (S. 290).

Gli ziti con la besciamella all'aglio

Pasta in Béchamelsauce mit Knoblauchnote

Ich finde, dass manche Gerichte zu intensiv nach Knoblauch schmecken. Roher Knoblauch kann andere Aromen einfach verdrängen. Ich entdeckte dieses Rezept, als ich für mein Buch *Gastronomy of Italy* recherchierte: Es stammt aus dem Buch *Il gastronomo educato,* verfasst von Herzog Alberto Denti di Pirajno, das inzwischen eines meiner Lieblingsbücher ist. Die zarte Knoblauchnote verleiht der Béchamelsauce ein besonderes Aroma. Denti di Pirajno war Sizilianer, und die für dieses Gericht einfach idealen *ziti* zählen zu den Pastaformen, die in Sizilien recht beliebt sind. Dieses Rezept sollten Sie im späten Frühjahr oder Sommer ausprobieren, wenn der neue, süße Knoblauch in den Geschäften und auf dem Markt erhältlich ist.

Für 4 Personen

- 2 junge Knoblauchknollen
- dünne Béchamelsauce aus 30 g Butter, 20 g Weizenmehl und 425 ml Milch
- 325 g *ziti, penne* oder andere große Röhrennudeln
- 30 g Butter
- 20 g Weizenmehl
- Salz und schwarzer Pfeffer aus der Mühle
- 40 g Parmesan, frisch gerieben, plus mehr zum Servieren

1. Die Knoblauchzehen separieren, schälen und in einen kleinen Topf geben. Etwa 250 ml Wasser zugießen und zum Kochen bringen. Einen dicht schließenden Deckel auflegen, auf niedrigste Temperatur reduzieren (ich verwende einen Wärmeverteiler) und 1 ½ Stunden köcheln lassen. Gelegentlich prüfen, ob das Wasser fast verdampft ist, und gegebenenfalls kochendes Wasser zugießen. Gegen Ende der Garzeit sollten noch rund 150 ml Flüssigkeit im Topf sein. Den Topfinhalt durch ein Sieb streichen (am besten durch ein Spitzsieb), dabei die Knoblauchzehen zerdrücken. Die dickflüssige Knoblauchpaste wieder in den Topf füllen.
2. Eine dünne Béchamelsauce zubereiten (siehe S. 321) und mindestens 15 Minuten im Wasserbad erhitzen.
3. Die *Ziti* in 6 cm lange Stücke brechen. Wie üblich in reichlich kochendem Wasser mit Salz *al dente* garen.
4. Die Knoblauchpaste wieder erhitzen.
5. Butter und Mehl mit der Gabel vermengen und nach und nach unter ständigem Quirlen mit einem kleinen Schneebesen aus Metall in die Knoblauchpaste einarbeiten. Etwa 1–2 Minuten erhitzen, dann zur Béchamelsauce geben. Mit Salz und Pfeffer abschmecken.
6. Die Pasta abseihen (aber nicht zu gründlich) und sofort in eine vorgewärmte Schüssel füllen. Gut mit Sauce und Parmesan vermengen. Sofort servieren und extra Parmesan dazureichen.

Dieses Pastagericht sollte auf heißen Tellern serviert werden, da die Sauce klebrig wird, wenn sie abkühlt.
Wenn Sie diese Pasta als ersten Gang servieren, sollte als *secondo* ein leichtes Gericht wie *Pesce in bianco con salsina alle erbe aromatiche* (S. 282) oder *Scaloppine alla pesca* (S. 220) folgen.

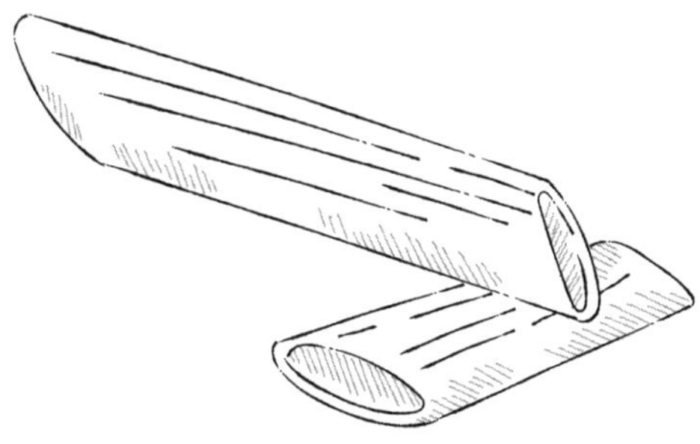

Kräuter

Kräuter

Manche Kräuter (im Italienischen mit dem lieblichen Ausdruck *erbe odorose* bezeichnet) spielten in der italienischen Küche schon immer eine bedeutende Rolle.

Prezzemolo (Petersilie) wird am häufigsten verwendet. In Italien nimmt man meist glatte Petersilie, da sie aromatischer schmeckt. Petersilie wird oft in einem *soffritto* sautiert und nicht einfach nur am Ende der Garzeit zugegeben. So entfaltet sie beim Braten ihr Aroma.

Salvia (Salbei) ist typisch für Norditalien. Sein Aroma harmoniert wunderbar mit Butter, die man in den nördlichen Regionen zum Braten verwendet, und passt bestens zu Kalbfleisch, dem bevorzugten Fleisch der Lombardei. Meist gibt man einen Stängel Salbei in die zerlassene Butter und in die Saucen vieler verschiedener Pastagerichte.

Die mediterrane Landschaft ist von Rosmarinsträuchern geprägt. Ihr Aroma ist dank der heißen Sonnenstrahlen und des trockenen Klimas süßlicher und milder als das der in Großbritannien und Deutschland wachsenden Sträucher. Rosmarin wird speziell angebaut und findet sich noch im kleinsten Garten. Ein Braten ohne den obligatorischen Rosmarinzweig ist in Italien unvorstellbar. Patience Gray schreibt in ihrem schönen Buch *Honey from a Weed*, dass Rosmarin auf der Salento-Halbinsel (dem Absatz des italienischen Stiefels) gehackt wird, wenn er in voller Blüte steht. Anschließend legt man ihn in Olivenöl ein und verwendet ihn für *soffritto*. Rosmarin, so sagt sie, blüht dort drei- oder viermal pro Jahr. Diese Idee muss ich einmal ausprobieren, wenn mein Strauch wieder seine spindeldürren blassen Blüten produziert; ich denke, dies dürfte auch sehr gut zu sautierten Kartoffeln passen.

Oregano wurde bereits im alten Rom großzügig verwendet. Er gelangte aus dem Fernen Osten über Griechenland nach Rom. In Griechenland wurde er *origano* getauft – von *oros* (Berg) und *ganao* (Pracht). Noch heute ziert Oregano mit seinen prachtvollen Stängeln und Blüten auch die Berghänge Mittel- und Süditaliens. Dort verwendet man das Kraut häufig zum Kochen, besonders in Kombination mit Tomaten. So handelt es sich bei dem Kraut, das man auf eine klassische neapolitanische Pizza streut, auch um Oregano. Und in die Tomatensauce kommt ebenfalls meistens Oregano. Wenn Sie wieder einmal schöne pralle Tomaten kaufen (oder vielleicht sogar im Garten haben), probieren Sie diese simple Zubereitungsmethode aus: Tomaten häuten, halbieren und Samen entfernen. Innen leicht salzen und 30 Minuten durchziehen lassen. Dann mit Ihrem besten nativen Olivenöl extra anmachen und großzügig mit frischem Oregano bestreuen. Oregano ist auch das beste Kraut zum Aromatisieren von Zucchini: die Blätter hierbei etwa 10 Minuten vor Ende der Garzeit zufügen.

Dann wäre da noch das Basilikum. Es erinnert mich an die üppig gefüllten Teller mit *trenette* oder *piccagge al pesto*, die ich in einer ligurischen Trattoria unter einem Dach aus Weinblättern genossen und mit literweise Wein aus Cinque Terre hinuntergespült habe. Dort in Ligurien wächst das beste Basilikum, das von idealen klimatischen Bedingungen begünstigt wird: heiße Sonne und eine feuchte Meeresbrise. Basilikum gedeiht auch gut in nördlichen Ländern, aber es entwickelt meiner Ansicht nach einen leicht herben Geschmack, der an Minze erinnert. Die Einsatzmöglichkeiten von Basilikum sind sehr vielfältig, da man es zu den meisten Gerichten geben kann, die in Olivenöl gegart wurden und Tomaten enhalten. Ein schlichter Tomatensalat lässt sich durch Basilikum in eine Köstlichkeit verwandeln. Es passt gut zu Meeresfrüchten, zu Zahnbrassen und Roten Meerbarben, aber auch zu Auberginen und Paprika. Basilikum entwickelt ein herrliches Aroma, wenn man es am Ende der Garzeit zu kurz gebratenen Steaks gibt. Man braucht dazu nur ein paar Blättchen. Geben Sie sie in letzter Minute zu, da Basilikum beim

Garen schnell sein Aroma und seine leuchtend grüne Farbe verliert. Zerpflücken Sie die Blätter mit den Fingern und hacken Sie sie nicht. Für *pesto* sollten die Blätter gestampft und nicht mit einer scharfen Klinge zerschnitten werden. Basilikum ist das einzige Kraut, das sich nicht gut trocknen lässt: Schon öfter habe ich gehört, wie jemand das Aroma von getrocknetem Basilikum mit dem Geschmack von Stroh oder Curry verglich! Es lässt sich jedoch bestens in Schraubgläsern aufbewahren, und zwar schichtweise mit Olivenöl oder Salz eingefüllt. Oder Sie frieren die Blätter im Ganzen ein.

Majoran gehört zur gleichen Pflanzengattung wie Oregano und wird in Ligurien wie Basilikum häufig verwendet, besonders in Füllungen für Gemüse und in *torte di verdura* (Gemüsepastete).

Petersilie, Rosmarin, Salbei und Majoran bilden einzeln oder gemeinsam oft die Basis eines *soffritto*.

Natürlich existieren viele weitere, nicht ganz so bekannte Kräuter, von denen ein Teil in der italienischen Küche wieder an Beliebtheit gewonnen hat. Während des 18. und 19. Jahrhunderts wurden sie verschmäht, vielleicht gerade, weil sie im 16. und 17. Jahrhundert eine so wichtige Rolle gespielt hatten und das Pendel nun auf unvorhersehbare Weise in die andere Richtung schwang. In seinem Buch *L'arte di ben cucinare* (1662) widmete der große Koch Bartolomeo Stefani den Rezepten mit frischen Kräutern, Wildkräutern und essbaren Blüten viel Aufmerksamkeit. Er verwendete viele Kräuter, die erst heute wiederentdeckt werden, darunter Ysop, Weinraute, Duftlavendel, den durch Shakespeare berühmt gewordenen Meerfenchel oder den nach Gurke schmeckenden Borretsch.

Pesto

Pesto muss man nicht wirklich vorstellen: In jedem Kochbuch wird es als beste Sauce für Pasta angepriesen. Dies ist sicher wahr, sofern es richtig zubereitet wird. Denn die Herstellung dieser recht schlichten Sauce ist erstaunlicherweise nicht einfach. Die Ligurer, die das *pesto* gewissermaßen erfunden haben, wissen das genau. Ihrer Ansicht nach braucht man für ein gutes *pesto* nicht nur ligurisches Basilikum, sondern auch ein ligurisches Händchen.

In Ligurien kocht man mit der Pasta auch eine Kartoffel und eine Handvoll grüne Bohnen. Während traditionelle Rezepte keine Pinienkerne enthalten, sind sie stets Bestandteil der modernen Varianten – eine in meinen Augen erfolgreiche Ergänzung. Verwenden Sie junge Basilikumblätter; ältere Blätter entwickeln mit der Zeit einen unangenehm intensiven Geschmack. Die Pinienkerne müssen frisch sein, also nicht älter als ein Jahr, und das Olivenöl sollte von bester Qualität sein, aber ein mildes Aroma haben. Nehmen Sie möglichst ein Öl aus Ligurien oder vom Gardasee (in italienischen Feinkostläden erhältlich). Diese Öle schmecken nicht so scharf wie toskanisches Öl und sind nicht so schwer wie das Öl aus Apulien.

Das Öl muss wie bei der Mayonnaisezubereitung langsam zugegossen werden, damit eine Emulsion entsteht. Manche Köche geben neben Pinienkernen noch Walnüsse hinzu, aber ich bevorzuge Pinienkerne pur, damit das frische Aroma des Basilikums stärker betont wird. Ich röste die Pinienkerne gerne 3–4 Minuten im Backofen oder in einer gusseisernen Pfanne, damit sie ihr Aroma entfalten. Wer genügend Zeit hat, zerstößt das *pesto* besser von Hand im Mörser: So werden mehr Pflanzensäfte freigesetzt als beim Zerteilen mit einer metallenen Messerschneide.

Es gibt unzählige *pesto*-Rezepte. Mein Rezept weist zwei Besonderheiten auf: Zum einen gebe ich einige EL Griechischen Joghurt oder Crème double zu, wenn ich das *pesto* aus in nördlichen Ländern gezogenem Basilikum zubereite. Zum anderen röste ich die Pinienkerne im Backofen, um ihr Aroma zu intensivieren.

Traditionell verwendet man in Ligurien als Pasta *trenette* (breite *tagliatelle)* oder *piccagge* (eine weitere hausgemachte Form). Sie können stattdessen frische oder getrocknete *tagliatelle*, *spaghetti* oder Kartoffel-*gnocchi* nehmen.

Pesto aus dem Mörser

Für 4 Portionen Pasta
60 g Basilikumblätter
2 Knoblauchzehen
30 g geröstete Pinienkerne (siehe Rezepteinführung)
1 Prise Steinsalz
4 EL frisch geriebener Parmesan
2 EL frisch geriebener *pecorino* (*Pecorino* sollten Sie vor dem Kauf immer probieren, falls er alt und scharf oder sogar leicht ranzig schmeckt. Dann, oder falls kein *pecorino* erhältlich ist, nehmen Sie einfach mehr Parmesan.)
100 ml natives Olivenöl extra
2 EL Griechischer Joghurt

1. Basilikumblätter, Knoblauch, Pinienkerne und Salz im Mörser mit dem Stößel an den Seitenwänden zu einer Paste zerdrücken.
2. Parmesan und *pecorino* zugeben und vermengen. Das Öl nach und nach zugießen und mit einem Holzlöffel kräftig vermengen. Danach den Joghurt unterheben.

Pesto aus dem (Stand-)Mixer

Pesto lässt sich auch problemlos im Mixer zubereiten:
1. Alle Zutaten außer Käse und Joghurt in den Mixer geben.
2. Auf hoher Stufe gründlich vermengen, dann in eine kleine Schüssel füllen.
3. Parmesan und *pecorino* einrühren und anschließend den Joghurt unterheben.

Beim Abgießen der Pasta 3–4 EL des Kochwassers aufbewahren und unter das *pesto* mischen, bevor es mit der Pasta vermengt wird. *Pesto* lässt sich gut einfrieren. Lassen Sie Knoblauch und Käse weg und geben Sie sie erst kurz vor Verwendung des *pestos* zu.

Scaloppine al basilico e limone

Kalbsschnitzel mit Basilikum und Zitrone

Das Basilikum verleiht dem traditionellen Mailänder Gericht *frittura piccata*, das meist mit Petersilie zubereitet wird, eine frische Note. Die Zubereitung ist ganz einfach, doch es gibt ein paar Stolperfallen, auf die ich Sie hinweisen möchte. Sie sollten unbedingt Kalbfleisch verwenden, das quer zur Faser geschnitten und auf eine Dicke von 3 mm geklopft wurde. Fleisch, das quer zur Faser geschnitten wird, schrumpft beim Braten nicht zusammen.

Das Fett muss genau die richtige Temperatur haben, wenn man das Fleisch in die Pfanne legt – dies ist das Geheimnis guter *scaloppine*. Butter und Öl müssen ziemlich heiß sein, dürfen aber nicht rauchen, bevor Sie das Fleisch zugeben. Und die *scaloppine* müssen beim Braten gut Platz haben, die Pfanne darf also nicht zu voll sein. Wenn das Fett nicht heiß genug ist, bleibt das Kalbfleisch blass, weich und geschmacklos. Ist es dagegen zu heiß, schrumpft das Fleisch und wird hart. Sind zu viele Scheiben gleichzeitig in der Pfanne, sinkt die Temperatur des Fetts zu plötzlich ab und es bildet sich zu viel Bratensaft, sodass das Fleisch nicht ordentlich angebräunt wird. Sie brauchen eine gute Pfanne mit schwerem Boden, am besten aus Kupfer. Falls sie nicht groß genug ist, können Sie die *scaloppine* in zwei Portionen braten. Die erste Portion dabei warm halten und zurück in die Pfanne geben, bevor Sie den Zitronensaft zugießen.

Für 4 Personen

500 g Kalbsschnitzel
30 g Butter
1 EL Olivenöl
Salz und schwarzer Pfeffer aus der Mühle
2 EL frisch gepresster Zitronensaft
1 ½ Handvoll Basilikumblätter

1. Die Schnitzel 3 mm dünn klopfen und nach Belieben in Form schneiden.
2. Butter und Öl in einer großen Pfanne mit schwerem Boden erhitzen und die Schnitzel darin maximal 1 Minute von jeder Seite braten. Mit Salz und Pfeffer würzen. Mit Zitronensaft beträufeln und die gezupften Basilikumblätter zufügen. Die *scaloppine* 30 Sekunden im Bratsaft wenden und dann sofort servieren.

Zu diesen *scaloppine* passen in reichlich Butter geschwenkte *tagliatelle*. Das ist zwar keine klassisch italienische Beilage, aber sogar ich wäre überglücklich. Auch sautierte Zucchini machen sich gut. Als *primo* würde ich *Sformato di finocchio* (S. 152) servieren, falls Sie das Fleisch mit Pastabeilage reichen, oder *Gnocchi alla parigina* (S. 202), falls Sie sich für die Zucchini entscheiden.

Minestrone alla genovese

Minestrone mit pesto

Das *pesto*, das hier am Ende zugegeben wird, verleiht dieser *minestrone* ein typisch mediterranes Aroma. Eigentlich verwendet man ein traditionelles *pesto* ohne Pinienkerne, aber Sie können natürlich auch ein modernes *pesto* nehmen, falls Sie bereits eines im Kühlschrank oder im Tiefkühler haben. In die Suppe kommt nur Olivenöl; sie wird *a crudo* zubereitet, was bedeutet, dass alle Zutaten gleichzeitig roh in den Topf kommen. Dies ist wesentlich gesünder, als wenn man sie zuvor sautiert.

Die Zutaten sind für 8 Personen berechnet, da *minestrone* besser schmeckt, wenn man große Mengen davon zubereitet: Noch köstlicher ist sie, wenn man sie nach 1 oder 2 Tagen aufwärmt. *Minestrone* hält sich im Kühlschrank bis zu 3 Tage, lässt sich aber nicht einfrieren. Geben Sie Pasta und *pesto* im richtigen Verhältnis zu der Menge an Suppe, die Sie gerade essen möchten. *Minestrone*-Reste können Sie entweder mit Reis statt Pasta servieren oder einfach pur ohne *pesto* als *zuppa di verdura* (Gemüsesuppe).

Für 8 Personen
4 EL natives Olivenöl extra
2 Zwiebeln, in Ringe geschnitten
2 Stangen Staudensellerie mit Grün, Fasern abgezogen, Stangen in kleine Stücke geschnitten
2 Karotten, in 12 mm große Würfel geschnitten
2 mittelgroße Kartoffeln, in 12 mm große Würfel geschnitten
100 g frische Erbsen, enthülst
100 g grüne Bohnen, beide Enden abgeschnitten, in 2,5 cm große Stücke geschnitten
200 g Mangold, zerpflückt
einige der äußeren Blätter eines Kopf- oder Romanasalats, zerpflückt
2 mittelgroße Zucchini, in 12 mm große Würfel geschnitten
225 g reife Tomaten, gehäutet, Samen entfernt und Fruchtfleisch grob gehackt, alternativ stückige Eiertomaten (aus der Dose), mit Saft
2 Knoblauchzehen, in Scheiben geschnitten
2 l hausgemachte Gemüsebrühe (siehe S. 319) oder Wasser
Salz und schwarzer Pfeffer aus der Mühle
150 g Röhrennudeln (z. B. kleine *penne* oder *ditalini*)
frisch geriebener Parmesan zum Servieren

Für das pesto
30 g Basilikumblätter
2 EL frisch geschnittene glatte Petersilie
1 Knoblauchzehe
2 EL natives Olivenöl extra

1. Öl, das gesamte Gemüse, Knoblauch und Brühe in einem Topf langsam zum Kochen bringen. Temperatur reduzieren und ohne Deckel 1 ½ Stunden bei sehr schwacher Hitze köcheln lassen (nicht kochen).
2. Mit Salz und Pfeffer abschmecken. Die Pasta zufügen und in der Suppe *al dente* kochen. Die Suppe sollte sehr dickflüssig sein (die Leute aus Genua sagen, dass ein Löffel darin stehen bleiben sollte). Falls sie zu dick ist, vor der Zugabe der Pasta etwas Wasser zugießen.
3. Inzwischen für das *pesto* Basilikumblätter, Petersilie und Knoblauch im Mörser mit kreisenden Bewegungen zerstampfen. Öl zugießen und in die Paste einarbeiten. Alternativ das *pesto* im (Stand-)Mixer zubereiten.
4. Sobald die Pasta *al dente* ist, den Herd ausschalten und das *pesto* einrühren. Mit Pfeffer würzen, die Suppe 2 Minuten durchziehen lassen und dann servieren. Den Parmesan in einer Schüssel dazureichen.

Ein einfacher, aber nahrhafter Start für ein entspanntes Familienessen. Ich würde als *secondo* das Gericht *Coniglio alle erbe e funghi secchi* (S. 180) oder *Tonno alla calabrese* (S. 88) wählen. Vegetarier könnten nach der Suppe *Polenta pasticciata alla piemontese* (S. 56) oder *Teglia di patate e pomodori* (S. 132) servieren.

Pesce in bianco con salsina alle erbe aromatiche

Gedämpfter Fisch mit Kräutersauce

Dieses Rezept gehört eigentlich ins Fischkapitel, aber ich finde, dass dieses Gericht erst durch die frische Kräutersauce eine eigene Note entwickelt. Ein *pesce in bianco* ist ein gekochter oder gedämpfter Fisch. Einen einzelnen Fisch wie Loup de mer, Wildlachsforelle, Steinbutt oder eine große Seezunge (mindestens 1 kg) für 4 Personen dämpfe ich lieber, wie im nächsten Absatz beschrieben. So behält der Fisch sein Aroma und die Garflüssigkeit verbindet sich mit der Kräutersauce, die zum Fisch gereicht wird. Die Kräutersauce ist leichter und gesünder als die übliche Mayonnaise und passt auch gut zu Lachs.
150 ml trockenen Weißwein und 150 ml Wasser in einen Fischkessel füllen. 1 Zwiebel, 1 Karotte und 1 Stange Staudensellerie, jeweils in Stücke geschnitten, zufügen. 1–2 Knoblauchzehen, 2 Lorbeerblätter, je 1 Stängel Petersilie und Salbei sowie 1 Zweig Rosmarin zugeben. Zum Kochen bringen.
Einen passenden Dämpfeinsatz mit Salatblättern belegen (ich verwende die grünen Außenblätter, die zu alt zum Essen sind). Den küchenfertigen Fisch innen und außen mit Salz und Pfeffer würzen, auf die Salatblätter legen und im Kessel 10 Minuten dämpfen. Vom Herd nehmen und im Kessel abkühlen lassen.
Inzwischen 1 Bund Petersilie, je 1 EL Thymian, Majoran und Fenchelgrün oder Dill sowie 1 Dutzend Basilikumblätter im Mixer per Pulse-Funktion grob hacken. Die Kräuter mit 4 EL nativem Olivenöl extra, 2 getrockneten Chilis und 2 Knoblauchzehen in einer kleinen Schüssel mischen und durchziehen lassen.
Den abgekühlten Fisch vorsichtig in eine ovale Schale legen und, falls nötig, die Haut entfernen. Den Garsaft abseihen und in die Schüssel zur Kräutermischung geben. Knoblauchzehen und Chilis entfernen und wegwerfen. 2 EL frisch gepressten Zitronensaft zufügen. Gründlich vermengen und mit Salz und Pfeffer abschmecken. Zum Servieren rund um den Fisch gedämpfte kalte oder heiße Kartoffeln anordnen.

Wer keinen Fischkessel hat, kann einen großen ovalen Topf mit gut sitzendem Deckel oder einen tiefen Bräter mit gewölbtem Deckel verwenden. Den Fisch zuerst in die Salatblätter und dann locker in Alufolie wickeln, ohne dass eine Öffnung bleibt. In die Mischung aus Wein, Wasser und dem Gemüse als Aromazutat legen und 15–20 Minuten dämpfen.

Arrosto freddo alle erbe

Kalter Kalbsbraten mit Kräutern

Dieses Gericht geht ganz einfach. Die Sauce verleiht dem schlichten Braten das gewisse Etwas – einfach perfekt für ein sommerliches Dinner mit Freunden.

Zwei Dinge sollte ich allerdings erwähnen: Erstens muss die Sauce wirklich mit frischen Kräutern zubereitet werden, und zweitens hängt das Gelingen des Gerichts von der Wahl des richtigen Stücks Kalbfleisch ab. Meiner Ansicht nach eignen sich ein Kalbsschulter- oder Kalbsbrustrollbraten am besten. Diese Stücke enthalten etwas Fett, was für einen Braten unverzichtbar ist, gerade bei Kalbfleisch, das schnell austrocknet. Auch durch die Marinade bleibt das Fleisch während des Bratens schön saftig.

Da das Fleisch erst kalt aufgeschnitten wird, fällt es nicht auseinander, was öfter mal vorkommt, wenn man einen heißen Rollbraten zerteilt. Das angegebene Gewicht bezieht sich auf eine Kalbsschulter oder -brust ohne Knochen.

Bitten Sie Ihren Metzger, das Kalbfleisch zu entbeinen und Ihnen den Knochen mitzugeben. Am besten schneidet er auch gleich die Sehnen und überschüssiges Fett ab und rollt und bindet das Fleisch zusammen. Falls Sie aber wirklich sämtliche unerwünschten Fitzelchen entfernt haben möchten, müssen Sie es wohl selbst machen. Verschnüren Sie den Rollbraten im Abstand von 1,5 cm.

Für 8 Personen

1,2 kg Kalbsschulter, gerollt und geschnürt, Knochen aufbewahrt (siehe Rezepteinführung)
2 EL Olivenöl
Salz und schwarzer Pfeffer aus der Mühle
4 EL frisch geschnittene gemischte Kräuter (Thymian, Majoran, Petersilie, Rosmarin, Salbei und 2 Minzeblätter)
4 EL natives Olivenöl extra

Für die Marinade

450 ml trockener Weißwein
Meersalz
5–6 Pfefferkörner, zerdrückt
1 Lorbeerblatt
1 Knoblauchzehe, zerdrückt

1. Die Zutaten für die Marinade verrühren, mit dem Fleisch in einen Topf geben, einen Deckel auflegen und 24 Stunden durchziehen lassen. Der Topf sollte an einem kühlen Platz, aber besser nicht im Kühlschrank stehen. (Müssen Sie das Fleisch doch in den Kühlschrank stellen, sollten Sie es locker abdecken und 1 Stunde vor dem Garen wieder herausnehmen.)
2. Den Backofen auf 180 °C vorheizen.
3. In einem Bräter 2 EL Öl erhitzen und das abgetropfte Fleisch darin von beiden Seiten anbräunen. Die Knochen rundherum anordnen. Mit 3–4 EL Marinadewein begießen, mit Salz und Pfeffer würzen und im Ofen 1 ¼ Stunden garen. Dabei zwischendurch mit dem Bratensaft übergießen und einige weitere EL Marinade zugießen, falls das Fleisch zu trocken wird.
4. Das Fleisch aus dem Bräter nehmen, sobald es schön zart ist, und auf einen Teller legen. Die Knochen ebenfalls herausnehmen und wegwerfen. Den Großteil des auf der Oberfläche des Bratensafts schwimmenden Fetts abschöpfen und den Bratensaft mit einigen EL kaltem Wasser ablöschen. Bei starker Hitze auf dem Herd 1–2 Minuten einkochen, dann in eine Schüssel abseihen.
5. Etwas mehr als 1 Stunde vor dem Servieren die geschnittenen Kräuter in eine Schüssel geben und nach und nach das native Olivenöl extra zugießen. Die Mischung dabei mit einer Gabel verquirlen. Etwa 3 EL Bratensaft zur Kräutermischung träufeln und mit Salz und Pfeffer abschmecken. Nach Belieben noch etwas mehr Bratensaft zufügen, aber daran denken, dass das kräftige Fleisch-

aroma nicht den frischen Geschmack der Kräuter überdecken, sondern nur eine aromatische Grundlage bilden soll.
6. Den Kalbsbraten in dünne Scheiben schneiden. Die Scheiben in einer großen Schale anrichten und mit etwas Sauce beträufeln. Mit Frischhaltefolie abdecken und durchziehen lassen, damit sich die Aromen verbinden.

Ich reiche zu diesem Gericht gerne einen Salat aus gekochtem Gemüse: Beispielsweise aus Kartoffeln und grünen Bohnen oder Kartoffeln und Zucchini, schlicht angemacht mit nativem Olivenöl extra und frisch gepresstem Zitronensaft. Die Kräuter-Fleisch-Sauce sorgt für extra Aroma.
Zu Beginn der Mahlzeit empfehle ich eine Suppe, *Passatelli* (S. 75) oder *Biancomangiare* (S. 243). Als Motto der Mahlzeit können Sie die Farbe Grün wählen (sie empfiehlt sich allerdings nicht für Schauspieler oder Theaterleute, die bei dieser Farbe abergläubisch werden). In dem Fall reichen Sie als ersten Gang eine gute Brunnenkressesuppe oder das *Risotto alle ortiche* (S. 172) und schließen das Menü mit *gorgonzola* und grünen Trauben ab.

Prugne sciroppate al rosmarino

Pflaumen in Weinsirup mit Rosmarin und Gewürzen

Diese gedünsteten Pflaumen verdanken ihre Existenz einem Missgeschick (wie auch einige andere Gerichte, darunter *zabaione* und *tarte tatin*). Vor vielen Jahren hatte ich gerade zwei Töpfe auf dem Herd stehen, einen mit Pflaumen, die leise vor sich hin köchelten, den anderen mit Kartoffeln, die kräftig angebraten wurden. Das wie üblich zur Unzeit nachdrücklich klingelnde Telefon zog mich aus der Küche. Ich rief meiner kleinen Tochter zu, sie solle schnell einen Zweig Rosmarin aus dem Garten holen und in den Topf geben … ohne anzugeben, in welchen der beiden. Nach meinem Schwatz am Telefon stellte ich fest, dass der Rosmarin bei den Pflaumen gelandet war! Zu meiner Überraschung (und Erleichterung) schmeckten die Pflaumen köstlich – seitdem gebe ich immer frischen Rosmarin zu meinen gedünsteten Pflaumen.
Man schmeckt den Rosmarin kaum heraus, aber er verleiht dem Fruchtsaft ein köstliches *je ne sais quoi* (ich weiß nicht was), das meine Gäste immer wieder verwundert. Fragen Sie Ihre Gäste beim Servieren doch einmal, welche Zutat sie vermuten. Sie können hohe Wetten darauf abschließen, dass es niemand errät!
Falls Sie eine große Glasschale mit Stiel haben, können Sie das Kompott darin servieren. Aber lassen Sie es unbedingt abkühlen, bevor Sie es in die Schale füllen, da das Glas sonst zerspringen könnte.

Für 6 Personen
300 ml Rotwein
225 g Zucker
1 Zweig Rosmarin (ca. 15 cm Länge)
1 Streifen Schale (ohne weiße Innenhaut) von 1 unbehandelten Zitrone
2 Gewürznelken
1 Zimtstange (ca. 5 cm Länge)
4 Pfefferkörner, zerdrückt
900 g reife, feste Pflaumen

1. Wein, Zucker, 300 ml Wasser, Rosmarin, Zitronenschale, Gewürznelken, Zimtstange und Pfefferkörner in einer großen Pfanne bei schwacher Hitze unter häufigem Rühren mit einem Holzkochlöffel erwärmen, bis sich der Zucker aufgelöst hat.
2. Die Pflaumen waschen und in die Pfanne geben. Einen dicht schließenden Deckel auflegen und leise köcheln lassen, bis die Pflaumen weich, aber noch ganz sind. Die Pflaumen mit einem Schaumlöffel herausheben und in eine Schüssel füllen.
3. Die Kochflüssigkeit in einen Topf abseihen und bei starker Hitze einkochen, bis sie dick und sirupartig ist. Über die Pflaumen gießen und abkühlen lassen. Dann mit Frischhaltefolie abdecken und kalt stellen.

Pur servieren oder mit abgetropftem Griechischen Joghurt oder Crème double. Vergessen Sie nicht, Ihre Gäste auf die noch enthaltenen Steine in den Pflaumen hinzuweisen!

Fattoria
VIN SANTO
DEL CHIANTI
San Gimignano - Italia
Prodotto in Italia

Wein

Wein

Eine italienische Mahlzeit ganz ohne Wein zu kochen, ist wirklich schwierig. Für manche Köche, besonders für Männer, ist es fast unmöglich. Der Wein muss von ordentlicher Qualität sein, also so gut, dass Sie ihn auch als Tafelwein servieren würden – egal, ob es sich um roten oder weißen, trockenen oder süßen Wein handelt. Kaufen Sie keine »Kochplörre«, da Sie damit Ihr Rindfleisch oder Ihren Fisch ruinieren, und obendrein noch Ihren Magen. In diesem Buch schlage ich eine bestimmte Weinsorte nur vor, wenn sie für das Endergebnis ausschlaggebend ist, ansonsten wählen Sie die, die Sie gerne mögen.

Wein sollte man stets zum Kochen bringen und je nach Menge 1 oder 2 Minuten kräftig kochen lassen, damit ein Teil des Alkohols verdampft. Oft verwendet man Wein zum Ablöschen des Bratensafts in der Pfanne, bevor er mit den bereits gegarten Speisen in Kontakt kommt. Wenn ich Wein zu einem Gericht gieße, das im Backofen zubereitet wird, lasse ich den Wein zuerst aufkochen. So verflüchtigt sich ein Teil des Alkohols und die Temperatur des Gerichts, das meist bereits eine Weile erhitzt wurde, wird durch den kalten Wein nicht reduziert.

Wein rundet viele Gerichte aromatisch ab. Das bedeutet nicht, dass man eine beliebige Menge hineinschütten kann – eine gute Köchin/ein guter Koch nutzt klug ihren/seinen Ermessensspielraum. Falls Sie z. B. ein Gericht zubereiten, das mehr Flüssigkeit benötigt, obwohl Sie bereits den ganzen Wein aus der Zutatenliste zugegeben haben, gießen Sie lieber etwas Wasser statt Wein zu: So sorgen Sie für die notwendige Flüssigkeit ohne Zusatzaroma. Nur bei Desserts und manchen Obstsalaten darf das Weinaroma deutlich hervortreten.

Spezzato di manzo al Barbera

In Barbera geschmorte Rinderhachse

Der Barbera ist ein kräftiger, vollmundiger Rotwein aus dem Piemont. Dieses Gericht der Landküche steckt voller Aroma und passt wunderbar als üppiger winterlicher Fleischgang.
Rinderhachse lässt sich bestens schmoren, da sich die gelatinehaltige Membran rund um die Fleischabschnitte beim Kochen auflöst und den Bratensaft bindet und schmackhafter macht.

FÜR 6 PERSONEN
60 g *pancetta*
1 Karotte
1 Stange Staudensellerie mit Grün
5–7 Salbeiblätter
1 Zweig Rosmarin (ca. 5 cm Länge) oder ½ TL getrocknete Rosmarinnadeln
3 EL Olivenöl
2 EL Pflanzenöl
700 g Rinderhachse, in 2,5–3,5 cm große Würfel geschnitten, Sehnen entfernt
225 g mageres Schweinefleisch ohne Knochen, in 2,5–3,5 cm große Würfel geschnitten, Sehnen und überschüssiges Fett entfernt
150 ml trockener Weißwein
4 große Zwiebeln, in dicke Ringe geschnitten
½ EL Zucker
Salz
300 ml Barbera
30 g Butter
1 EL Weizenmehl
schwarzer Pfeffer aus der Mühle

1. *Pancetta*, Karotte, Sellerie, Salbei und Rosmarinnadeln zusammen sehr fein hacken und im Olivenöl in einem Bräter bei schwacher Hitze sautieren, bis das Gemüse weich ist.
2. Das Pflanzenöl in einer großen Pfanne erhitzen, bis es sehr heiß ist. Dann das Fleisch darin von allen Seiten gut anbräunen. Aus der Pfanne nehmen und in den Bräter auf das Gemüse legen.
3. Den Backofen auf 170 °C vorheizen.
4. Den Weißwein in die Pfanne gießen, in der das Fleisch gebraten wurde, und bei hoher Temperatur 30 Sekunden erhitzen. Dann über das Fleisch im Bräter träufeln.
5. Die Zwiebelringe auf dem Fleisch verteilen und mit Zucker und Salz bestreuen. Einen dicht schließenden Deckel auflegen und das Fleisch bei schwacher Hitze 20–30 Minuten im Ofen schmoren, bis die Zwiebeln weich werden.
6. Den Rotwein erhitzen, über das Fleisch gießen, den Deckel wieder auflegen und das Fleisch weitere 2 ½ Stunden im Ofen schmoren, bis das Fleisch so zart ist, dass es sich mit einer Gabel zerteilen lässt.
7. Butter und Mehl mit einer Gabel gründlich vermischen.
8. Den Bräter aus dem Ofen holen. Mit 1 guten Prise Pfeffer würzen und dann nach und nach die Mehlbutter in Flocken unter ständigem Rühren in der Bratensauce schmelzen lassen. Sofort direkt aus dem Bräter servieren oder in einer vorgewärmten tiefen Schale anrichten.

Die klassische Beilage wäre hier *polenta*, wobei ich auch die *Canederli* (Brot-*gnocchi*, S. 69) empfehle. Sie sollten in etwa die Größe einer Mandarine haben. Servieren Sie zum Fleisch kein Gemüse, sondern reichen Sie hinterher einen neutralisierenden grünen Salat.

Patate ubriache

Betrunkene Kartoffeln

Jedes Jahr verbringen wir einige friedliche Wochen im Landhaus meines Bruders nahe des Bolsena-Sees, etwa 97 km nördlich von Rom. Es steht in einem Dörfchen namens Pianiano, das von sanften Hügeln umgeben ist, auf denen Weizen, Mais und Wein gedeihen. Annina kümmert sich um das Haus meines Bruders und sitzt zusammen mit den anderen Frauen des Dorfes stundenlang auf dem Dorfplatz. Für die Boutiquebesitzer der nahen Städte stricken sie pausenlos Pullover in grellen Farben, mit Löchern und Bommeln. Wenn ich zu Besuch bin, setze ich mich zu ihnen und wir plaudern über ihre Strickereien, meine Wandteppiche und vor allem ihre Kochkünste – so habe ich auch diese betrunkenen Kartoffeln kennengelernt.

Sie verraten mir nicht nur gerne ihre Rezepte, sondern laden uns sogar manchmal zum Essen bei sich ein: Die Mahlzeiten sind schlicht, werden in riesigen Mengen serviert und schmecken einfach hervorragend. Eine typische Menüfolge besteht z. B. aus Salami und *prosciutto* zum Appetitanregen, gefolgt von *tagliatelle* mit *ragù* (oft aus Hühnerleber), dann *Pollastrelli al forno*, also Brathähnchen (die am Vortag noch auf dem Hof scharrten), vielleicht mit diesen *Patate ubriache* als Beilage, und in jedem Fall danach ein *Insalatina di campo* (Wildkräutersalat). Schließlich *pecorino* und zum Abschluss der Mahlzeit eine mit hausgemachter Marmelade oder *ricotta* gefüllte Tarte.

Für 5 oder 6 Personen wird 1 kg festkochende Kartoffeln benötigt. Kartoffeln in 5 mm dicke Scheiben schneiden. In kaltem Wasser gründlich waschen, dabei das Wasser zwei- bis dreimal wechseln, bis es klar bleibt (so entfernt man die Stärke). Mit einem Geschirrtuch gut trocken tupfen. Ein kleines *soffritto* in einer großen Pfanne zubereiten: 60 g Butter, 2 EL Olivenöl, 2 Schalotten oder 1 kleine Zwiebel (jeweils gehackt), 1 Knoblauchzehe sowie 1 kleinen Stängel frischen Salbei sautieren, bis die Schalotten weich sind. Dann die Kartoffelscheiben zufügen und unter häufigem Wenden mit dem *soffritto* braten, damit sie dessen Aroma annehmen. Knoblauchzehe und Salbei herausnehmen und wegwerfen.

200 ml trockenen Weißwein und 100 ml Fleischbrühe (siehe S. 318) erhitzen und in die Pfanne gießen. Mit Salz und Pfeffer würzen und die Kartoffeln mit einer Gabel (so brechen die Kartoffeln weniger) gut vermengen. Einen Deckel auflegen und die Kartoffeln bei schwacher Hitze braten, bis sie fast gar sind. Die Flüssigkeit sollte beinahe komplett aufgesogen sein. Die Kartoffeln gelegentlich umrühren und etwas mehr heiße Brühe oder Wasser zugießen, falls sie zu trocken werden.

Als ich dieses Rezept ausprobierte, beschloss ich, einen Kniff anzuwenden, der dafür sorgt, dass die Kartoffeln eine innige Verbindung eingehen und sich das Weinaroma etwas abschwächt: 5 Minuten vor Ende der Garzeit 1 TL Kartoffelstärke in 100 ml Milch auflösen und in die Pfanne gießen. Die Kartoffeln vorsichtig wenden, den Deckel dicht auflegen und noch 5 Minuten garen. Mit Salz und Pfeffer abschmecken.

Dieses Gericht lässt sich bis zu 30 Minuten im Voraus zubereiten. Lassen Sie die Kartoffeln einfach in der Pfanne mit geschlossenem Deckel stehen, damit sie schön warm bleiben.

Aspic di pesche noci

Nektarinen in Weingelee

In Italien beendet man eine Mahlzeit häufig mit Pfirsichen in Wein. Dazu schneidet man die Pfirsiche auf (mein Vater tat dies immer am Tisch, direkt in sein Weinglas hinein), bestreut sie mit etwas Zucker und gießt 300 ml Rot- oder Weißwein darüber. Das folgende Dessert ist die ausgebaute Version der schlichten Idee von Pfirsichen mit Wein. Der Geschmack ist ähnlich, aber komplexer, und das Gelee sieht zudem ausgesprochen hübsch aus. Falls Sie wie ich Gelatineblätter verwenden, sollten Sie sie in kaltes Wasser legen, bis sie weich sind. Dann ausdrücken und bei sehr schwacher Hitze in etwas heißem Wasser auflösen. Sie können für dieses Gelee auch geschälte reife Birnen verwenden, die Sie in Spalten schneiden.

Für 6 Personen

450 ml kräftiger Rotwein (z. B. Barbera oder Chianti Riserva)
225 g Zucker
1 Zimtstange (ca. 5 cm Länge)
4 Pfefferkörner
¼ TL gemahlener Ingwer
2 Gewürznelken
Abrieb von ½ unbehandelten Orange
Abrieb und frisch gepresster Saft von ½ unbehandelten Zitrone
20 g Gelatinepulver oder 8 Blatt Gelatine
750–800 g feste Nektarinen
Minzeblätter oder Duftgeranienblüten zum Garnieren

1. Wein, Zucker, Gewürze und Zitrusfruchtabrieb in einem Topf langsam zum Kochen bringen. Sobald sich der Zucker aufgelöst hat, die Temperatur erhöhen und kräftig kochen, bis die Hälfte des Weins verdampft ist.
2. Die Gelatine in einem Topf bei schwacher Hitze in 200 ml heißem Wasser auflösen. (Bei Gelatineblättern wie in der Rezepteinführung angegeben vorgehen.)
3. Den reduzierten Weinsirup vom Herd nehmen und die aufgelöste Gelatine zufügen. Gründlich vermengen, dann in einen Krug abseihen. Mit Zitronensaft verfeinern: Der Saft von einer halben mittelgroßen Zitrone sollte ausreichen, um dem Gelee eine feine Säure zu verleihen. Abgedeckt ruhen lassen.
4. Vor dem Anrichten des Desserts die Konsistenz der Masse prüfen: Dazu einige EL davon in eine Tasse gießen und zum Festwerden in den Kühlschrank stellen. Es sollte ziemlich stabil sein, da die Nektarinen später noch Saft abgeben und das Gelee verdünnen.
5. Eine Kastenform (1 l Fassungsvermögen) mit kaltem Wasser ausspülen. Den Sirup 5 mm hoch eingießen und die Form in den Kühlschrank stellen.
6. Sobald das Gelee in der Form fest ist, die Nektarinen waschen, halbieren, entsteinen und in dünne Spalten schneiden. Die Hälfte der Spalten in einer Schicht gleichmäßig auf dem Gelee verteilen und mit Sirup übergießen. Die Form erneut in den Kühlschrank stellen. Sobald das Gelee fest geworden ist, die restlichen Nektarinenspalten nebeneinander hineinlegen und vorsichtig mit dem restlichen Weinsirup bedecken. Wieder in den Kühlschrank stellen, bis das Gelee fest ist.
7. Vor dem Anrichten die Form 30 Sekunden in heißes Wasser stellen, um das Gelee aus der Form zu lösen. Mit einem Palettmesser am Rand entlangfahren, dann die Form auf eine ovale Platte stürzen. Das Gelee bis zum Servieren kühl stellen. Mit Minzeblättern oder Duftgeranienblüten garnieren.

Das Gelee lässt sich mit einem scharfen Messer in dicke Scheiben schneiden.

Aceto Balsamico
di Modena I.G.P.
250 ml
DI ANVERSA,1885
E VIENNA,1873
DEPOSITO
1912

Essig

Essig

In Italien verwendet man typischerweise Weinessig. Innerhalb der letzten Jahrzehnte gewannen im Zuge der Ausbreitung der *Nuova Cucina* jedoch auch andere Essigsorten an Beliebtheit: Himbeer-, Estragon-, Sherry- und Apfelessig – ein wunderbar leichter Essig mit wenig Säure, aber intensivem Geschmack. In diesem Buch konzentriere ich mich auf den traditionellen Weinessig. Rotweinessig kommt etwas häufiger zum Einsatz als Weißweinessig, auch wenn dies bis zu einem gewissen Punkt eine reine Geschmacksfrage ist.

Essig wird vor allem für Salat verwendet. Die meisten italienischen Salate sind ganz schlicht mit Öl, Essig (oder gelegentlich Zitronensaft) und Salz angemacht. Das Verhältnis von Essig und Öl variiert, je nach Geschmack, Säuregehalt des Essigs und Art des Salats. Doch für gewöhnlich nehmen wir 1 EL Essig und 4 EL Öl pro Schüssel Salat für 4 Personen. Bei Beten braucht man aber beispielsweise mehr Essig, während Tomaten deutlich weniger benötigen.

Beim Garen wird statt Wein oft Essig als Aromazutat für Fleisch und manchmal auch Fisch verwendet. Die üblichen Fleischarten, aber auch Kaninchen, Hase und Wild mariniert man gerne in Essig, besonders in Umbrien, wo mit Wasser verdünnter Essig in den meisten Rezepten den Wein ersetzt. Essig ist die wichtigste Zutat von *carpione* oder *scapece*, zwei süßsauren Gerichten, die in ganz Italien zubereitet werden. Manche Köchinnen und Köche verfeinern die Garflüssigkeit von Birnen oder Pflaumen mit 1 EL Essig. Dies klingt vielleicht eigenartig, aber ich kann es nur empfehlen, da der Essig die Süße des Sirups unterstreicht.

Der bedeutendste Verwendungszweck des Essigs ist die Haltbarmachung. Die Römer entwickelten die Kunst der Haltbarmachung von Speisen in Essig und gaben dieses Wissen an all ihre Untertanen im gesamten Reich weiter. Apicius, ein Autor des 1. Jahrhunderts n. Chr., hielt diese Rezepte zum Einlegen von Speiserüben fest: »Zuerst säubern und in ein Gefäß legen, dann mit Honig und Essig vermischte Myrtenbeeren zugeben. Eine weitere Methode: Senf und Honig, Essig und Salz vermengen und über die Speiserüben in einem Gefäß gießen.«

Die Qualität des Essigs ist von großer Bedeutung. Nehmen Sie einen guten italienischen oder französischen Essig, der kräftig ist, aber dessen Säure nicht unangenehm scharf schmeckt, wie es bei Billigmarken der Fall ist. Ich gebe immer 1 oder 2 Knoblauchzehen in meine Essigflasche. Andere stecken 1 Zweig Rosmarin oder andere Kräuter hinein. Estragonessig ist typisch französisch. Sie können sogar Ihren eigenen Essig herstellen, und zwar in einem speziellen kleinen Fass mit Hahn an der Unterseite oder direkt in einer Flasche. Ich verwende Weinreste aus Flaschen, um den Essig aufzufüllen. Zuerst füllen Sie etwas Wein in eine Flasche und geben etwas »Essigmutter« oder 4 EL Essig hinzu. Lassen Sie die Flasche offen in der Küche stehen und füllen Sie sie mit der Zeit mit Weinresten auf, bis sie fast voll ist. Lassen Sie sie einige Wochen durchziehen, aber behalten Sie sie im Auge und entfernen Sie die oberste Schicht der »Mutter«, die sich an der Oberfläche bildet. Falls sie zu dick ist, blockiert sie den Luftaustausch, der für die Entwicklung des Essigs wichtig ist. Die Essigmutter entfernen und in eine andere Flasche geben, sobald der Essig fertig ist. Dann die Flasche mit dem fertigen Essig mit einem Korken verschließen.

La cotoletta a la lavandera

Panierte Koteletts in süßsaurer Sauce

Dieses Rezept stammt aus einem Buch von Giuseppe Fontana, der von 1905 bis 1929 als Koch im berühmten Restaurant *Savini* in Mailand arbeitete. Sein Buch mit dem Titel *La cusinna de Milan* (Mailands Küche) ist eine Rezeptsammlung in Versen, die fast vollständig im Mailänder Dialekt verfasst wurde. Als Mailänderin bin ich in der glücklichen Lage, die Rezepte sowohl vom literarischen als auch vom gastronomischen Standpunkt aus genießen zu können.

Leider findet sich in dem Buch keine Erklärung, warum dieses Rezept für panierte Koteletts *»a la lavandera«* genannt wird, also »nach Art der Wäscherin« – und ich kann es mir auch nicht denken. Wer wie ich *aceto balsamico* mag, kann ihn anstelle des einfachen Essigs verwenden und dafür den Zucker weglassen, da der Balsamessig für genügend Süße sorgt.

»Puccia dent ben la coteletta e a coeur seren gustala se la pias«, schrieb Fontana in breitem Mailänder Dialekt: »Übergießen Sie das Kotelett ausgiebig und probieren Sie es dann leichten Herzens, um zu sehen, ob es Ihnen schmeckt.« Ich bin sicher, dass dies der Fall sein wird.

Für dieses Gericht können Sie Schweine- oder Kalbskoteletts verwenden. Bereiten Sie die Koteletts nach den Anweisungen im Rezept für *Costolette alla milanese* (siehe S. 77) zu, aber geben Sie kein Salz zu den verquirlten Eiern. Sobald das Fleisch gar ist, auf einen vorgewärmten Teller legen und den Bratensaft in der Pfanne belassen. 1 EL Zucker hineinstreuen und die Flüssigkeit unter ständigem Rühren 1–2 Minuten erhitzen. Mit 4 EL Weinessig von bester Qualität und 4 EL heißem Wasser ablöschen. Dann 30 g Sultaninen, 30 g Pinienkerne und nach Belieben Salz hinzufügen. Auf niedrige Temperatur reduzieren und 1 Minute köcheln lassen. Danach die Koteletts erneut in die Pfanne legen und einige Minuten erhitzen. Dabei einmal wenden. Fontana verwendet keinen Pfeffer, aber ich finde, ein paar Prisen Pfeffer, mit dem Salz zugegeben, verleihen dem Fleisch die richtige Schärfe.

Die Koteletts auf einen Servierteller legen und mit der Sauce übergießen. Mit gebuttertem Spinat und Kartoffeln in Sahnesauce oder – statt Spinat – mit *Broccoli stufati* (S. 270) servieren. Auch kalt, mit Kartoffelsalat oder *Insalata di fagiolini al vino* (S. 161) als Beilage, schmecken sie ganz köstlich.

Pollo alla cacciatora

In Essig geschmortes Hähnchen mit Kräutern

Beim Kochen wird oft Essig statt Wein verwendet, besonders in Mittelitalien, wo Wein als zu üppig für einen Eintopf gilt.

Für 4 Personen

1 Hähnchen (à ca. 1,2 kg), in 8 kleinere Teile zerlegt
1 Scheibe (à ca. 50 g) *pancetta* oder ungeräucherter Bacon
etwas Rosmarin, Salbei, Thymian und 1 Lorbeerblatt
3 EL Olivenöl
3 Knoblauchzehen, zerdrückt
1 getrocknete Chili
100 ml Rotweinessig
Salz und schwarzer Pfeffer aus der Mühle
1 TL Zucker bei Bedarf
15 g Butter (nach Belieben)

1. Die Hähnchenteile gut trocken tupfen.
2. *Pancetta* mit Kräutern zu einem sehr feinen *battuto* (zerstoßene Mischung) hacken.
3. Öl, *battuto*, Knoblauch und Chili in einer großen Pfanne bei schwacher Hitze einige Minuten braten, bis der Knoblauch sein Aroma entfaltet und allmählich braun wird. Knoblauch und Chili entfernen und wegwerfen.
4. Die Hähnchenteile nebeneinander in die Pfanne legen. Falls nicht alle Teile Platz haben, das Fleisch in zwei Portionen braten, bis es rundum schön angebräunt ist. Dies dauert 10–15 Minuten. (Bleiben Sie geduldig, dieser Arbeitsschritt ist sehr wichtig für das Endergebnis.)
5. Die Temperatur erhöhen und den Essig über das Fleisch träufeln. Etwa 1 Minute köcheln lassen, dann 150 ml heißes Wasser zugießen. Mit Salz und Pfeffer würzen, einen Deckel auflegen und 30 Minuten garen, bis das Fleisch zart ist. Falls das Hähnchen zu trocken wird, während des Garens einige EL heißes Wasser zufügen.
6. Die fertigen Hähnchenteile herausnehmen und auf einem vorgewärmten Teller warm halten. Die dünne weiße Fettschicht abschöpfen, die an der Oberfläche des Bratensafts schwimmt. Falls die Bratflüssigkeit zu wässrig ist, bei starker Hitze sirupartig reduzieren. Falls sie zu dickflüssig ist, ein wenig Wasser zugießen. Ist sie zu sauer, mit ein wenig Zucker süßen. Es hängt alles vom Wassergehalt des Hähnchens und dem Säuregehalt des Essigs ab. Die Sauce mit Salz und Pfeffer abschmecken. Dann die Butter in Flocken zufügen, um der Sauce ein milderes Aroma und einen schönen Glanz zu verleihen. Die Sauce über die Hähnchenteile löffeln und sofort servieren.

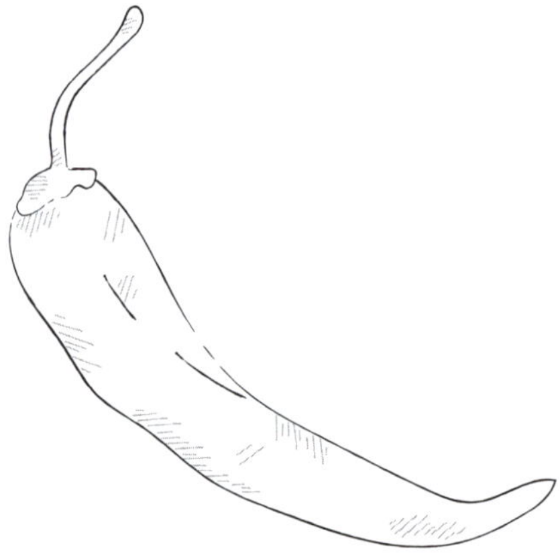

Zum Hähnchen passt gegarter Reis mit etwas Olivenöl. Wer gerne Gemüse dazu hätte, kann die in Wein gegarten Kartoffeln *Patate ubriache* (S. 290) oder Topinambur, blanchiert und in mit Knoblauch aromatisiertem Öl gebraten, zubereiten. Die *Minestrone alla genovese* (S. 280) oder die Brotsuppe *Pancotto* (S. 69) ergeben einen guten ersten Gang für hungrige Esser. Leute mit etwas weniger Appetit bevorzugen vielleicht *Funghi al forno* (S. 181) oder *Panzanella* (S. 164).

Brasato all'aceto

Rinderschmorbraten mit Weinessig

In diesem alten lombardischen Rezept wird das Rindfleisch (*brasato*) in Rotweinessig statt wie üblich in Rotwein geschmort. In den Häusern Norditaliens serviert man *brasato* gerne am Sonntag oder zu Essenseinladungen. Ein derartiges Gericht bekommen Sie kaum im Restaurant, da man für die Zubereitung viel Zeit und Geduld und außerdem ein großes Stück Fleisch benötigt. Aber für daheim ist es ideal. Dies ist ein großzügiges Gericht, das den Vorteil hat, dass es nicht ruiniert ist, falls Ihre Gäste oder Kinder zu spät zum Essen kommen. *Brasato* ist so unkompliziert, dass Sie es auch im Voraus zubereiten und später bei schwacher Hitze im Backofen langsam wieder aufwärmen können.

Für 8 Personen

1,5 kg Rindernackensteak am Stück
2 EL Pflanzenöl
1 Zwiebel, sehr fein gehackt
3 Knoblauchzehen, fein gehackt
1 gesalzene Sardelle, entgrätet und abgespült, oder 2 Sardellenfilets, gehackt
2 EL frisch geschnittene Petersilie
1 EL frisch geschnittene Salbeiblätter
2 EL frisch geschnittenes Selleriegrün
2 EL Olivenöl
Salz und schwarzer Pfeffer aus der Mühle
2 TL brauner Zucker
3 EL Crème double
15 g Butter

Zum Spicken

50 g *pancetta* oder ungeräucherter Bacon, am Stück
8 Salbeiblätter, frisch geschnitten
Steinsalz
schwarzer Pfeffer aus der Mühle

Für die Marinade

2 EL Olivenöl
frisch gepresster Saft von 1 großen Zitrone
150 ml Rotweinessig
5–6 schwarze Pfefferkörner

1. Zum Spicken den *pancetta* in 10 cm lange und 12 mm dicke Stücke schneiden.
2. Salbeiblätter, Salz und Pfeffer vermengen und die *pancetta*-Stücke darin wenden.
3. Das Fleisch mit dieser Mischung spicken: Dazu tiefe Einschnitte entlang der Faser anbringen und die *pancetta*-Stücke hineinstecken. Wer keine Spicknadel hat, kann Essstäbchen oder das obere Ende eines sauberen runden Bleistifts verwenden.
4. Für die Marinade alle Zutaten in einem Tontopf oder einer Schüssel vermengen und das Fleisch hineinlegen. Abdecken und das Fleisch 24 Stunden marinieren. Dabei möglichst oft wenden. Die Schüssel nicht in den Kühlschrank stellen, außer es ist sehr heiß. Am besten ist sie in der Speisekammer oder im Gartenschuppen aufgehoben. Durch den in der Marinade enthaltenen Essig wird das Fleisch haltbarer und zarter.
5. Den Backofen auf 160 °C vorheizen.
6. Das Fleisch aus der Marinade nehmen, gründlich trocken tupfen und zu einer ordentlichen länglichen Form binden.
7. Das Pflanzenöl in einer Pfanne mit schwerem Boden erhitzen. Das Fleisch ins heiße Öl legen und bei starker Hitze von allen Seiten gut anbräunen. Danach das Fleisch herausnehmen und auf einen Teller legen.
8. Die Marinade abseihen und zum Ablöschen in die Pfanne gießen. Etwa 1 Minute erhitzen, dabei den Pfannenboden mit einem Metalllöffel abschaben. Die Flüssigkeitsmenge abmessen und mit kochendem Wasser auf 200 ml auffüllen.
9. Zwiebel, Knoblauch, Sardelle, Petersilie, Salbei- und Selleriegrün sowie Olivenöl in einen ovalen Bräter geben, in den das Fleisch später gut hineinpasst, aber nicht zu viel Platz hat. Auf dem Herd unter häufigem Rühren 1 Minute braten.
10. Das Fleisch auf das Gemüsebett legen und mit etwas Salz und Pfeffer würzen. Langsam zum Kochen bringen, einen Deckel auflegen und in den Ofen schieben. Etwa 1 ½ Stunden schmoren und dabei gut im Auge behalten: Das Fleisch sollte leise, aber stetig

köcheln. Während des Schmorens drei- bis viermal wenden.
11. Den Bräterinhalt mit braunem Zucker bestreuen, den Deckel wieder auflegen und weitere 1 ½ Stunden schmoren, bis das Fleisch ganz zart ist.
12. Das Fleisch herausnehmen, auf ein Schneidebrett legen und etwas abkühlen lassen, während die Sauce zubereitet wird.
13. Falls der Bratensaft im Bräter zu dünnflüssig ist, bei starker Hitze kurz kochen, bis er sirupartig wird. Crème double zugeben, gründlich einrühren und einige Minuten erhitzen. Den Bräter vom Herd nehmen und nach und nach die Butter in Flocken zufügen. Kurz umrühren, bis die Butter geschmolzen ist – sie sorgt für einen schönen Glanz. Mit Salz und Pfeffer abschmecken.
14. Das Fleisch in 1 cm dicke Scheiben schneiden und leicht überlappend auf einer vorgewärmten ovalen Platte anrichten. Die Sauce darüberlöffeln und das Fleisch servieren.

Zu *brasato* liebe ich als traditionelle Beilage *polenta*. Oder Sie probieren ein Kartoffel-Sellerie-Püree oder geriebene Karotten, die in Butter sautiert, dann mit etwas Brühe 5 Minuten gekocht und zum Schluss mit 2 EL Sahne verfeinert werden.

Spezzatino di agnello in agrodolce

Lammschulter süßsauer

Nur wenige Gerichte machen glücklicher als ein guter Eintopf. Lammschulter eignet sich bestens für einen Eintopf, da sie genug Fett enthält, sodass das Fleisch während der langen Garzeit saftig und aromatisch bleibt. In diesem Rezept aus Apulien, dem Absatz des italienischen Stiefels, bilden Milch und Zucker in der Sauce ein Gegengewicht zur essigsauren Marinade, während das Basilikum die aromatische Erfrischung übernimmt.

Für 4–5 Personen
1 magere Lammschulter (à ca. 1,2–1,4 kg)
3 EL Olivenöl
1 große Zwiebel, in feine Ringe geschnitten
Salz
1 EL Pflanzenöl
1 EL Tomatenmark, in 100 ml warmer Milch aufgelöst
3 EL Zucker
schwarzer Pfeffer aus der Mühle
10 Basilikumblätter, gezupft, oder 2 TL Oregano

Für die Marinade
150 ml Weinessig
6 Wacholderbeeren, zerdrückt
3 Knoblauchzehen, zerdrückt
2 Lorbeerblätter
Salz
4–5 Pfefferkörner, leicht zerdrückt

1. Die Lammschulter entbeinen, Sehnen und den Großteil des Fetts entfernen und das Fleisch in 2,5 cm große Würfel schneiden. Dies ergibt ca. 800 g mageres Fleisch.
2. Die Fleischwürfel sowie alle Zutaten für die Marinade in einer Schüssel vermengen. Die Schüssel abdecken und das Fleisch an einem kühlen Ort mindestens 4 Stunden marinieren. Das Fleisch anschließend herausnehmen, abtropfen und gut trocken tupfen.
3. Olivenöl und Zwiebel bei schwacher Hitze in einem Topf mit schwerem Boden (am besten ein Tontopf) erhitzen und leicht salzen (so wird die Zwiebel weich, ohne anzubräunen).
4. Inzwischen das Pflanzenöl in einer Pfanne mit Antihaftbeschichtung erhitzen und das Fleisch darin scharf anbraten. Falls nötig, in zwei Portionen braten, da das Fleisch nur gleichmäßig anbräunt, wenn es in einer flachen Schicht gebraten wird. Von allen Seiten unter ständigem Rühren gut 10 Minuten braten. Dann das Fleisch in den Topf mit der Zwiebel geben. Gut vermengen und das Fleisch 2–3 Minuten lang das Zwiebelaroma annehmen lassen.
5. Tomatenmilch zugießen und gut untermengen. Auf ganz niedrige Temperatur reduzieren und einen Deckel so auflegen, dass ein Spalt offen bleibt. So kann ein Teil des Dampfs entweichen und das Aroma der Tomaten und des Fleischsafts wird intensiver.
6. Etwa 30 Minuten schmoren, dabei das Fleisch gut im Auge behalten. Falls es zu trocken wird, einige EL heißes Wasser zufügen.
7. Inzwischen die Marinade abseihen und in einem Topf erhitzen. Zusammen mit Zucker, Salz und Pfeffer zum Fleisch gießen. Mit halb aufgelegtem Deckel weitere 20 Minuten köcheln lassen und das Fleisch gelegentlich wenden. Das Lammfleisch ist fertig, wenn es ganz zart ist. Die genaue Garzeit hängt vom Alter des Lamms ab. Die Basilikumblätter hinzufügen, sobald das Lammfleisch fertig ist.

Dieses Gericht lässt sich wunderbar im Voraus zubereiten. Es schmeckt sogar noch besser, wenn Sie es am Vortag kochen und dann im Backofen oder auf dem Herd langsam wieder durcherhitzen.
Ich reiche zu diesem Gericht gerne buttriges Kartoffelpüree oder mittelgroße Pasta wie *gnocchetti sardi* oder Muschelpasta. Dann brauchen Sie hinterher nur noch einen schönen Salat. Wer einen *primo* möchte, kann *Peperoni arrostiti* (S. 123) oder *Pomodori ripieni di riso e olive nere* (S. 308) servieren.

Aceto balsamico

Dieser sehr spezielle Essig wird aus dem gekochten und konzentrierten Most der weißen Trebbiano-Trauben zubereitet. Es existieren zwei Sorten, von denen eine nicht allzu schwer erhältlich ist, während die andere fast als Sammlerstück gilt. Die erste Sorte wird schlicht als *aceto balsamico* bezeichnet und erhält ihr typisches Aroma durch die Zugabe von etwas karamellisiertem Zucker. Sie verströmt einen süßen Duft mit Essignote und hat eine schöne dunkelbraun-golden schimmernde Farbe. Diesen Balsamessig bekommen Sie in italienischen Feinkostgeschäften und vielen Supermärkten. Sie können dieses einwandfreie Produkt ohne Bedenken in den folgenden Rezepten verwenden.

Die zweite, eher seltene Variante trägt die offizielle Bezeichnung *aceto balsamico tradizionale*, und zwar erst nach einer Reifezeit von mindestens zehn Jahren. Dieser *aceto balsamico* ähnelt zwar farblich der ersten Sorte, hat aber ein volleres, samtigeres Aroma, in dem süße und säuerliche Elemente perfekt ausbalanciert sind, sowie einen feineren, ja eleganteren Duft. Um den *aceto balsamico tradizionale* hat sich ein regelrechter gastronomischer Kult entwickelt, der sich sogar zur Obsession gesteigert hat. Er wird nur in geringer Menge in und rund um Reggio Emilia und vor allem in Modena hergestellt. Dieser Essig wurde seitenweise beschrieben und in eigens gegründeten Gesellschaften gepflegt. »Man kann ihn wie einen äußerst seltenen Likör schlückchenweise aus kleinen Gläsern trinken, die auf einem silbernen Tablett serviert werden, um ihm die rechte Ehre zu erweisen.« Dies empfahl Paolo Monelli in seinem Werk *Giro gastronomico d'Italia* (1939). Als ich kürzlich nach Emilia fuhr, folgte ich seiner Empfehlung, um das Geheimnis höchstpersönlich zu ergründen.

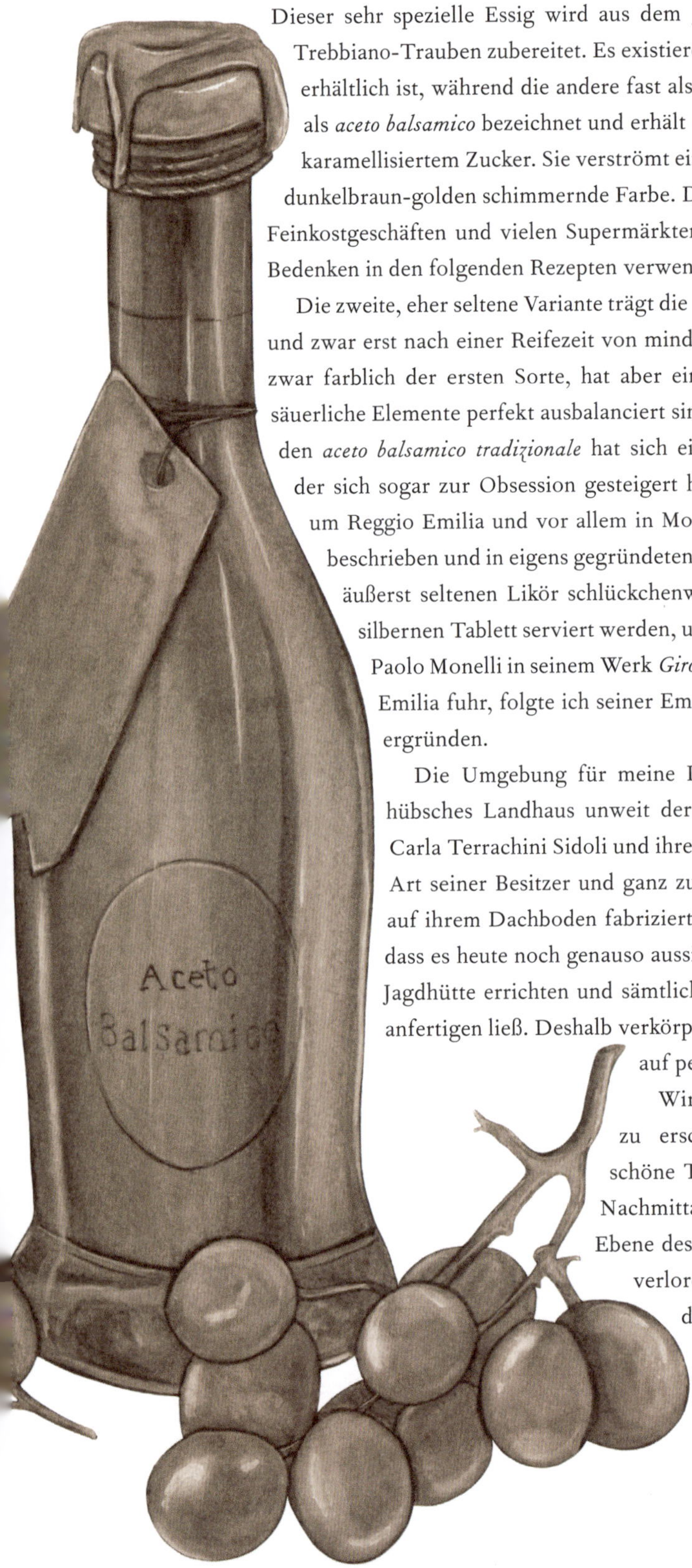

Die Umgebung für meine Initiation in die Mysterien dieses Kults war ein hübsches Landhaus unweit der Stadt Reggio Emilia. Das Haus gehörte Maria Carla Terrachini Sidoli und ihrem Ehemann Gigi. Abgesehen von der charmanten Art seiner Besitzer und ganz zu schweigen vom *aceto balsamico tradizionale*, der auf ihrem Dachboden fabriziert wurde, ist das Bemerkenswerte an diesem Haus, dass es heute noch genauso aussieht wie im Jahre 1889, als Baron Franchetti es als Jagdhütte errichten und sämtliche Möbel und Einbauten speziell für dieses Haus anfertigen ließ. Deshalb verkörpert das Gebäude inklusive Inneneinrichtung heute auf perfekte Weise die Kunst des Jugendstils.

Wir waren gebeten worden, um fünf Uhr nachmittags zu erscheinen, und freuten uns natürlich auf eine schöne Tasse Tee. Aber als wir dann an diesem sonnigen Nachmittag im Garten saßen, mit Blick auf die fruchtbare Ebene des Po-Flusses, dessen Windungen sich in der Ferne verloren, brachte Maria Carla ein Silbertablett heraus, auf dem nicht Tassen und Unterteller standen, sondern winzige Gläser, ein Teller mit Weißbrot sowie ein kleiner Flakon, der an die in der Kirche für den Messwein verwendeten Gefäße erinnerte und eine kostbare Flüssigkeit enthielt. Dies war das Stichwort für Gigi, Tierapotheker und Schweinegroßzüchter, einen Vortrag über seine dritte Lieblingsbeschäftigung zu halten – die Zubereitung von *aceto balsamico tradizionale* auf dem Dachboden seines Jugendstil-Jagdhauses.

Der Zubereitungsprozess beginnt mit dem Kochen und Reduzieren des Traubenmosts. Die Flüssigkeit wird anschließend in *sogli* genannte große Holzgefäße gefüllt, wo überschüssige Säure durch die Zugabe von einer kleinen Menge Marmorpulver oder Asche neutralisiert wird. Der Most wird abgeschieden, und die klare, blasse Flüssigkeit, aus der später der *aceto balsamico* wird, beginnt ihre jahrelange Reifezeit in verschiedenen Fässern. Für die Fässer können mehrere Holzarten verwendet werden: Eiche, Kastanie, Maulbeere, Birke und Wacholder. Die Flüssigkeit wird nacheinander von einem Fass ins nächste gefüllt. Typisch für die Detailversessenheit ist z. B., dass die Fässer mit einem Stein aus einem Fluss verschlossen werden müssen. Die Essigzubereitung findet auf Gigis Dachboden statt (so wie auf den Dachböden vieler alter *palazzi* in Modena und Reggio Emilia), da der Raum unter dem Dach heiß genug wird und zugleich gut gelüftet werden kann. Der *aceto balsamico* auf manchen dieser Dachböden ist über 100 Jahre alt und wird nur mit großer Ehrerbietung von Familienmitgliedern und Freunden genossen.

So kam es, dass an diesem sonnigen Nachmittag aus dem kleinen Flakon einige Tropfen in die Gläser gegossen wurden. Und als ich den *aceto* probierte, begann ich zu verstehen, warum dieser Essig wie ein Elixier behandelt wird. Jener *aceto balsamico* war im 19. Jahrhundert angesetzt worden und nur in Wacholderfässern gereift. In der Nase hatte man einen unglaublich üppigen und alles durchdringenden Duft, und ich begriff nun, warum es heißt, dass Lucrezia Borgia ständig daran geschnüffelt haben soll (wie an einem Riechsalz), als sie unter Schmerzen ihren ersten Sohn gebar. Auch Rossini pries die therapeutische Wirkung des *aceto balsamico*, als er einem Freund schrieb, »ein wenig Essig aus Modena, der für seine beruhigenden und erfrischenden Eigenschaften bekannt ist, verhalf mir wieder zu besserer Gesundheit und Heiterkeit«.

Erstmals erwähnt wurde *aceto balsamico* im Jahre 1046, in einer von einem Benediktinermönch verfassten Chronik über das Leben der Mathilde von Canossa. Ihr Vater Bonifacio hatte gehört, dass Kaiser Heinrich II. dieses berühmte Elixier gerne probieren wollte. »Sobald er vom Wunsch des Kaisers gehört hatte, befahl er, dass eine Schatulle und ein silberner Wagen, gezogen von zwei Ochsen, angefertigt werde, und ließ ihn zum Kaiser bringen, der überrascht und voller Bewunderung war.« Ich war ebenso bewegt und dankbar, als mir das Ehepaar Sidoli einen Flakon mit diesem Nektar überreichte, den ich nun tropfenweise für meine Lieblingsgerichte verwende. *Aceto balsamico tradizionale* ist alles andere als günstig, was bei der langen Herstellungszeit kaum überraschen dürfte. Man sollte ihn sehr sparsam verwenden – nicht nur aufgrund seines Preises, sondern weil man tatsächlich nicht mehr als ein paar Tropfen benötigt.

Die Rezepte, die ich ausgewählt habe, werden mit normalem *aceto balsamico* zubereitet. Ich nehme ihn nie für einen einfachen Salat her, was meines Wissens kein Italiener tut, sondern nur für besondere Salate. Mir schmeckt er z. B. über gekochten oder gedämpften Blumenkohlröschen, vermischt mit 4 Teilen Öl, aromatisiert mit etwas Knoblauch und 2 Sardellenfilets, die zu einer Paste zerstoßen wurden. Eine kleine Köstlichkeit ist *aceto balsamico* auch in einer Vinaigrette für Avocados: Dazu 2 EL *aceto balsamico* mit 4 EL nativem Olivenöl extra, Salz und schwarzem Pfeffer aus der Mühle vermengen, in 4 Avocadohälften füllen und 4–5 Schnittlauchstängel als Röllchen darüberstreuen.

Quaglie all'aceto balsamico

Gebratene Wachteln mit aceto balsamico

Während unseres letzten Besuchs in Italien erforschten wir die Küche der Emilia-Romagna besonders gründlich. Das beste Essen bekamen wir in dem Restaurant *Al Portone* in Scandiano, einer Stadt südlich von Reggio Emilia. Zum Restaurant gelangt man durch einen mittelalterlichen Hof, der an jenem Aprilabend herrlich beleuchtet war. Es befindet sich in einem Gebäude aus dem 18. Jahrhundert, das an die *rocca* aus dem 12. Jahrhundert angebaut wurde, die Burg des Grafen Matteo Maria Boiardo, des Herrschers über die Provinzen Reggio Emilia und Modena, der für sein episches Gedicht *L'Orlando Innamorato* berühmt wurde.

Wir genossen ein wunderbares Mahl, und der Abend endete mit einem langen stimulierenden Gespräch mit den Inhabern, Paola und Luigi La Carruba. Paola kocht fast ausschließlich; sie lernte ihr Metier von ihrer Schwiegermutter, die aus Parma stammte, aber mit einem Sizilianer verheiratet war. Eine bessere gastronomische Verbindung ist kaum vorstellbar. Eines der besten Gerichte jenes Abends war ein mit *aceto balsamico* aromatisiertes gebratenes Perlhuhn. Paola erzählte mir, dass sie Fasan und Wachteln auf die gleiche Weise zubereitet. Sie wies darauf hin, dass Wildsaucen (besonders für kleines Wildgeflügel) mit *aceto balsamico* ein perfektes süßsaures Aroma erlangen.

Als ich wieder zurück in London war, probierte ich ihr Rezept mit Perlhuhn und Wachteln aus – die Fasanensaison war bereits vorüber. Ich bevorzuge die Wachteln, denn sie sind saftiger und werden aufgrund ihrer Größe schnell gar, sodass sie kaum Zeit zum Austrocknen haben.

Falls die erhältlichen Wachteln sehr klein sind, benötigen Sie zwei Stück pro Person.

Für 4 Personen

4 Wachteln, küchenfertig
Salz und schwarzer Pfeffer aus der Mühle
2 EL Olivenöl
100 ml kräftige hausgemachte Fleischbrühe (siehe S. 318)
3 EL *aceto balsamico*
30 g Butter

1. Den Backofen auf 200 °C vorheizen.
2. Die Wachteln säubern und trocken tupfen. Innen und außen mit Salz und Pfeffer würzen.
3. Das Öl in einer ofenfesten Pfanne mit schwerem Boden erhitzen und die Wachteln darin bei mittlerer bis starker Hitze rundum anbraten. Dies dauert maximal 5 Minuten. Einige EL Brühe zufügen und die Pfanne in den Ofen stellen. Die Wachteln 10–15 Minuten garen, dabei zweimal mit der Bratflüssigkeit übergießen. Nach der Hälfte der Garzeit 1 EL *aceto balsamico* über die Vögel träufeln. Sobald sie gar sind, auf einen vorgewärmten Servierteller legen und warm halten.
4. Den Bratensatz mit dem restlichen *aceto balsamico* ablöschen und die verbliebene Brühe hinzufügen. Langsam zum Kochen bringen und 1–2 Minuten reduzieren.
5. Die Butter in Flocken nach und nach unter ständigem Rühren in der Sauce schmelzen lassen. Mit Salz und Pfeffer abschmecken. Ein wenig Sauce über die Wachteln löffeln, den Rest in einer vorgewärmten Sauciere zum Essen reichen.

Mit kleinen Timbalen aus *Risotto in bianco* (S. 43), sautierten Karotten oder einem Püree aus Knollensellerie und Kartoffeln servieren.

Filetto di maiale alla Cavalcanti

Schweinefilet mit Holunderbeeren, Mandeln und Balsamessig

Ippolito Cavalcanti, Duca di Buonvicino, war nicht nur ein eleganter Aristokrat und großer Gourmet, sondern verfasste auch ein sehr bemerkenswertes Kochbuch. *Cucina teorico-pratica* ist ein wahrer Wissensschatz und enthält eine Sammlung hervorragender Rezepte, die dem Geist seiner Zeit und seiner Umgebung entsprachen – Neapel zu Beginn des 19. Jahrhunderts, wo sich Künstler, Philosophen, Musiker und Archäologen trafen und oft zu üppigen Mahlzeiten zusammenfanden. Cavalcanti betont, wie wichtig Zutaten von allerbester Qualität sind, und legt Wert auf die richtige Verwendung von Gewürzen, Salz, Brühe, Alkohol und Wein. Seine einfallsreichen Rezepte sind leicht und außerordentlich modern.

In der folgenden Version habe ich eines von Cavalcantis Rezepten adaptiert, wobei seine Version keine Mengen- und Zeitangaben enthält. Das Schweinefleisch wird hier zuerst gebraten und dann mit Holunderbeeren, Kapern und Mandeln verfeinert. Die Kapern verbinden geschmacklich den Essig mit den Holunderbeeren, während die gemahlenen Mandeln hier wie in den meisten antiken Rezepten als Verdickungsmittel fungieren. Ich verwende *aceto balsamico*, da er die für dieses Gericht nötige Balance von süß und sauer garantiert, aber Sie können natürlich auch einen guten Rotweinessig nehmen.

Bei diesem Rezept haben Sie die Möglichkeit, »kostenlose Zutaten« für eine hervorragende Mahlzeit zu verwenden, was sicher ein besonderer Pluspunkt ist. Bei uns in Barnes oder Putney Common, wo ich die tägliche Gassirunde mit meinem Hund Pippo absolviere, wachsen unzählige Holundersträucher. Für den Wein, den man aus den Beeren herstellen kann, interessiere ich mich normalerweise weniger. Aber im Frühling pflücke ich gerne die Blüten zum Aromatisieren von Obstkompott oder sahnigen Desserts, oder für die Zubereitung des Sorbets von S. 265.

Für 4 Personen

600 g Schweinefilet
40 g Butter
2 EL Olivenöl
100 ml Rotwein
Salz und schwarzer Pfeffer aus der Mühle
1½–2 EL Zucker
1 Prise Zimtpulver
2 EL *aceto balsamico*
1 EL Mandeln, sehr fein gemahlen
2 EL Holunderbeeren
1 EL Kapern, abgespült

1. Das Fett des Schweinefilets entfernen. Dann das Filet, falls nötig, halbieren, sodass es in eine große Pfanne passt.
2. Die Hälfte der Butter und das Olivenöl in der Pfanne erhitzen, das Filet hineinlegen und rundherum anbräunen.
3. Den Wein in einem kleinen Topf erhitzen, mit 2 EL heißem Wasser mischen und über das Fleisch gießen. Sobald die Flüssigkeit wieder kocht, mit Salz und Pfeffer würzen. Die Temperatur reduzieren, sodass die Flüssigkeit nur noch köchelt, einen gut schließenden Deckel auflegen und das Filet 10 Minuten schmoren, bis das Schweinefleisch gar ist. Das Fleisch aus der Pfanne nehmen und warm halten.
4. Zucker, Zimt, Essig, Mandeln, Holunderbeeren und Kapern in die Pfanne geben und unter ständigem Rühren 2 Minuten erhitzen. Die restliche Butter in Flocken nach und nach in der Sauce schmelzen lassen. Die Pfanne dabei vorsichtig schwenken.
5. Das Fleisch in nicht zu dünne Scheiben schneiden, erneut in die Pfanne legen und 2 Minuten durchziehen lassen, damit es die Aromen der Sauce aufnimmt. Anschließend den Inhalt der Pfanne in einer vorgewärmten ovalen Schale anrichten und sofort servieren.

Oliven

Oliven und Olivenöl

Grüne, schwarze oder violette Oliven sind ein unverzichtbarer Bestandteil der italienischen Küche. Obwohl ein Großteil von ihnen in der *frantoio* (der Presse, in der sie zu Öl zerdrückt werden) enden, gibt es viele Rezepte, in denen Oliven in der Sauce, im Salat oder sogar gefüllt und paniert Verwendung finden. Grob gesagt passt die grüne Olive mit ihrem jungen, aufregenden Aroma besser zu Kaninchen, Hähnchen und Lamm, während der dunklere, intensivere Geschmack der schwarzen Olive sich gut mit Gemüse oder Fisch kombinieren lässt.

Die Ligurer lieben ihre sehr kleinen violett-schwarzen Oliven so sehr, dass sie sie frisch verzehren, selbst wenn sie unbehandelt sehr bitter schmecken. Doch normalerweise isst man Oliven eingelegt. Das älteste bekannte Rezept zum Einlegen von Oliven stammt von Colunella, einem Botaniker, der im 1. Jahrhundert n. Chr. lebte. Er sagte: »Die Oliven mit heißem Wasser überbrühen und dann in einer Schicht in eine Amphore legen, mit einer Schicht trockenem Salz bedecken und zum Abschluss mit einer Schicht Kräutern.« Heute variieren die Methoden zur Haltbarmachung, je nachdem, ob es sich um große Mengen und industrielle Verarbeitung handelt oder um das Konservieren in der Familie, dessen Details oft wie ein Geheimnis gehütet werden. Diese selbst eingelegten Oliven haben oft einen leicht bitteren, aber erfrischenden Geschmack und werden in Trattorien im ganzen Land serviert. Sie werden in Lake mit wildem Fenchel, Oregano, anderen einheimischen Kräutern, Chili und Knoblauch eingelegt. In Umbrien gibt man noch Orangenschale und Lorbeerblätter hinzu.

Ich kaufe Oliven gerne pfundweise in griechischen oder italienischen Feinkostgeschäften. Anschließend schichte ich sie mit Knoblauchstiften, Chili und Oregano in Schraubgläser und bedecke sie mit Olivenöl. Sehr praktisch als Snack zu Getränken!

Pure di olive nere

Püree aus schwarzen Oliven

Die Zubereitung dieses Pürees ist ganz einfach. Es schmeckt wesentlich besser und ist natürlich günstiger als *polpoliva*, das fertige Püree, das Sie in italienischen Feinkostgeschäften bekommen und das wie Tapenade noch weitere Zutaten enthält. Wenn Sie Ihr Püree selbst herstellen, können Sie Kapern, Sardellen, Knoblauch, Kräuter usw. später noch hinzugeben, je nachdem, wofür Sie das Püree verwenden möchten. Außer Oliven benötigen Sie nur natives Olivenöl extra. Ich nehme 75 ml (5 EL) Olivenöl auf 450 g schwarze Oliven (nicht aus der Dose oder vakuumverpackt). Die Oliven entsteinen und im Mixer pürieren. Das Öl dabei gleichmäßig durch den Einguss zugießen. Ich mag das Püree lieber grob, aber das ist sicher eine Geschmacksfrage.

Dieses Püree macht sich herrlich als Aufstrich für *crostini* – Brotstücke, die mit ein wenig Olivenöl beträufelt und im heißen Backofen 8 Minuten geröstet werden.

Vermicelli alla pure di olive

Spaghettini mit Olivenpüree, Sardellenfilets und Kapern

Wir haben diese Pasta im *O'Parrucchiano* in Sorrento gegessen. Das Restaurant ist einer der wenigen Lichtblicke in dieser Stadt, die vom Massentourismus überrannt wurde. Die Zubereitung der Sauce dauert nicht länger als das Kochen der Pasta.

Für 4 Personen

1 EL Kapern
Salz
350 g *spaghettini*
100 ml trockener Weißwein
75 ml natives Olivenöl extra
4 Knoblauchzehen
2 getrocknete Chilis
3 gesalzene Sardellen, entgrätet und abgespült, oder 6 Sardellenfilets
1 großes Bund Petersilie
2 EL Olivenpüree (siehe vorheriges Rezept)

1. Die Kapern in eine Schüssel warmes Wasser legen, um ihnen den Essig zu entziehen.
2. Etwa 4 l Wasser mit 2 EL Salz erhitzen. Sobald das Wasser kocht, die *spaghettini* auf die gewohnte Weise zubereiten oder der auf S. 20 beschriebenen Agnesi-Methode folgen.
3. Den Wein in einem Topf zum Kochen bringen und köcheln lassen, während die Sauce zubereitet wird.
4. Das Öl in einer großen Pfanne erhitzen. Den Knoblauch leicht andrücken und mit den Chilis zum Öl geben.
5. Sardellen und Petersilie fein schneiden und in die Pfanne rühren. Bei sehr schwacher Hitze garen, die Sardellen dabei zu einer Paste zerdrücken.
6. Die Kapern abseihen und trocken tupfen. Anschließend mit Olivenpüree und Wein in die Pfanne geben. Bei sehr schwacher Hitze weiter garen, bis die Pasta fertig ist. Dann Knoblauch und Chilis herausnehmen und wegwerfen.
7. Etwa 3–4 EL Pastakochwasser zur Sauce träufeln. Die Pasta abseihen oder mit einer Spaghettizange oder Holzgabeln herausheben. Die *spaghettini* unter die Sauce mischen und unter Rühren 1 Minute braten. Sofort direkt aus der Pfanne servieren.

Pomodori ripieni di riso e olive nere

Tomaten mit Reis-Oliven-Füllung

Bei diesen gefüllten Tomaten verleihen die süßen schwarzen Oliven dem gekochten Reis ein fruchtiges Aroma. Reis und Oliven sollten mindestens 6 Stunden im Voraus vermengt werden, damit der Reis genügend Zeit hat, das Olivenaroma aufzunehmen.

Für 4 Personen
150 g Langkornreis
Salz
150 g schwarze Oliven
3 EL natives Olivenöl extra
schwarzer Pfeffer aus der Mühle
4 Ochsenherztomaten
12 Basilikumblätter oder
1 Bund Petersilie

1. Den Reis in Wasser mit Salz knapp *al dente* kochen: Kalter Reis schmeckt so besser. Den Reis abseihen, unter fließendem Wasser kalt abspülen und dann auf einem mit Küchenpapier ausgelegten Teller oder Backblech gut trocknen lassen.
2. Inzwischen die Oliven entsteinen und hacken. Mit Reis, Öl und etwas Pfeffer in eine Schüssel füllen. Gut vermengen und mindestens 6 Stunden durchziehen lassen. Nicht in den Kühlschrank stellen.
3. Die Tomaten waschen und halbieren. Die Samen mit einem spitzen Teelöffel herausschaben und wegwerfen. Die Flüssigkeit herausdrücken. Nun das Fruchtfleisch mit dem Löffel herausschaben, hacken und unter den Reis mischen.
4. Das Innere der Tomaten mit etwas Salz bestreuen und die Hälften mindestens 30 Minuten umgedreht auf ein Brett zum Abtropfen legen.
5. Die Innenseite der Tomaten mit Küchenpapier trocken tupfen. Die Reismischung mit Salz und Pfeffer abschmecken, dann jede Tomatenhälfte mit der Mischung füllen.
6. Die Basilikumblätter in kleine Stücke zupfen oder die Petersilie fein schneiden und die Tomatenhälften damit bestreuen. Sofort servieren.

Dies ist ein perfekter *primo* für ein sommerliches Mittagessen. Das Gericht macht sich auch wunderbar als hübsche Beilage für eine Party mit Büfett, aber dann sollte man besser Kirschtomaten füllen – so können die Gäste die Tomaten als kleinen Happen essen, ohne Besteck zu benötigen. Gefüllte Kirschtomaten passen auch gut als Snack zu einem Drink.

Crema di mascarpone e olive verdi

Mascarpone-Aufstrich mit Oliven und Gruyère

Die Oliven sorgen bei diesem Aufstrich für das typisch mediterrane Aroma, während der Gruyère eine nussige Note ins Spiel bringt. Die Freundin, die mir dieses Rezept verriet, serviert diesen Aufstrich auf Kanapees zu Drinks. Ich habe ihn auch schon als Sauce für *tagliatelle* verwendet, indem ich die Mischung mit einer Tasse Pastakochwasser verdünnt habe. *Tagliatelle* mit dieser Sauce serviere ich gerne bei einer Mahlzeit mit *Tagliatelle al mascarpone* (siehe S. 205). Die zwei Varianten ergänzen sich bestens.
Entsteinte grüne Oliven erhalten Sie in den meisten Feinkostgeschäften. Sie werden mit Knoblauch und Oregano verfeinert, deren Aroma mit dem Geschmack des Aufstrichs harmoniert. Kaufen Sie keine gefüllten grünen Oliven oder Oliven aus der Dose bzw. vakuumverpackte Oliven.

Für 6 Personen
100 g süße grüne Oliven, entsteint
100 g Gruyère
150 g *mascarpone*
Cayennepfeffer (nach Belieben)

1. Oliven sowie den in Stücke geschnittenen Gruyère im Mixer zu einer glatten Paste verarbeiten. *Mascarpone* zugeben und weiter mixen, bis eine homogene Masse entsteht.
2. Zum Servieren als Aufstrich in eine Schüssel füllen und nach Belieben mit ein klein wenig Cayennepfeffer würzen – zu viel Cayenne ruiniert die anderen Aromen.

Falls Sie diese *crema* als Pastasauce verwenden möchten, stellen Sie am besten eine Schüssel mit geriebenem Parmesan mit auf den Tisch sowie einen kleinen Krug mit Pastakochwasser (siehe letzter Absatz des Rezepts für *Tagliatelle al mascarpone* auf S. 205).

Olivenöl

Die Olive ist die Frucht des Baumes *Olea europaea*, auch bekannt als Olivenbaum oder Echter Ölbaum; er ist ein Abkömmling von *Olea oleaster*, dem stacheligen Wildstrauch, der rund ums Mittelmeer gedeiht. Olivenbäume werden im Mittelmeerraum seit dem 3. Jahrtausend v. Chr. kultiviert. Im 6. und 5. Jahrhundert v. Chr. fanden die Griechen das Olivenholz so schön, dass sie daraus die Statuen ihrer Götter und Göttinnen schnitzten. Christen fühlen sich beim Anblick der eleganten silbrigen Schönheit des Olivenbaums an das Leiden Christi im Garten von Getsemani erinnert, eine Szene, die von zahlreichen großartigen Malern dargestellt wurde.

Die Frucht dieses altehrwürdigen Baums produziert das Öl, das im Leben der Menschen am Mittelmeer immer eine große Rolle gespielt hat. Könige und Priester wurden mit Olivenöl gesalbt, römische Athleten rieben sich damit ein, um ihre Muskeln geschmeidiger zu machen, und edle Damen verwendeten es, um weiche und klare Haut zu erhalten. Aber vor allem kam Olivenöl beim Kochen und Anmachen von Speisen zum Einsatz. Die Römer gossen es sich sogar über ihr Frühstücksmüsli – das allerdings eine Art von *polenta* war.

Olivenbäume rufen bei vielen Menschen, die das Mittelmeer lieben, Erinnerungen an einen Urlaub in Italien hervor, an einen Spaziergang durch die ligurischen Hügel oder eine Fahrt über die kurvigen Straßen des Chianti oder in Apulien vorbei an den Hainen mit riesigen Olivenbäumen. Denn dies sind tatsächlich die drei Regionen, deren Olivenöl ganz allgemein den besten Ruf hat. Aber das gilt nicht für alle Gegenden, da Olivenbäume außer im Piemont und im Valle d'Aosta in sämtlichen italienischen Regionen wachsen. Viele Regionen küren ihre eigenen Sieger und bestehen darauf, das wohlschmeckendste Öl zu produzieren. Tatsächlich gibt es auch rund um Viterbo in Latium, in Umbrien sowie am Gardasee (das nördlichste Gebiet, in dem noch Olivenbäume wachsen) ganz hervorragendes Öl.

Da die Frucht vor dem Pressen reif sein muss, weichen die Erntezeiten zwischen dem Norden und dem Süden teils beachtlich voneinander ab. Als ich Ende September 1987 in Cilento südlich von Neapel war, lagen die Netze, mit denen die Oliven aufgefangen werden, wenn man die Bäume schüttelt, schon auf dem Boden bereit, während die Oliven im Chianti erst im späten Oktober geerntet werden. Das beste Öl entsteht innerhalb von einer Woche nach dem Pflücken der Oliven. Die Ölherstellung erfolgt ohne Wärmeeinwirkung und ohne Chemikalien. Olivenöl ist reiner Olivensaft.

Olivenöl gibt es hierzulande hauptsächlich in zwei Güteklassen, nämlich Olivenöl und natives Olivenöl extra. Ich rate Ihnen, beides zu kaufen. Raffiniertes Olivenöl, über Warmpressung gewonnen, können Sie zum Braten bis 210 °C erhitzen. Natives Olivenöl extra aus Kaltpressung sollte hauptsächlich kalt verwendet oder nur für kurze Zeit bis maximal 160 °C erhitzt werden. Es kostet etwas mehr, doch Sie erhalten ein Produkt, auf das Sie sich verlassen können. In Feinkostgeschäften und einigen Supermärkten bekommen Sie auch Flaschen mit Öl von bestimmten Herstellern. Dieses Öl wird nur aus den Oliven eines einzigen Produzenten hergestellt. Meist werden diese Oliven von Hand gepflückt und innerhalb von zwei Tagen gepresst. Der Preis pro Liter liegt meist über 12 Euro, aber wenn man dies mit dem Preis einer Flasche Wein vergleicht, die nach nur einem Essen ausgetrunken ist, erscheint es einem vielleicht nicht mehr gar so viel.

Olivenöl aus der Toskana ist ein fruchtiges und vollmundiges Öl, das manchmal ein leicht pfeffriges Aroma am hinteren Gaumen hinterlässt. Öl aus Ligurien ist süßer und feiner, während das aus dem Süden, woher 80 Prozent der italienischen Produktion stammen, vollmundig und dickflüssiger ist und keinen pfeffrigen, sondern einen leichten Mandelgeschmack im Mund hinterlässt. Ich versuche, für feine Gerichte immer ein ligurisches Öl oder eines vom Gardasee zu verwenden. Für Salate hingegen nehme ich ein Öl aus Viterbo, das etwas kräftiger und durchdringender ist. Die Wahl des Öls ist natürlich Geschmackssache – wenn Sie erst ein paar Sorten probiert haben, werden Sie irgendwann Ihr Lieblingsöl entdecken und dann dabei bleiben.

Die Verwendung von Olivenöl

Olivenöl kommt vor allem in Salaten zum Einsatz. Mit dem Wort *insalata* (Salat) ist in Italien immer eine Mischung aus rohem oder gekochtem Gemüse/Salat gemeint, die grundsätzlich angemacht wird, vor allem mit Olivenöl, Weinessig oder Zitronensaft und Salz. Andere Öle werden für traditionelle italienische Salate nicht verwendet. Ganz selten findet man Walnussöl in manchen Salaten der Nouvelle Cuisine, aber ich bezweifle, dass die chauvinistischen Italienerinnen und Italiener sich jemals dafür begeistern werden, nicht einmal in einem besonderen Gericht.

Interessant ist, dass Walnussöl in der Vergangenheit in Norditalien von den Armen verwendet wurde, die sich das teurere Olivenöl nicht leisten konnten. Manzoni erwähnt dies in seinem Roman *I promessi sposi*, der im 17. Jahrhundert in der Lombardei spielt. In jener Gegend gab es viele Walnussbäume von majestätischer Schönheit, weshalb das Walnussöl günstig war. Nach dem »Wirtschaftswunder« ab Ende der 1940er-Jahre sah man Walnussbäume in einem neuen Licht, also nicht als Quelle billigen und wenig angesehenen Öls, sondern als Lieferanten von wertvollem, hochgeschätztem Holz. Das Holz war ideal für die Herstellung massiver Möbel in den Fabriken von Brianza. Aus diesem Grund wurden viele Walnussbäume gefällt, sodass nun Walnussöl sehr teuer geworden ist und als exotisches Produkt gilt.

Olivenöl wird auch zum Kochen und Backen verwendet, besonders in Mittel- und Süditalien, wo es schon immer das traditionelle Bratfett war. Aber erst nach dem zweiten Weltkrieg durchbrach es die sogenannte »Butterlinie«, die quer durch Italien zwischen Emilia-Romagna und der Toskana verlief. Den endgültigen Sieg errang das Olivenöl mit dem Aufkommen des Trends zur gesunden Küche. Olivenöl enthält einfach gesättigte Fettsäuren und eine gute Portion an mehrfach ungesättigten Fettsäuren. Außerdem weist es einen hohen Rauchpunkt auf, bei dessen Überschreitung sich giftige Substanzen bilden. Im Gegensatz zu manchen Behauptungen eignet sich Olivenöl deshalb bestens zum Braten. Die ideale Temperatur für Öl oder Fett beträgt zum Frittieren 180 °C, und der Rauchpunkt von (raffiniertem) Olivenöl liegt bei 210 °C; nur Erdnussöl besitzt einen höheren Rauchpunkt. Ein Nachteil bei der Verwendung von Olivenöl zum Frittieren liegt im Preis.

Zum Schluss muss ich noch eine der besten Einsatzmöglichkeiten von Olivenöl erwähnen, die wir von den Toskanern übernommen haben – *il battesimo dell›olio* (Taufe mit Öl). Dabei begießt man die gegarten Gerichte mit 1, 2 oder mehreren EL des besten Olivenöls, meist direkt am Tisch. Die Toskaner beträufeln so *la ribollita* (eine Bohnen-Kohl-Suppe) und ihre *Fagioli all'uccelletto* (siehe S. 65), um nur zwei Beispiele zu nennen. Ich träufle Olivenöl auch über meine *Pancotto* (siehe S. 69) und die meisten *zuppe* mit Kichererbsen oder Bohnen.

Torta di mele

Apfelkuchen

Dieses Rezept für Apfelkuchen unterscheidet sich deutlich von anderen Varianten, denn als Fett kommt hier Olivenöl zum Einsatz. Der Kuchen schmeckt nachmittags zu Tee oder Kaffee ganz wunderbar. Oder Sie servieren ihn als Dessert und reichen noch eine Schüssel Schlagsahne dazu. Noch besser schmeckt der Kuchen 1 Tag nach der Zubereitung, da sich die Aromen dann besser verbinden und entwickeln.

Für 8–10 Personen
100 g Sultaninen
150 ml Olivenöl
200 g Zucker
2 Bio-Eier
350 g Weizenmehl, plus mehr zum Ausstreuen
1 TL Zimtpulver
1½ TL Backnatron
½ TL Weinstein
450 g Tafeläpfel, geschält, Kerngehäuse entfernt und Fruchtfleisch fein gewürfelt
Abrieb von 1 unbehandelten Zitrone
Butter zum Fetten

1. Die Sultaninen 20 Minuten in warmem Wasser einweichen.
2. Den Backofen auf 180 °C vorheizen.
3. Das Öl in eine Schüssel gießen, den Zucker zufügen und verquirlen, bis sich Zucker und Öl zu einer homogenen Masse verbinden. Die Eier aufschlagen, einzeln zugeben und kräftig verquirlen, bis die Mischung an Volumen gewinnt und wie dünnflüssige Mayonnaise aussieht.
4. Mehl, Zimt, Backnatron und Weinstein durchsieben. Nach und nach zur Öl-Zucker-Eier-Mischung geben und mit einem Metalllöffel unterheben. Gründlich vermengen, dann Äpfel und Zitronenabrieb zufügen.
5. Die Sultaninen abseihen, trocken tupfen und gründlich unter die Mischung mengen. Der Teig erscheint fest und lässt Apfelstücke und Sultaninen durchschimmern.
6. Eine Springform (20 cm ø) fetten und mit Mehl ausstreuen. Den Teig in die Form füllen und mindestens 1 Stunde im Ofen backen, bis an einem in die Mitte des Kuchens eingestochenen Zahnstocher kein Teig mehr haftet.
7. Den Kuchen aus der Form lösen und auf einem Kuchengitter abkühlen lassen.

Mit Birnen statt Äpfeln erhalten Sie einen ähnlichen Kuchen, bei dem Sie allerdings die Sultaninen durch Mandeln ersetzen sollten. Wer die Kombination Schokolade und Birne liebt, ersetzt 2 EL Mehl durch die gleiche Menge ungesüßtes Kakaopulver und fügt zusätzlich 30 g Zucker zu, um die bittere Note des Kakaos auszugleichen. Auch dieser Kuchen schmeckt wunderbar, obwohl ich die Apfelvariante bevorzuge, da Schokolade nicht zu meinen Lieblingsaromen zählt.

Pizza alle sette sfoglie

Pastakuchen

Diesen Öl enthaltenden Kuchen aus der Provinz Foggia in Apulien bereitete ich zum ersten Mal unter dem wachsamen Auge von Angela zu, der Reinigungshilfe meiner Mutter. Wie alle Süditalienerinnen geht Angela mit Rezepten, Tipps und Selbstgekochtem sehr großzügig um, ist aber (ebenfalls wie alle Süditalienerinnen) von einem tiefen Misstrauen gegenüber den Gerichten und Rezepten anderer Leute erfüllt, besonders, wenn sie ihr nicht bekannt sind. Sie bringt mir oft getrocknete Tomaten, hausgemachte *orecchiette* (Pasta aus Hartweizen), Traubenkonfitüre und viele andere Leckereien mit, hat mich aber noch nie nach einem meiner Rezepte gefragt oder gar etwas probiert, was ich zubereitet habe. Sie kommt in die Küche und fragt mich: »Signora Anna, was kochen Sie da?« Dabei beobachtet sie mich mit einer Mischung aus Interesse und Misstrauen, nur um dann zu verkünden »*Noi non lo facciamo così*« (wir machen das nicht so) und anschließend zu verschwinden.

Angelas Kuchen enthält eine Mischung von unerwarteten und exotischen Aromen, die vor dem geistigen Auge ein Bild von einem riesigen Speisesaal entstehen lassen, in dem Mönche um Refektoriumstische sitzen und köstliche Nachspeisen, Kuchen und Kekse genießen, die von den Nonnen des unweit gelegenen Klosters geschickt wurden. Ich glaube, von all den Gerichten, die ich bisher zubereitet habe, kommt dieses der mittelalterlichen Küche am nächsten. Trotz der Verwendung von Zucker! Ich habe versucht, ihn durch Honig in der Pasta zu ersetzen, was aber nicht wirklich funktionierte. Ich nehme an, dass die Pasta in der damals noch zuckerlosen Zeit ungesüßt war und für die Füllung statt Zucker Honig genommen wurde.

Dieser Kuchen wird als Pizza bezeichnet, da man dieses Wort in Süditalien auch für altmodische Kuchen oder Tartes süßer und herzhafter Art verwendet. Die »*sette sfoglie*« beziehen sich auf die sieben Schichten *sfoglia* (Pastastreifen), aus denen der Kuchen besteht. In Apulien bereitet man diesen Kuchen traditionell für Weihnachten zu, und zwar 2 oder 3 Monate im Voraus, sodass er noch durchziehen kann – genau wie ein englischer Christmas Cake. Ich habe ihn anstelle von Christmas Pudding serviert und dazu einen Krug voll Sahne herumgehen lassen, welche mit Brandy aromatisiert war – es war ein grandioser Erfolg. Hier ist Angelas Rezept.

Für 10–12 Personen

Für die Füllung

12 unbehandelte getrocknete Aprikosen
60 g Sultaninen
90 ml Rum
75 g Mandeln
60 g Walnusskerne
60 g Haselnusskerne
¼ TL weißer Pfeffer
½ TL gemahlene Gewürznelken
½ TL gemahlener Ingwer

1. Aprikosen und Sultaninen im Rum einweichen.
2. Mandeln und Walnüsse 30 Sekunden in kochendem Wasser blanchieren, dann abseihen und Haut abziehen. Die Mandelhaut löst sich leicht, während die Walnüsse etwas knifflig sind und sich nur mit Zeit und Geduld häuten lassen. Die Haut ist allerdings sehr bitter, weshalb Sie so viel wie möglich entfernen sollten. Falls Sie dabei feststellen, dass manche Walnusskerne dunkler sind und eine dicke ölige Konsistenz haben, sollten Sie sie wegwerfen, da sie alt und ranzig sind.
3. Die Haselnüsse in einer Pfanne mit schwerem Boden (idealerweise aus Gusseisen) bei starker Hitze rösten und die Pfanne dabei häufig rütteln. Die Nüsse aus der Pfanne nehmen und zwischen

1 TL Zimtpulver
60 g Zartbitterschokolade
30 g Rosinen
30 g Korinthen
200 g Zitronat und Orangeat
2 Stück eingelegter Ingwer
1 EL Orangenblütenwasser
1 EL Rosenwasser
ca. 225 ml Olivenöl zum Fetten
350 g Zwetschgenmus oder eine andere hausgemachte säuerliche Marmelade

Für die Pasta
270 g Weizenmehl
Salz
75 g Zucker
2 Bio-Eier (Größe M)
2 EL trockener Marsala oder Sherry

den Händen reiben, sobald sie kühl genug zum Anfassen sind. Die papierdünne Haut wegblasen, am besten über dem Spülbecken oder im Garten.
4. Die Mandeln ebenso rösten, bis sie hellgolden sind.
5. Alle Nüsse im Mixer fein hacken. In einer Schüssel mit allen Gewürzen mischen.
6. Die Schokolade reiben und gründlich unter die Nuss-Gewürz-Mischung mengen. Beiseitestellen.
7. Die eingeweichten Aprikosen in Streifen schneiden und mit Sultaninen, Rum, Rosinen und Korinthen in eine zweite Schüssel geben.
8. Zitronat, Orangeat und eingelegten Ingwer in kleine Stücke schneiden und zu den Früchten geben. Orangenblüten- und Rosenwasser zuträufeln und alles gut vermengen. Beiseitestellen.
9. Nun die Pasta zubereiten: Mehl, etwas Salz und Zucker in die Schüssel des Mixers füllen. Den Mixer einschalten, die Eier aufschlagen und durch den Trichter einzeln zufügen. Den Marsala zugießen und alles vermengen, bis sich eine Teigkugel bildet. Bei Anweisungen zur Zubereitung von Pasta (wie auch anderer Teige) ist es immer schwierig, die genaue Menge an Mehl und Flüssigkeit zu benennen, da mehrere Faktoren wie Luftfeuchtigkeit, Mehlsorte, Alter der Zutaten etc. eine Rolle spielen. Falls sich keine Teigkugel bildet, träufeln Sie ein wenig kaltes Wasser zu. Ist der Teig zu klebrig, legen Sie ihn auf die Arbeitsfläche und arbeiten noch etwas Mehl ein.
10. Den Teig bis zur vorletzten Stufe durch die Pastamaschine drehen. Alternativ von Hand so dünn wie möglich ausrollen.
11. Den Backofen auf 170 °C vorheizen.
12. Eine Lasagneform aus Metall (23 cm x 18 cm) mit Alufolie auslegen. Die Folie komplett mit Olivenöl bestreichen und eine Schicht Pasta darauflegen. Die Streifen sollten sich nicht überlappen, bei Bedarf zurechtschneiden (sie lassen sich besser mit einer Schere statt eines Messers schneiden). Mit etwas Olivenöl beträufeln. 1 EL Nuss-Gewürz-Mischung darauf verteilen und etwas Trockenfrüchtemischung sowie Zwetschgenmus darüberklecksen. Mit einer weiteren Schicht Pastastreifen bedecken, mit Olivenöl beträufeln, Nuss-Gewürz-Mischung, Trockenfrüchtemischung und Marmelade darauf verteilen. Weiter so aufschichten, bis alle Bestandteile aufgebraucht sind, und mit einer Schicht Pastastreifen

abschließen. Die Oberfläche gut mit Olivenöl bestreichen. Es reicht vielleicht nur für sechs Schichten Pasta, je nachdem, wie geschickt Sie die Bestandteile verwerten. Aber keine Sorge, der Kuchen schmeckt auch mit sechs Schichten fantastisch. Mit Alufolie abdecken und die Folie unter den Rand der Form klemmen. Etwa 1 ½ Stunden im Ofen backen (dies ist eines der wenigen mir bekannten Gerichte, bei dem die Pasta gebacken wird, ohne vorher gekocht worden zu sein). Mit der Spitze eines Messer in die Mitte des Kuchens einstechen: Die Pasta sollte keinen Widerstand leisten, sondern nachgiebig sein.

13. Den Kuchen abkühlen lassen. Die obere Alufolie entfernen. Ein großes Stück frische Alufolie auf ein Holzbrett legen. Das Brett kopfüber auf die Form legen und dann den Kuchen mit einer schnellen Bewegung stürzen, sodass er auf das Brett fällt. Die alte Alufolie abziehen und den Kuchen zum Lagern fest in das neue Stück Alufolie wickeln.

Auch wenn man den Kuchen bereits nach 2 oder 3 Tagen essen kann, lässt man ihn besser mindestens 1 Monat durchziehen.

Standard-Rezepte

Brodo di gallina o di carne

Hühner- oder Fleischbrühe

Ergibt ca. 1,5–2 l Brühe

Ob eine Brühe gut wird, hängt völlig von der Qualität des verwendeten Fleischs ab. Hühnerbrühe sollte leicht und fein schmecken, aber nicht fade. Mit einem Suppenhuhn bekommen Sie eine schmackhaftere und nicht so fette Brühe, also genau das, was Sie brauchen. Aber heutzutage sind Suppenhühner schwer erhältlich, weshalb Sie vielleicht doch ein Huhn zum Braten kaufen müssen. Bitten Sie den Metzger auch um die Hühnerfüße und den -kopf, die für mehr Aroma sorgen.

Das letzte Zehenglied jeweils abschneiden, die Füße gut putzen und in einen Suppentopf legen. Den Kopf rupfen, waschen und ebenfalls in den Topf legen. Das Fett, das sich vielleicht in der Bauchhöhle eines Brathähnchens findet, entfernen und wegwerfen. Das Huhn waschen und mit einer Auswahl an Gemüse in den Topf legen: Karotte, mit 1 oder 2 Gewürznelken gespickte Zwiebel, 2–3 Stangen Staudensellerie, 1 reife Tomate, Petersilienblätter und -stängel, 1 Knoblauchzehe, Lorbeerblatt und Lauch. Ich gebe auch noch 2 Kardamomkapseln zu – dadurch nimmt die Brühe ein sehr blumiges Aroma an.

Mit kaltem Wasser bedecken (5 cm über den Inhalt hinaus) und bei sehr schwacher Hitze garen, bis die Brühe fertig ist. Den Schaum, der zu Beginn der Kochzeit aufsteigt, abschöpfen. Nur gelegentlich sollte eine Luftblase an die Oberfläche steigen. Die beste Brühe erhält man, wenn man die Flüssigkeit bei 85 °C köcheln lässt. Die Garzeit beträgt 1–1 ½ Stunden für ein Brathuhn und 2–2 ½ Stunden oder sogar mehr für ein Suppenhuhn. Nach der Hälfte der Kochzeit 1 TL Salz zufügen. (Es ist immer besser, wenn man die Brühe nur ganz wenig salzt, falls man sie später noch reduzieren möchte. Wenn Sie gleich die scheinbar richtige Menge Salz zugeben, würde die reduzierte Brühe zu salzig werden.) Das Huhn herausnehmen und die Brühe abseihen.

Für eine gute Fleischbrühe sollten Sie insgesamt 1 kg Fleisch von Rind und Kalb sowie Fleischabschnitte mit Knochen verwenden. Sie können nach Belieben noch 2 oder 3 Hähnchenflügel zufügen oder andere Fleischreste aus dem Tiefkühler, außer Schwein- und Lammfleisch. Geben Sie das Gemüse zu und lassen Sie alles mindestens 3 Stunden kochen (siehe Hühnerbrühe).

Das gekochte Hähnchen bzw. Rind-/Kalbfleisch serviere ich als Mahlzeit für die Familie mit dem Gemüse rundherum sowie einigen Kartoffeln, die ich extra gare. Zum Anmachen verwende ich lediglich Olivenöl von bester Qualität.

Brodo vegetale

Gemüsebrühe

Eine gute Gemüsebrühe ist in der Küche ein ebenso wichtiges Hilfsmittel wie Fleischbrühe. Man kann sie für verschiedene Gemüse-*risotti*, für geschmortes Gemüse, Suppen und Saucen verwenden und sie sogar pur trinken, wenn einem der Sinn nach etwas Schlichtem und Beruhigendem steht. Früher, als man sich noch nach den Jahreszeiten richtete, nahm man für die Brühe das Gemüse, das gerade Saison hatte. Heute, da quasi alles rund ums Jahr »Saison hat«, sollten Sie das frischeste sowie am besten regionales Gemüse kaufen, da es mehr Aroma besitzt. Aber nehmen Sie keinen Kohl, denn er verleiht der Brühe einen falschen Geschmack. Unverzichtbar sind Zwiebel, Staudensellerie, Karotte und Lauch. Für dieses Rezept habe ich mich auf eine recht orthodoxe Auswahl beschränkt.

Ergibt ca. 1,5 l Brühe

3 Stangen Staudensellerie
4 Karotten
2 Stangen Lauch, weiße und grüne Abschnitte
1 Zwiebel, gespickt mit 1 Gewürznelke
2 Tomaten
1 Zucchini
1 Bund Blattgrün, z. B. Mangold oder Salatblätter, aber kein junger Kohl
2 Knoblauchzehen
1 großes Bund Petersilie
frische Kräuter nach Verfügbarkeit
2 Lorbeerblätter
Pfefferkörner
½ EL Salz

Das Gemüse putzen, waschen und in Stücke schneiden. Alle Zutaten in einen großen Suppentopf geben. Mit 2 l kaltem Wasser bedecken und alles zum Kochen bringen. Mindestens 2 Stunden köcheln lassen, dann abseihen und abkühlen lassen.

Sobald die Brühe fertig ist, esse ich das mit nativem Olivenöl extra angemachte Gemüse, das richtig köstlich schmeckt.
Fleisch- wie Gemüsebrühe ist im Kühlschrank 3 Tage haltbar. Danach muss sie erneut zum Kochen gebracht werden und mindestens 5 Minuten kochen. Die Brühe kann auch tiefgekühlt werden. Ich fülle dafür etwas Brühe in Eiswürfelformen und friere sie darin ein. So lässt sie sich später gut portionieren, da man nach Belieben nur 1 oder 2 Würfel (1 Würfel entspricht 1–2 EL, je nach Größe der Form) verwenden kann.

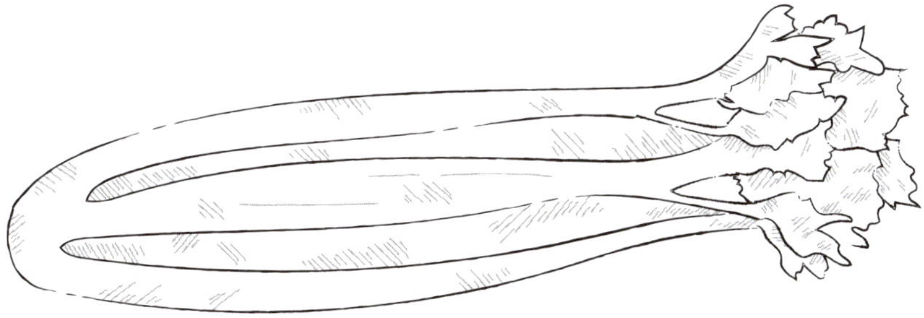

Battuto e soffrito

Battuto e soffrito

Battuto (wörtlich »geschlagen«) bedeutet im kulinarischen Zusammenhang »so fein gehackt, dass es wie zerstoßen aussieht«. Ein *battuto*, das traditionell aus gehacktem Schweinespeck und/oder *pancetta* sowie aus Zwiebel, Knoblauch, Petersilie, Sellerie und Karotte besteht, ist der Ausgangspunkt für viele italienische Rezepte für Saucen, Fleischgerichte und Suppen. Der traditionelle *lardo* (Schweinespeck) wird inzwischen oft durch leichtere Fette ersetzt, am liebsten durch Öl. *Battuto* wird in manchen Gerichten, wie z. B. einer Bohnensuppe, *a crudo*, also roh verwendet. Mit rohem *battuto* schmeckt das Gericht frischer und nicht so üppig und ist außerdem gesünder. Meist wird aus *battuto* jedoch ein *soffritto*, was bedeutet, dass es in Fett sautiert wird.

»*Soffritto* bedeutet ›unterbraten‹: das *battuto* wird einem langsamen und vorsichtigen Garprozess unterzogen, wodurch die Köchin einen Teil dieses unverwechselbaren Geschmacks erzielt, der als typisch italienisch gilt«, wie es Marcella Hazan treffend beschreibt.

Für ein gutes *soffritto* muss man drei Geheimnisse kennen. Erstens sollte das *battuto* ganz fein gehackt sein. Zweitens muss das *soffritto* ganz langsam garen. Dabei darf man es nicht aus den Augen lassen, sodass man sofort mit dem Kochlöffel eingreifen kann, falls eine der Zutaten am Pfannenboden haftet. Und drittens sollte man, wenn die erste Zutat, also die Zwiebel, sautiert wird, gleich zu Beginn etwas Salz zugeben. Durch das Salz tritt die Feuchtigkeit der Zwiebel aus und man verhindert damit, dass sie anbräunt.

Salsa besciamella

Béchamelsauce

Die Beliebtheit der Béchamelsauce ist schwankend, da heutzutage viele Saucen eher auf Sahne oder Crème double basieren als auf Mehl. Aber abgesehen davon, dass Béchamel auch gesünder als eine Sahnesauce ist, lässt sie sich nicht aus der Küche verbannen, da sie die Basis vieler anderer Saucen darstellt. Aus diesem Grund sollten Sie unbedingt in der Lage sein, eine gute glatte Béchamelsauce zuzubereiten. Ich finde, dass man Béchamel mindestens 20 Minuten garen sollte, damit der bittere metallene Geschmack rohen Mehls verfliegt.

Die Konsistenz von Béchamelsauce kann je nach Verwendungszweck variieren. Ich mache die Sauce gerne etwas dünnflüssiger, wenn ich sie mit Pasta kombiniere. Eine dickflüssige Sauce braucht man, wenn sie als Verdickungsmittel für Füllungen, Rissolen etc. zum Einsatz kommen soll.

ERGIBT CA. 450 ML SAUCE
550 ml Milch
60 g Butter
45 g Weizenmehl
Salz
frisch geriebene Muskatnuss

1. Die Milch in einem Topf erhitzen, bis am Rand allmählich Blasen aufsteigen.
2. Die Butter in einem Topf mit schwerem Boden bei schwacher Hitze zerlassen. Unter kräftigem Rühren das Mehl einarbeiten. Nun den Topf vom Herd nehmen und die heiße Milch einrühren, portionsweise jeweils einige EL. Die Mehlmischung muss die Milch zuerst vollständig aufnehmen, bevor die nächste Portion zugegeben wird.
3. Sobald die Milch komplett eingerührt wurde und die Sauce schön glatt ist, den Topf zurück auf den Herd stellen. Die Sauce mit Salz abschmecken und erneut zum Kochen bringen. Bei schwacher Hitze unter häufigem Rühren 20 Minuten köcheln. (Ich verwende dabei gerne einen Wärmeverteiler oder stelle den Topf in einen größeren Topf, der 5 cm köchelndes Wasser enthält.) Dann als übliche Aromazutat mit etwas frisch geriebener Muskatnuss würzen.

Manchmal entscheide ich mich auch für ein anderes Gewürz, je nachdem, wofür ich die Béchamelsauce verwenden möchte. Für eine simple Pasta mit Béchamelsauce lasse ich außerdem 2 Knoblauchzehen in der Milch durchziehen. Soll die Béchamelsauce als Basissauce z. B. für Fisch dienen, gebe ich 1 Lorbeerblatt mit in die Milch.

Register

Foto: © Christopher Jones/Alamy Stock Photo

Anna Del Conte wurde 1925 in Mailand geboren, wuchs dort auf und studierte an der Mailänder Universität Geschichte. Ende der Vierzigerjahre kam sie als Au-pair nach England und lebt dort bis heute. Sie gab die britischen Ausgaben der beiden *Classic Italian Cookbooks* von Marcella Hazan heraus und schrieb selbst viele Bücher, darunter *Portrait of Pasta, Good Housekeeping – Italian Cookery, Pasta Perfect, The Classic Food of Northern Italy, Vegetables all'Italiana* und *Gastronomy of Italy*, das erste umfassende Nachschlagewerk zur italienischen Küche in englischer Sprache. Sie beeinflusste maßgeblich die Kochkultur in Großbritannien und gilt heute als die Doyenne der italienischen Küche. Sie lebt mit ihrer Familie in Dorset.